Peter Himmelhuber

Gestalten mit Stein im Garten

Wege · Terrassen · Treppen · Mauern und Einfassungen

ökobuch

Dank
Ein besonderer Dank geht an die Gartenbesitzer und Baufirmen, die mir die Möglichkeit gaben, zu fotografieren.

Bibliografische Information
der Deutschen Nationalbibliothek

Die Deutsche Nationalbibliothek verzeichnet diese Publikation in der Deutschen Nationalbibliografie; detaillierte bibliografische Angaben sind im Internet unter http://dnb.d-nb.de abrufbar.

Unsere Bücher werden nach höchsten Ansprüchen an Nachhaltigkeit und Ökologie produziert und wir optimieren ständig weiter:

- Papiere und Pappen sind FSC® oder PEFC™ zertifiziert
- Druckfarben auf Pflanzenölbasis
- Druckplattenbelichtung komplett chemiefrei
- Klebstoffe lösungsmittelfrei
- 100% Öko-Strom bei Druck und Bindung
- Müllvermeidung und Recycling bei der Produktion
- kurze Wege, gedruckt in Deutschland

ISBN 978-3-936896-76-3

4. Auflage 2025

Königstr. 43, 26180 Rastede
E-Mail: verlag@oekobuch.de
http://www.oekobuch.de

Printed in the European Union

100% Paper from well-managed forests
FSC® C014521

Die Fotos im Innenteil des Buches stammen vom Autor, ausgenommen die Bilder 1.4, 2.9, 2.12, 2.13, 3.2, 3.5, 3.28, 4.5, 4.6, 4.19 und 4.21, die von Claudia Lorenz-Ladener beigetragen wurden.

Alle Fotos auf dem Umschlag stammen vom Autor.

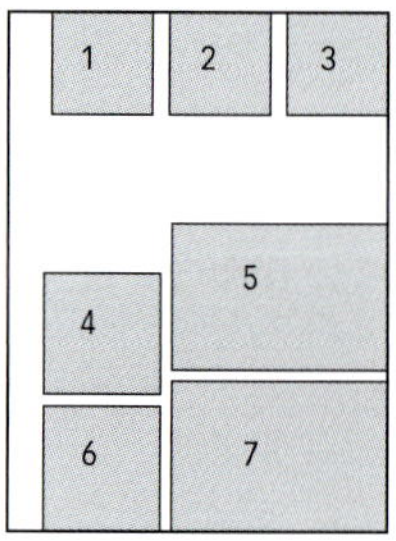

Inhaltsverzeichnis

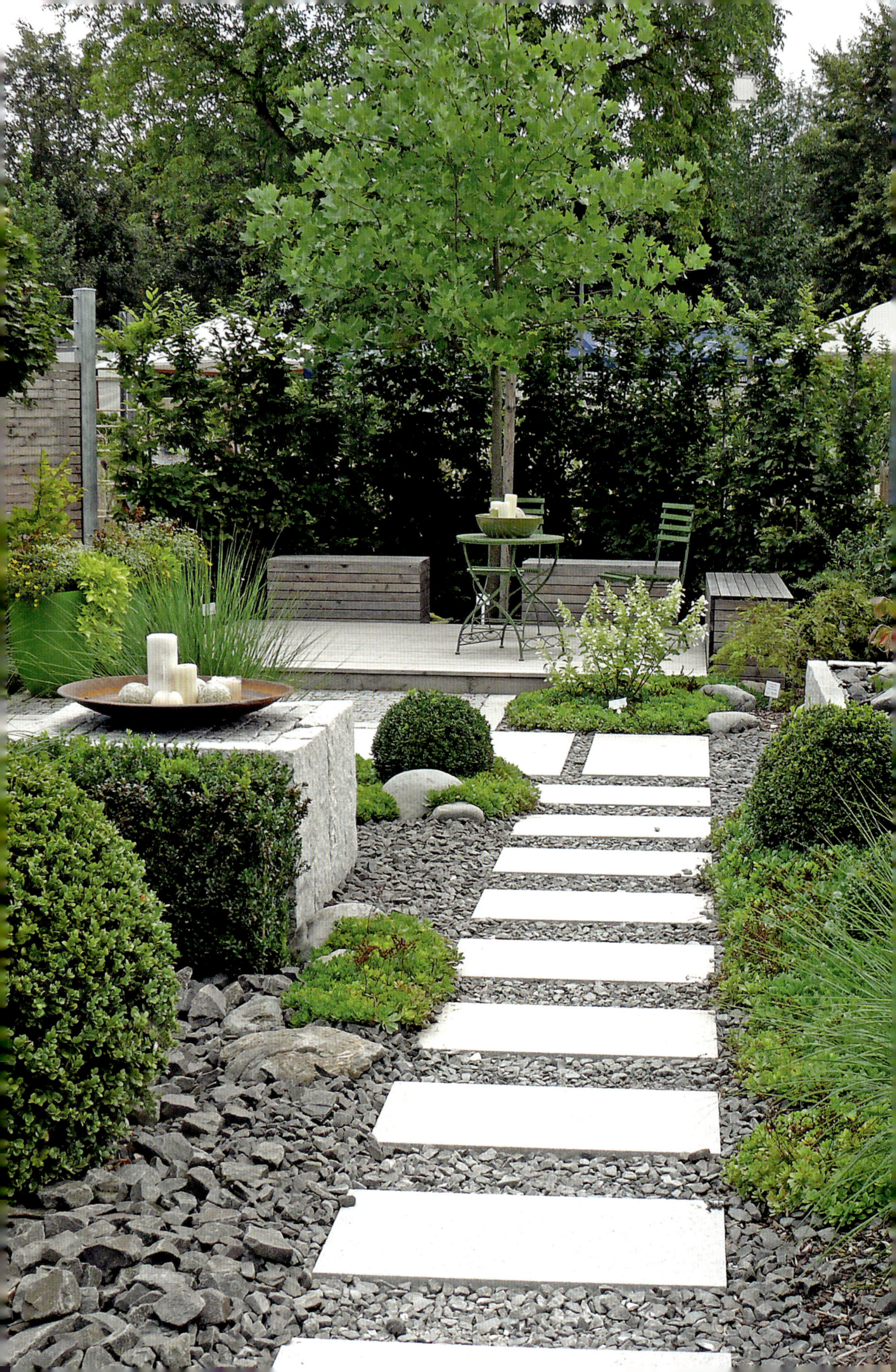

1 Stein im Garten

Stein ist nicht zuletzt wegen seiner vielfältigen Formen und Farben und aufgrund seiner Festigkeit und Beständigkeit seit jeher ein beliebtes und häufig verwendetes Material, wenn am Haus oder im Garten Wege, Terrassen und Plätze, Treppen, Mauern und Hangbefestigungen gestaltet werden sollen. Seine Härte und Dauerhaftigkeit stehen in einem natürlichen Gegensatz zu den organischen Formen und den stetigen Wandlungen der Pflanzenwelt, sie geben dem Garten dadurch über alle Jahreszeiten hinweg etwas Beständiges.
Stein kann auch gezielt zur Gestaltung eingesetzt werden. So setzt z.B. ein großer Findling in einem Beet einen wuchtigen Akzent und gibt dem Garten ein eigenes Gesicht. Steingruppen lassen sich mit ausgewählten Pflanzen zu Steingärten arrangieren, von denen insbesondere in Hanglagen ein eigener Reiz ausgeht. Damit lassen sich sogar alpine Vegetationsformen nachbilden. Mit Kieseln, Schotter oder Splitt gestaltete Beete können das ganze Jahr hindurch attraktiv wirken und dabei sehr pflegeleicht sein.
Allgemein besteht die Kunst des Gestaltens mit Stein darin, passende Steinarten auszuwählen und diese zusammen mit den Pflanzen harmonisch zu arrangieren – nicht zu viel und nicht zu wenig. Natürlich kann das massive Baumaterial auch zu wuchtig oder öde wirken, wenn es zu großflächig verbaut wird oder ein ungeeignetes Material am falschen Ort zum Einsatz kommt.
Wo kann mit Stein im Garten gestaltet werden? Naheliegende Einsatzbereiche bzw. Bauaufgaben sind Pflasterwege, Terrassenböden, Treppen, Mauern und Hangabstützungen, aber auch Kiesbeete und Steinskulpturen.
Wie bei anderen Bauvorhaben auch, müssen Gestaltungen in Stein sorgfältig geplant und handwerklich fachgerecht gebaut werden, will man lange Freude an dem Geschaffenen haben. Zur Planung gehört insbesondere, die Wünsche und Ziele der Baufamilie auf Sinnhaftigkeit und Funktionalität zu überdenken, eine zur Nutzung und zum Umfeld passende Dimension zu finden und für die Ausführung Materialien zu wählen, deren Qualität und Erscheinung (Farbe, Oberfläche, Festigkeit etc.) die Anforderungen der Nutzer gut erfüllen.
Steine, die im Gartenbau verwendet werden, zeichnen sich im Allgemeinen durch sehr gute Witterungsbeständigkeit aus. Ein Granitpflasterweg oder ein Natursteinplattenbelag verändert

1.1 *(linke Seite)*
Stein und Holz im Garten, hier in einer formalen, strengen Gestaltung.

1.2 unten
Stein zur Beetabgrenzung und als Mulchmaterial.

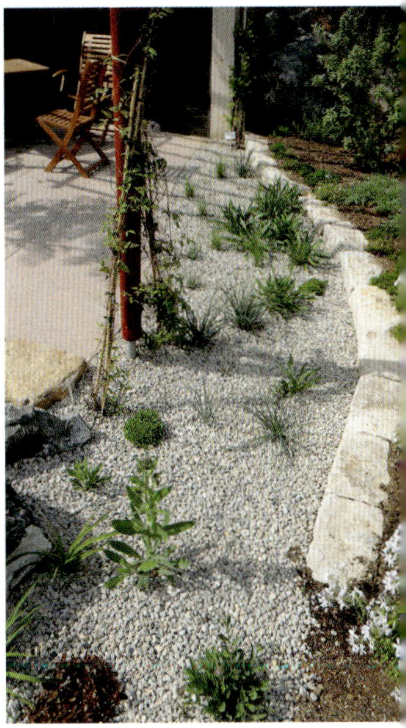

1.3
Steinpflaster und Findling zur Gestaltung des Vorgartens.

1.4
Bei größeren Höhenunterschieden geht es nicht ohne Treppe und Hangbefestigung.

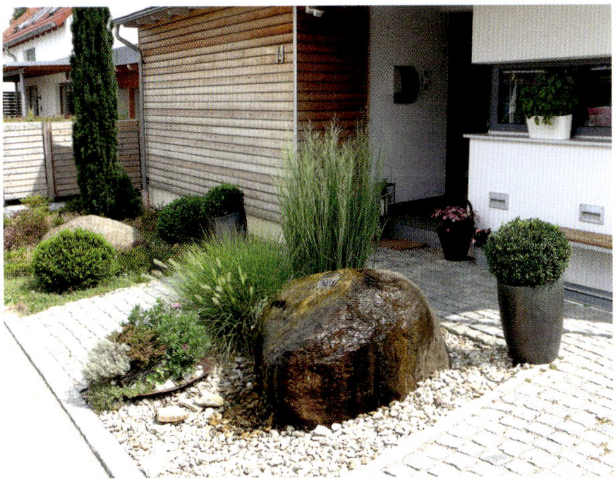

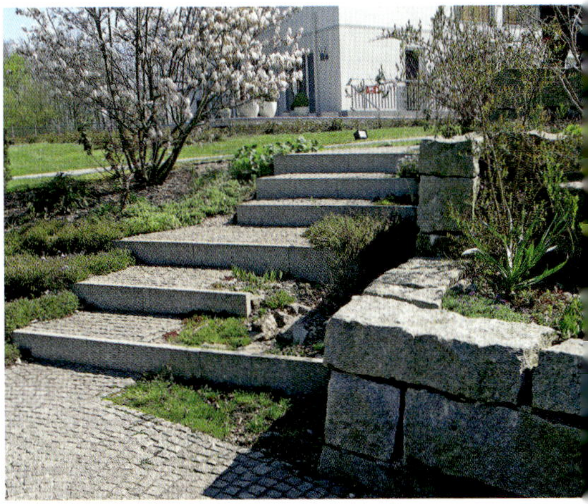

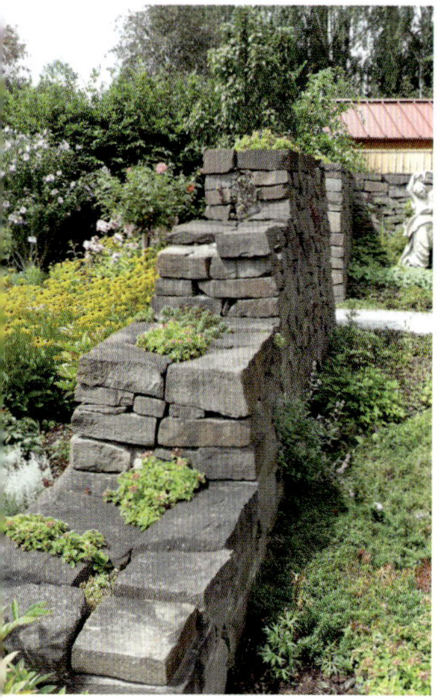

1.5
Eine höher gebaute Trockenmauer kann auch unterschiedliche Bereiche eines größeren Gartens voneinander abgrenzen.

1.6
Dieser leicht geschwungene Gartenweg, gepflastert mit Granit und recycelten Ziegelsteinen, gibt dem engen Durchgang etwas Leichtes.

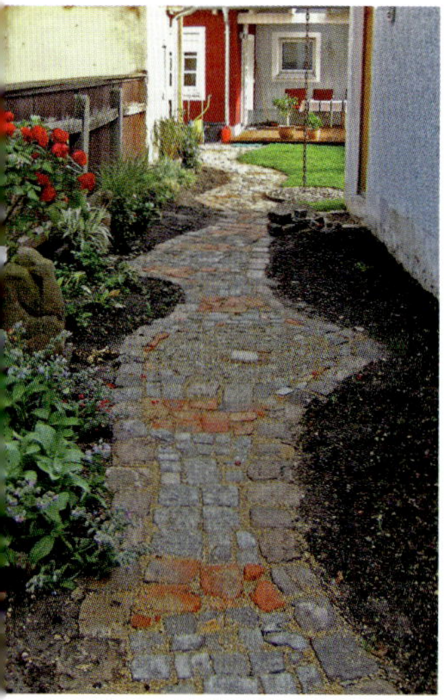

sich, wenn überhaupt, durch jahrelange Bewitterung nur geringfügig, z.B. durch den Bewuchs mit Flechten und Moosen. Steinböden prägen den Charakter einer Gartenanlage normalerweise ein Leben lang. Die Auswahl der Steine sollte daher möglichst nicht einem modischen Trend folgen. So wurden z.B. die Waschbetonplatten, die in den 1960er Jahren aufkamen und vielerorts die Einfahrten ganzer Siedlungen prägten, inzwischen an vielen Stellen wieder ausgebaut und durch ansehnlichere Baustoffe ersetzt.
Im Gegensatz zu Beton hat Naturstein etwas Zeitloses; Granitpflaster und andere Natursteinpflaster, aber auch Klinkerbeläge sehen immer gut aus. Das heißt nicht, dass Beton im Garten nicht verwendet werden sollte. In Maßen eingesetzt und in wohlüberlegter Kombination mit Natursteinen (z.B. als Einfassung) können Betonsteine, insbesondere solche mit vergüteter Oberfläche durchaus gut aussehen (z.B. Abb. 1.10, 1.28). Natürlich sollte der Stein zum jeweiligen Haus- und Gartentyp passen. Ein grauer Granitbelag kann sehr trist wirken, wenn die Hausfassade bereits in Grau gehalten und sonst wenig Helles, Freundliches in der Umgebung zu finden ist.
Viele Steinbaustoffe lassen sich gut miteinander kombinieren. So eignet sich zum Verfugen eines Granitpflasters z.B. ein heller Kalksplitt, der den Belag freundlicher gestaltet. Andererseits betont ein dunkler feiner Lavasplitt stärker den Kontrast der Fugen und mindert obendrein die Ansiedlung von Unkräutern. Alternativ kann in (breitere) Fugen eingesätes Gras eine allzu strenge, sehr steinern wirkende Gestaltung etwas mildern. Rasenpflaster haben sich etwa bei der Befestigung von Zweitsitzplätzen im Garten gut bewährt. Generell gilt auch im Garten die Regel, nicht zu viele verschiedene Materialien für die Gestaltung einzusetzen. Wie bei vielen anderen Gelegenheiten ist auch hier weniger oft mehr bzw. besser. Insgesamt steht Stein in einer Fülle von Formen, Strukturen und Farben zur Verfügung: Allein an Natursteinen gibt es viele verschiedene Arten: z.B. Granit, Kalkstein, Porphyr, Basalt, Schiefer und Sandstein. Diese Steine werden in Steinbrüchen gewonnen und sind sowohl unbearbeitet als auch in bearbeiteten Formen im Baustoffhandel erhältlich. Kiesel und Kies zählen ebenfalls zu den Natursteinen, die aus dem Sediment der Flüsse gebaggert werden, sofern sie nicht nur als Zuschlagstoffe für die Betonherstellung eingesetzt werden. Daneben gibt es noch die große Palette der künstlichen Steine, vom gebrannten Ziegel über Keramikplatten bis hin zu den verschiedenen Betonsteinen und -platten, die eigens für die Gestaltung von Gärten und Außenanlagen geschaffen wurden.
Welche Art von Stein für die Verwendung im Garten am besten gewählt wird, hängt nicht nur von der Bauaufgabe und den Anforderungen an das Material ab, sondern auch von der beabsichtigten Wirkung und auch von praktischen Aspekten wie Materialverfügbarkeit, Transportmöglichkeiten zum Einsatzort, Kosten, Selbstbaumöglichkeit u.ä. Zu diesen Fragen will dieses Buch nicht nur Anregungen, sondern auch praktische Hinweise für die Umsetzung geben und, soweit wie möglich bzw. sinnvoll, zum Selbstbau anregen.

Bauaufgaben

Bei Neubauten wird die Gartengestaltung oft erst dann zum Thema, wenn das Haus bereits einigermaßen fertiggestellt ist. Dann ist nicht nur die räumliche Wirkung des Anwesens in seiner Umgebung gut erkennbar, es wird auch Zeit, die Wege zum Haus und in den Garten anzulegen und Stellplätze so zu befestigen, dass der Zugang bzw. die Zufahrt zum Haus möglich ist, ohne im Matsch der

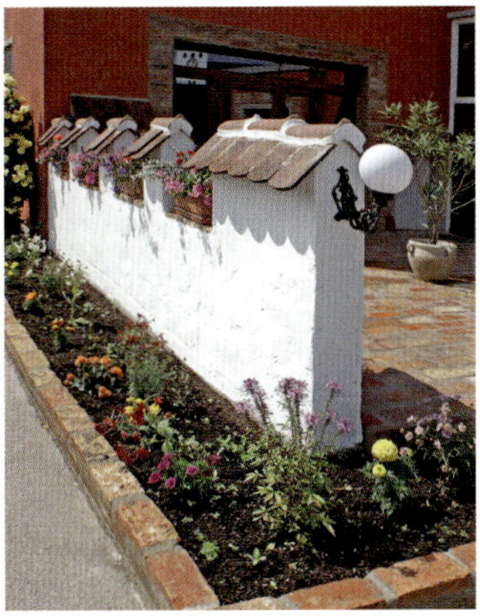

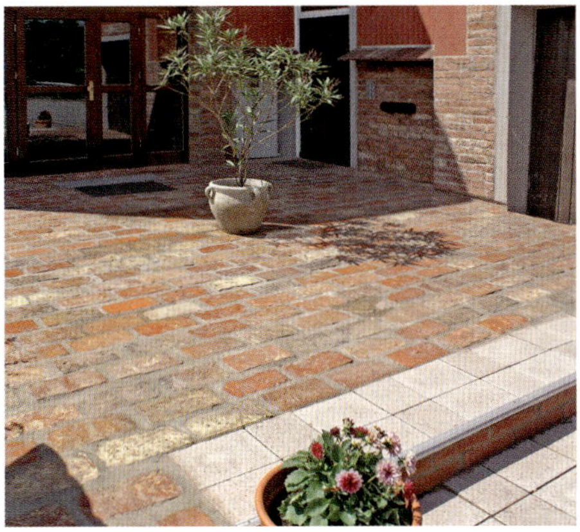

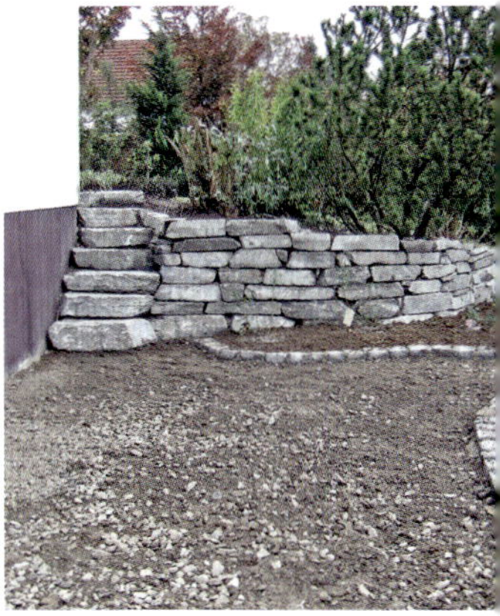

Baustelle zu versinken. Abgesehen vom praktischen Nutzen, der natürlich im Vordergrund steht, spielen bei der Gestaltung die persönlichen Wünsche eine große Rolle, wobei von naturnah über zurückhaltend-funktional bis hin zu üppig-repräsentativ viele Stile möglich sind. Die Anlage einer Terrasse hat oftmals Vorrang vor der weiteren Gartenanlage, damit für sonnige Tage schon einmal eine Sitzgelegenheit im Freien zur Verfügung steht. Aufwendiger wird die weitere Gartengestaltung insbesondere dann, wenn es gilt, Treppen anzulegen, oder größere Höhenunterschiede auf dem Grundstück auszugleichen oder durch Stützmauern zu gliedern. Gartenhäuschen, Beeteinfassungen, Gartenwege und -plätze oder Einrichtungen wie Brunnen etc. sind weitere Gelegenheiten, bei denen Stein im Garten zum Einsatz kommen kann. Die Baufamilie tut auf jeden Fall gut daran, im Zuge der Neubauplanung für die im Garten vorgesehenen Maßnahmen realistische Kosten im Gesamtbudget einzuplanen.

Bei bestehenden Gebäuden und Gartenanlagen sind die Aufgaben grundsätzlich die gleichen wie beim Neubau: Gestaltung von Wegen, Einfahrten, Stellplätzen, Terrassen, ggf. auch der Bau von Stützmauern und nicht zuletzt das Setzen von gestalterischen Akzenten im Zier- und Nutzgarten. Anders als beim Neubau ist im Bestand in der Regel eine gewachsene Vegetation zu berücksichtigen und in die Gestaltung einzubeziehen. Die meist entspanntere finanzielle Lage der Bauenden erlaubt es, etwas weniger aufs Geld zu achten und dafür mehr Gewicht auf Ästhetik und Quali-

1.7 und 1.8
Eine verputzte Mauer mit Ziegelabdeckung passt gut zum Ziegelpflaster-Belag im angrenzenden Hof.

1.9 *rechts*
Hier wurde eine Trockenmauer aus Rauriser Marmor zur Hangabstützung aufgeschichtet. Bei der Treppe links an der Hausecke sind größere Steine als Blockstufen verlegt.

1.10 *unten links*
Mauern und Treppen, hier in Granit, bieten sich an, um Höhenunterschiede zu überbrücken. Für die Pflasterung der Einfahrt wurde ein großformatiges Betonpflaster verbaut.

1.11 *unten rechts*
Pflasterrandsteine und Granitstelen werden in ein Betonfundament gesetzt.

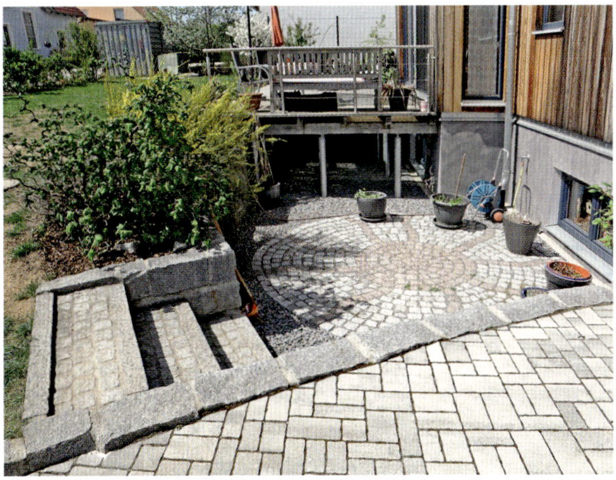

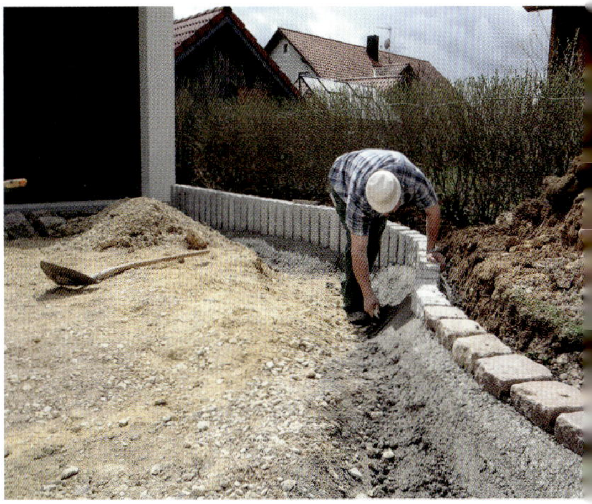

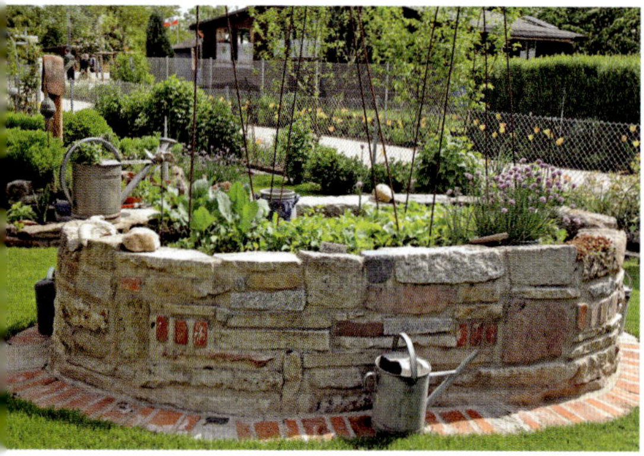

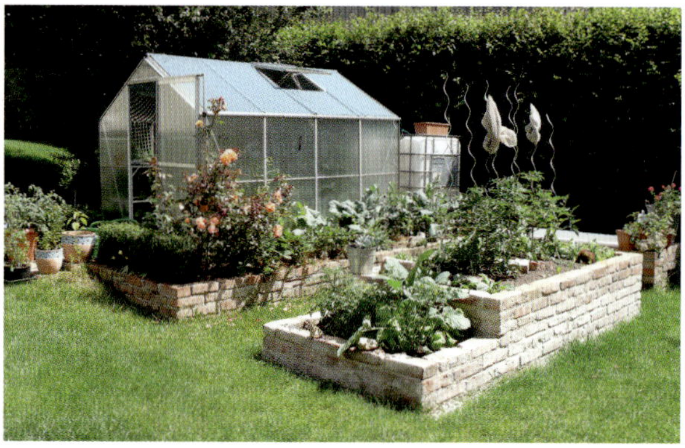

1.12 und 1.13
Bauen mit Stein im Garten: Hochbeete in freier Form aus recycelten Steinen (links) oder rechteckig aus Ziegeln gemauert (rechts) erleichtern die Bewirtschaftung der Beete und sind gleichzeitig markante Bilckpunkte.

1.14 und 1.15
Erneuerung eines Weges zum Haus. Die alten polygonalen Kalksteinplatten sind im Laufe der Jahrzehnte schadhaft und unansehnlich geworden. Der neue Weg mit Granit-Bogenpflaster gibt dem Hauseingang wieder Gediegenheit und eine zeitlose zurückhaltende Eleganz.

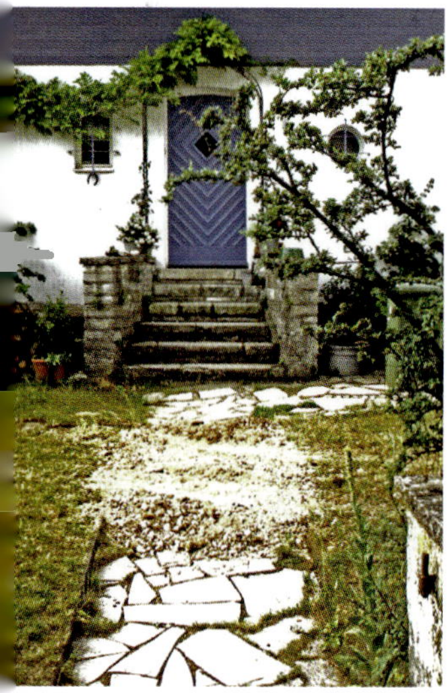

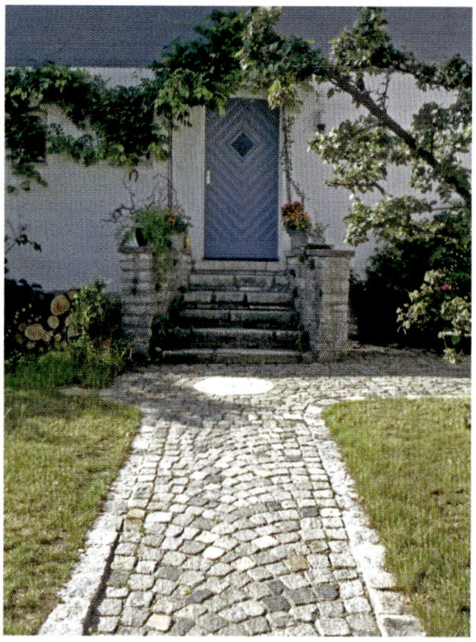

tät der Ausführung zu legen. Oftmals geht es auch darum, Behelfslösungen aus der Neubauphase zu korrigieren, Veraltetes zu ersetzen und/oder den Außenraum formal und funktional aufzuwerten.

Die Wirkung von Stein im Garten – Wege zur guten Gestaltung

Wie werden Terrasse und Haus aussehen, wenn eine Terrasse aus Holz gebaut wird? Wie wird es wirken, wenn man stattdessen Steinplatten oder Pflaster verwendet, z.B. ein Granitpflaster? Oder wenn man doch lieber, weil glatter, leichter zu verlegen und preiswerter, zu Betonplatten greift? Das sind typische Fragen, vor die sich Profis wie Selbstbauer immer wieder gestellt sehen. Um für den eigenen Garten bzw. für die Wege und Plätze ums Haus eine ansprechende Gestaltung zu finden, die in die unmittelbare Nachbarschaft ebenso wie in die umgebende Landschaft passt, ist es hilfreich, sich gebaute Lösungen anzuschauen und miteinander zu vergleichen. Was sieht gut aus, was erscheint weniger gelungen? Warum ist das so? Welche Farben harmonieren miteinander, welcher Stein passt gut zu welchen Pflanzen? Welche Oberflächen passen zueinander? Welche Elemente passen eher nicht zueinander? Für die Planung hilft es, die eigenen Beobachtungen in anderen Gärten, Schaugärten und Musterausstellungen zu notieren und die Notizen nach diversen Besichtigungstouren in einer ruhigen Stunde auszuwerten.
Gestaltungsmuster mit industriell hergestellten Steinen finden sich in vielen Baustoffhandlungen und Baumärkten, die große Posten künstlich hergestellter Materialien zum Verkauf bereithalten. Diese Baustoffe sind auch in den Prospekten der Märkte werblich sehr präsent, auch wenn sie nicht immer gestalterisch gute Lösungen zeigen. Ein unmittelbarer Vergleich mit Alternativen in Naturstein ist vor Ort meist weniger gut oder gar nicht möglich. Dagegen haben Gartenbaubetriebe oft kleine Mustergärten für ihre Kunden eingerichtet, in denen sie mehr oder weniger ansprechende Gestaltungsbeispiele mit verschiedenen Naturbaustoffen in Verbindung mit diversen Bepflanzungen zeigen. Besonders

lohnenswert sind Besuche in den Themengärten von Gartenschauen und -ausstellungen, die jedes Jahr in vielen Städten veranstaltet werden, und die kritische Betrachtung der dort gezeigten Lösungen. Eine weitere Möglichkeit ist die Besichtigung von gut angelegten Gärten in neuen Wohnsiedlungen, soweit dies vom öffentlichen Raum aus möglich ist. Das Studium solcher Hausgärten kann erhellende Einblicke und Klarheit über die Einsatzmöglichkeiten und –grenzen verschiedener Baustoffe im eigenen Garten geben. Außerdem ist an solchen Beispielen meist gut zu erkennen, welche Materialien nicht zueinander passen, welche beispielweise farblich von den Bildern im Katalog abweichen oder welche schwer zu pflegen sind. Daneben können auch Bücher und Zeitschriften wertvolle Anregungen liefern.

Kataloge sichten

Um eine Vorstellung von den Kosten der einen oder anderen Gestaltung zu bekommen, helfen die Kataloge bzw. Preislisten der Baustoffhändler nur teilweise weiter, da sie hauptsächlich für die industriell hergestellten Steine und Platten klare Kostenangaben machen. Bei den vielfältigen Formen und Formaten der Natursteine sind solche Angaben naturgemäß schwieriger und auch schwerer vergleichbar. Hier können oftmals nur Kosten pro Palette oder pro Tonne Gewicht angegeben werden, die dann auf Quadratmeter umgerechnet werden müssen.
Andererseits werden die Kosten für eine Gartenanlage, insbesondere bei großen Pflaster-/Plattenflächen oder bei längeren Mauern, ein wichtiges Auswahlkriterium für die Baufamilie sein, insbesondere wenn beim Neubau für die Außenanlagen nur noch wenig Geld übrig ist. Dennoch sollten keine unschönen Baustoffe zum Einsatz kommen, auch wenn sie deutlich billiger sind. Deshalb ist es oft besser, mit einer anspruchsvollen Garten- oder Vorgartengestaltung zu warten und sie erst dann zu verwirklichen, wenn wieder genügend Geldmittel zur Verfügung stehen. Bis dahin bieten sich einfache Ersatzlösungen an. So können beispielsweise die Stellflächen für die Fahrzeuge zunächst nur mit Schotter befestigt werden. Später ist dann immer noch eine Pflasterung mit einem hochwertigen Stein möglich. Wer sich aus Kostengründen vorschnell für eine Billiglösung entschieden hat, etwa für die früher verbreiteten H-Betonsteine (sogenannte Hundeknochen) als Bodenbelag, wird diese so schnell nicht wieder ausbauen und sich möglicherweise lange über die unschöne Gestaltung ärgern.

Natur- oder Industriebaustoffe?

Die Entscheidung zwischen Naturbaustoffen und Baustoffen aus industrieller Fertigung gilt es gründlich zu bedenken. Den günstigeren Anschaffungs- und Verarbeitungskosten für Betonplatten und –steine stehen die gehobene Ästhetik, die längere Haltbarkeit und die zeitlose Schönheit der meisten Natursteine gegenüber. In der Anschaffung kostengünstige Baustoffe kommen unter Umständen langfristig teuer, etwa wenn sie nicht ausreichend wetterfest sind oder einfach nicht zum Haus passen und bald ersetzt werden müssen.
Allerdings sollen die Industriebaustoffe hier nicht pauschal abgewertet und verworfen werden. Für die Befestigung von Stellplätzen und Terrassen kann ein passend gewählter Betonstein, ggf. mit vergüteter Oberfläche und eingefasst in Naturstein, eine durchaus vertretbare Wahl sein, weil im Ergebnis optisch noch akzeptabel und von den Kosten her möglicherweise sehr attraktiv. Im Übrigen ist die Unterscheidung in Natur- und Industriebaustoffe nicht immer scharf zu treffen, denn es gibt auch „Übergangsmaterialien", wie z.B. Klinker-

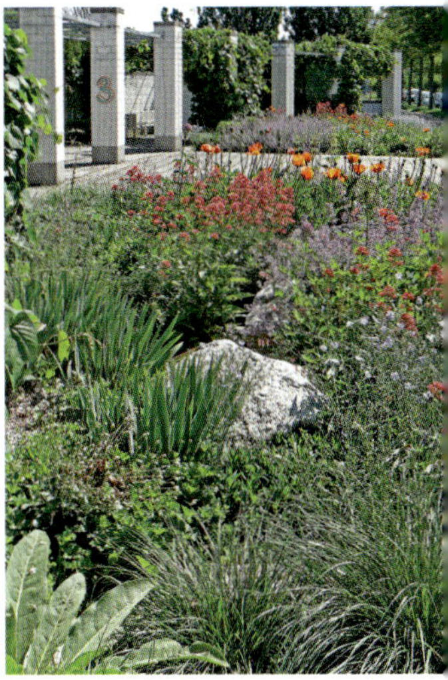

1.16
Die Gestaltung öffentlicher Gärten, hier eine Steingartenanlage, kann Anregungen für den eigenen Garten geben, auch wenn der Platz auf dem eigenen Grundstück meist viel begrenzter ist.

1.17
Wegen der glatten Oberfläche könnte man bei diesem sauber verlegten Pflaster aus Marmor auf den Gedanken kommen, dass es sich um ein Kunststein-Pflaster handelt.

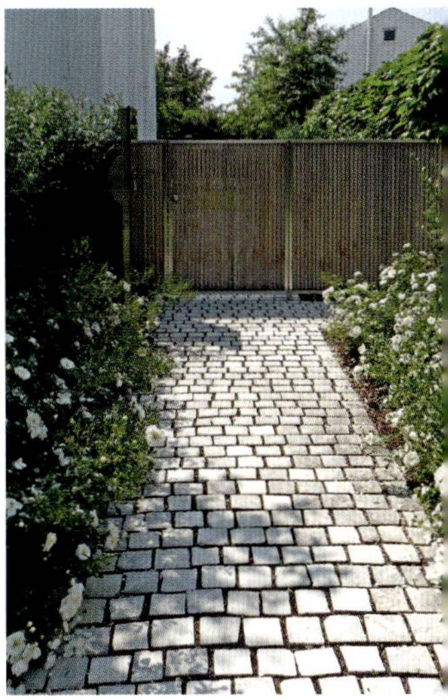

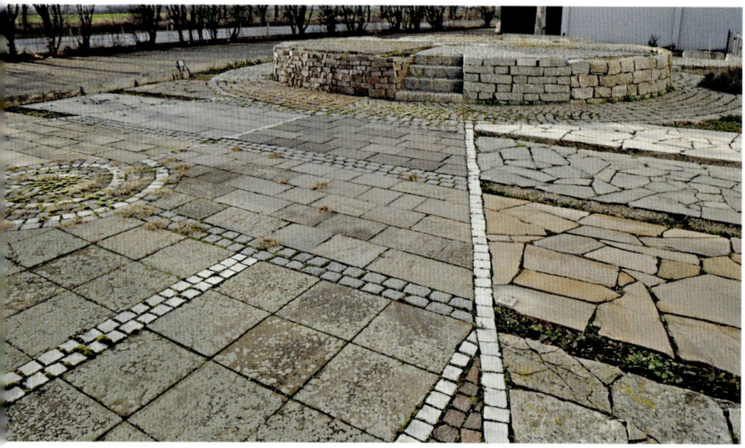

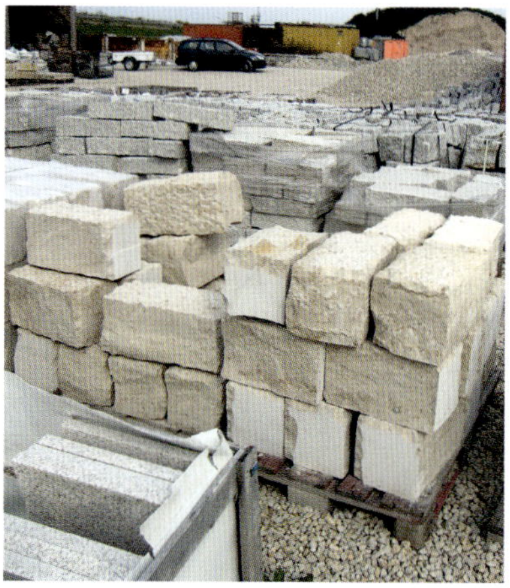

1.18
Diese 10 Jahre alten Musterflächen für Naturstein-Bodenbeläge vermitteln einen Eindruck davon, wie verschiedene Kleinpflaster sowie polygonale und rechteckige Platten aus unterschiedlichen Materialien nach längerer Zeit wirken. Im Hintergrund werden am erhöhten Kreisplatz auch Mauersteine und Treppenlösungen gezeigt.

1.19
Steinlager bei einem Natursteinhändler, in der Bildmitte große behauene Kalksteine.

Probieren geht über Studieren
Dieses Motto gilt auch für Gartenbaustoffe. Auf den Bildern der Werbung sehen beispielsweise Pflasterbeläge oder Natursteinplatten oft anders aus als in Wirklichkeit. Vor der Bestellung eines größeren Postens an Pflastersteinen oder Platten sollten diese wenn möglich im Baustofflager selbst begutachtet werden. Beim Begehen von Belägen wird deutlich spürbar, ob sie z.B. rutschfest sind oder holprig wirken.

steine, die trotz ihrer eher natürlichen Anmutung aus industrieller Fertigung stammen, und bearbeitete Natursteinplatten (z.B. gesägt, geschliffen o.ä.), die einen mehr oder weniger aufwendigen Verarbeitungsprozess hinter sich haben.

Einsatzmöglichkeiten

Anders als Holz ist Stein im Außenbereich außerordentlich haltbar. Selbst widerstandsfähige Tropenhölzer oder mit Imprägniermitteln behandelte Hölzer zeigen spätestens nach 20 bis 30 Jahren Zerfallserscheinungen. Am Übergang zum Boden und überall dort, wo Feuchtigkeit dauerhaft einwirkt, ist die Verrottung des organischen Materials nicht aufzuhalten. Dagegen nimmt Stein zunehmend eine schönere Patina an, wenn sich Flechten und Moose ansiedeln. Selbstverständlich müssen die Steine frostsicher und richtig eingebaut sein. Denn sie bleiben nicht grundsätzlich von der Verwitterung verschont, wie man etwa in den Alpen und anderen Gebirgen im Großen beobachten kann. Dort weisen die Schutthalden in manchen Bergregionen darauf hin, dass selbst von den mächtigen Felsformationen immer wieder Stücke abgesprengt werden. Das Wasser hat eine ungeheure Kraft, vor allem, wenn es durch Ritzen in den Stein eindringen kann: „Steter Tropfen höhlt den Stein". Gefrierendes Wasser übt durch die Volumenausdehnung einen gewaltigen Druck aus und vermag sogar Stein zu sprengen.

Natursteine

Granit

Feldspat, Quarz und Glimmer machen den oberflächlich grau wirkenden Granit attraktiv. Dieses harte Urgestein kommt erst in bearbeiteter Form richtig zur Geltung. Granit ist – wie die meisten anderen Naturstein-Arten – ein bewährtes Baumaterial. Neben den Granit-Pflastersteinen in verschiedenen Größen und Farben haben größere Granit-Quadersteine einen besonderen Wert als Terrasseneinfassungen oder zur Herstellung von Treppen und Absätze. Granit-Stelen (z.B. 6 x 25 x 100 cm oder 8 x 30 x 100 cm) oder auch Palisaden (z.B. 12

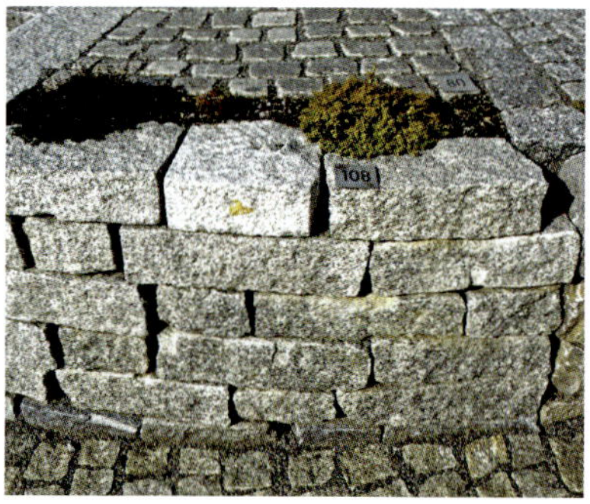

1.20: Graue Granit-Steine und Pflaster

x 12 x 100 cm) eignen sich zum Bau von Mauern und Hangabstützungen, können aber ebenso gut als Trittstufen zum Bau von Treppen genutzt werden. In noch größeren Abmessungen werden Hochbordsteine im Straßenbau für Gehsteigränder (Bordsteine) verwendet. Solche Steine lassen sich aber ebenso gut im Gartenbau nutzen, auch wenn sie in Längen von 1 m schon recht schwer sind. Daneben gibt es Granit auch in Form von maßhaltig gesägten Platten (z.B. 30 x 30 x 3 cm bis 60 x 60 x 3 cm) und Blockstufen. In ähnlichen Formen ist auch der fast schwarze, sehr harte Basalt im Handel: Pflastersteine, Palisaden, Blockstufen und Platten.
Mit Naturstein handelnde Anbieter liefern meist auf Wunsch auch größere Steine bzw. solche mit individuellen Abmessungen und Formen.

Porphyr, Quarzit u.a.

Neben Granit ist der eher rötliche Naturstein Porphyr für Terrassen (meist als Platten) und für Pflasterarbeiten sehr beliebt. Dieses Vulkangestein, u.a. aus Südtirol stammend, hat ähnlich gute Eigenschaften wie Granit.
Es ist in gebrochenen symmetrischen Formen als Rechteck- und Trapez-Pflaster oder auch in mehr oder weniger großen polygonalen Platten zu bekommen.
Ebenfalls sehr hart und von der Farbe her ins beige-gelbliche gehend wird Quarzit in Form von Pflastersteinen, polygonalen gespaltenen Platten so-

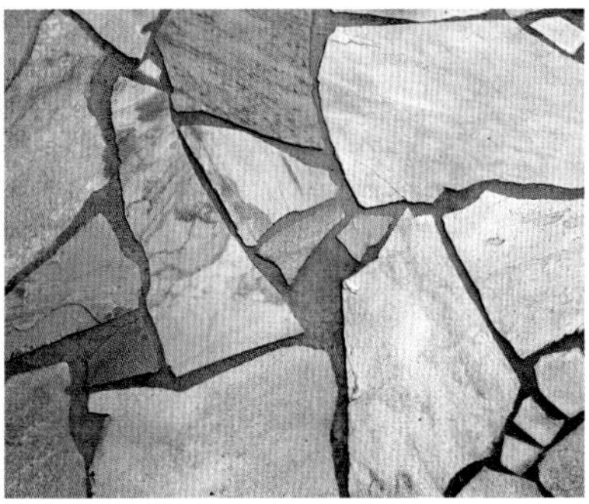

1.21: Rötliche Porphyr-Polygonalplatten.

Oberflächen von Natursteinen

Natursteine kommen nicht nur im Garten, sondern auch für Böden und Wandfliesen im Gebäude sowie für Grabsteine etc. zum Einsatz, wo z.T. feinere Oberflächen gewünscht sind. Für den Gartenbau werden im Wesentlichen folgende Oberflächenqualitäten unterschieden:

- naturrau oder gebrochen (z.B. Schiefer, Solnhofener Kalkstein)
- gesägt, z.B. in der Gattersäge (z.B. Granit)
- geschliffen (grob, mittel, fein)
- geflammt (z.B. Granit)
- seltener gestockt, gespitzt und scharriert (z.B. Marmor)
- selten poliert (z.B. Granit, Marmor)

Gebrochene Steine haben eine sehr raue unregelmäßige Oberfläche. Deshalb eignet sich solches Material nicht als Bodenbelag. Typische Anwendungsbereiche sind Mauersteine, Palisaden oder Kantensteine. Die natürliche Farbgebung des Gesteins bleibt gut sichtbar.

Grob behauene Steine sind von Hand bearbeitet. Die Unebenheiten der gebrochenen Oberfläche werden mit Hammer und Meißel geglättet. Insgesamt wird die Oberfläche ebener, so dass sich solche Steine gut für Palisaden und Kantensteine eignen.

Spaltraue Oberflächen sind typisch für Schiefer, Sandstein, Quarzit, Porphyr oder Gneis. Diese Materialien können nur so gespalten werden wie die natürliche Schichtung des Gesteins es erlaubt. Materialdicken sind damit durch die Art des Vorkommens gewissermaßen vorgegeben. Durch die spaltraue Oberfläche entsteht eine rutschhemmende Oberfläche, so dass diese Steine im Außenbereich gern Anwendung finden.

Gesägte Oberflächen sind relativ glatt, zeigen aber Spuren des Sägevorgangs. Steine wie Granit können mit diamantbesetzten Sägeblättern zugeschnitten und z.B. in der Gattersäge in mehr oder weniger dünne Platten geteilt werden.

Bei **gestockten Oberflächen** wird die gesägte Oberfläche mit einem Stockhammer von Hand oder mit Drucklufthämmern bearbeitet. Durch das Stocken bekommt der Stein eine fein gepunktete Oberfläche, so dass eine gute Trittsicherheit und eine rustikale Oberfläche erreicht werden.

Geschliffene Oberflächen haben ein matteres und weniger farbiges Aussehen als polierte Oberflächen. Zur Bearbeitung des gesägten Steins wird eine grobkörnigere Schleifscheibe verwendet. Verglichen mit polierten Oberflächen ist die Kornstruktur zwar gut zu erkennen, aber nicht so klar. Geschliffene Oberflächen sind rutschhemmender als polierte und daher als Bodenbelag im Außenbereich noch möglich.

Durch **Polieren** wird eine glänzende Oberfläche erzielt, so dass die Farben des Steins gut und kontrastreich zum Vorschein kommen. Bei Granit kann man nach dem Polieren die einzelnen Mineralien im Gestein sehr gut erkennen. Die sehr glatte Oberfläche ist nicht gerade rutschhemmend. Folglich findet man polierte Oberflächen im Außenbereich eher selten.

Geflammte Oberflächen sind bei Granit verbreitet, da sich dieser Stein aufgrund des hohen Quarzanteils gut flammen lässt. Beim Flammen platzen einzelne Bestandteile der Gesteinsstruktur durch die Hitze weg, so dass eine raue und relativ gleichmäßige Oberflächenstruktur entsteht. Im Vergleich zur geschliffenen Oberfläche kommen Farbe und Struktur des Gesteins besser zum Vorschein. Die Oberfläche zeigt eine gute Rutschfestigkeit und ist daher als Bodenbelag im Außenbereich in Form von Pflaster und Terrassenplatten geeignet.

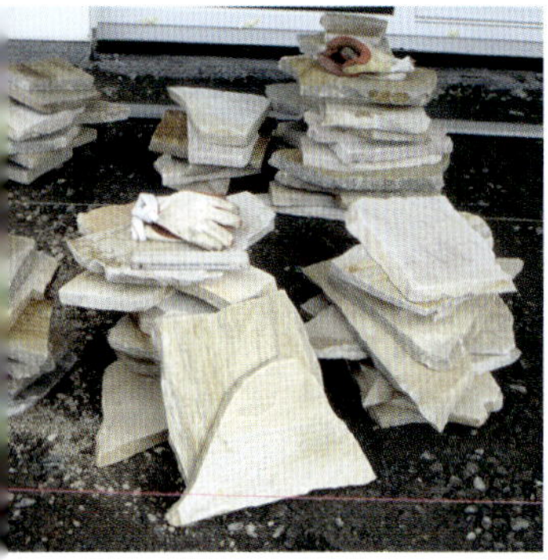

1.22:
Quarzit-Polygonalplatten

wie als Stelen, Randsteine und Palisaden angeboten und für die Gartengestaltung wegen seiner hellen warmen Oberfläche gerne verwendet.
Weitere Natursteinplatten bestehen je nach Herkunft aus Kalk (z.B. Solnhofener Platten aus Jurakalkstein), Sandstein (z.B. roter Main- oder gelber Wesersandstein), aus Schiefer oder anderen Materialien. Bis hin zum exklusiven Marmor aus Carrara bieten gut sortierte Baumärkte und vor allem spezialisierte Baustoffhandlungen ein riesiges Sortiment an mehr oder weniger bearbeiteten Produkten.

Kieselsteine

Kies wird tonnenweise zur Betonherstellung oder für die Gartengestaltung aus dem Boden oder aus Flüssen gebaggert. Bis die Kieselsteine an der Fundstelle zur Ruhe gekommen sind, haben sie einen langen Weg in Flüssen hinter sich. Das Herkunftsgebiet lässt sich meist recht genau aus der Zusammensetzung der Steine bestimmen. So sind rein weiße Steine offensichtlich Kalksteine. Sie stammen aus einem Gebirge mit Sedimentgestein. Solche Kiesel gibt es in vielen Flüssen, deren Quell- oder Zuflüsse aus den Alpen kommen, beispielsweise aus dem Hochgebirge mit Jurafelsen.
Der bekannte bunte Rheinkies besteht aus vielen Kieselarten. Am Fundort im Rheingraben sind Steine aus verschiedenen Herkunftsgebieten versammelt. Sie werden vom Flussbagger oder aus einer Kiesgrube neben dem Flussbett gefördert. Der bunte Rheinkies setzt sich aus Kieseln zusammen, die schon vor Jahrtausenden angeschwemmt und abgelagert wurden. Heute, wo die großen schiffbaren Flüsse durch Kraftwerke und Schleusen unterbrochen sind, erreichen nur noch kleine Kiesel und der Flusssand den Mittel- und Unterlauf der großen Flüsse. Der grobe Kies wird vor den Staustufen ausgebaggert. Nur in unverbauten Flusstälern, etwa in den Alpen, reißt das Wasser nach wie vor Felsen zu Tal, schleift sie rund und lagert sie im Flussbett ab.
Während aus den Alpen viele helle oder weiße Steine stammen, liegen in den Flüssen der Mittelgebirge vorwiegend dunkle Kiesel. So ragen aus dem Flussbett des Regen im Bayerischen Wald große dunkelgraue Findlinge, die von der Ferne fast wie Nilpferde aussehen. Sie stammen aus den Granitbergen des bayerischen Waldes. Granit kommt allerdings auch in anderen Gebirgen und in manchen Regionen der Alpen vor, so dass in alpinen Flüssen neben weißen Kalkkieseln ebenso graue Granitsteine zu finden sind. Was sich sonst noch alles im Fluss tummelt, ist mit Bestimmungsbüchern oder anhand geologischer Karten herauszufinden. Der Rhein fließt zum Beispiel durch Gebirge mit Kalk, Quarzit, Kreide, Jura, Dolomit, Schiefer, Granit und anderen Gesteinsschichtungen. Zudem wird er von Flüssen gespeist, die Material aus Gebirgen mit weiteren Gesteinsarten führen. Darunter sind auch vulkanische Erstarrungsgesteine wie Basalt, Porphyr und kristalliner Schiefer zu finden.
Neben der Verwendung als Kies, den es in einer großen Bandbreite an Korn- und Steingrößen gibt, können aus größeren Kieselsteinen von mehr oder weniger einheitlicher Größe auch Pflaster und Mosaike hergestellt werden. Diese kleinteilige Arbeit ist aber eher etwas für Künstler und Liebhaber als für den Pflasterer-Handwerker, dessen Tagewerk einigermaßen berechenbar bleiben soll.

1.23 und 1.24
Oben: farbiger Kies 5-7 mm, unten Kies aus Marmor mit sehr einheitlicher Siebung.

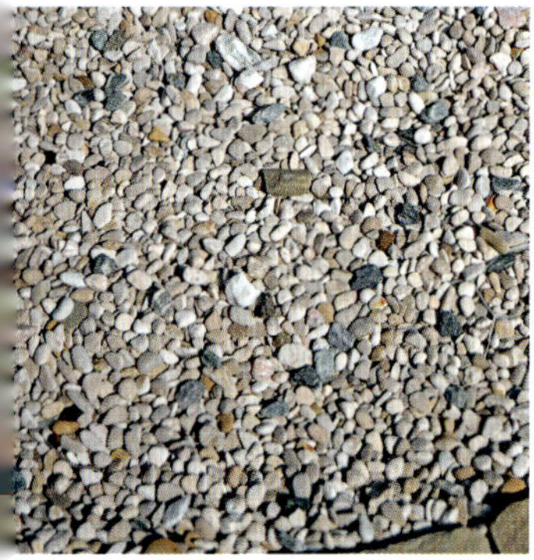

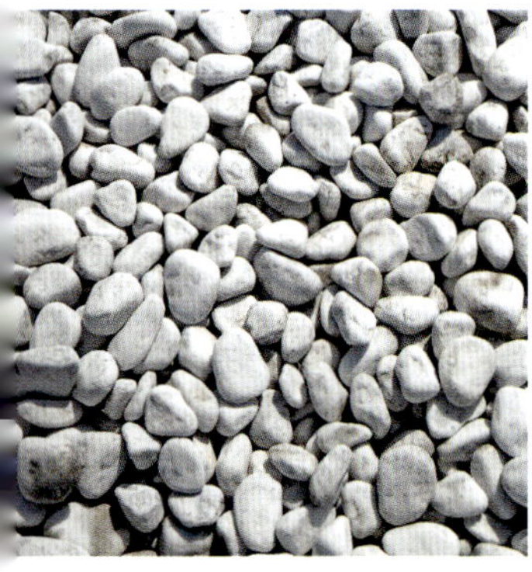

Klinker

Pflasterklinker sind Ziegelsteine mit besonderer Frosthärte und Abriebfestigkeit. Sie werden aus einer Mischung aus Lehm und Ton hart gebrannt und traditionell vor allem dort hergestellt und eingesetzt, wo Naturstein nicht oder schlecht verfügbar ist, also z.B.

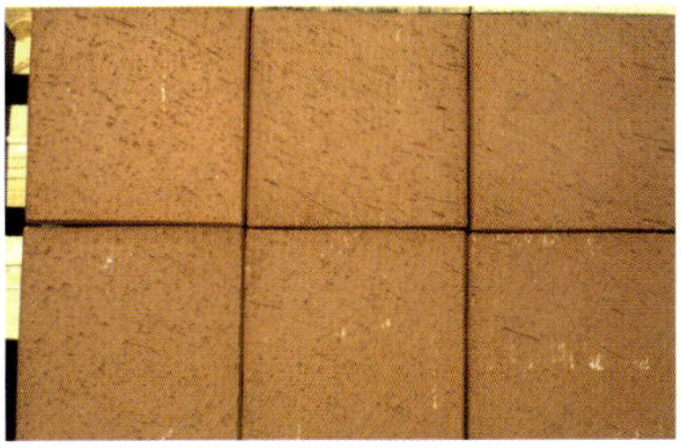

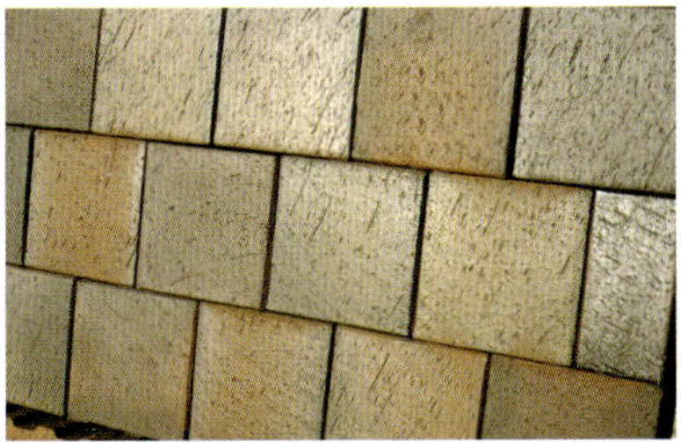

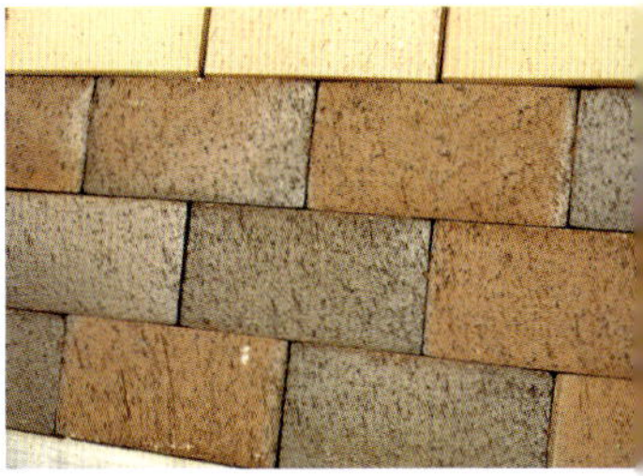

1.25 bis 1.27
Klinkerplatten und Klinkerpflaster werden in verschiedenen Farben, Formaten und Materialstärken angeboten, so dass sie für viele Gestaltungswünsche eine Lösung bieten.

im eher flachen Norddeutschland. Klinker trocknen nach Regen rasch ab und haben sich als trittsicher und rutschfest bewährt. Sie sind zudem streusalz- und laugenbeständig. Pflastersteine gibt es in unterschiedlichen Formen und Farben. Neben Normsteinen mit rechteckigen Oberflächen sind auch quadratische Klinker erhältlich, sowie TT-Formen für Verbundpflaster. Normziegel (NF) haben eine Größe von 24 cm x 11,5 cm x 7,1 cm. Die Farben Rot, Erdbraun oder Blaubunt sind lichtbeständig. Zu beachten ist, dass die Klinker je nach Brenntemperatur und Tonmischung von Charge zu Charge farblich unterschiedlich ausfallen können. Beim Verlegen sollten die Steine von verschiedenen Paletten genommen und gemischt werden.

Betonsteine

Wie beim Hausbau hat der Baustoff Beton auch im Garten Verbreitung gefunden. Beton ist eine Mischung aus Kies und Zement, die sich vor dem Aushärten in nahezu beliebige Formen bringen lässt. Da Zement aus gebranntem Kalk hergestellt wird, könnte man Beton in gewisser Weise auch als eine Art Naturprodukt bezeichnen, bei dem es aber sehr darauf ankommt, was man daraus macht. Massive Betonobjekte, eintönige Flächen aus Betonstein und vollständig versiegelte Flächen sind im Interesse einer lebendigen Gartengestaltung jedenfalls zu vermeiden.
Für Fundamente ist Beton unersetzlich. Betonpflaster können stellenweise passend sein; sie lassen sich je nach Farbe durchaus mit anderen Materialien kombinieren. So kann beispielsweise ein unauffällig graues Pflaster aus Betonsteinen durch rote Terracottakübel mit üppigen grünen Pflanzen durchaus aufgewertet werden. Betonpflastersteine sind wie Klinker in vielen Größen, Formen und Farben verfügbar. Sie haben sich als trittsicher und frostbeständig bewährt. Für dieses Baumaterial sprechen vor allem der verhältnismäßig niedrige Preis, die einfache Beschaffung (im Baumarkt um die Ecke) und die schnelle Verlegung.

Fliesen

Steinzeug-Fliesen gehören nur am Rande in diese Betrachtung, da sie nur auf tragfähigen, betonierten und glatten Untergründen (d.h. betonierten Terrassenplätzen) verlegt werden können. Für solche Terrassenbeläge eignen sich nur frostsichere Typen für starke Beanspruchungen (Abriebgruppe IV), also hartgebrannte (und ggf. glasierte) Keramikfliesen oder dünne Natursteinplatten (Steinzeugfliesen). Sie sind in unterschiedlichen Größen und Formen im Handel und werden in der Regel mit einem speziellen Kleber am Boden befestigt und danach wasserdicht verfugt. Diese recht strapazierfähigen Produkte sind trotzdem natürlich (bruch-) empfindlicher als Vollziegel (Klinker) oder massive Naturstein- oder Betonplatten.

Materialien für Mauern

Mauern und Zaunelemente werden hauptsächlich zur Einfriedung des Grundstücks errichtet, können aber auch anderswo zum Einsatz kommen, etwa um an der Terrasse einen Sicht-

1.28
Betonsteinpflaster mit vergüteter Oberfläche durch farbigem Gesteinszuschlag. Solche Pflaster werden auch extradick (z.B. 8 cm) für erhöhte Belastung in Einfahrten etc. angeboten.

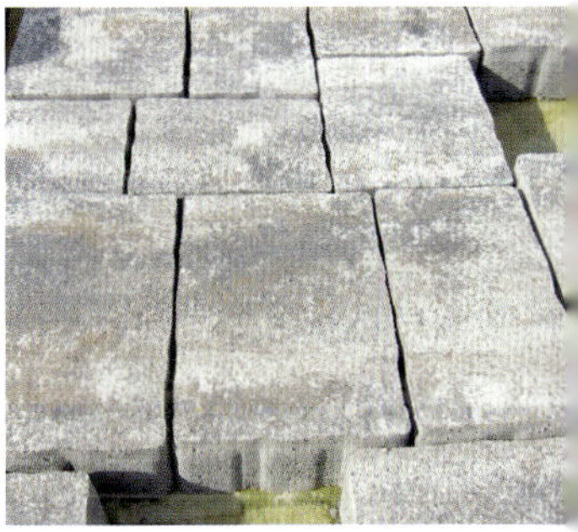

1.29
Zum Errichten von Mauern kommen sowohl frostharte Klinker als auch quaderförmige Natursteine in Betracht.

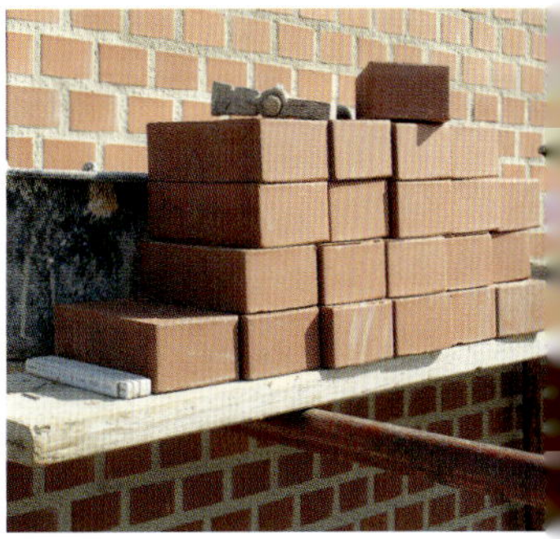

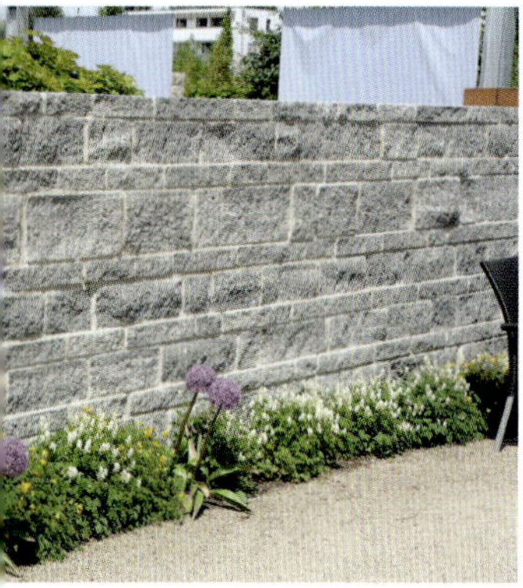

1.30
Vermörtelte Mauer aus behauenem Granit.

1.31
Trockenmauer, aufgeschichtet aus großen, quaderförmigen Steinen.

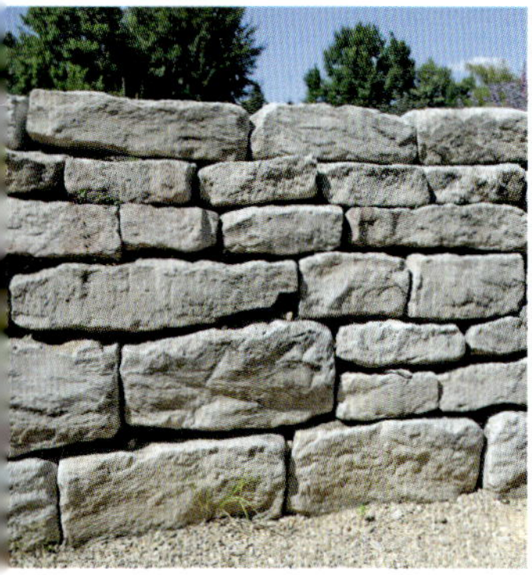

1.32
Mit entsprechend großen Steinen lassen sich auch sehr hohe Trockenmauern zur Hangbefestigung aufschichten, was jedoch nur mit schwerem Gerät möglich ist.

schutz zu schaffen, eine Sitzecke vom Garten abzugrenzen oder Böschungen und Hänge zu befestigen. Für den Bau von Mauern eignen sich sowohl gebrochene oder auch bearbeitete quaderförmige Natursteine als auch Mauer-Klinker, Kalksandsteine oder Betonsteine mit genormten Abmessungen. Vorzugsweise sollte Naturstein anstelle von Beton zum Einsatz kommen. Die Materialwahl richtet sich nach dem Charakter des Gartens und nach der Verfügbarkeit des Gesteins. Mit Mörtel errichtete Mauern, ob aus Naturstein oder Ziegeln, können nur auf einem soliden Betonfundament errichtet werden und betonen im Garten stets den Willen zur baulichen Gestaltung. Naturnäher und eher unauffälliger sind Trockenmauern, insbesondere wenn sie am Hang nur einseitig in Erscheinung treten. Für den Bau einer Trockenmauer, die als Stützwand dient, kommen am besten frostsichere, kantige Steine zum Einsatz. Das können beispielsweise sogenannte Wasserbausteine aus Granit sein, wie sie für die Uferbefestigung an Flüssen in großen Mengen verwendet werden. Ebenso eignen sich kantige Kalksteine, die allerdings frostbeständig sein müssen. Vorzugsweise fällt die Wahl auf eine Steinart, die für die Region typisch und in der Umgebung zu beschaffen ist. In Mittelgebirge mit vorherrschendem Granitgestein wird Granit auch im Garten am besten passen. Wenn geeignetes Gestein bereits auf dem eigenen Grundstück vorhanden ist, liegt dessen Nutzung natürlich auf der Hand. Brüchiges Kalkgestein lässt sich selbstverständlich nicht für Stützmauern einsetzen. Es kann aber für die Anlage einer kleinen Trockenmauer, etwa zur Einfassung des Gemüsegartens nützlich sein. Falls einige Steine bei Frost brüchig werden und zerbröseln, schadet das nicht. Sie bieten den Pflanzen auf und an der Mauer eine Möglichkeit, anzuwachsen.

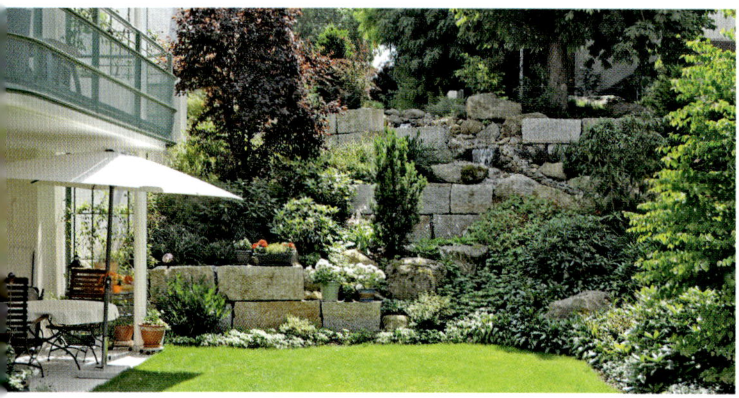

Kombinieren

Wie im Haus lassen sich auch im Garten verschiedene Materialien vorteilhaft miteinander kombinieren. So können beispielsweise beim Terrassenbau einfache Beton-Randsteine als Einfassung dienen, während die Fläche mit schönen Klinkersteinen gepflastert wird und kleine Pflastersteine die Zwischenräume füllen. Zu Stein passt auch eine leichte Metallpergola, die Kletterpflanzen Halt bietet und gleichzeitig Schatten spendet und Sichtschutz bringt. „Weiche" Holzmöbel und Kübelpflanzen in Terrakottatöpfen geben einem Sitzplatz mit Steinboden etwas Wohnliches.

Herkunft und Aufwand

In der Vergangenheit, als der Gütertransport noch aufwendiger war, wurden für Gebäude und Außenanlagen möglichst solche Baustoffe verwendet, die in der näheren Umgebung gewonnen oder hergestellt wurden. So sind die regionaltypischen Siedlungen und Gärten entstanden, die heute noch die Landschaft prägen: etwa an der Mosel die Häuser mit Schieferdächern, im fränkischen Jura Gebäude mit Kalksteinwänden oder im bayerischen Wald die massiven Granitbauten. Mangels Vorkommen an geeignetem Gestein wurden im norddeutschen Tiefland die Steine aus Lehm gebrannt („gebacken"), was zu der in Norddeutschland verbreiteten typischen Backsteinarchitektur führte.

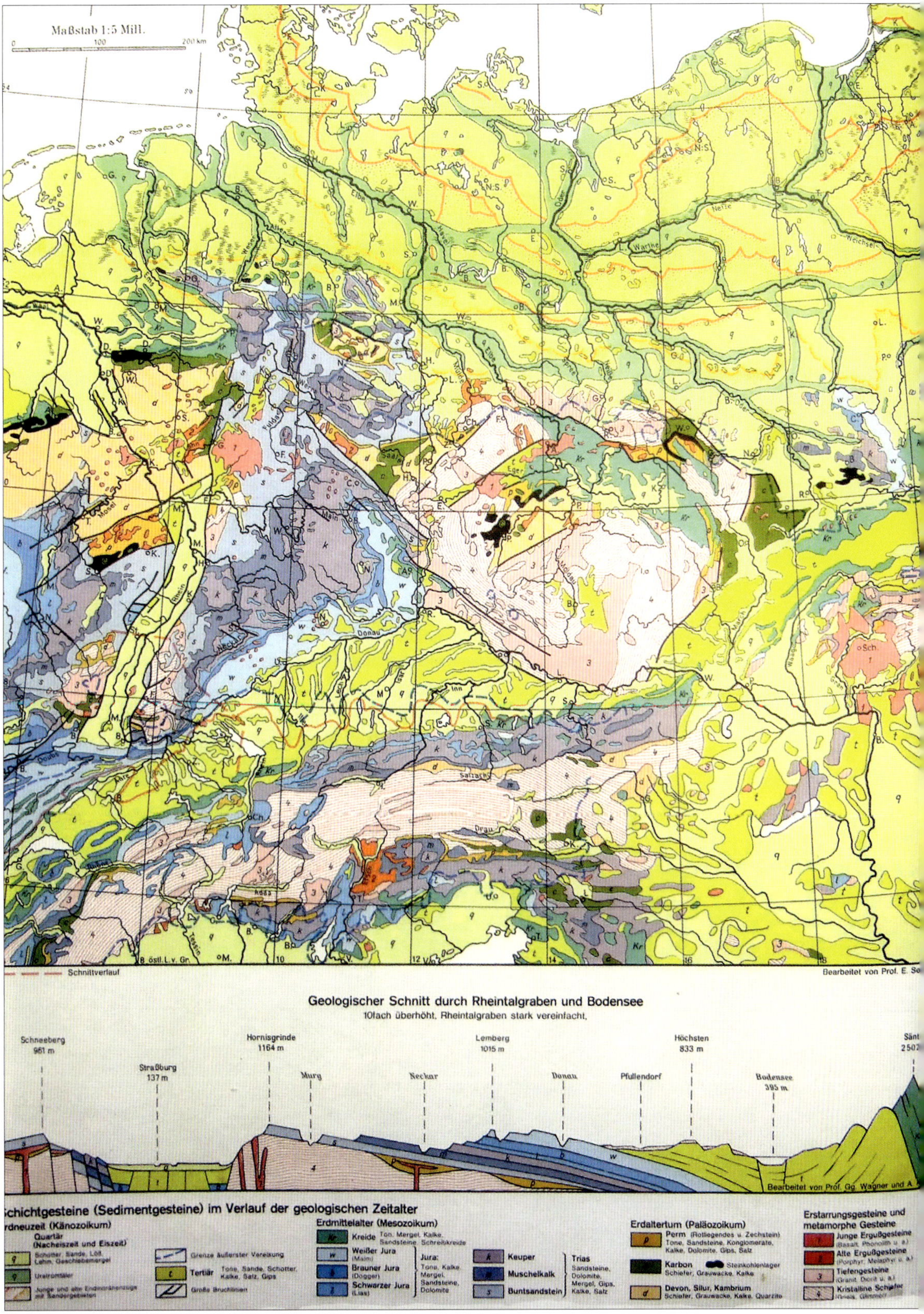
Maßstab 1:5 Mill.
0
100
200 km
Schnittverlauf
Bearbeitet von Prof. E. Se
Geologischer Schnitt durch Rheintalgraben und Bodensee
10fach überhöht, Rheintalgraben stark vereinfacht,
Schneeberg 961 m
Straßburg 137 m
Hornisgrinde 1164 m
Murg
Neckar
Lemberg 1015 m
Donau
Pfullendorf
Höchsten 833 m
Bodensee 395 m
Bearbeitet von Prof. Gg. Wagner und A.
Schichtgesteine (Sedimentgesteine) im Verlauf der geologischen Zeitalter
rdneuzeit (Känozoikum)
Quartär (Nacheiszeit und Eiszeit)
Schotter, Sande, Löß, Lehm, Geschiebemergel
Urstromtäler
Junge und alte Endmoränenzüge mit Sandergebieten
Grenze äußerster Vereisung
Tertiär Tone, Sande, Schotter, Kalke, Salz, Gips
Große Bruchlinien
Erdmittelalter (Mesozoikum)
Kreide Ton, Mergel, Kalke, Sandsteine, Schreibkreide
Weißer Jura (Malm)
Brauner Jura (Dogger)
Schwarzer Jura (Lias)
Jura: Tone, Kalke, Mergel, Sandsteine, Dolomite
Keuper
Muschelkalk
Buntsandstein
Trias Sandsteine, Dolomite, Mergel, Gips, Kalke, Salz
Erdaltertum (Paläozoikum)
Perm (Rotliegendes u. Zechstein) Tone, Sandsteine, Konglomerate, Kalke, Dolomite, Gips, Salz
Karbon Steinkohlenlager Schiefer, Grauwacke, Kalke
Devon, Silur, Kambrium Schiefer, Grauwacke, Kalke, Quarzite
Erstarrungsgesteine und metamorphe Gesteine
Junge Ergußgesteine (Basalt, Phonolith u. a.)
Alte Ergußgesteine (Porphyr, Melaphyr u. a.)
Tiefengesteine (Granit, Diorit u. a.)
Kristalline Schiefer

1.33 (Seite 15)
Geologische Karte Deutschlands mit Schnitt durch den Oberrheingraben und Bodensee. Quelle: Harms Schulatlas

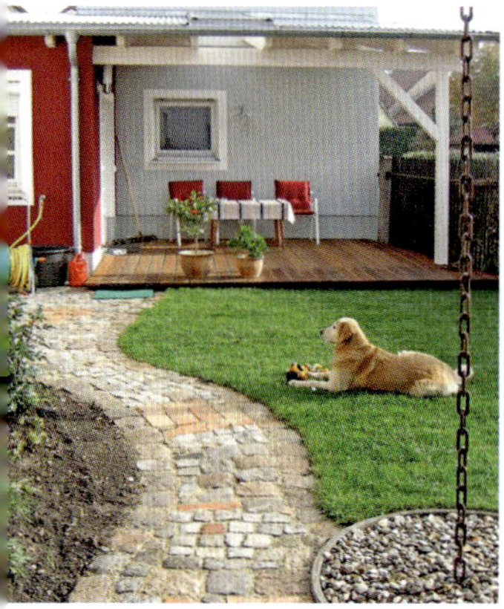

1.34
Materialmischung im Garten: die Terrasse aus Holz (unter Dach) und der Gartenweg aus recycelten Granit- und Ziegelsteinen vermitteln eine heitere, lebendige Stimmung.

1.35
Ein Kalksteinbruch wie dieser verändert die Landschaft bis auf den Grund.

1.36
Der Selbstbau mit Stein stößt bereits bei der Materialbeschaffung schnell an Grenzen: die Transportkapazität eines PKW-Anhängers liegt unter 500 kg.

Die Gewinnung und Bearbeitung von Stein und das Zurichten zu handhabbaren Steinen oder Platten war natürlich mühsam und zeitaufwändig, und ist es heute noch. Das ist ein Hauptgrund dafür, dass sich die leichter verfügbaren, in Qualität und Abmessungen genormten Industriebaustoffe aus Ziegel, Kunststein und Beton gegenüber Naturstein schnell durchsetzen konnten. Beispielsweise verschwanden mancherorts die Ziegeldächer aus den Ortschaften, weil Dachziegel durch die großflächigen und vermeintlich preisgünstigen Eternitplatten verdrängt wurden. Fortan prägten graue Wellbetonplatten die Dachlandschaften in solchen Gegenden. Erst als die schädliche Wirkung von Asbest bekannt wurde, begann die Rückbesinnung auf die guten alten Dachziegel, während der Asbestbeton teuer als Sondermüll entsorgt werden musste. Wie die roten Ziegeldächer sind auch rote Klinkerpflaster als Bodenbelag ansehnlicher als betonierte oder asphaltierte Flächen.
Heute ist die Gewinnung von Baustoffen in Handarbeit, etwa in naheliegenden Steinbrüchen, kaum noch üblich. Vielerorts wurden die Steinbrüche stillgelegt und als Naturschutzgebiete ausgewiesen. Aus Kostengründen werden viele Naturbaustoffe nicht mehr in der Region gewonnen, sondern stammen oftmals aus fernen Ländern. Selbst der Transport von schweren Steinen per Schiff und LKW kommt durch die globale Ökonomie billiger als der Abbau in regionalen Steinbrüchen. So werden auch Pflastersteine aus Granit z.B. nicht mehr im Bayerischen Wald aus den Bergen gestemmt, sondern aus China importiert. Daher ist es aus ökologischen Gründen nicht grundsätzlich unbedenklicher, Natursteine anstelle von Betonsteinen zu wählen, insbesondere wenn letztere aus heimischer Produktion stammen. Allerdings sind noch eine Reihe weiterer Aspekte zu beachten. In der Vielfalt an Betonsteinen gibt es auch Produkte, deren Herstellungsverfahren durchaus zweifelhaft sind. So werden sogenannte gekollerte Steine zunächst auf herkömmliche Art aus Beton gegossen. Nach der Trocknung landen die neuen Steine dann in großen Trommeln, um durch Rotation die Kanten der Steine zu brechen. Danach sehen die Betonsteine nicht mehr ganz neu aus, was durchaus erwünscht und Ziel dieser Behandlung ist.

Selbstbaueignung

Ein Gesichtspunkt bei der Baustoffwahl ist auch die Frage, ob die Pflaster- oder Maurerarbeiten in Auftrag gegeben oder selbst erledigt werden sollen. So ist das Verlegen von glatten Steinen in einheitlichen Formaten durchaus im Eigenbau möglich, vorausgesetzt, das Herrichten des Unterbaus einschließlich Einrichten der richtigen Höhen ist mit einfachen Mitteln zu bewältigen oder wurde von einem

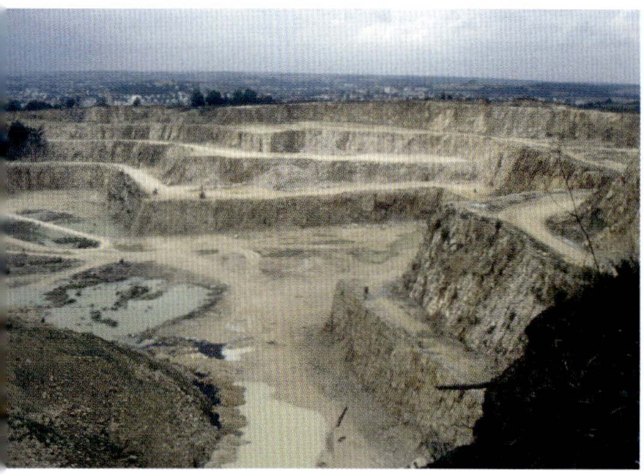

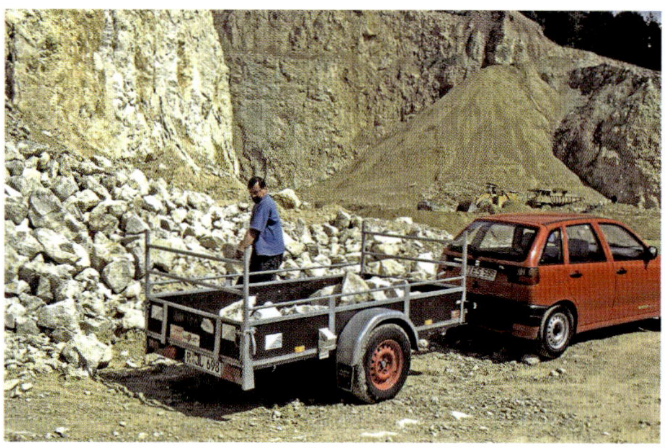

Unternehmer erledigt. Bei Zweitsitzplätzen oder Nebenwegen im Garten ist so etwas auch in Eigenleistung zu schaffen. Dagegen sind für spezielle Beläge, wie etwa für das Pflastern im sogenannten wilden Verband mit Natursteinen oder vielen verschiedenen Stein-Formaten, Verlegepläne und praktische Erfahrung unumgänglich. Die Selbstbaueignung ist aber generell bei allen Naturbaustoffen kritisch zu prüfen. So lassen sich großformatige Natursteinplatten nur mit maschineller Hilfe befördern und zurichten. Dafür müssen die nötigen Geräte vorhanden sein und bedient werden können.

Ökobilanz von Steinmaterialien

Beim Vergleich mit anderen Gartenbaustoffen schneidet Stein langfristig besser ab als Holz oder Metall – insbesondere überall dort, wo Feuchtigkeit dauerhaft einwirken kann. So sind Zaunsäulen aus Granit dauerhafter als vergleichbare Pfosten aus Holz oder Stahlrohr, besonders wenn sie im direkten Bodenkontakt verbaut sind. Das gilt auch beim Vergleich von Treppenstufen (z.B. Blockstufen aus Naturstein und Vollholz) und Bodenbelägen, die auf Humus verlegt werden (z.B. auf Natursteinplatten oder Lattenroste im Gemüsegarten). Ebenso sind Steinmauern in der Regel langlebiger als Holz- oder Metallzäune. Allerdings ist Stein nicht überall erwünscht oder passend. So kann eine Holzterrasse die bessere Lösung sein, wenn ein Höhenunterschied zum Garten zu überbrücken ist und die Außenfläche ohne Aufschüttung oder massiven Unterbau errichtet werden soll.
Ein anderer Aspekt ist die (graue) Energie, die zur Herstellung und Beschaffung der Baustoffe aufgewendet wird. Granitsäulen aus China schneiden wegen der erheblichen Transportaufwendungen in der Ökobilanz schlechter ab als Zaunpfosten aus heimischer Lärche. Das gilt mit Einschränkungen auch für andere Steine, die beim Abbau große Wunden in der Landschaft hinterlassen und weite Transportwege hinter sich haben. Dagegen sind Bruchsteine oder Findlinge aus der eigenen Baugrube z.B. zur Hangsicherung oder für einen Steingarten jedem anderen Baustoff überlegen. Deshalb lässt sich die Ökobilanz für Stein im Garten grundsätzlich verbessern, indem Pflastersteine, Mauersteine sowie Kies für Beton, Schotter und dergleichen möglichst in der Region beschafft werden. Die Adressen von Ziegeleien, Steinbrüchen, Kiesgruben usw. sind im Branchentelefonbuch oder im Internet zu finden.
Da der Energieaufwand für den Transport von Naturstein (über große Entfernungen mit Schiff und Bahn) aber gering ist im Vergleich zum Herstellungsenergieaufwand von Zementprodukten, (die ebenfalls zur Baustelle geschafft werden müssen), schneiden Natursteinprodukte in der energetischen Bilanz durchweg besser ab als Betonprodukte. Genauere Vergleichszahlen konnten dazu jedoch nicht ermittelt werden.

Materialien für den Unterbau

Alle Hauptwege und Plätze, die im Vorgarten und Garten gepflastert oder mit Steinplatten belegt werden sollen, brauchen einen tragfähigen, dauerhaften Unterbau. Dafür kommen vorwiegend Schotter und Splitt zum Einsatz; zur Randbefestigung, zur Gründung sowie zum Fixieren von hoch belasteten Stellen wird in der Regel Beton verwendet.

Schotter und Splitt

Wie im Straßenbau dient Schotter als Unterbau für Platten- oder Pflasterbeläge. Die kleinen kantigen Bruchsteine bilden nach dem Verdichten mit einer Rüttelplatte eine sehr tragfähige und dennoch wasserdurchlässi-

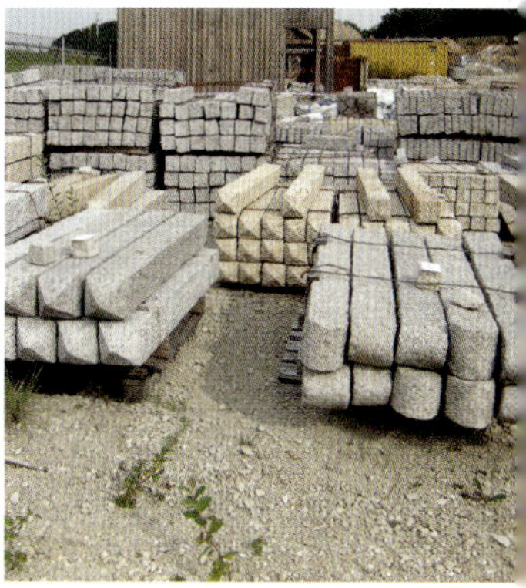

1.37
Granit-Zaunpfähle sind sehr dauerhaft und in Anbetracht des weiten Transports (meist aus China) erstaunlich preisgünstig.

1.38 und 1.39
Granitschotter (links) und Granitsplitt 0/8 mm im rechten Bild. Der feine Splitt wird häufig in Big-Bags angeliefert

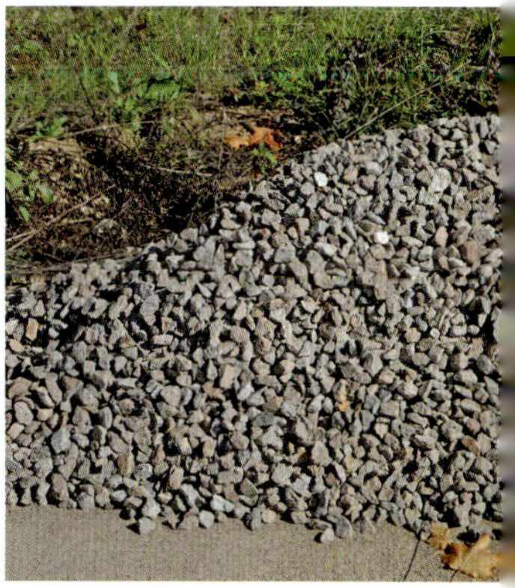

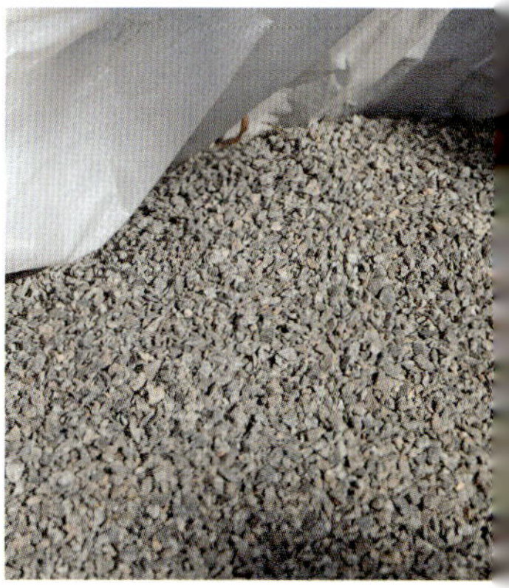

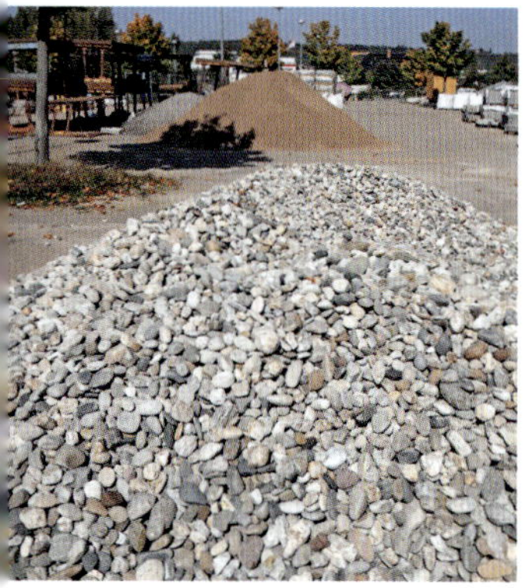

1.40
Rollkies ist ebenfalls als Material für den Unterbau geeignet, aber weniger tragfähig als grober Schotter.

1.41
Für Nebenwege kann das Ausbringen von feinem Splitt (hier aus Granit) als Belag durchaus ausreichen.

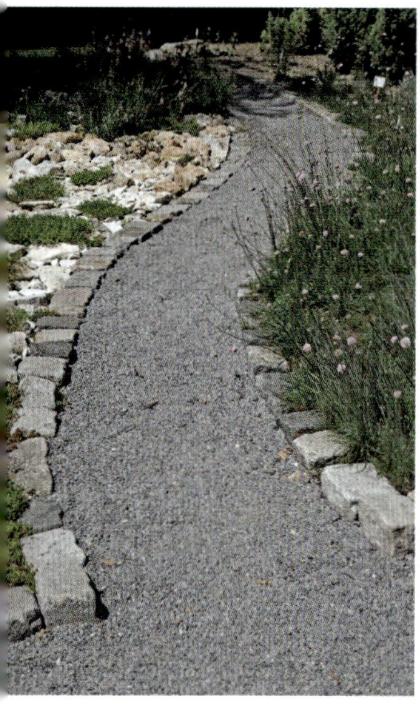

ge Basis. Kalkschotter wird auf Bestellung wie Kies oder Sand per LKW geliefert. Adressen von Baustofflieferanten und Speditionen finden sich z.B. im Branchen-Telefonbuch. Auf Anfrage sind auch aktuelle Preise zu bekommen (Richtwert ca. 15 €/to). Wie bei allen losen Baustoffen lohnt es sich fast immer, eine volle Fuhre zu bestellen. Kleine Mengen können gegebenenfalls auch mit einem PKW- Anhänger vom Schotterwerk abgeholt werden, wenn nur wenig Material etwa für den Bau eines Zweitsitzplatzes gebraucht wird.

Zum Verlegen von Platten und Pflastersteinen ist der Schotter zu grob. Nach dem Rütteln bekommt die Schotterdecke einen dünnen Belag aus Splitt (Körnung 0/8 mm). Diese feineren Steinchen (Splitt wie Splitter) lassen sich leicht ebnen („abziehen"), so dass glatte Platten und Pflaster einfach darauf ausgelegt werden können. Beim Rütteln der fertigen Fläche verkanten sie sich ebenso wie der Schotter sehr fest und bilden eine tragfähige, wasserdurchlässige Basis.

Splitt wird ebenfalls auf Bestellung geliefert. Dieses feinere Material ist etwas teurer als grober Schotter. Es gibt beigen Kalksplitt und grauen Granitsplitt, aber auch noch andere weniger gängige Arten dieses Naturgesteinsmaterials. Splitt kann etwa auf Nebenwegen oder auf Zweitsitzplätzen auch als Bodenbelag dienen.

Beton gezielt einsetzen

Magerbeton aus Kies und geringem Zementanteil wird verwendet, um Treppenstufen oder Kantensteine am Boden zu fixieren und ihnen festen Halt zu geben. Streifenfundamente aus Beton bilden eine sichere Basis für eine massive Sichtschutzmauer aus Ziegeln oder dienen als Auflager für die Balken einer Holzterrasse oder für eine Pergola.

Beton lässt sich auch von Heimwerkern leicht verarbeiten. Der frische Beton ist noch zäh und formbar. Er kann in beliebige Formen und Schalungen gefüllt werden und härtet innerhalb von wenigen Tagen aus. Das verrottungsbeständige Material hat sich nicht nur für Fundamente bewährt, sondern wird auch beim Bau von Stützwänden und anderen Sicherungselementen gern verwendet. Dabei können auch Beton-Fertigteile nützlich sein. So lassen sich Betonringe bzw. –rohre zur Herstellung von Punktfundamenten verwenden oder auch zum Abstützen von Böschungen einsetzen.

Frischer Beton für Fundamente lässt sich kostengünstig selbst aus Kies, Zement und Wasser mischen. Auf 4 Teile Kies (z.B. 4 Schaufeln voll) wird 1 Teil Zement (1 Schaufel voll) benötigt und zum Anmischen etwas Wasser zugegeben. Je nach Anwendung sollte ein eher trockener Beton, etwa für Beeteinfassungen, mit wenig Wasser gemischt werden, während ein nasser Beton zum Einfüllen in eine Schalung (etwa für Fundamente von Zäunen und Mauern) flüssiger sein sollte und mehr Anmachwasser benötigt.

Wege und Plätze ohne Unterbau

Der billigste „Baustoff" für einen Sitzplatz im Garten ist sozusagen von Natur aus vorhanden, die Erde selbst, die durch Einsäen von Rasen befestigt und aufgewertet werden kann. Zum Aufstellen einiger Stühle und Bänke mit gelegentlicher Nutzung ist ein strapazierfähiger Rasen meist durchaus ausreichend und lässt sich mit relativ geringem Aufwand in wenigen Wochen einrichten. Die Rasenfläche kann ein dauerhaftes Element im Garten bleiben, auch wenn nach und nach an bevorzugten Stellen ein befestigter Sitzplatz sowie Wege und andere Einrichtungen entstehen sollen. Ein Rasensitzplatz passt gut unter einen bestehenden Hausbaum. Da keine tiefgreifenden Erdarbeiten nötig sind, wird das Wurzelwerk geschont.

Die Rasengräser ertragen die gelegentliche Nutzung und erholen sich schnell, sofern sie nicht überstrapaziert werden. Ein Rasensitzplatz bietet sich beispielsweise für Gartenfeste an, zumal eine ausreichende Erholungszeit nach dem Fest in der Regel gewährleistet ist. Das Gras wird vor dem Aufstellen der Möbel kurz gemäht. Falls nötig können Stoffzelte als Sonnen- und Regenschutz dienen.

Schotterrasen

Rasenflächen, die häufig benutzt werden, weisen mit der Zeit kahle Stellen auf. Es lohnt sich, solche beliebten Plätze besser zu befestigen. Das kann mit einem massiven Belag aus Platten oder Pflastersteinen geschehen oder mit Hilfe von Schotter oder Splitt. Schotterrasen bietet die Festigkeit eines massiven Belags und versiegelt dennoch den Boden nicht. Zwischen dem Schotter gehen Gräser auf, die mit der Zeit einen recht dichten Teppich bilden.

Die Anlage einer solchen Grünfläche erfolgt genauso wie eine Rasenanlage. Allerdings bekommt der Boden keine pure Humusauflage. Vielmehr wird eine Schicht aus Schotter (Körnung 0/32 bis 0/45) und Humus zu etwa gleichen Teilen aufgetragen. Diese lässt sich nach der Einsaat der Rasenmischung und dem Einharken mit einer Rüttelplatte glätten und verdichten. Den Rasensamen schadet das Verdichten nicht. Sie keimen in den Fugen und bilden bald kräftige Büschel, wenn sie regelmäßig gemäht werden. Die Fläche sieht ordentlich aus, wenn sie eine Einfassung aus Granitsteinen oder Pflasterklinkern bekommt. Diese werden rundherum bündig in den Boden eingesenkt.

Wer einen feineren Belag haben möchte, kann anstelle der groben Schottersteine auch Splitt verwenden. Je nach Bedarf und Art der Anlage ist zwischen Granit- und Kalkschotter oder -splitt zu wählen. Granitsteine geben der Fläche eine graue Farbe, während Kalkschotter oder -splitt eher gelblich aussieht.

Platten legen ohne Unterbau

Einzelne großformatige Pflastersteine und dickere Platten lassen sich auch ohne Unterbau auf der Erde verlegen. So kann z.B. beim Bau eines Sitzplatzes unter Bäumen oder an einer Grillstelle im Garten auf einen massiven Unterbau verzichtet werden. Wenn die Rasensoden entfernt sind, genügt es, den Boden zu planieren. Nach dem Verfüllen der Ränder liegt der Belag auf dem gewachsenen Gartenboden ausreichend fest, zumal solche Plätze nicht mit dem PKW oder schwerem Gerät befahren werden. Auf diese Art können auch Trittplatten im Rasen gelegt werden.

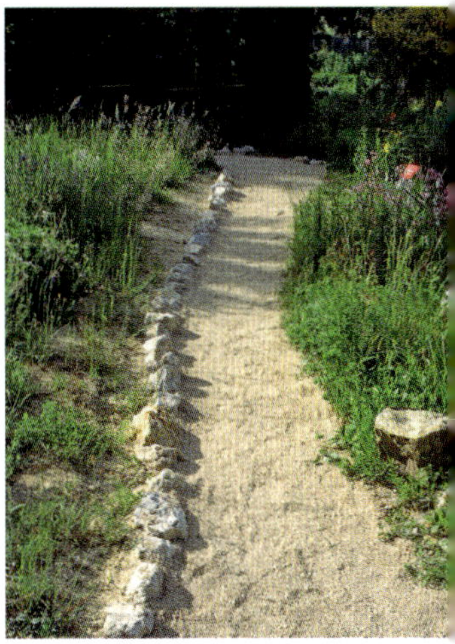

1.42
Weg mit Kalksplitt und lockerer Randbefestigung.

1.43
Es muss nicht immer Stein sein: ein Rasenplatz sieht schön aus und ist für gelegentliche Nutzungen ausreichend strapazierfähig. Ein Weg aus Trittsteinen macht ihn bei jedem Wetter passierbar.

1.44 und 1.45
Polygonalplatten, hier aus Porphyr, aber auch solche aus Kalkstein oder Granit können ohne Unterbau in Rasen verlegt werden und sind für gelegentlich benutzte Wege meist ausreichend.

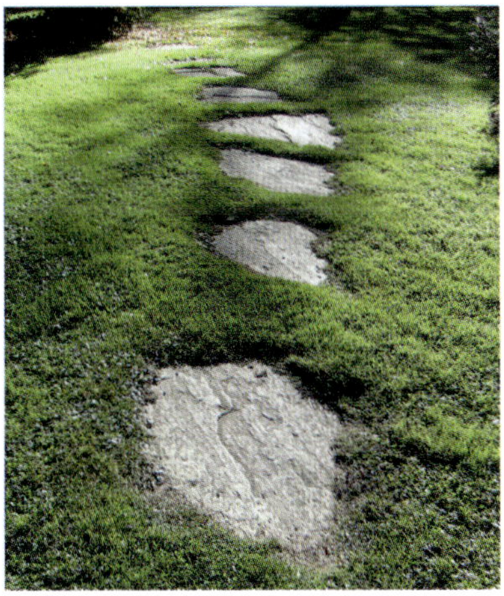

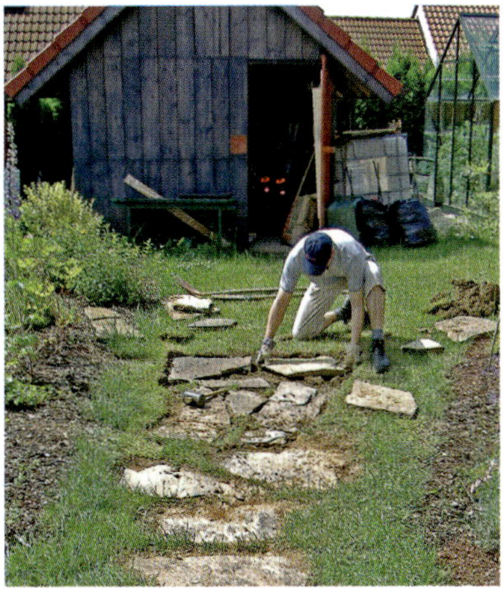

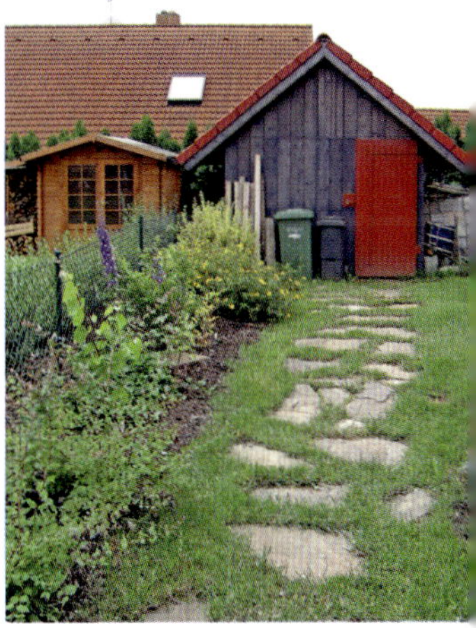

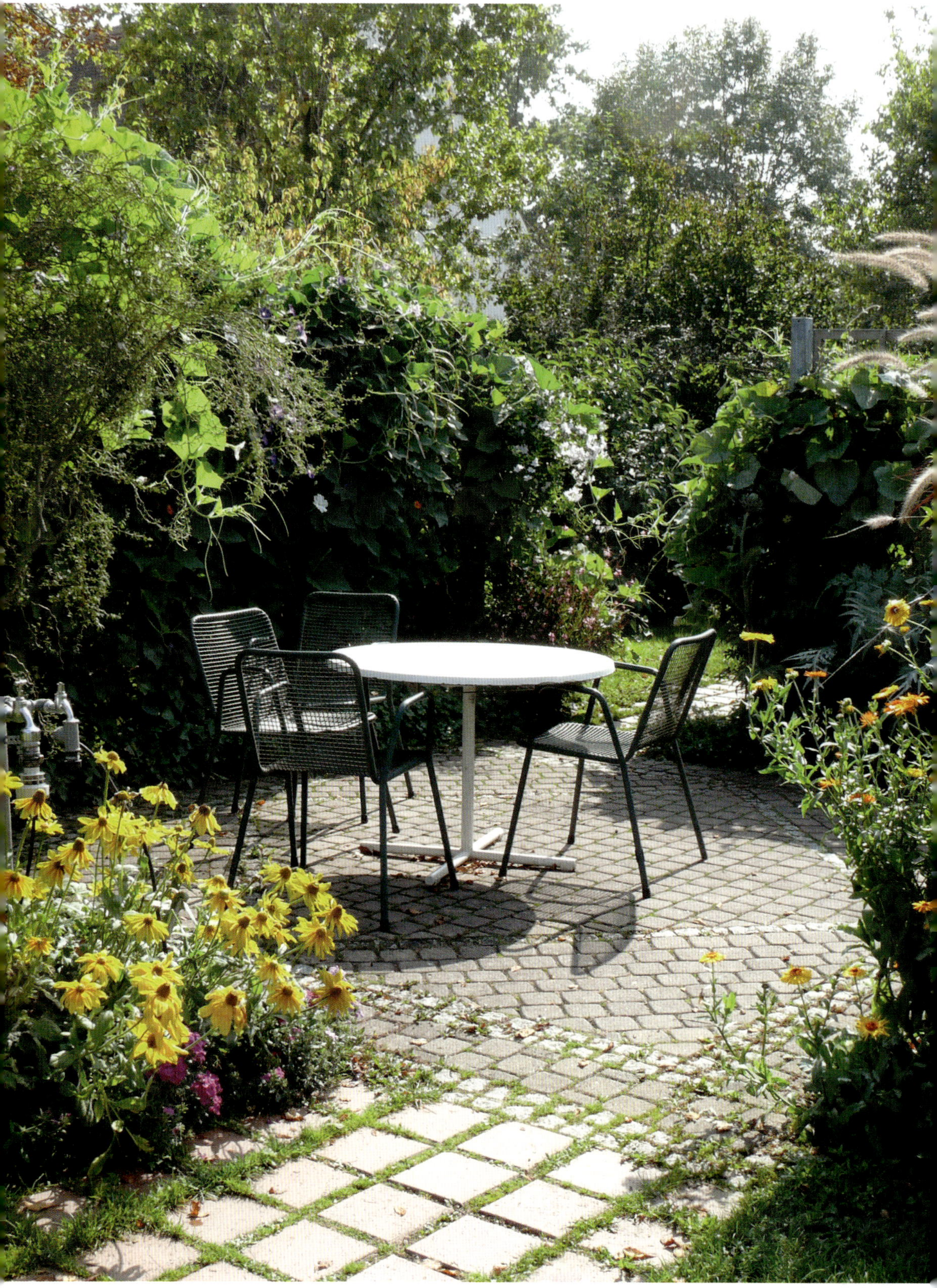

2 Wege, Stellplätze und Terrassen pflastern

Stein wird – nicht zuletzt wegen seiner Dauerhaftigkeit – im Garten gern als Bodenbelag eingesetzt, um Wege, Zufahrten und Stellplätze zu befestigen und Terrassen anzulegen. Dabei haben nicht nur Steinart und Farbe einen wesentlichen Einfluss auf die Gestaltung, sondern auch Form und Größe des Materials sowie die Beschaffenheit und Struktur der sichtbaren Oberflächen. Insofern hat die Materialwahl großen Einfluss auf die Gartenatmosphäre, die durch gepflasterte oder plattenbelegte Wege und Plätze geschaffen wird. Abb. 2.1 bis 2.7 vermitteln einen Eindruck, wie unterschiedlich Gartenwege wirken können, je nach Material und Oberfläche sowie in Abhängigkeit von der Breite und vom Verlauf des Weges. Abb. 2.8 zeigt die Musterflächen eines Baustoffhändlers, an denen die verschiedenen Pflaster und Steinplatten, die Wirkung der Oberflächen, Formen und Farben miteinander verglichen werden können. Tabelle 2.1 gibt einen kleinen Überblick über gängige Steinarten und die gebräuchlichsten Handelsformen von Pflastersteinen.

Die harten Natursteine Granit, Porphyr, Basalt, Grauwacke, Sandstein etc. gibt es nicht nur in Form von kleinformatigen trapezförmigen Pflastersteinen in Standard-Größen, sondern auch großformatiger als gebrochene quaderförmige Steine sowie als bearbeitetes Plattenmaterial mit gesägter, gestockter oder geschliffener Oberfläche und in Form von Randsteinen, und zwar sowohl mit rauer als auch mit relativ glatter Oberfläche. Darüber hinaus sind natürlich auch unregelmäßig gebrochene Steine in allen Größen erhältlich, die sich jedoch weniger gut zur Herstellung und Befestigung ebener Flächen, sondern eher für Hangbefestigungen, Natursteinmauern etc. eignen.

2.0 *(linke Seite)*
Sitzplatz mit diversen Pflastern

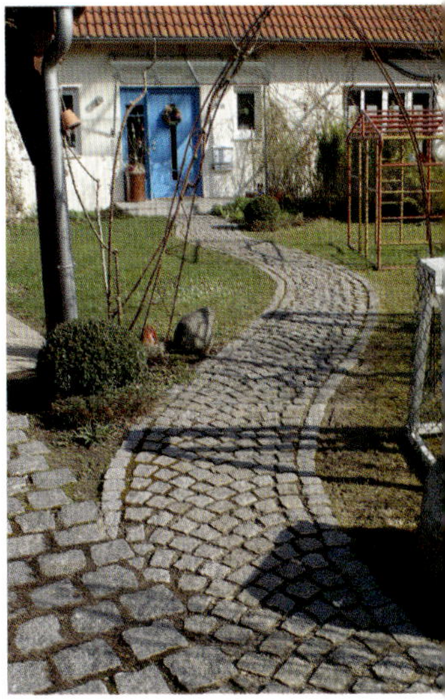

2.1
Weg und Einfahrt mit Granitpflaster.

Bild	Steinart	Farbe	Abmessungen	Ergiebigkeit	ca. Preis
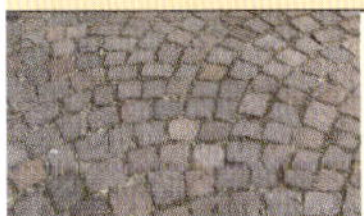	Porphyr Kleinpflaster Porphyr Pflaster Porphyr-Polygonalplatten	unterschiedlich, gelb bis rötlich	4/6, 6/8 cm 10/10/7-9 cm verschiedene Gr.	8,5 – 10 m^2/to 6,5 – 8 m^2/to 6 m^2/to	460 €/to 350-400 €/to 16-20 €/m^2
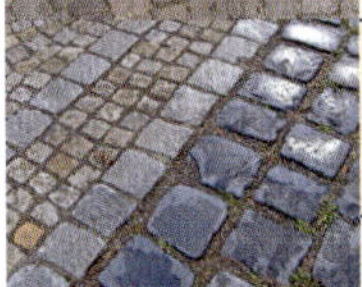	Granit Granit Polygonalplatten Granitplatten gesägt	hell- – dunkelgrau sowie rötlich, auch anthrazit	8/11 cm bzw. 9/11 cm 8/11 cm spaltrau 12/18 cm	4,5 m^2/to 5 m^2/to	200-300 €/to
	Basalt Pflaster	schwarz	8/11 cm	4,5 m^2/to	260 €/to
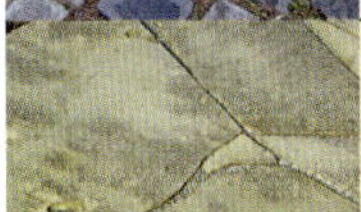	Sandsteinplatten polygonal oder gesägt	hellgelb bis rot	verschiedene Größen		
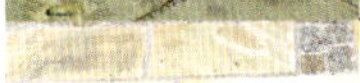	Kalkstein-Bruchplatten	hellgelb bis grau	verschiedene Größen		35 €/m^2
	Quarzitplatten polygonal oder gesägt	hellgelb, beige, grau	verschiedene Größen		50 €/m^2
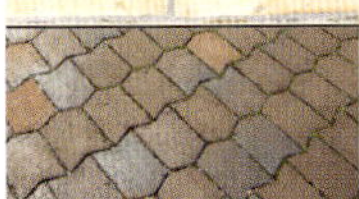	Ziegelpflaster (Klinker)	rotbraun	diverse Formate z.B.24 x 11,5 x 5 cm bis 30 x 30 x 5 cm		30 €/m^2
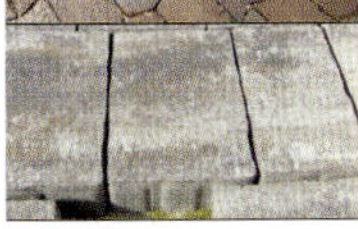	Betonplatten Betonpflaster, , z.T. mit vergüteter Oberfläche	hellgrau bis schwarz auch in Rot- und Brauntönen	20x20 cm bis 60x40 cm diverse Größen, Dicke 6 bzw. 8 cm		10-16 €/m^2 15-40 €/m^2

Tabelle 2.1: Eigenschaften, Abmessungen und Materialkosten von Naturstein-Pflaster und Platten.

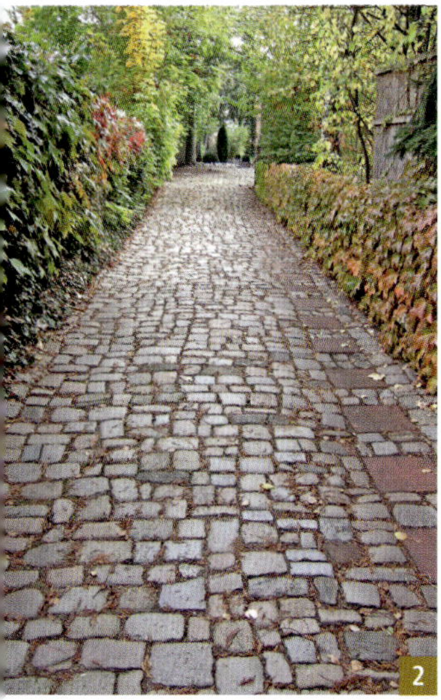

2

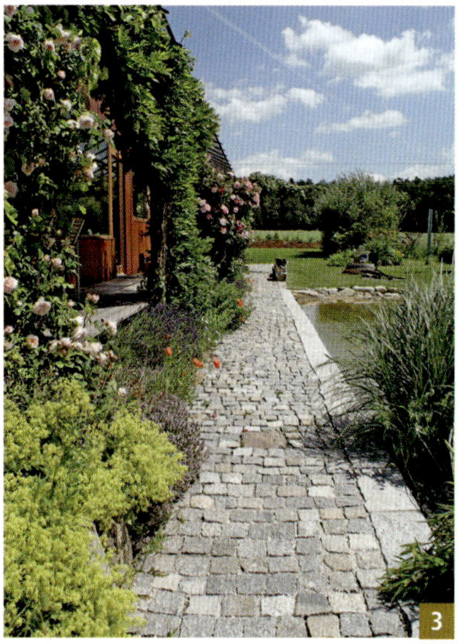

3

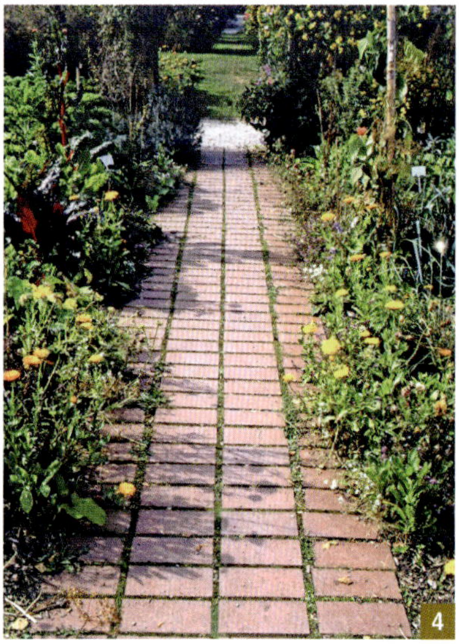

4

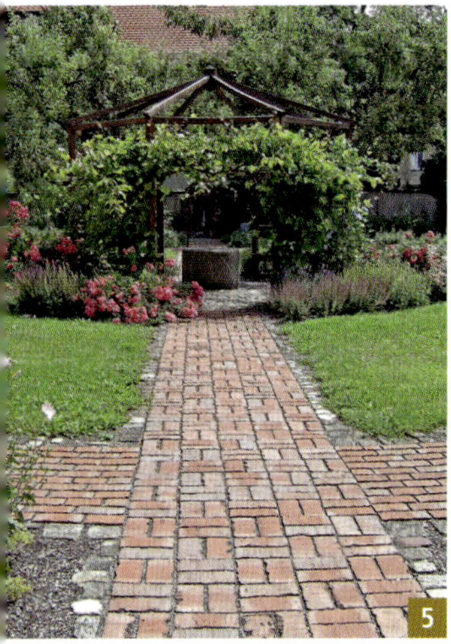

5

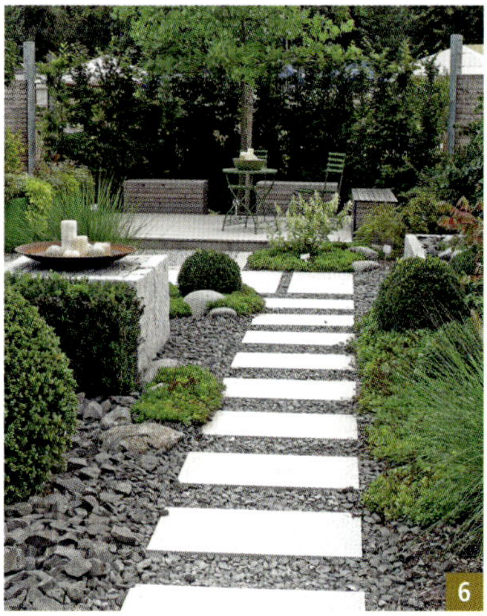

6

2.2 - 2.9
Wege in Stein und ihre Wirkung

2.2 Granitpflaster groß
2.3 Granitpflaster Kleinformat
2.4 Ziegelplatten, 30 x 30 cm
2.5 Ziegelpflaster aus Backsteinen
2.6 Großformatige Granitplatten, gesägt und geschliffen
2.7 Quarzitplatten in Granitpflaster gefasst
2.8 Pflaster aus Recyclingsteinen: Ziegel, Porphyrplatten und Granitplatten
2.9 Kieselsteinpflaster mit Ornament und Einfassung aus Granitzeilen

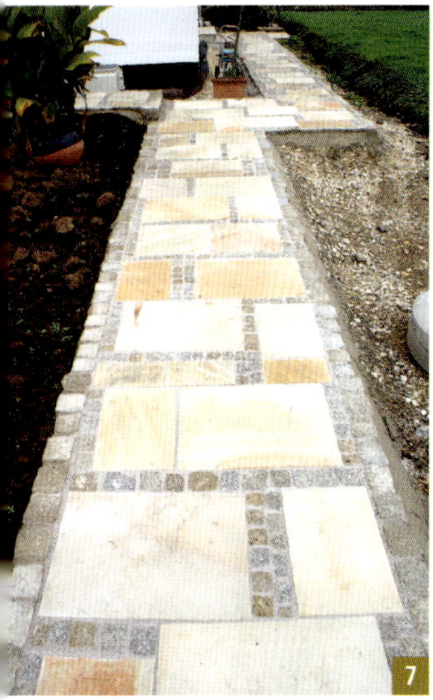

7

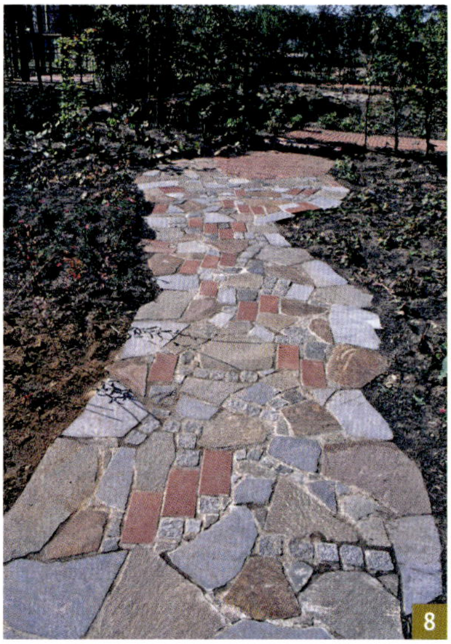

8

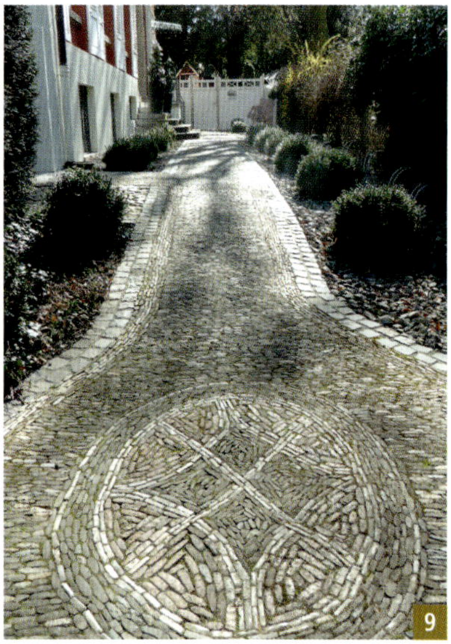

9

Tragfähigen Untergrund herstellen

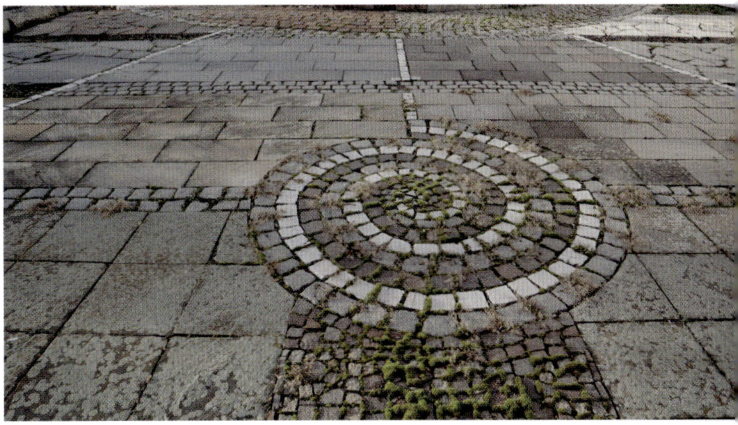

2.10
Musterflächen mit gesägten Natursteinplatten und verschiedenen Pflastern bei einer Baustoffhandlung. An dieser etwa 10 Jahre alten Anlage kann man auch die Beständigkeit und Alterung der Materialien studieren.

Egal ob Pflaster oder Platten verlegt werden sollen, um ein gutes dauerhaftes Ergebnis zu erzielen, müssen die Steine auf einem tragfähigen Unterbau verlegt werden. Dieser sollte wasserdurchlässig sein, um Staunässe und Auffrierungen sicher zu vermeiden. Der bestehende Boden unter der zu pflasternden Fläche zuzüglich des Platzes für die Randbefestigung ist je nach zu erwartender Belastung 20 – 30 cm tief auszukoffern (am besten die Humusschicht bis auf den gewachsenen Boden entfernen) und mit einer Rüttelplatte gleichmäßig zu verdichten. Dabei sollte bereits der Unterboden ein leichtes Gefälle zum Abführen des Oberflächenwassers aufweisen. Als wasserdurchlässiger und verdichtungsfähiger Unterbau wird darauf eine 15 - 20 cm dicke Schotterschicht (Korngröße 0/32 bzw. 0/45 mm) aufgebracht, die mit der Rüttelplatte bis zur Standfestigkeit verdichtet werden muss. Wegen der Verdichtung ist bei der Mengenermittlung an einzubringendem Schotter ein Zuschlag von 20 – 30% auf das zu füllende Volumen (Fläche mal Füllhöhe) zu rechnen. Für weniger belastete Flächen wie Terrassen und Gartenwege kann anstelle von Schotter auch der preisgünstigere Kies (0-32 bzw. 0-45 mm) eingebracht werden. Tragschichten aus Schotter haben bei gleicher Dicke eine wesentlich höhere Tragfähigkeit als Kiesschichten, kosten allerdings auch das 2-3 fache von Kies.
Für Terrassen und Gartenwege ist eine 15 cm starke Schotterschicht meist ausreichend, bei Hofeinfahrten und Stellplätzen sollte wegen der erhöhten Anforderungen an die Tragfähigkeit ein mindestens 20 cm starker Schotter-Unterbau vorgesehen werden.
Platten und Pflaster werden anschließend in einer ca. 5 cm starken Schicht aus Splitt oder Sand (Korngröße 0/8 mm) verlegt, durch die Schwankungen in den Abmessungen der Pflastersteine oder Unebenheiten der Platten ausgeglichen werden können. Andererseits lässt sich diese Schicht auch mit einem Richtscheit glatt abziehen, so dass glatte Platten oder Pflastersteine mit glatter Unterseite darauf ausgelegt werden können.

Tragsichere Unterbauten für die Pflasterung von Einfahrten, Gartenwegen und die Verlegung von Natursteinplatten

Pflaster für Einfahrten u. Plätze	Pflaster für Terrassen u. Gartenwege	für alle Natursteinplatten	für gesägte Platten aus Granit, Sandstein, Quarzit, Travertin u.a.

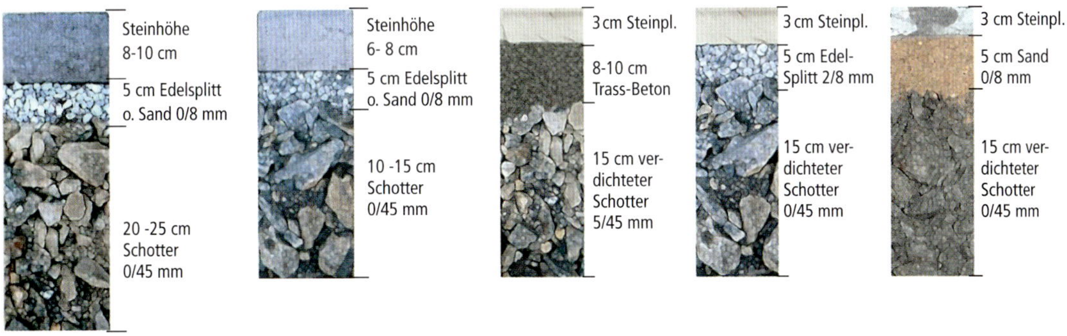

2.11
Der Unterbau muss je nach geforderter Tragfähigkeit und Belag unterschiedlich gewählt werden.

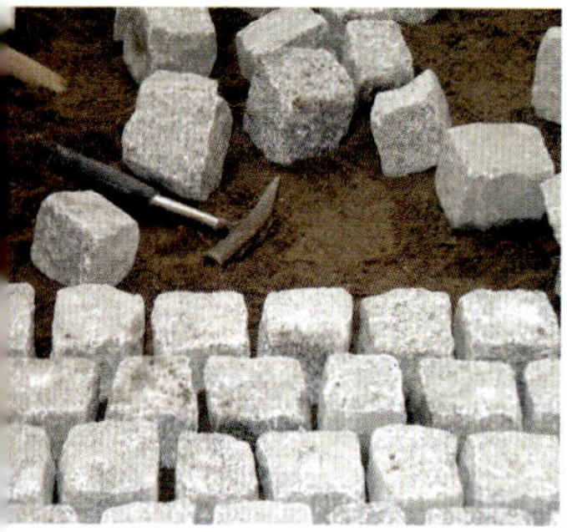

2.12
Pflaster wird stets mit Abstand und versetzt verlegt, die Fugenbreite kann je nach Rauigkeit der Steine 3-15 mm betragen.

2.13
Der Pflasterer hockt im Splittbett und arbeitet zu sich hin.

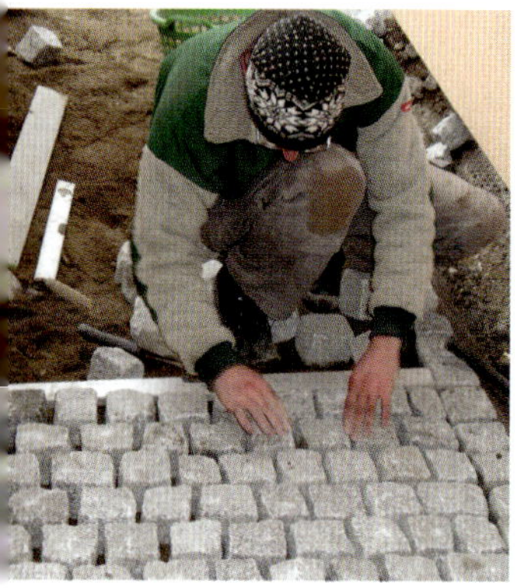

2.14
Pflaster und Platten mit glatter Unterseite werden auf einem glatt abgezogenen Splittbett verlegt. Hier muss von der gepflasterten Fläche aus gearbeitet werden.

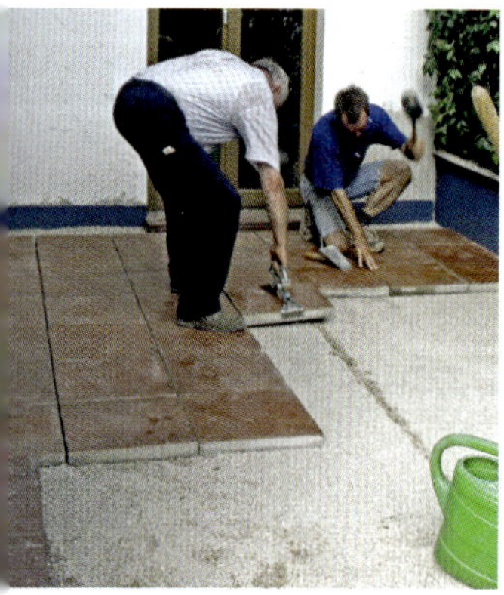

Natursteinplatten mit bruchrauer Unterseite (z.B. Polygonalplatten), insbesondere wenn sie weniger als 4 cm dick sind, sollten nicht im Splitt- oder Sandbett, sondern besser in einem 8 – 10 cm dicken Mörtelbett (Beton aus Trasszement vermeidet Ausblühungen) verlegt werden. Die Zwischenräume zwischen den Platten werden dann ebenfalls mit Zementmörtel ausgefugt.
Platten mit glatter (gesägter) Unterseite können dagegen ebenso wie Pflaster im Splittbett verlegt werden. Die Zwischenräume (Mindestfuge bei Pflaster und Platten 3 – 5 mm) werden nach dem Verlegen wie beim Pflaster mit Sand oder Feinsplitt wasserdurchlässig ausgefugt, so dass auftreffendes Regenwasser teilweise durch die Fugen im Untergrund versickern kann.
Bei Einfahrten und Stellplätzen gibt es meist feste Vorgaben hinsichtlich Lage und Größe durch die Grundstückserschließung, die Anbindung an die Straße und die Vorschriften im Bebauungsplan. Größe und Form von Zufahrt und Stellflächen werden oft schon im Zuge der Hausplanung festgelegt. Die Zahl der Stellplätze richtet sich unter anderem nach der Anzahl der Wohnungen auf dem Grundstück. Bei Neubauten empfiehlt es sich schon in der Bauphase, wenn ein Bagger auf dem Grundstück ist, den Unterbau vorzubereiten. Nach dem Auskoffern der Humusschicht bis auf den gewachsenen Boden wird der Bereich der Zufahrt und der zukünftigen Stellplätze mit Schotter aufgefüllt und mit einer Rüttelplatte verdichtet. Zufahrt und Stellflächen sind damit schon während der Bauphase nutzbar. Außerdem ist der Zugang zur Baustelle und später zum Haus trockenen Fußes möglich. Nach der Fertigstellung des Gebäudes dient die Schotterschicht gleich als Unterbau für das Pflaster. Wo der Untergrund schlecht wasserdurchlässig ist, sollten Dränagerohre neben der Zufahrt im wasserdurchlässigen Unterbau verlegt werden, durch die sich stauendes Oberflächenwasser in den Regenwasserkanal abgeleitet werden kann. Bis zur Verlegung des Pflasters bleibt der Baufamilie dann noch genügend Zeit für die Auswahl eines passenden Belages.
Da Terrassen in der Regel bis an das Haus heranreichen, kann der Untergrund dafür bei Neubauten erst nach dem endgültigen Verfüllen der Baugrube vorbereitet werden. Beim Verfüllen muss der eingebrachte Boden mit der Rüttelplatte mehrfach und sorgfältig verdichtet werden. Andernfalls ist mit Senkungen des Untergrundes in den ersten Jahren zu rechnen, was ein Aufnehmen des Pflasters, das Anfüllen von weiterem Schotter mit Nachverdichten und anschließender Neuverlegungen des Pflasters im Splittbett erfordert. Für Treppen oder Eingangsstufen ist ggf. sogar ein frostsicheres Fundament vorzusehen.
Bei Terrassen besteht vielfach der Wunsch nach einer möglichst glatten geschlossenen Fläche, u.a. damit Tisch und Stühle fest stehen, ohne zu wackeln. Deshalb werden relativ glatte Platten (polygonal oder gesägt) von vielen Baufamilien einem eher etwas unebenen Natursteinpflaster vorgezogen.

Materialwahl: Naturstein, Ziegel oder Beton?

Das Angebot an Baustoffen sowohl für Wege und Stellplätze als auch für Terrassen lässt kaum Wünsche offen. Anders als bei Terrassen am Haus spielt die Belastbarkeit bzw. Tragfähigkeit des Belages bei Einfahrten und Stellplätzen eine sehr wichtige Rolle. Daher kommt hier meist Pflaster zum Einsatz, das in Stärken von 8 - 10 cm eine ausreichende Tragfähigkeit bietet. Damit können auch LKW, die z.B. zur Versorgung mit Brennstoffen in den Hof fahren, keine Schäden verursachen.

Natürlich soll das Pflaster auch witterungsbeständig, ansehnlich und pflegeleicht sein und farblich zum Gebäude passen. In der Regel ist es im Hinblick auf die Gesamtgestaltung des Grundstückes vorteilhaft, wenn nicht zu viele verschiedene Materialien (d.h. Steinarten) zum Einsatz kommen und diese farblich zueinander passen. Eindrücke von der Wirkung der verschiedenen Steinarten bieten nicht nur die Abbildungen in diesem Buch, sondern können besser noch in Musterausstellungen von Baustoffhändlern, Gartenschauen und durch Besichtigung schön gestalteter Gärten gewonnen werden.
Für Terrassen und Wege im Garten haben Naturstein-Pflaster und -Platten mit Sicherheit das größte gestalterische Potential und sind daher als Material zu bevorzugen, zumal die Größe der zu pflasternden Fläche meist recht überschaubar ist. In Norddeutschland und dort wo, Stein nicht in erreichbarer Nähe abgebaut wird oder verfügbar ist, können Pflaster aus hartgebrannten Ziegelsteinen eine schöne Alternative sein.
Neben den Natursteinpflastern werden mittlerweile auch recht ansehnliche Pflaster aus Beton angeboten, zum Teil mit einer veredelten Sichtfläche. Die Materialkosten von Betonpflaster sind in der Regel nicht nur geringer als die von Natursteinpflaster, sie lassen sich auch rationeller und damit kostengünstiger verlegen. Der wirtschaftliche Vorteil der Betonpflaster wird daher insbesondere dann zu einem schwer abweisbaren Argument, wenn es darum geht, eine Lösung für große Flächen zu finden. Obendrein erleichtert die relativ glatte Oberfläche solcher Betonpflaster im Winter das Schneeräumen.

Verlegemuster

Ist nur ein Steinformat verfügbar, sind die Möglichkeiten der Gestaltung der Fläche relativ begrenzt. Manche in-

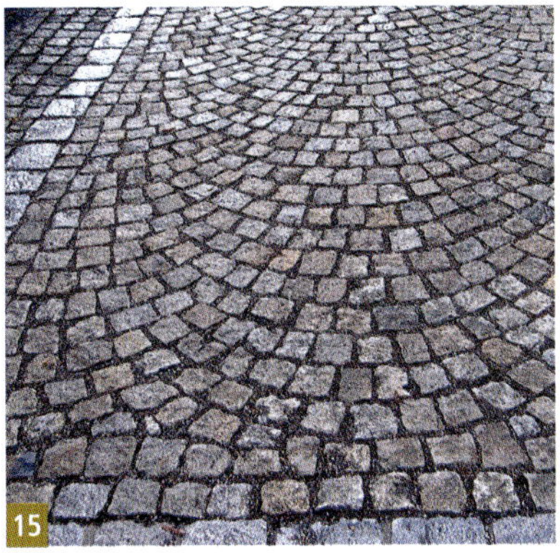

15

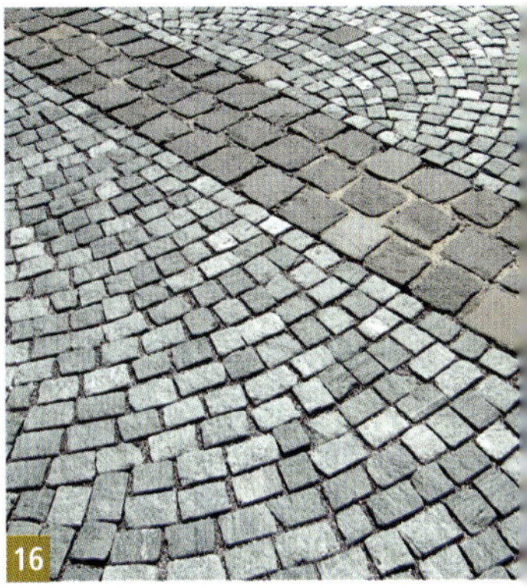

16

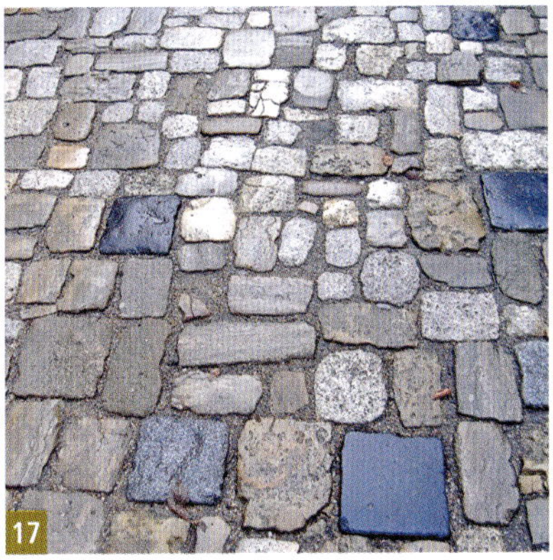

17

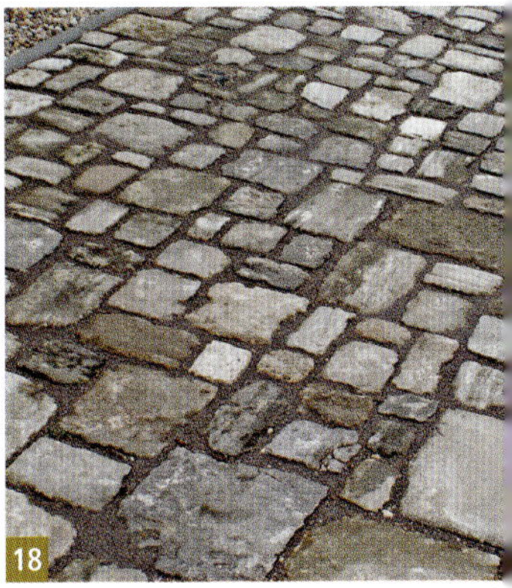

18

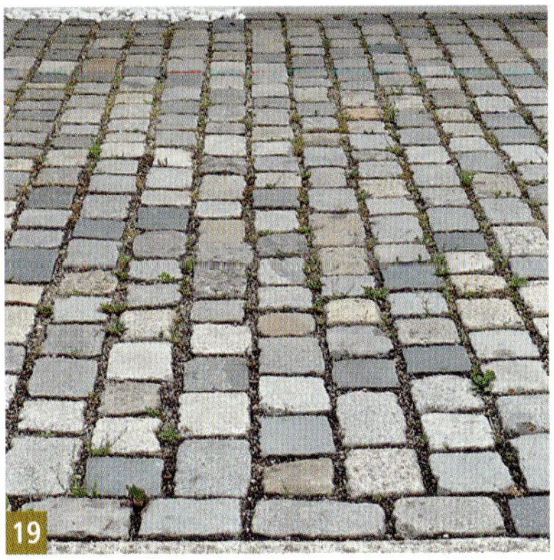

19

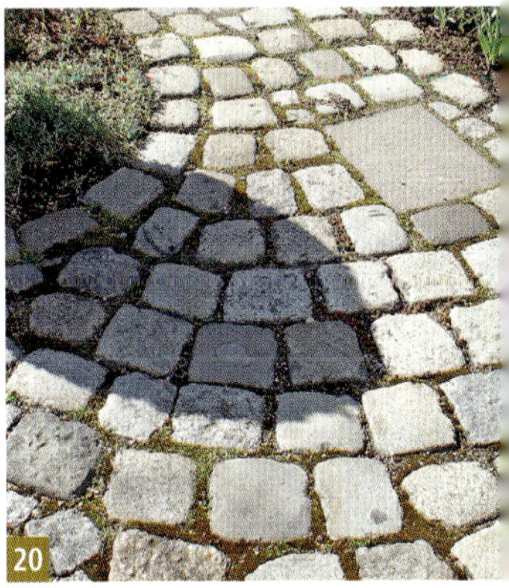

20

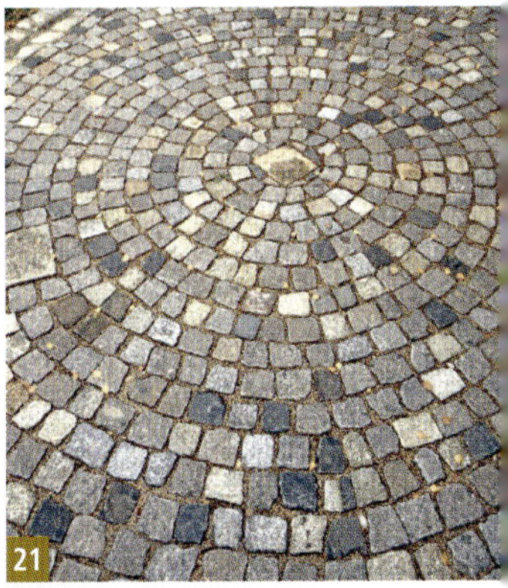

21

2.15 Granit-Kleinpflaster in Segmentbögen verlegt
2.16 Granit-Segmentbögen mit eingesetzten Reihen
2.17 Passée-Pflaster aus unterschiedlich großen Granitsteinen
2.18 Unterschiedlich große Natursteine im „Wilden Verband“ verlegt
2.19 Reihenpflaster aus buntem Granit
2.20 Geschwungene Formen erfordern unterschiedlich große Steine
2.21 Kreispflaster erfordern trapezförmig gebrochene Steine

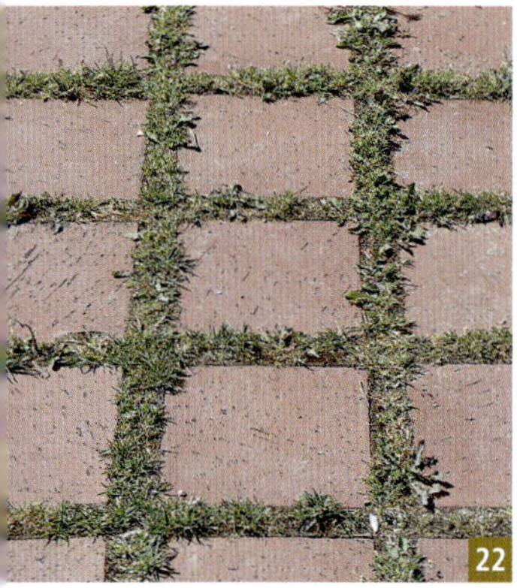

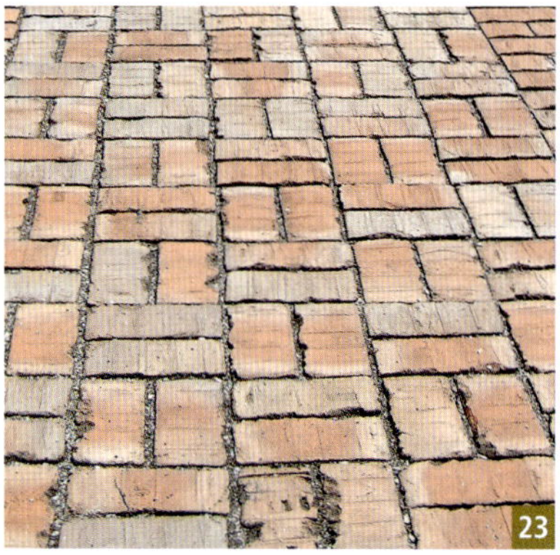

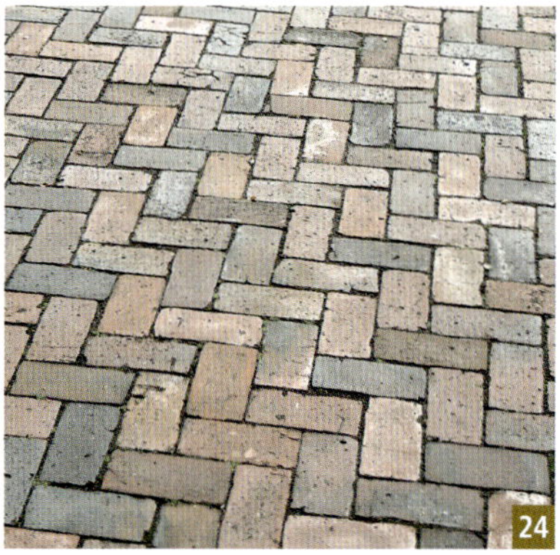

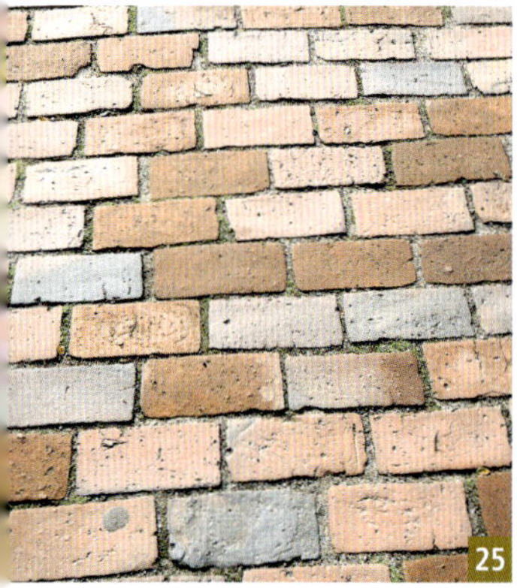

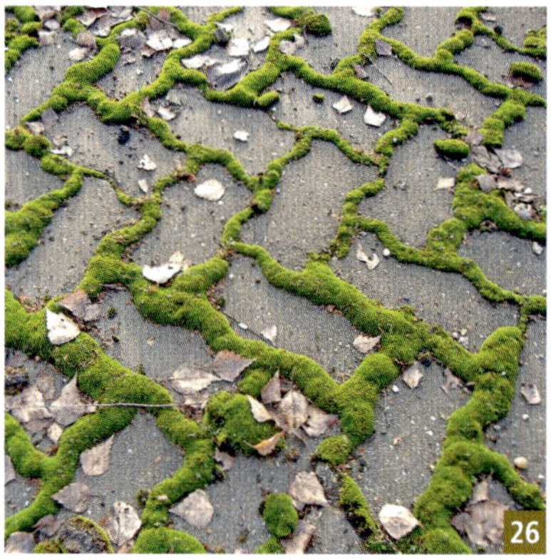

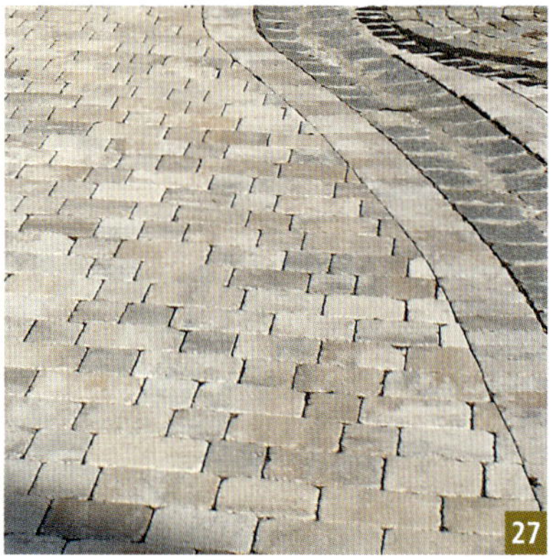

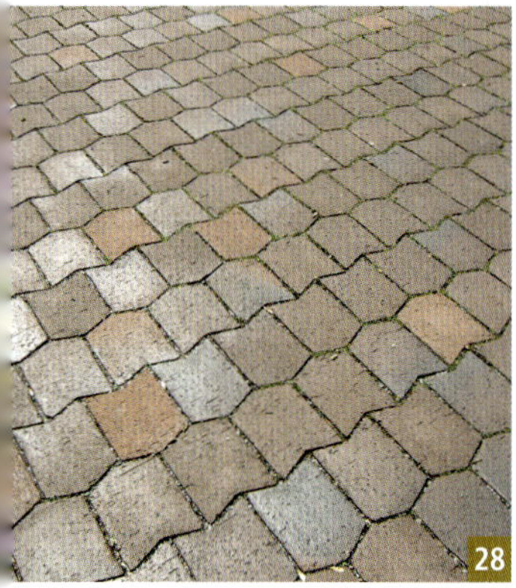

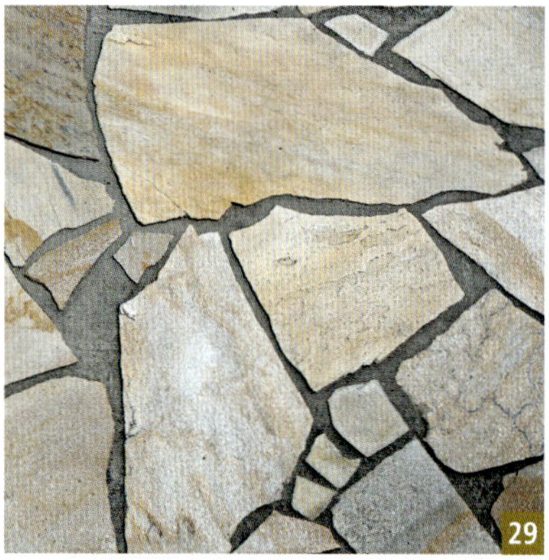

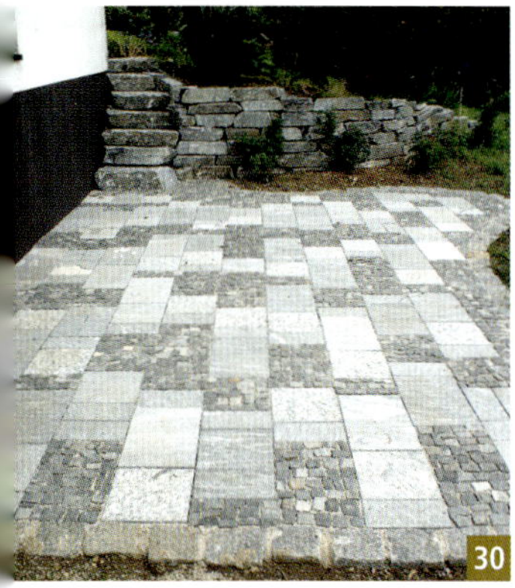

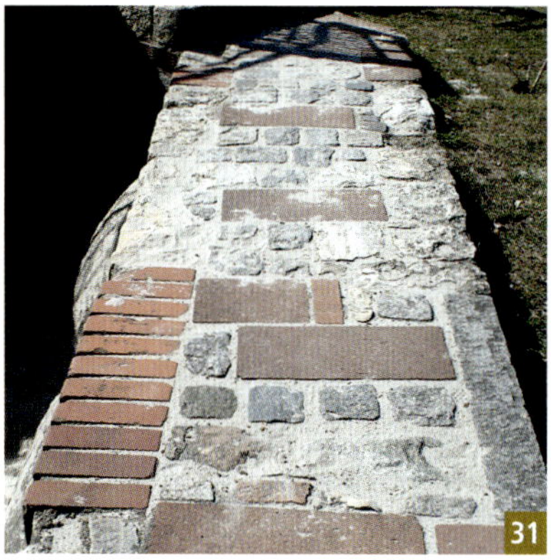

2.22 Ziegelpflaster mit Rasenfuge im Kreuzverband

2.23 Pflaster aus Ziegelsteinen im Blockverband

2.24 Ziegelpflaster im Fischgrätverband mit gemischten Ziegeln wegen der Farbwirkung von verschiedenen Paletten

2.25 Ziegel-Reihenpflaster

2.26 Betonsteinpflaster mit bemooster Fuge im Fischgrätverband

2.27 Betonsteinpflaster mit 2 Steingrößen im Reihenverband mit Wasserrinne aus Granitpflaster

2.28 Ziegelpflaster (Format Bischofsmütze) im Reihenverband

2.29 Quarzit-Polygonalplatten im Mörtelbett

2.30 Gesägte Granitplatten im Verbund mit Granit-Kleinpflaster

2.31 Mischpflaster aus Ziegeln, Ziegelplatten und Granitsteinen im freien Verbund

dustriell hergestellten Pflastersteine werden daher inzwischen in mehreren Stein-Formaten angeboten, die dadurch sehr verschiedenartige, lebendige Verlegemuster ermöglichen.
Generell erlauben regelmäßig geformte Steine, ob aus dem Steinbruch, aus der Ziegelei oder aus dem Betonwerk, auch regelmäßige Verlegemuster: Kreuzverband, Bahnenverband, römischer Verband, Fischgrätmuster, aber auch Netzverband und Segmentbögen bzw. Halbsegmentbögen. Je gleichförmiger die Größe der Steine ist, umso gleichmäßiger lässt sich in der Praxis auch das Verlegemuster ausführen.
Unregelmäßig geformte Steine wie Kiesel, Wacken und insbesondere polygonale Platten sehr unterschiedlicher Größe erlauben nur eine mehr oder weniger freie Verlegung (z.B. Wilder Verband), was die Verlegung zu einer zeitaufwendigen Puzzle-Arbeit macht, die obendrein Erfahrung beim Ausführenden voraussetzt.
Ob ein natürliches Material oder ein Betonpflaster gewählt wird, entscheiden am Ende der persönliche Geschmack und das verfügbare Budget. In Anbetracht des Gesamtaufwandes an Arbeit und Material verdient die Qualität der Ausführung Vorrang vor kurzsichtigen Einsparungsmaßnahmen beim Material und kleinlichen Kostenbeschränkungen.

Fläche und Material bemessen

Die Baustoffe für den Weg oder die Terrasse und das Zubehör werden per LKW zur Baustelle geliefert. Für die Bestellung von Schotter, Splitt, Pflastersteinen und dergleichen sind genaue Mengenangaben nötig. Dazu müssen die Flächen, Aufbauhöhen und Randlängen ermittelt und daraus die erforderlichen Materialmengen für Unterbau, Splittschicht und Belag nebst Randeinfassungen etc. berechnet werden. Ist die Materialliste komplett, kann das Material bestellt werden.
Es lohnt sich im Allgemeinen, stets eine volle Ladung zu bestellen, insbesondere bei billigen Baustoffen wie Sand, Schotter oder Splitt. Anderenfalls kostet der Transport teilweise mehr als das Material selbst, und gewisse Reste lassen sich in der Regel leicht anderweitig auf dem Gelände verwerten.
Kleine Mengen können auch mit einem PKW-Anhänger (Last bis 500 kg) besorgt werden. Zur Berechnung der Baustoffe ist eine Hand-Skizze hilfreich, die nach Aufmaß am Ort angefertigt wird. Nach Ausmessen und maßstäblichem Zeichnen der gewünschten Pflasterflächen auf Papier ist die Berechnung und Zusammenstellung der benötigten Baustoffe möglich.
Mit Hilfe von Katalogen, die bei manchen Baustoffhandlungen erhältlich sind, lassen sich die verfügbaren Standardmaße und Qualitäten von Pflastersteinen, Natursteinplatten und dergleichen ermitteln, die für die Berechnung nötig sind. Sofern nicht bereits Preise mit angegeben sind, lohnt es sich, anhand der Materialliste Kostenvoranschläge bei verschiedenen Baustoffhändlern und Fabrikanten einzuholen – jedenfalls wenn es um die Beschaffung größerer Mengen geht.
Dabei hat die Treue zu ortsansässigen Firmen oftmals Vorteile. So liefert beispielsweise der vom Hausbau bekannte Baustoffhändler manchmal auch an Samstagen oder stellt bei Bedarf die benötigte Rüttelplatte, die Schalung für ein Fundament oder andere Geräte und Utensilien für eine geringe Miete zur Verfügung. Außerdem wissen erfahrene Baustoffhändler genau, welche Materialien am besten passen und welche Mengen benötigt werden.

Pflasterbau erfordert Kenntnisse, Fertigkeiten und Maschinen

Viele Arbeiten sehen einfacher aus als sie zu bewerkstelligen sind. Wer einem geübten Pflasterer über die

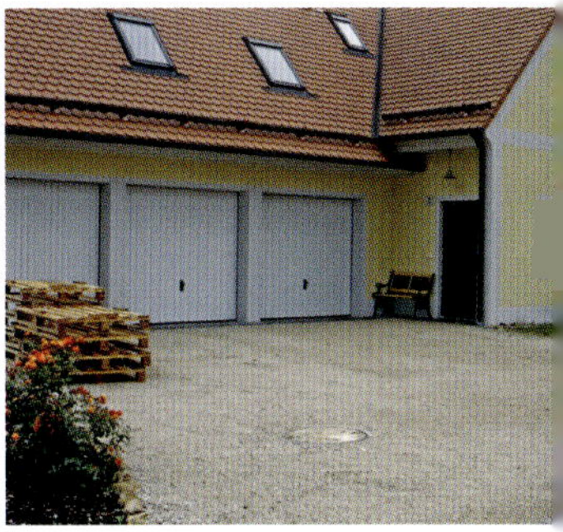

2.32
Ein Schotterbelag am Neubau tut gute Dienste und kann später als Untergrund für eine anspruchsvollere Gestaltung mit Pflaster genutzt werden.

2.33 und 2.34
Pflaster aus abgeschliffenen Kieselsteinen (oben) oder aus größeren gespaltenen Kieseln (unten) sind aufwendig zu verlegen, erlauben aber durch verschiedenfarbige Steine das Legen von Mustern.

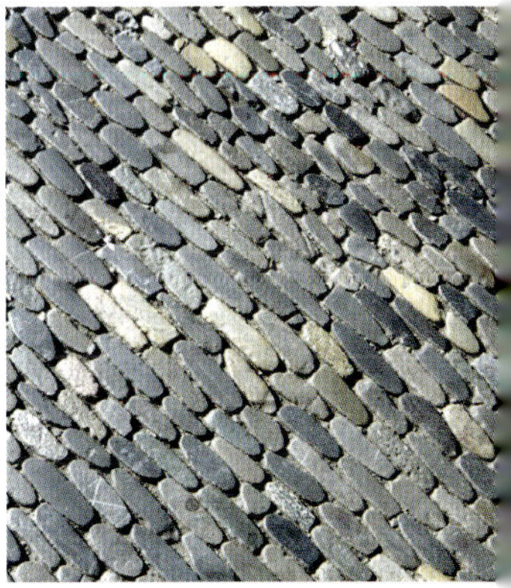

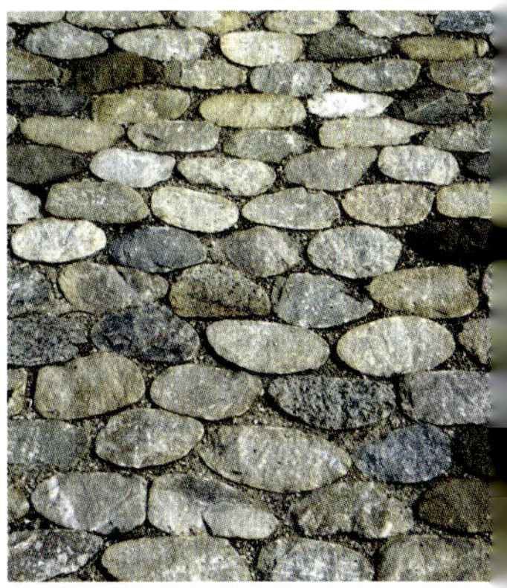

2.35
Schema Einfassung der Randsteine und Pflaster

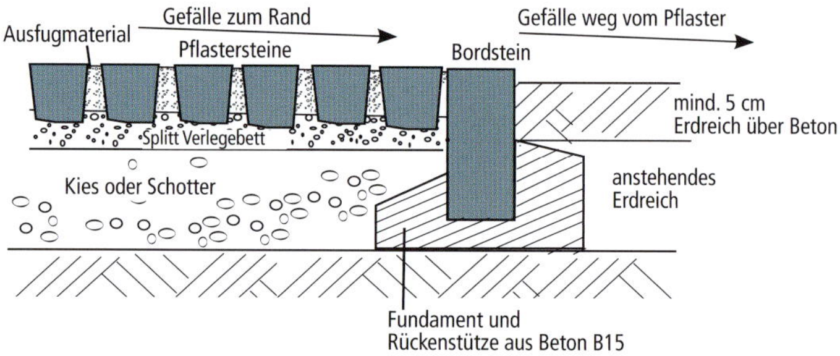

Die Arbeitsschritte beim Pflastern

- Wege und Pflasterflächen planen und die ausgewählten Flächen in einen Lage- oder Hausbauplan einzeichnen
- Flächen und Längen der Ränder ermitteln
- Baustoffe auswählen und beschaffen
- Flächen und Wegeverlauf im Garten festlegen und markieren
- Erde auskoffern und abtransportieren oder zur Anlage von Beeten nutzen
- Unterbau aus Schotter einbringen, verteilen und verdichten
- Randsteine auf Beton setzen
- Splitt auftragen und abziehen
- Pflaster bzw. Platten legen; bei Natursteinpflaster Höhenunterschiede der verschiedenen Steine durch Unterfüllen oder Abgraben von Splitt ausgleichen;
- Pflaster rütteln, bei empfindlichen Oberflächen (z.B. Ziegeln) eine Rüttelplatte mit Gummimatte verwenden
- Pflasterfläche mit Splitt, Press-Sand oder Quarzsand verfugen.

Schulter schaut, wundert sich, mit welcher Leichtigkeit und Präzision die schweren Steine an ihren vorgesehenen Platz gelangen. Bis eine größere einheitliche Fläche entstanden ist, müssen etliche Tonnen Schotter, Splitt und Pflastersteine befördert, gehoben, gewendet, eingesetzt und festgeklopft werden (bei 20 cm Aufbauhöhe insgesamt ca. 400 – 500 kg Material pro m^2 Pflasterfläche). Spätestens nach den ersten eigenen Versuchen weiß der Heimwerker, dass diese harte Arbeit durchaus gelernt sein will. Kleine Randflächen und Nebenwege im Garten selbst zu pflastern mag als Aufgabe für den ungeübten Heimwerker noch angehen. Kleine Projekte sind auf jeden Fall anders einzuschätzen als das Pflastern größerer Flächen, wie es bei einer Terrasse oder längeren Einfahrt zu bewältigen ist. Solche Arbeiten sollten eher von gelernten Pflasterern oder allenfalls von geübten Heimwerkern mit Helfern ausgeführt werden, die zudem das notwendige Handwerkszeug dafür mitbringen. Eine Mithilfe durch die Baufamilie ist bei einer Fremdbeauftragung meist durchaus möglich.

Pflasterfläche vorbereiten

Aufwendig sind vor allem die vorbereitenden Arbeiten. Ein tragfähiges Pflaster braucht einen soliden Unterbau aus Schotter, der etwa 20 cm stark sein sollte (s.o.). Daher muss der Boden zunächst entsprechend tief ausgekoffert werden, bei größeren Flächen am besten mit einem Bagger. Der eingebrachte Schotter muss mit einer Rüttelplatte sorgfältig verdichtet werden, bevor eine ca. 5 cm dicke Ausgleichsschicht aus Splitt (Körnung 0/8 oder 0/16 mm) aufgebracht werden kann.
Dieses eben abzuziehende Splittbett bildet die Basis für das Pflaster. Schon beim Einbringen des Schotters ist zu beachten, dass die Höhen, die Anschlüsse am Haus, zur Straße und zum Gelände passen und gleichzeitig ein leichtes Gefälle (3 - 4%) zum Rand eingehalten wird, damit das Regenwasser später von der mehr oder weniger versiegelten Fläche abläuft. Bei Einfahrten und Stellplätzen muss die Pflasterfläche einerseits bündig an die Straße anschließen und andererseits in der richtigen Höhe an der Garageneinfahrt auskommen sowie zum Hauseingang anschließen. Bei Einfahrten mit größerem Gefälle ist ggf. ein Bodenablauf bzw. eine Entwässerungsrinne vorzusehen.

Fachkräfte sind ihr Geld wert

Es lohnt sich, zumindest diese schweren Vorarbeiten von einer Fachkraft erledigen zu lassen, vor allem, wenn sie ohne Maschineneinsatz kaum zu bewältigen sind. Das Setzen der Steine kann u.U. immer noch in Eigenregie oder in Mitarbeit erfolgen. Der Pflasterer bringt neben der Erfahrung auch die notwendigen Maschinen und Geräte mit. Der Aufwand für die Miete eines Minibaggers, einer Rüttelplatte, eines Betonmischers und evtl. eines PKW-Anhängers und die Anschaffung von Werkzeugen wie Richtlatte, Pflasterhammer, Trennscheibe und dergleichen sollten beim Vergleich der Gesamtkosten nicht unterschlagen werden. Die Lohnkosten für den Facharbeiter machen sich auch dann bezahlt, wenn schwierige Verbände oder komplizierte Muster gewünscht werden oder wenn ein außergewöhnlicher Geländeverlauf gestaltet werden soll. So können bei geschwungenen oder verwinkelten Flächen aufwändige Schneidearbeiten anfallen, die ohne eine Steinschneide nicht gelingen.

Einen festen Rahmen herstellen

Ein Pflaster für Höfe und Hauptwege braucht eine stabile Einfassung. Dafür eignen sich Läuferreihen aus großformatigen Pflastersteinen (11/18 cm) oder Randsteine aus behauenem Granit. Solche ein- oder zweizeiligen Läuferreihen oder Randsteine in Beton gesetzt, geben den lose liegenden Pflastersteinen einen festen Rahmen. Höhe und Lage der Einfassungen richten sich nach der Stärke der Pflastersteine, nach den Gebäudeanschlüssen und nach dem Straßenniveau. Zu beachten sind außerdem Schachtdeckel innerhalb der Fläche. Nach dem Aufspannen der Richtschnüre werden die Randsteine auf Betonkeile (d.h. einen Unterbau aus Beton) gesetzt und auf der Außenseite mit einer Betonschulter fixiert. Bei den zu pflasternden Flächen ist ein geringes Gefälle vom Haus und von der Garage weg zur Straße hin einzuhalten. Bei Hanglagen oder natürlichem Gefälle zum Haus sollten Entwässerungsschächte oder Gullys eingebaut werden.

Splitt verteilen und abziehen

Nach dem Setzen der Randsteine ist die Pflasterfläche durch die Ränder vorgegeben. Jetzt wird der Splitt (z.B. Kalksplitt) eingebracht und verteilt. Die feinen Steinchen lassen sich mit Schaufel und Rechen auf dem Schotter-Unterbau relativ leicht verteilen. Die Höhe des Splittbettes richtet sich nach dem Format der Pflastersteine. Zu beachten ist, dass sich das Pflaster beim Verdichten mit der Rüttelplatte noch einige Millimeter senkt. Entsprechend muss die Splittschicht etwas höher sein. Bei Betonsteinen mit 9 cm Stärke sollte die Splittschicht beispielsweise in 8,5 cm Höhe liegen - gemessen an der Oberkante der Randsteine. Das Abziehen der Splittschicht erfolgt mit einer Richtlatte.

Pflastern

Sobald das Splittbett richtig vorbereitet ist, geht das Pflastern rasch voran. Allerdings muss beim Legen von unregelmäßigen Steinen oder polygonalen Platten ein Verlegemuster überlegt bzw. vorbereitet sein. Ebenso schwierig wie ein „Wilder Verband" gestalten sich geometrische Formen nach eigenen Ideen, so etwa ein Mosaik aus verschiedenen Baustoffen oder Kreisformen. Solche kleinen Kunsthandwerke sollten vorher an anderer Stelle probeweise ausgelegt werden. Aufwändiger als durchgehende Verbände sind auch mehrfach gegliederte Flächen im Belag oder ein separater Wegverlauf, der in der Fläche hervorgehoben werden soll.

Solche Pflasterungen erfordern oftmals das Einschneiden vieler Steine, um alle Lücken passend zu schließen. Diese Arbeit – vorzugsweise mit einer stationären Steinschneidemaschine – kommt erst an die Reihe, wenn der größte Teil des Pflasters flächig verlegt ist. Die nötige Festigkeit erhält die fertige Pflasterfläche durch das Verdichten mit einer Rüttelplatte und das Verfugen mit Quarzsand oder Splitt (je nach Fugenbreite).

Richtpreise für Pflastersteine und Natursteinplatten können der Tabelle 2.1 (Seite 19) entnommen werden. In der Praxis schwanken die Preise je nach der Abnahmemenge und sind auch von regionalen Angeboten abhängig. Bei den Preisangaben pro Tonne kann je nach Steindicke von einer Ergiebigkeit von etwa 5 - 8 m²/to ausgegan-

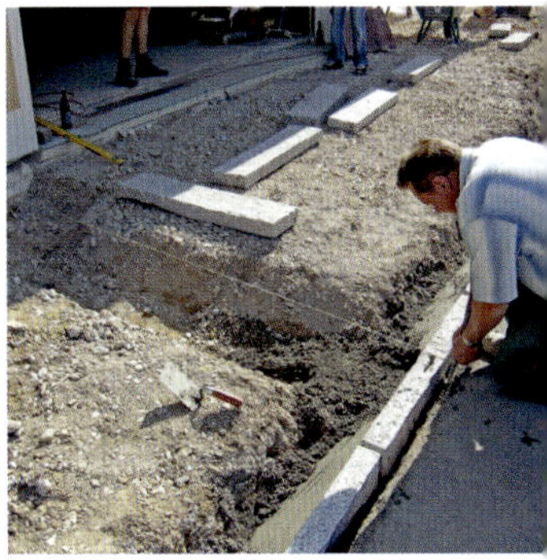

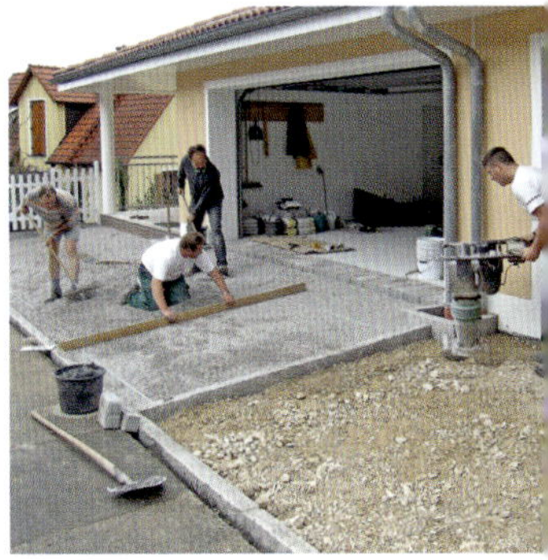

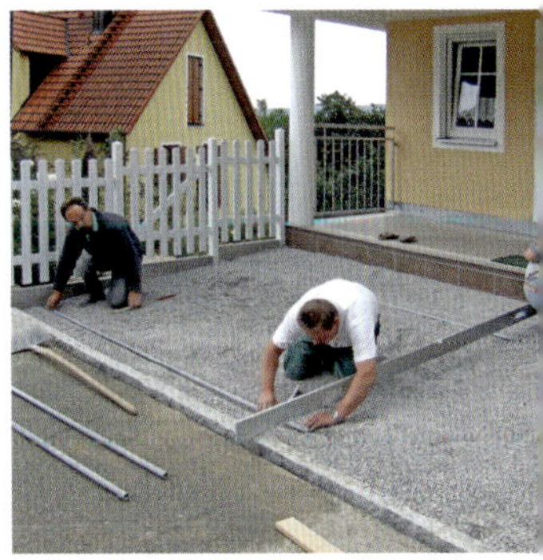

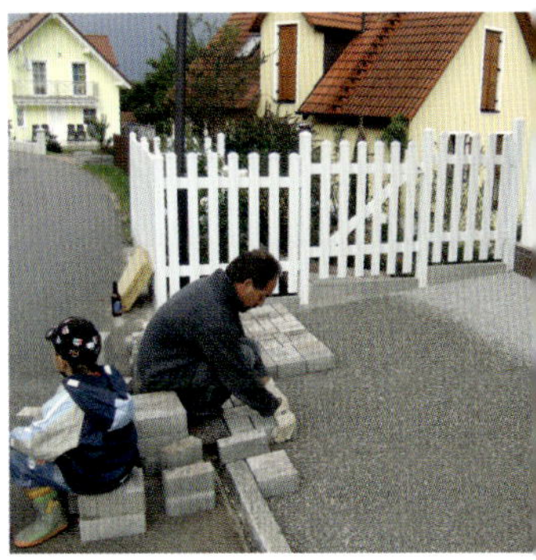

2.36 - 2.39
Untergrund vorbereiten und Randsteine setzen; Schotterfüllung verdichten und Splitt einbringen; Splittbett abziehen; Pflaster auslegen.

gen werden (z.B. 1 Tonne Granitsteine für 180 € entspricht bei 5 qm Pflasterfläche 36 € pro m²). Zum Materialpreis hinzuzurechnen sind die Kosten für die Anlieferung, ggf. Krankosten für das Abladen und die Mehrwertsteuer.

Die Kosten für das Verlegen sind stark vom Material abhängig. Je nach Unterbau und Anforderungen an die Bearbeitung der Pflastersteine oder Platten ist mit erheblichen Unterschieden im Arbeits- und Zeitaufwand zu rechnen. Es liegt auf der Hand, dass das Pflastern eines Wilden Verbandes mit unregelmäßigen Wacken sehr viel aufwendiger ist als das Auslegen einheitlich gesägter Platten oder eines Betonpflasters auf einem abgezogenen Splittbett.

Planungshinweise

- Die Gestaltung richtet sich nach dem Gebäude-Typ, nach der Art der Vorgartenanlage und nach den persönlichen Vorstellungen. Die Befestigung von Wegen und Plätzen ist in der Regel genehmigungsfrei, da sie keine Auswirkung auf das Ortsbild haben oder die Nachbarn belästigen. Allerdings gibt es durchaus Orte und Städte mit Bau-Satzungen, in denen Umfang und Zulässigkeit von befestigten Flächen geregelt ist. Daher sollten befestigte Plätze am Haus schon bei der Planung berücksichtigt und in den Plan eingetragen werden. Das gilt vor allem, wenn sie teilweise Überdachungen bekommen oder ein Carport vorgesehen ist. Für solche Baulichkeiten ist durchaus ein genehmigter Plan nötig.
- Hauptwege sind am besten kurz und breit. Sie verbinden zwei Punkte – etwa das Gartentor mit der Haustür – ohne Umweg in gerader oder leicht geschwungener Linie. Anderenfalls besteht die Gefahr, dass der Weg verlassen und in der Eile oder aus Bequemlichkeit eine Abkürzung gesucht und gefunden wird. So entstehen dann neben einem Hauptweg bald Trampelpfade durch die Wiese oder die Beete. Die Wegbreite richtet sich natürlich nach der Nutzung. Auf dem Weg zum Hauseingang sollten mindestens zwei Personen ungehindert nebeneinander gehen können. Ebenso muss der Transport von Gütern (Möbel, Baustoffe etc.) leicht möglich sein, damit die Transporteure und die Lieferungen unbeschadet ankommen. Hauptwege im Garten sollten breit genug sein, um z.B. mit der Schubkarre bequem fahren zu können
- Hauptwege sollten gut befestigt sein, so dass sie jederzeit sicher begehbar sind und falls nötig einfach vom Schnee befreit werden können. Dazu brauchen sie einen tragfähigen Unterbau aus Schotter und einen wetterfesten, rutschsicheren Belag. Das Gleiche gilt natürlich auch für Hofplätze. Auf dem Unterbau können dann wahlweise Pflasterziegel, Natursteine oder Betonplatten im Splittbett verlegt werden. Zum Einbringen des Unterbaus ist die Erde ausreichend tief auszuheben. Für einen dauerhaft tragfähigen Unterbau sollte die Schotterschicht etwa 20 cm dick und gut verdichtet sein (z. B. mit einer Rüttelplatte). Auf den Schotter kommt eine dünne Splitt- oder Sandschicht. Darauf lassen sich nun Granit- und andere Natursteine sowie Betonsteine oder Pflasterklinker auslegen.
- Pflasterflächen oder Plattenbeläge müssen völlig eben sein. Hervorstehende Kanten („Stolpersteine") sind beim Verlegen zu vermeiden. Das geschieht durch genaues Setzen der einzelnen Steine und durch das anschließende Rütteln des fertigen Belages. Gehwege sollten bündig an andere Wege und Plätze anschließen. Das ist bereits bei der Planung und Nivellierung zu beachten. Stufen sind stets Hindernisse, insbesondere bei Hauptwegen, und daher möglichst zu vermeiden, es sei denn, sie sind bei Hanglage oder starkem Gefälle nötig oder etwa am Hauseingang bereits vorhanden.
- Der Belag für Wege und Hofflächen sollte natürlich zum Haus und zu anderen bereits vorhandenen Belägen passen. Manche Baustoffe sind durchaus gut miteinander kombinierbar. Durch Verwendung verschiedenartiger Steine können sogar geometrische Figuren und Muster im Pflaster geschaffen werden. Vorsicht ist bei Holzbelägen geboten, die im Freien ungeschützt der Witterung ausgesetzt sind. Sie sind zwar anfangs durchaus trittfest und sie sehen auch schön und natürlich aus. Leider ist ihre Haltbarkeit sehr begrenzt, besonders bei Bodenberührung verrottet Holz ziemlich schnell. Selbst imprägnierte Bohlen halten nur wenige Jahre. Wege und Plätze aus Granit und anderen Steinen sind im Vergleich dazu extrem dauerhaft. Die würfelförmig behauenen Natursteine wurden früher verbreitet im Straßenbau eingesetzt und mussten später den Asphaltbelägen weichen. Solche alten Steine sind besonders schön. Sie wurden von den Holzwagenrädern, die damals noch Eisenbeschläge hatten, glatt geschliffen und abgerundet.

Beispiel 2.1: Granitpflaster statt Waschbeton

In diesem Beispiel sollte nach dem Kauf und Umbau eines älteren Hauses auch die Außenanlage neu gestaltet werden. Die alten Waschbeton-Beläge sollten durch ein Kleinpflaster aus grauem Granit ersetzt werden.
Wer zeitlich flexibel ist, kann wie im Bildbeispiel eine günstige Gelegenheit abwarten, so dass die beauftragte Pflasterbaufirma die anstehende Arbeit zwischen mehreren Großaufträgen einschieben konnte. Dadurch wurden die Pflasterarbeiten preisgünstig angeboten und ausgeführt. Generell sollten Kostenvoranschläge und Preisvergleiche frühzeitig eingeholt werden, damit Unternehmer wie Kunde die Arbeiten während der Saison im Sommerhalbjahr einplanen können. Wenn ein gut gerüstetes, eingespieltes Bauteam anrückt, ist die Arbeit meist in wenigen Tagen getan.
Bis zum Bautermin sollte die Wahl der Pflastersteine oder Platten feststehen. Pflasterbaufirmen haben oft größere Posten verschiedener Baustoffe auf Lager, anderenfalls beschaffen sie auch jeden gewünschten Belag, den der Kunde im Ausstellungsgelände oder mit Hilfe eines Baustoffkataloges ausgewählt hat.
Rechtzeitig vor Baubeginn ist auch die Entsorgung der alten Beläge zu bedenken: Im Beispiel wurden die Waschbetonplatten in Eigenregie ausgebaut und nach einem Inserat in der Lokalzeitung von einem Landwirt abgeholt. Bei den anschließenden Vorbereitungen des Untergrundes und den Pflasterarbeiten gibt es für die Baufamilie einige Möglichkeiten zur Mithilfe. So müssen die Leerrohre für die Elektrokabel und eventuell für eine Bewässerungsanlage besorgt und in den Schotterunterbau gelegt werden. Störende Pflanzen sind zu versetzen oder aufzubinden. Unter Umständen kann auch die Mithilfe beim Verteilen der Baustoffe erwünscht sein. Im Übrigen bieten solche Pflasterbauarbeiten auch eine gute Gelegenheit, z.B. Zäune zu reparieren und den Eingangsbereich neu zu gestalten.

1
Der alte Eingang mit den Waschbetonplatten zeigte sich ziemlich trostlos und sollte ersetzt werden.

2
Im Sommer rückten die Bagger an. Nach dem Ausbau der Waschbetonplatten wurde die Erde ausgekoffert, um einen tragfähigen Unterbau einzubringen.

3
Um die Sträucher am Rand zu erhalten, musste das Wurzelwerk bei den Baggerarbeiten geschont werden.

4
Auch im Vorgarten sollte die Bepflanzung erhalten bleiben. Die Beetkante wurde mit dem Bagger abgegraben.

5
Hier sind die alten Waschbetonplatten zur Abholung aufgestapelt; ein Landwirt wollte sie weiter nutzen.

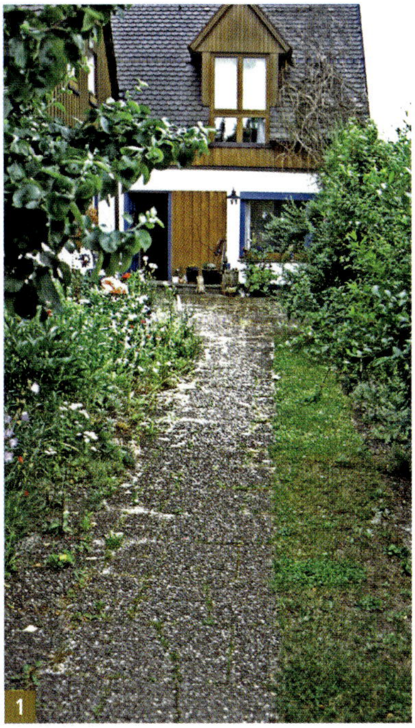
1

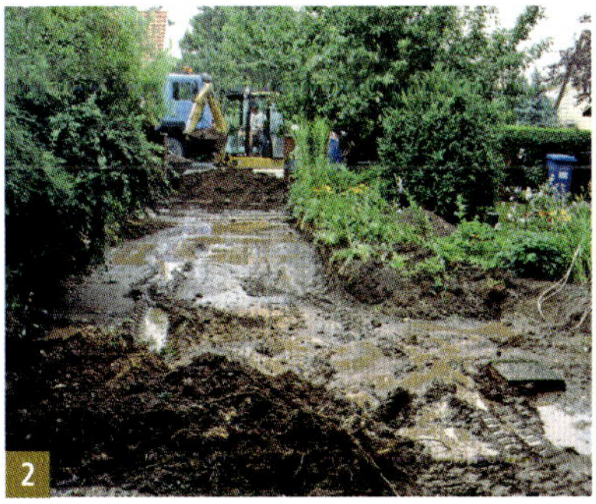
2

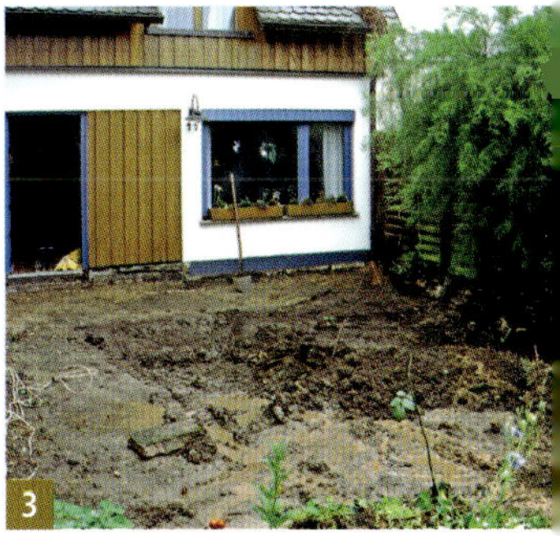
3

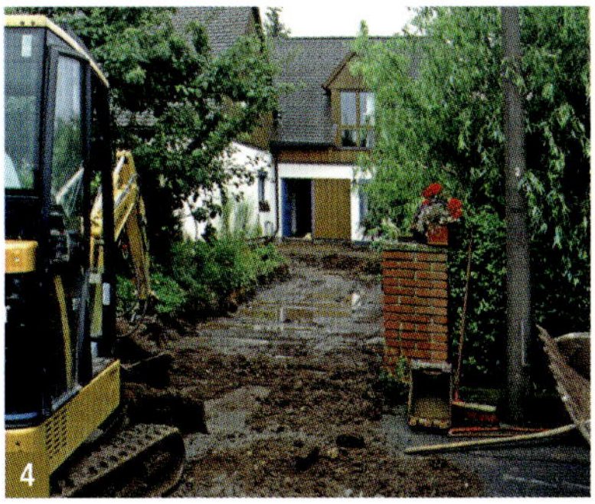
4

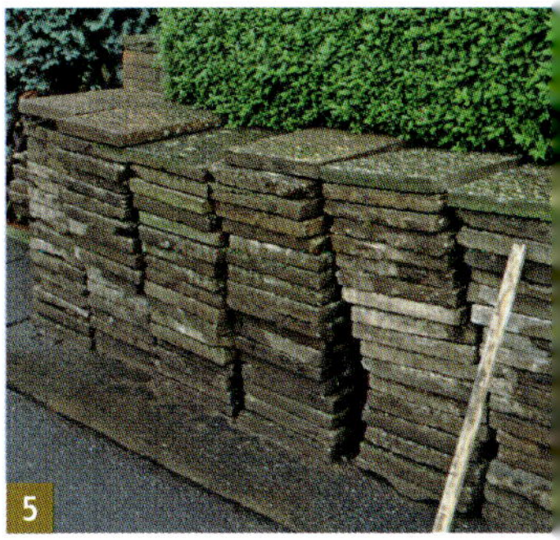
5

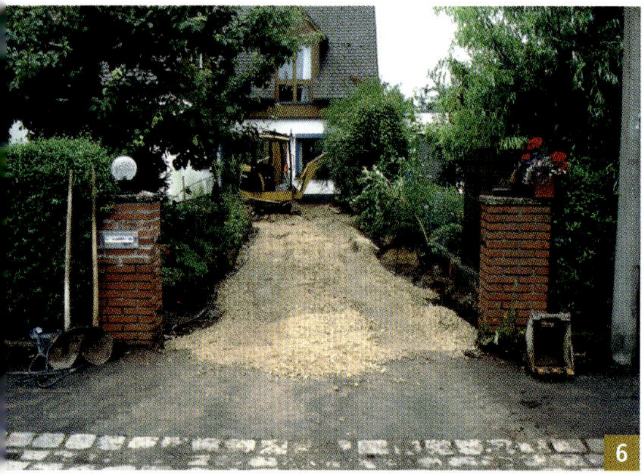

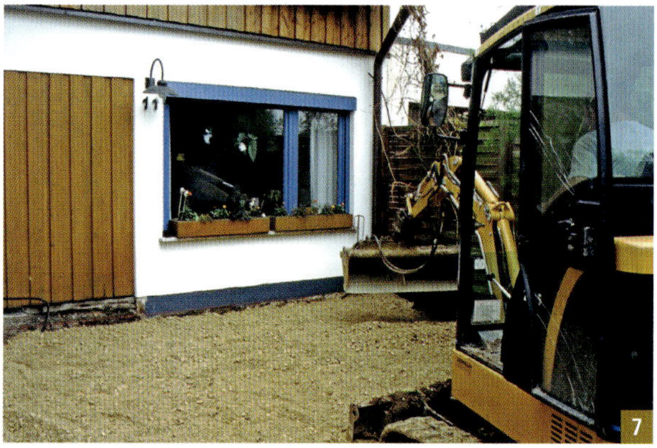

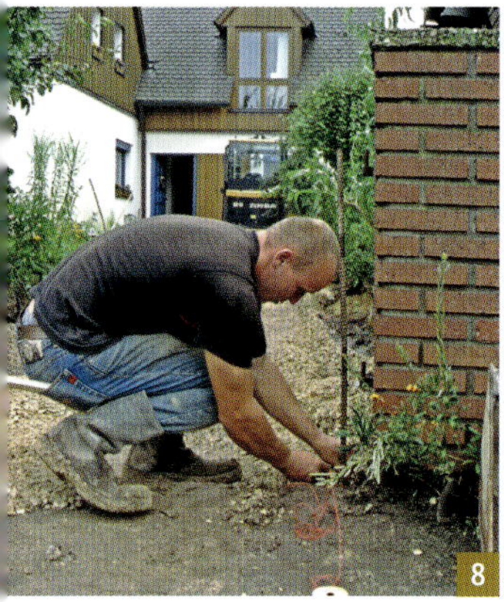

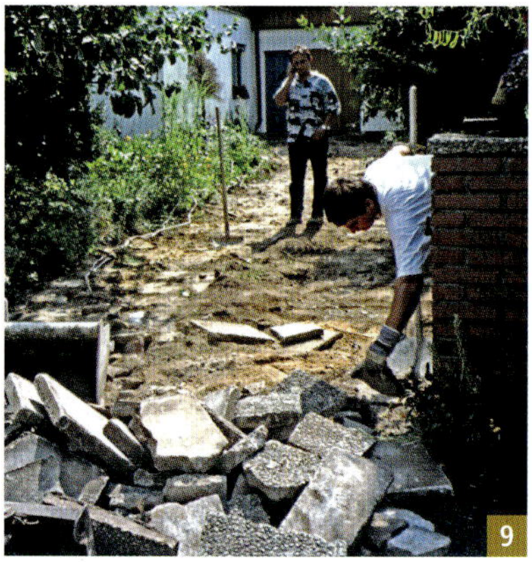

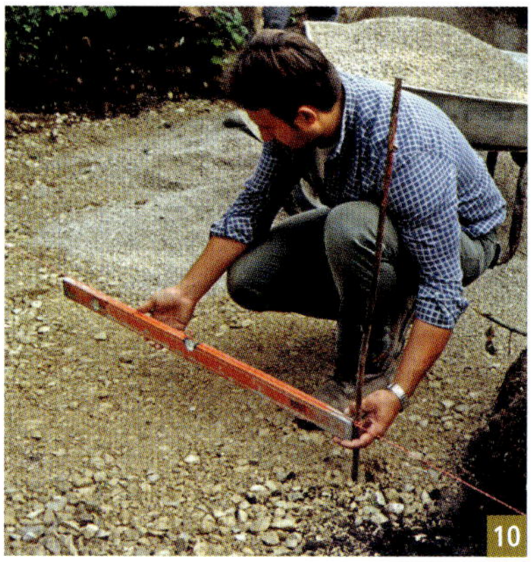

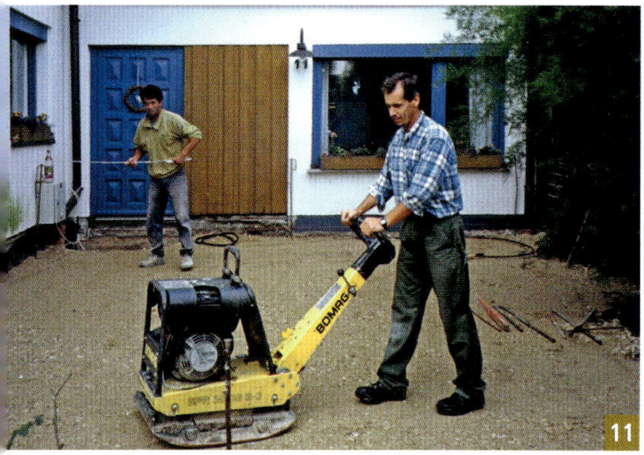

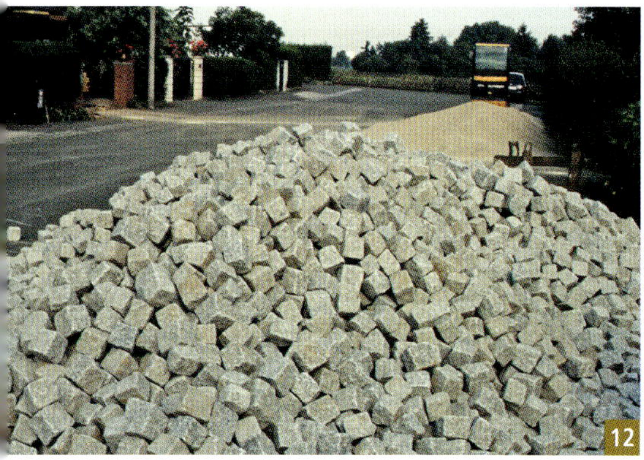

6
Als Unterbau wurde grober Kalkschotter mit dem Bagger verteilt. Für die Stromversorgung wird ein Erdkabel im Leerrohr verlegt.

7
Der Schotter muss auf der gesamten Pflasterfläche verteilt werden. In einem beengten Arbeitsraum wie hier sind Beschädigungen am Gebäude leicht möglich und z.B. Fenster ggf. zu schützen.

8
Während der Verteilung des Schotters konnten bereits die Richtschnüre für die Randsteine gespannt werden. Die Höhen wurden nach Plan und bestehenden Kanten (z.B. Zaunsockel) eingerichtet.

9
Fest in Mörtel eingebaute Waschbetonplatten ließen sich nur noch als Bruchstücke ausbauen werden und landeten im Bauschutt.

10
Bei Pflasterflächen ist ein leichtes Gefälle vom Haus weg erforderlich. Die Richtschnüre werden mit der Wasserwaage eingerichtet.

11
Die optimale Verdichtung des Unterbaus gelingt nur mit einer schweren Rüttelplatte, wie sie u.U. bei Baufirmen gemietet werden kannn.

12
Für die angelieferten Pflastersteine war eine geeignete Lagerfläche abseits der Straße vorbereitet.

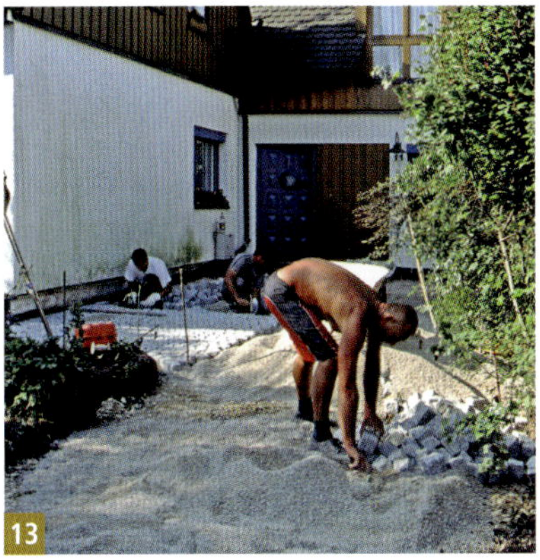

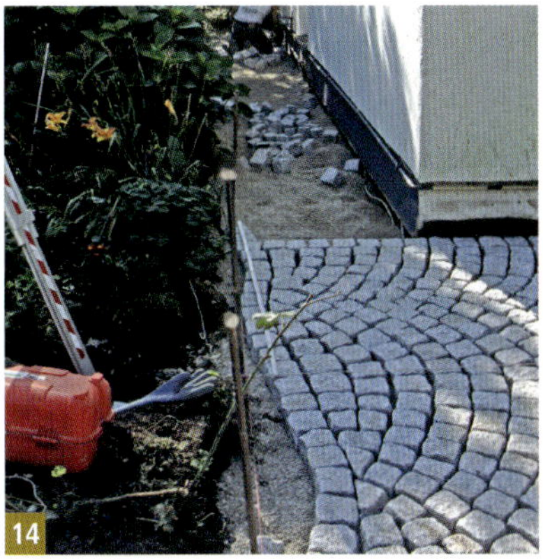

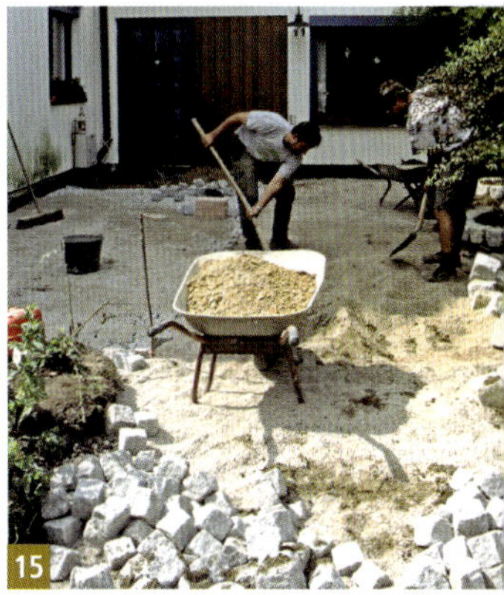

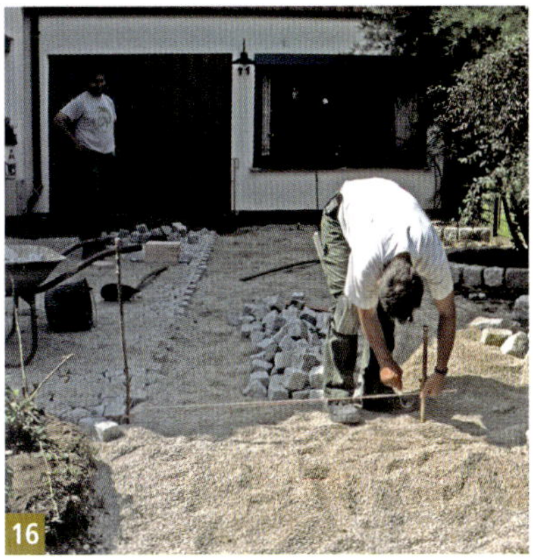

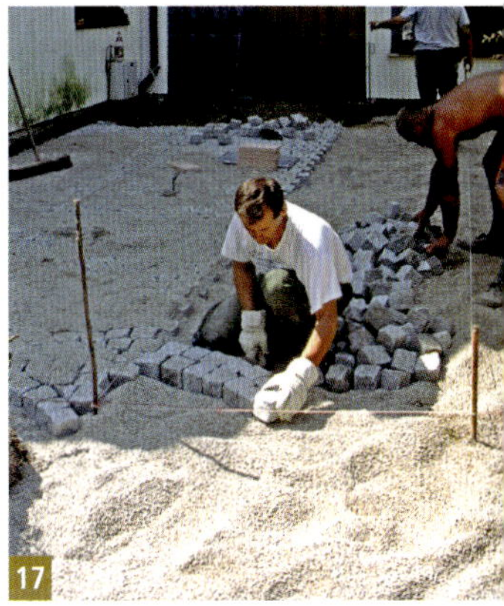

13
Nun wurde der gelieferte Splitt verteilt. Die eigentlichen Pflasterarbeiten beginnen jeweils entlang einer Hauswand.

14
Die Segmentbögen kommen dadurch zustande, dass mit ausgewählten, z.T. keilförmig zugerichteten Steinen begonnen und die Fugenbreite jeweils angepasst wird.

15
Das fertige Pflasterstück wurde bereits mit Splitt verfugt und bekam dadurch eine ausreichende Festigkeit. Für die nächste Fläche muss der Unterbau erst vorbereitet werden

16
Im vorbereiteten Splittbett kann das Pflaster nun weiter ausgebaut werden. Richtschnüre geben die Breite der Segmentbögen und die Pflasterhöhe vor.

17
Die Segmentbögen werden jeweils im „Reißverschlussverfahren" verlegt. Dadurch lassen sich die halbfertigen Bögen symmetrisch vervollständigen und die Fläche rechts der Haustür füllen.

18
Während die Pflasterarbeiten vorangehen, werden hier die Randsteine entlang der Einfahrt als Einzeiler auf einen Betonkeil gesetzt.

19
Die großen Granitsteine grenzen einerseits die Pflasterfläche ein und dienen andererseits als Einfassung der Beete.

20
Mit den Pflastersteinen werden auch kleine ringförmige Beeteinfassungen geschaffen, um wie hier den Wurzelraum einer Tamariske freizuhalten.

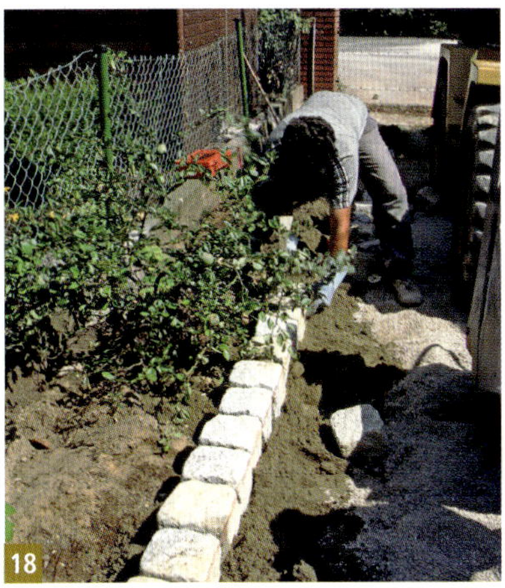

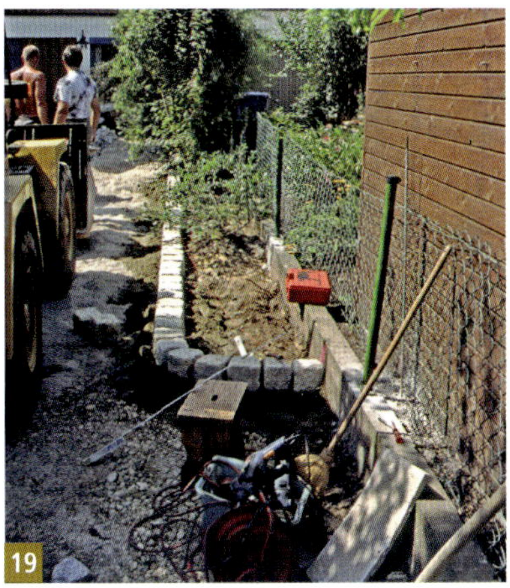

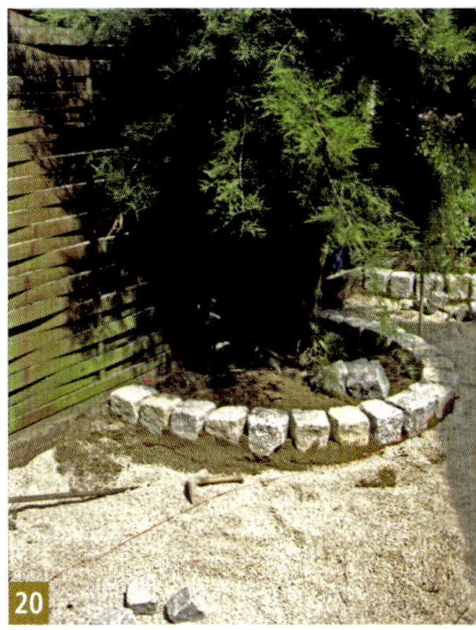

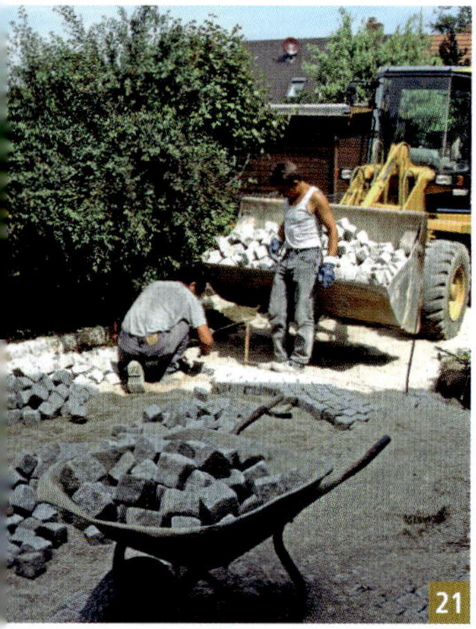
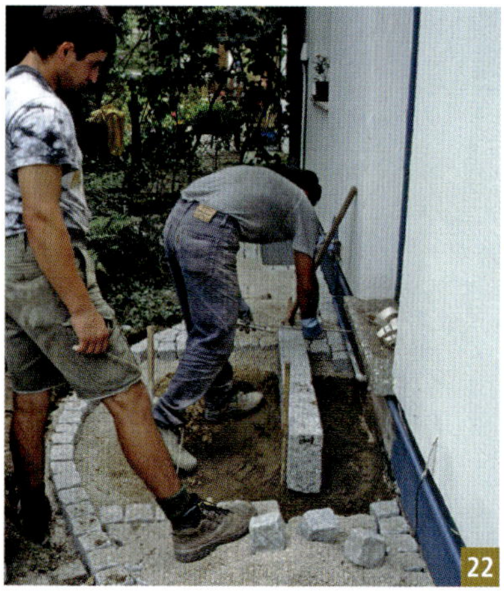
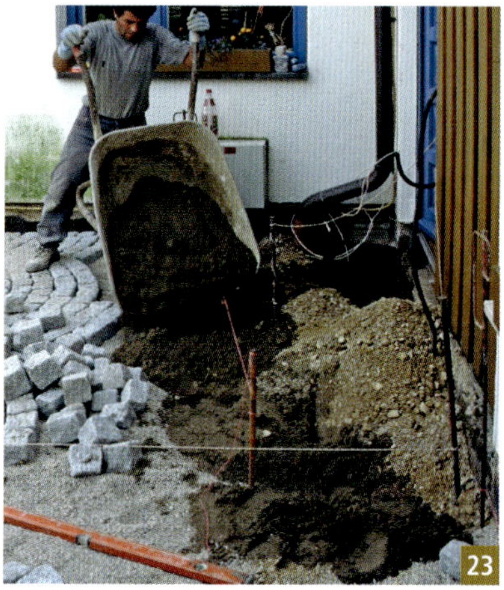
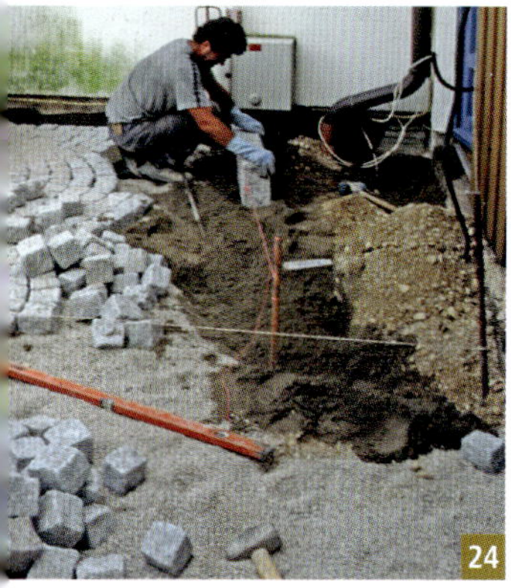
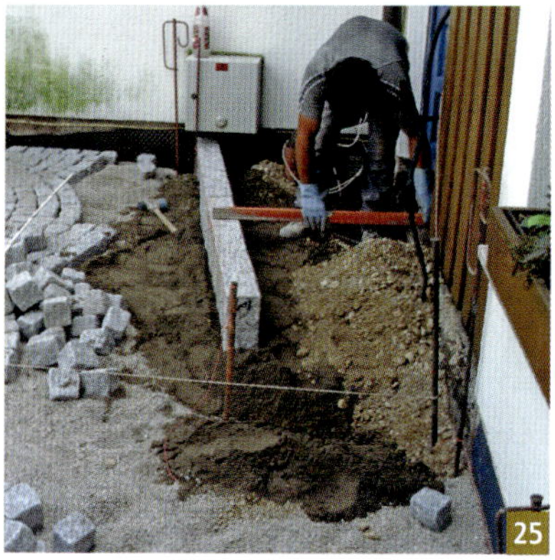
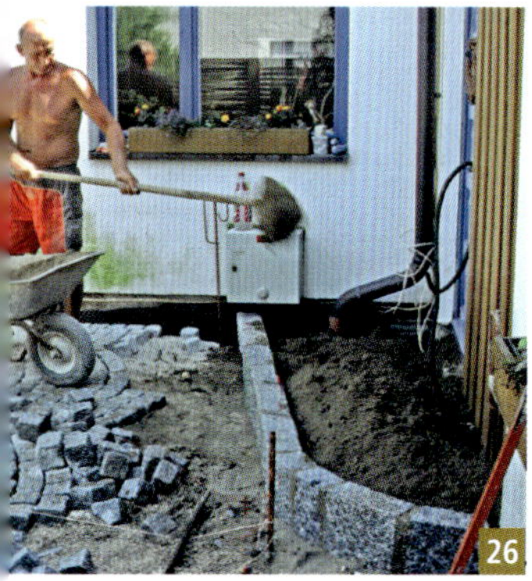
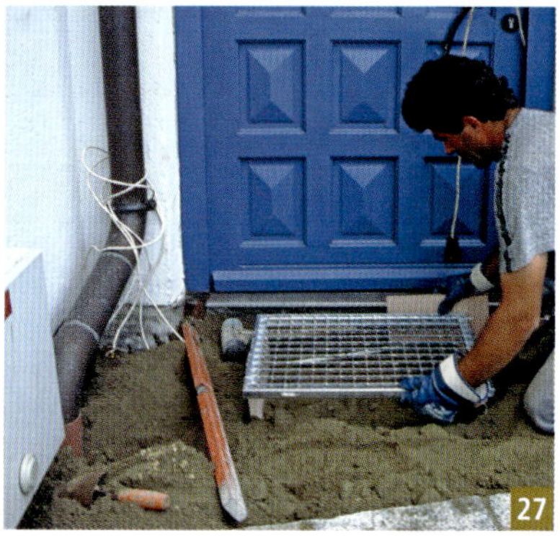
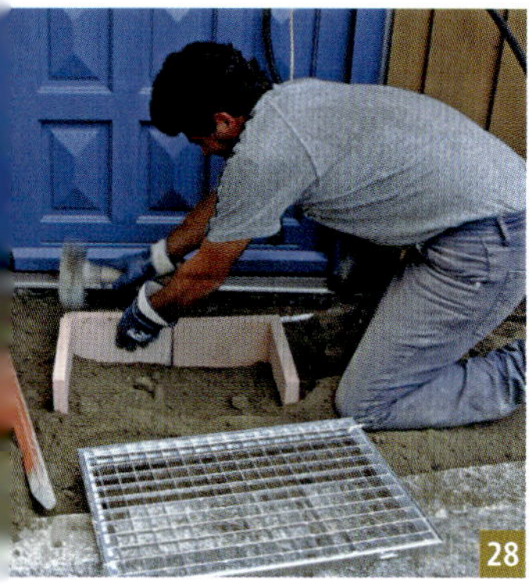
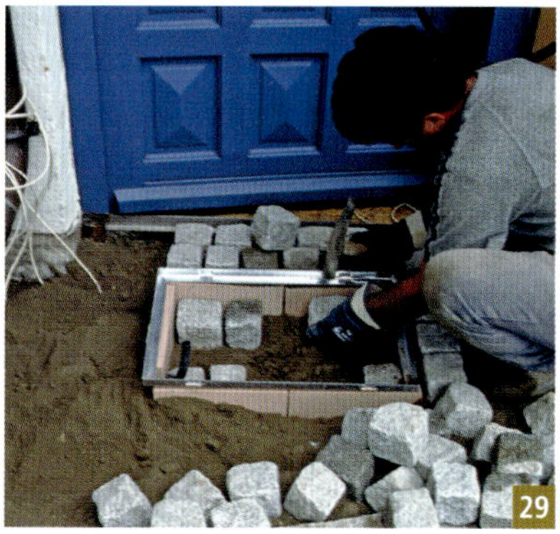

21
Eine eingespielte Pflasterbautruppe schafft an einem Arbeitstag eine große Fläche. Die Baumaschinen und geübte Fahrer tragen dazu ihren Teil bei.

22
Die Gliederung der Fläche und die Einteilung mit Richtschnüren sind für ein gutes Gelingen maßgeblich. Granitsteine sind zur Pflasterung in Segmentbögen ideal.

23
Vor der Haustür werden die Stufe und der Sockel auf Beton gesetzt.

24
Leistensteine aus Granit lassen sich sowohl als Blockstufen oder wie hier hochkant eingebaut als Stellstufen verwenden.

25
Die Höhe richtet sich nach der Eingangstür. Breite und Form des Antritts lassen sich beliebig variieren. In jedem Fall ist ein günstiges Schrittmaß zu beachten.

26
Für die leicht gerundete Stufe müssen die Granitsteine geschnitten werden, was eine leistungsfähige Trennscheibe erfordert.

27
Bei diesem Fußabstreifer-Bausatz liegt das Metallgitter auf Kunststoffelementen auf.

28 und 29
Die Einzelteile werden hier in trockenen Beton gesetzt. Bei anderen Systemen kann der Schmutzkasten komplett eingesetzt werden. Anschließend werden passende Pflastersteine für den Boden in Beton gesetzt.

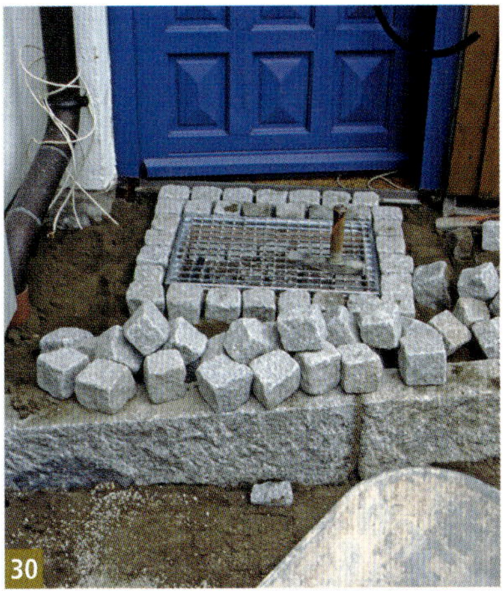

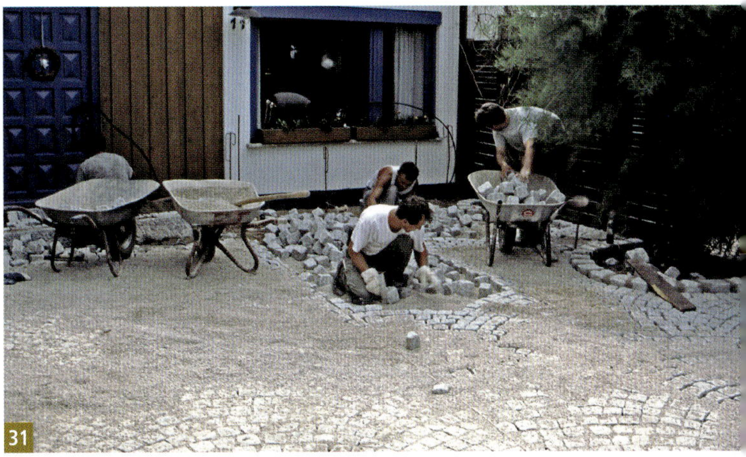

30
Nun kann die Stufe mit kleinen Granitsteinen ausgepflastert werden. Der Eigenbau ist zwar aufwendiger als fertige Systeme, ermöglicht aber eine individuelle Lösung.

31
Inzwischen ist die Pflasterfläche im Hof fast fertiggestellt. Die Segmentbögen zeichnen sich deutlich ab.

32
Zum Auspflastern der Ränder müssen Steine mit dem Hammer zugerichtet werden.

33
Durch Verfugen mit Mörtel bekommt die Stufe eine geschlossene Trittfläche. Mörtelreste müssen sofort mit Wasser abgespitzt und mit einer Bürste entfernt werden.

34
Pflasterung vom Einfahrtstor ausgehend in Segmentbögen. Die Mulde an der Straße fördert den Wasserablauf bei Starkregen.

35
Nach dem Verfugen mit Splitt wird das Pflaster mit einer Rüttelplatte verdichtet. Anders als bruchempfindliche Pflaster (z.B. Klinker), können Granitpflaster ohne Gummimatte gerüttelt werden.

36
Das Pflaster schließt hier bündig an ein vorhandenes Holzpflaster an. Dieses muss früher oder später ebenfalls durch dauerhaften Granit ersetzt werden.

37
Verteilen und Einkehren von Presssand: Der Presssand bildet nach dem Einschlämmen eine feste, wasserdurchlässige Kruste.

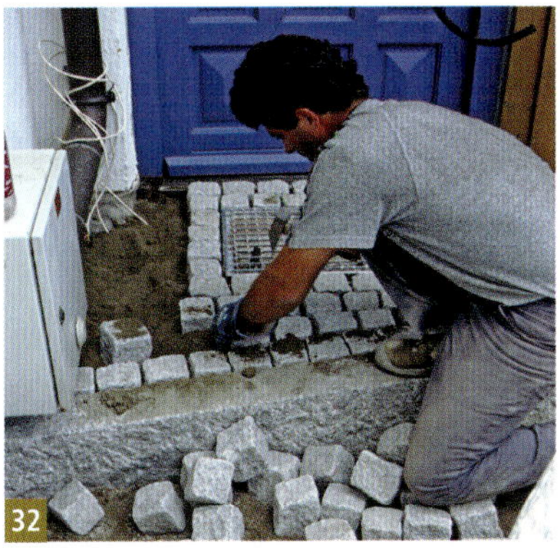

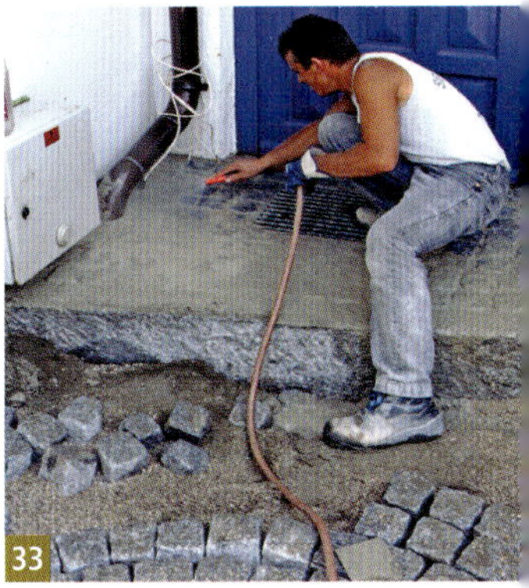

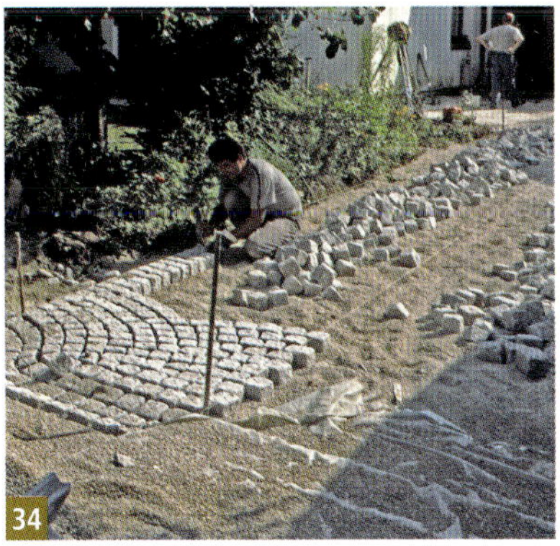

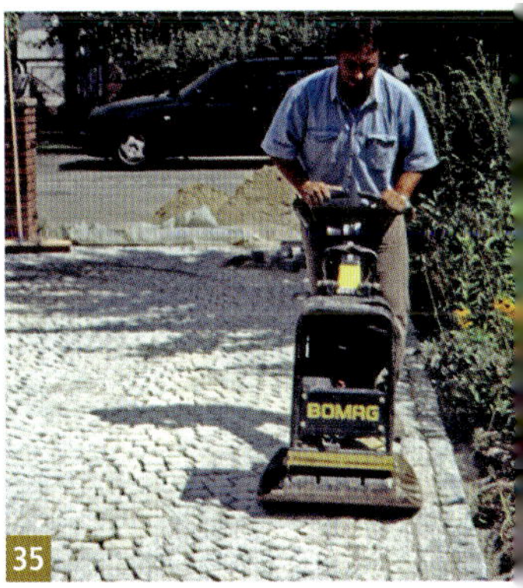

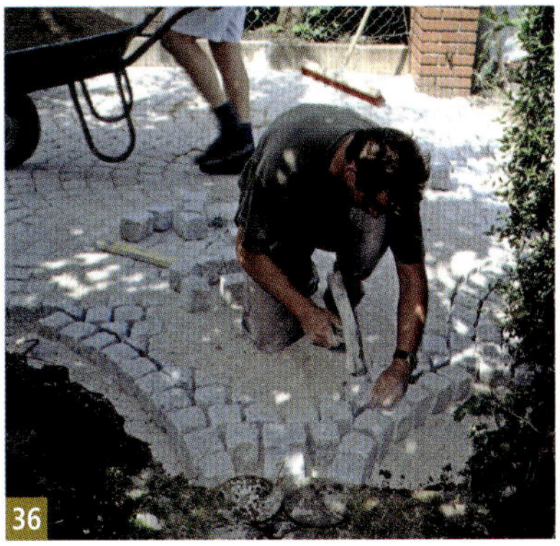

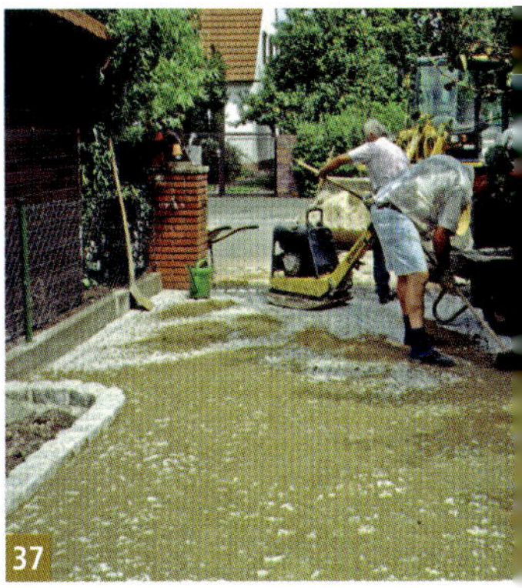

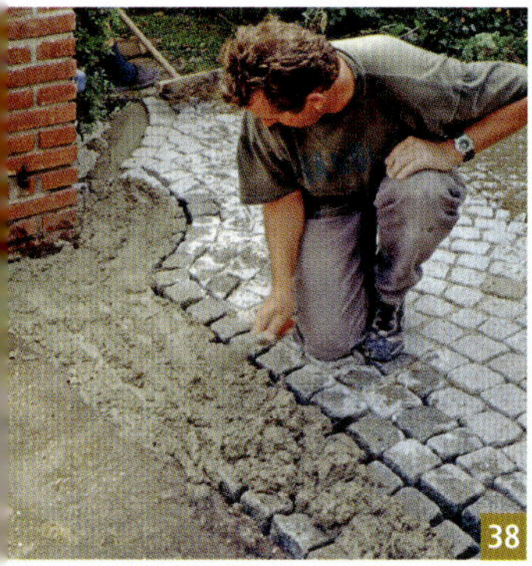

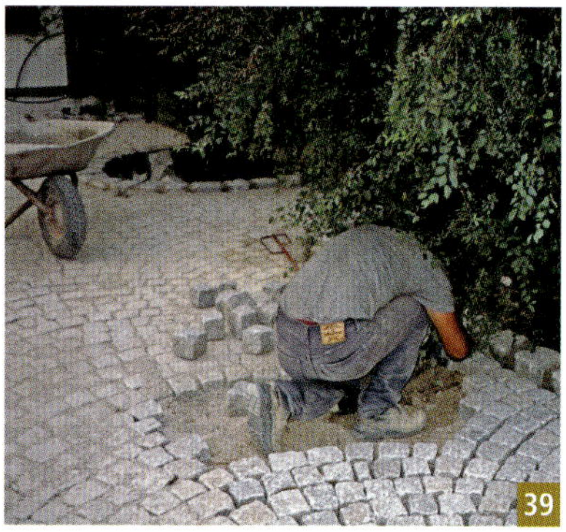

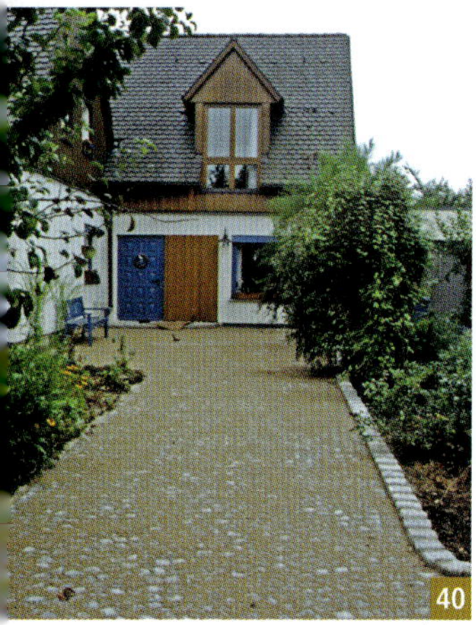

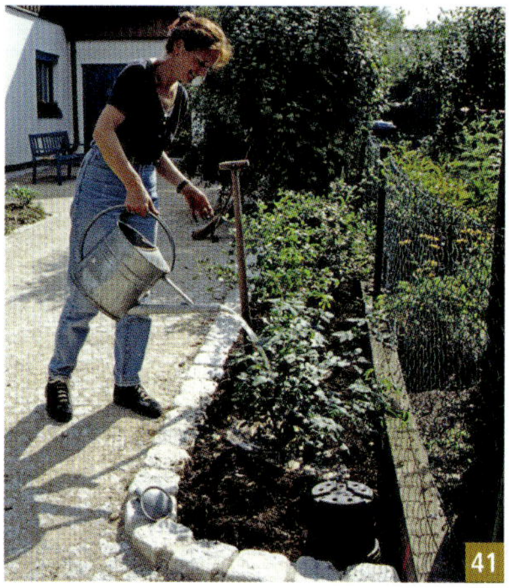

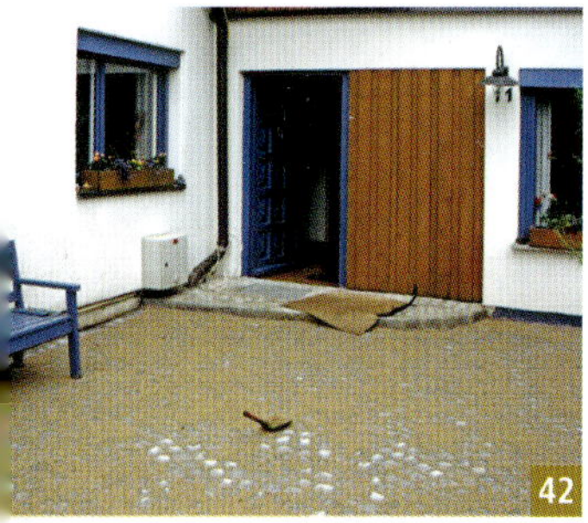

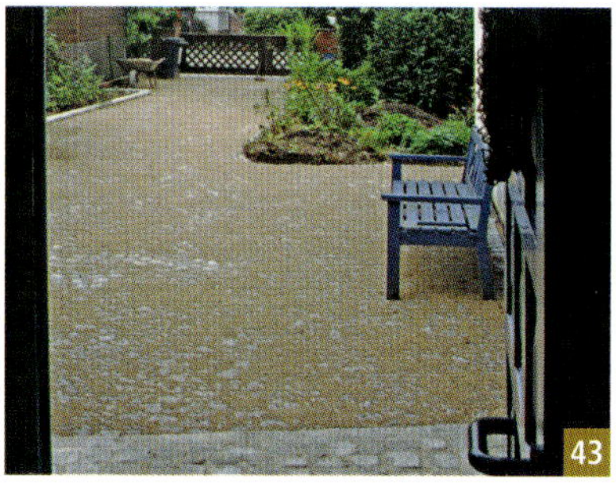

38
Die Regenrinne am Eingang wird wasserdicht mit Mörtel verfugt. Das Regenwasser lässt sich dadurch gezielt in den Garten leiten.

39
Währenddessen werden die letzten Lücken im Pflaster geschlossen. Die Einzeiler zur Beeteinfassung sind mit Mörtel verfugt.

40
Der Presssand muss einige Tage auf dem Pflaster liegen bleiben. Die Steinchen setzen sich nach und nach in den Fugen und geben den Pflastersteinen festen Halt.

41
Mittlerweile sind Rosen und Stauden gepflanzt. Das leicht erhöhte Beet erleichtert die Pflege, zumal Gießwasser nicht abläuft.

42
Um alle Lücken zu schließen, muss mehrmals neuer Presssand verteilt werden. Erst nach einiger Zeit wird der überschüssige Sand abgekehrt.

43
Blick aus dem Haus in die Einfahrt.

44
Nach dem Abkehren des restlichen Presssandes zeichnen sich die gleichmäßigen Segmentbögen ab.

45
Neun Jahre nach den Pflasterarbeiten hat sich der Belag nicht verändert, nur an den Rändern hat sich in den Fugen Moos angesiedelt, was durchaus erwünscht ist.

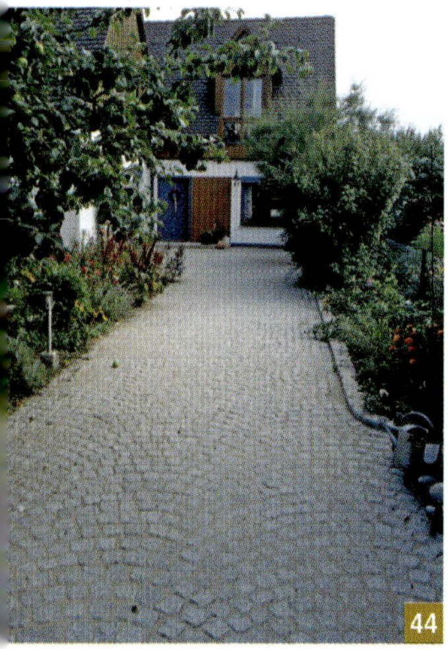

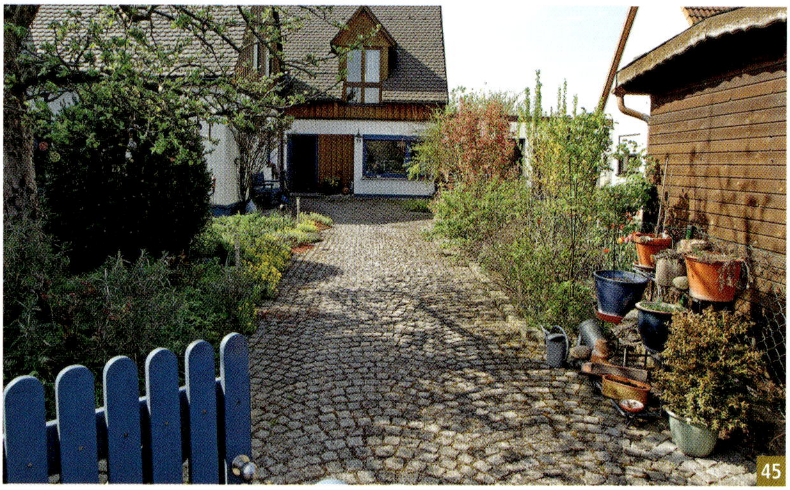

Beispiel 2.2: Rasenpflaster aus Granit und Porphyr

Pflastersteine aus veschiedenen Materialien sind gut kombinierbar und passen auch zu anderen Gartenbaustoffen. Im Bildbeispiel wurde die Einfahrt zu einem finnischen Blockholzhaus mit Granitpflaster und polygonalen Platten aus Porphyr befestigt. Damit das Pflaster weniger massiv wirkt, wurde es als Rasenpflaster gestaltet. Übrig gebliebene Steine und Platten konnten für eine Beeteinfassung und als Antritt am Gewächshaus hinterm Haus genutzt werden (Beispiel 2.4). Die Terrasse hinterm Haus wurde nicht aus Stein, sondern aufgeständert aus heimischem Douglasienholz gebaut (1), weil so eine größere Aufschüttung und der massive Unterbau für einen steinernen Belag vermieden werden konnten.

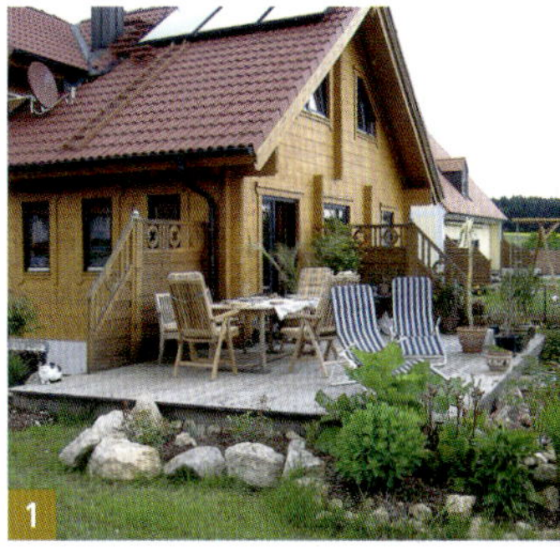

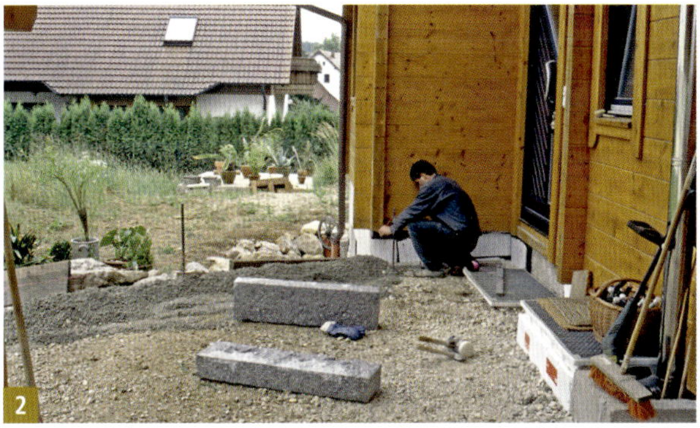

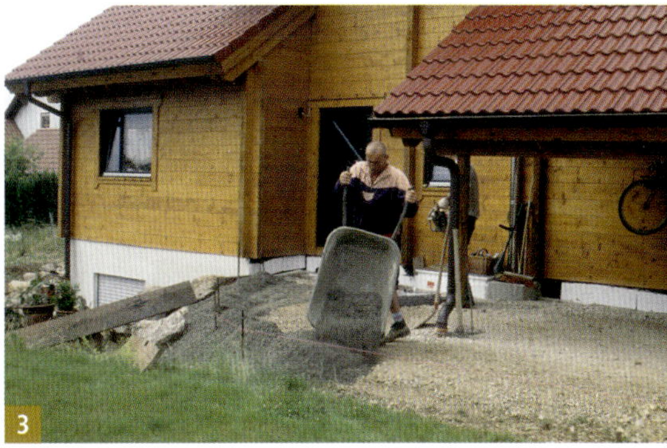

1
Nach dem Aufschottern und Verdichten des Unterbaus wurden Richtschnüre für die Randsteine in Höhe Haussockel gespannt.

2 und 3
Die Randsteine werden in erdfeuchten Beton gesetzt und ausgerichtet. Während für den Pflasterbau eine Fachfirma beauftragt wurde, konnte die Holzterrasse hinter dem Haus in Eigenbau geschaffen werden.

4
Die Leistensteine aus Granit werden mit einer großen Trennscheibe geteilt, um die Rundung herzustellen.

5
Für die breiten hochkant aufgestellten Granitzeilen genügt ein dünnes Betonbett.

6
Die hohen Randsteine sind nötig, um zum Nachbargrundstück hin eine ausreichende Einfassung für das Pflaster zu schaffen. Zur Straße hin laufen sie ebenerdig aus.

7
Beim ebenerdigen Teil des Vorgartens genügt ein Einzeiler aus Pflastersteinen, die gut zu den Leistensteinen passen.

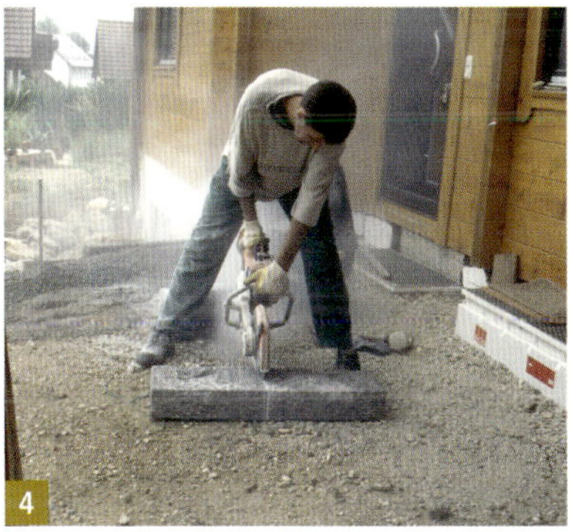

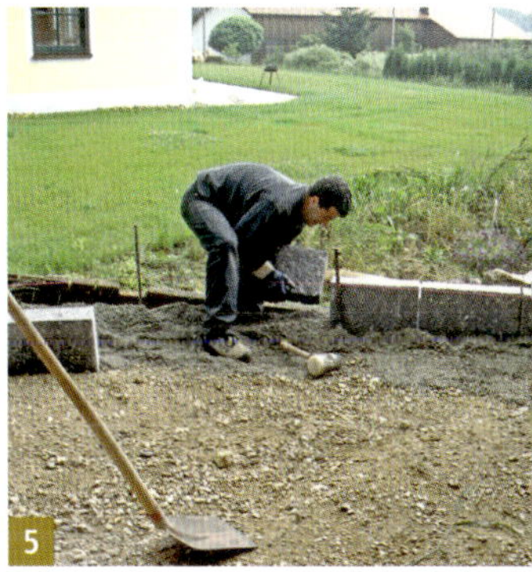

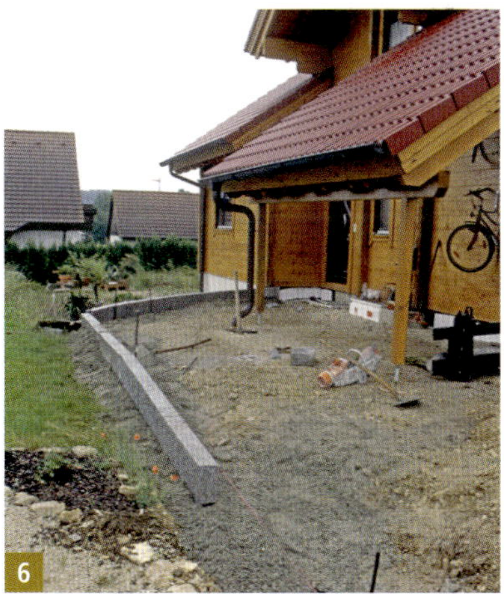

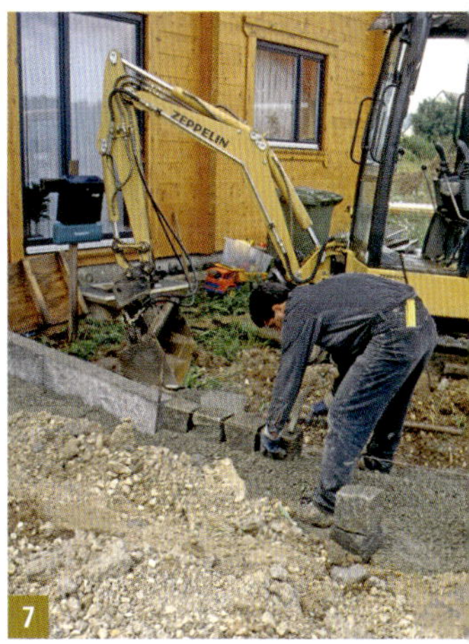

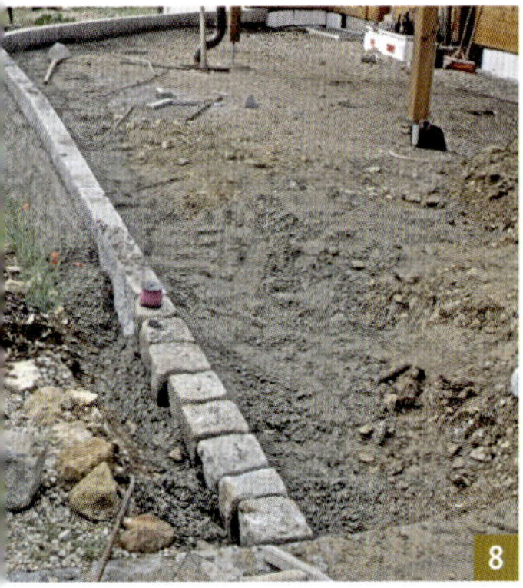

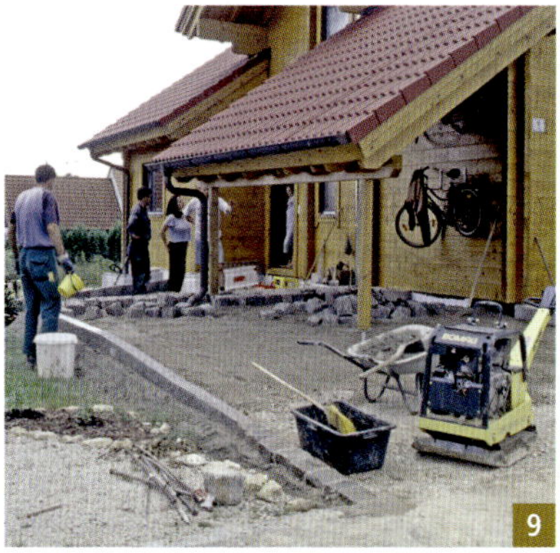

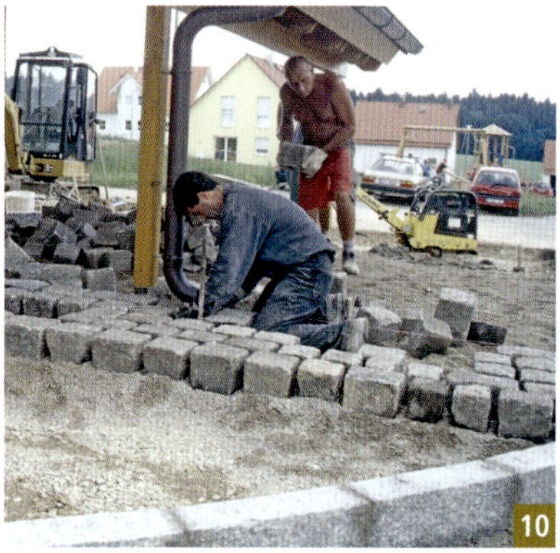

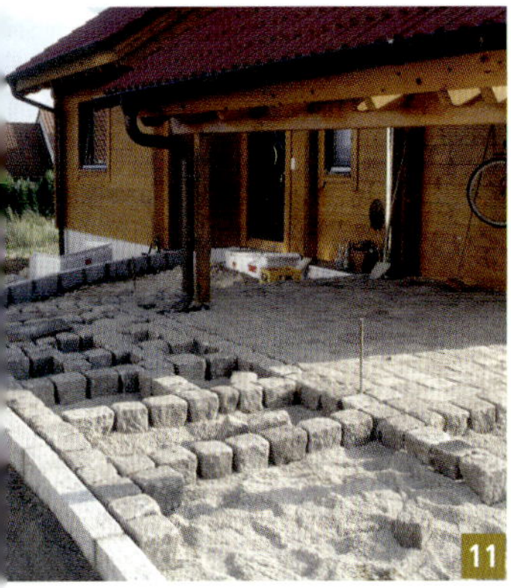

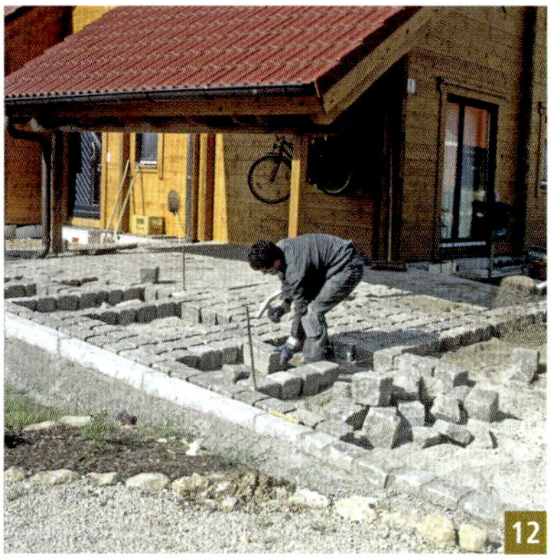

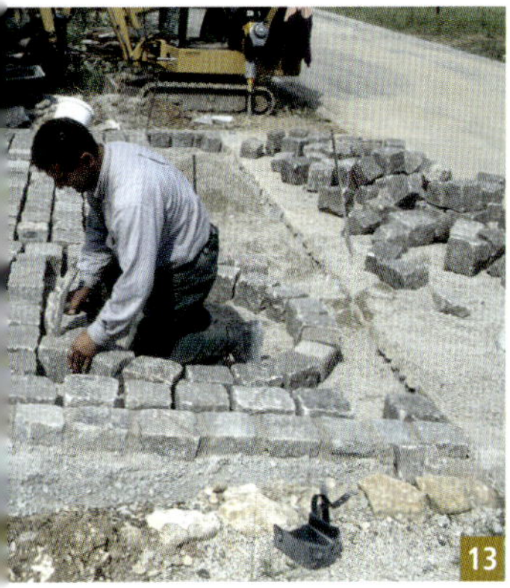

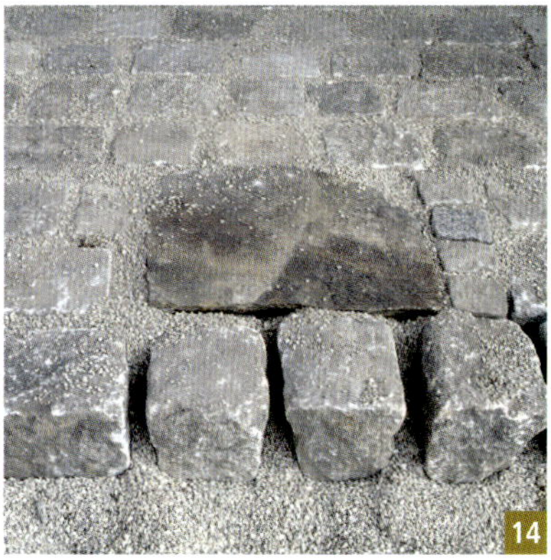

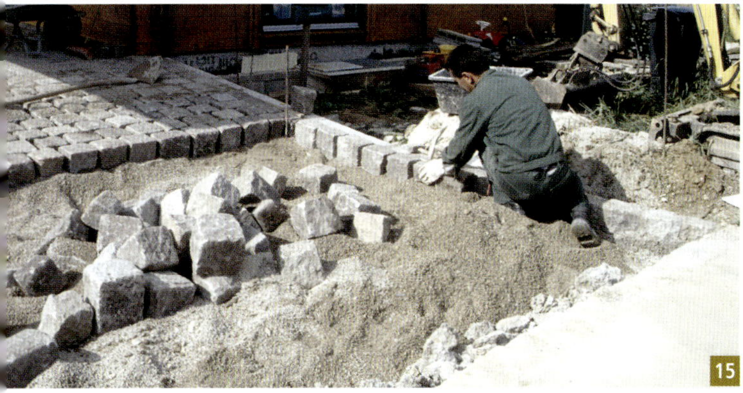

8
Für den ebenerdigen Anschluss an die Straße reicht ein kurzer Einzeiler aus Granitsteinen. Bei den Ganit-Randsteinen ist der Betonkeil bereits fertigestellt.

9
Ohne genauen Plan sind Anweisungen zur Gestaltung nötig. Auf Wunsch der Baufamilie wurde unter dem Stellpatzdach einfach gepflastert, während in der Auffahrt ein Mosaik entstehen sollte.

10
Die großen Pflastersteine sind aus dem Straßenbau recycelt. Nach Vorgabe der Höhe mittels Richtschnur wurden sie im Reihenverband in Splitt gesetzt.

11
Hier werden die Rahmensteine für das Mosaik aus Porphyrplatten gesetzt.

12
Das Mosaik entstand frei durch Auslegen und Einfügen vorhandener Steinplatten. Dadurch mussten die Granitsteine nicht eingeschnitten werden.

13
Nachdem ein Teil des Pflasters bereits mit Splitt verfugt war, wurden die Lücken im Mosaik mit passenden Steinen geschlossen. Den Anfang der Einfahrt bildet ein Ring.

14
An manchen Stellen wurden für Porphyrplatten passende Lücken ausgespart. Sie müssen bündig mit den Pflastersteinen auf einem hohen Splittbett liegen. Die großen Fugen sind für die Raseneinsaat günstig.

15
Die Pflasterung in der Fläche erfolgte im Reihenverband. Die unterschiedlich großen Steine erforderten eine dicke Splittschicht.

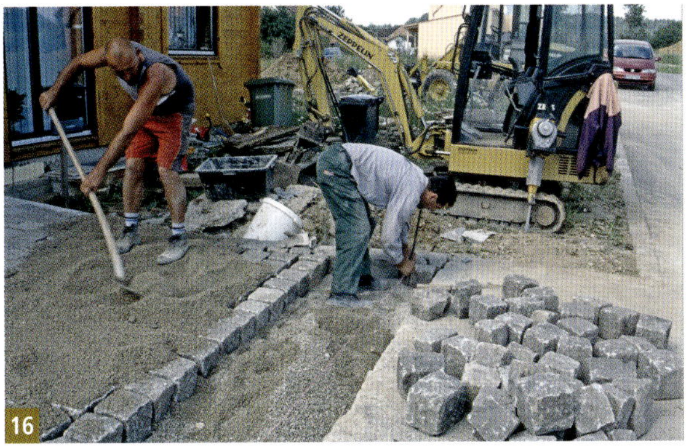

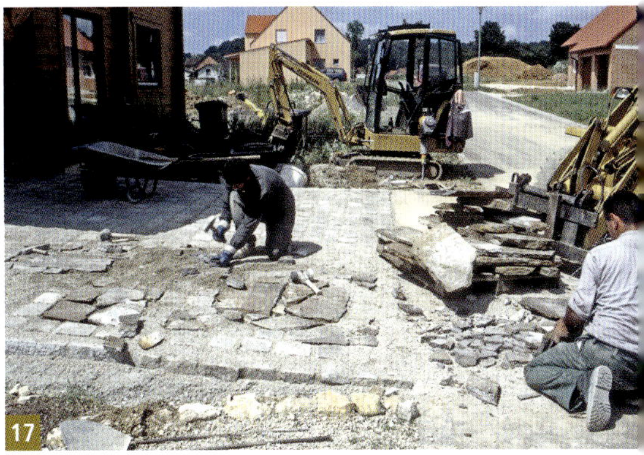

16
Um die letzten Reihen vor der Straße zu pflastern, musste der störende Betonkeil an den Bordsteinen abgestemmt werden.

17
Der Einbau der Platten gestaltete sich schwierig, da kleinere Stücke nicht kippelig im Splitt liegen dürfen. Ein Betonunterbau war wegen der Raseneinsaat nicht möglich.

18
Das Mosaik hat die Form eines Schlüssels. Die Porphyrplatten darin lassen sich durch Zurichten in beliebige Formen bringen.

19
Die großen Pflastersteine bieten einen stabilen Rahmen für das Mosaik. Ein so raues Pflasters im Eingangsbereich ist jedoch nicht jedermanns Sache.

20
Die Granitsteine sitzen fest und auch größere Porphyrplatten lassen sich gut festklopfen. Anstelle der kleinen Porphyrstücke könnten zur Erhöhung der Festigkeit auch kleine Pflastersteine eingesetzt werden.

21
Granitsteine lassen sich mit dem Hammer zurichten, wobei durch gezielte Schläge kleine Stücke absplittern. Zum Festklopfen wird deshalb ein Pflasterhammer verwendet.

22
Durch kleine Änderungen der Fugenbreite lassen sich die letzten Pflasterreihen gut einpassen.

23
An der Eingangstür wird noch eine Reihe Porphyrplatten gelegt, deren Höhe sich an den Randsteinen orientiert.

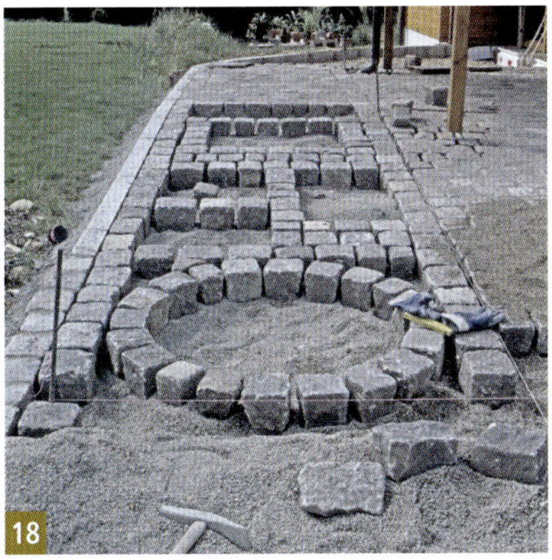

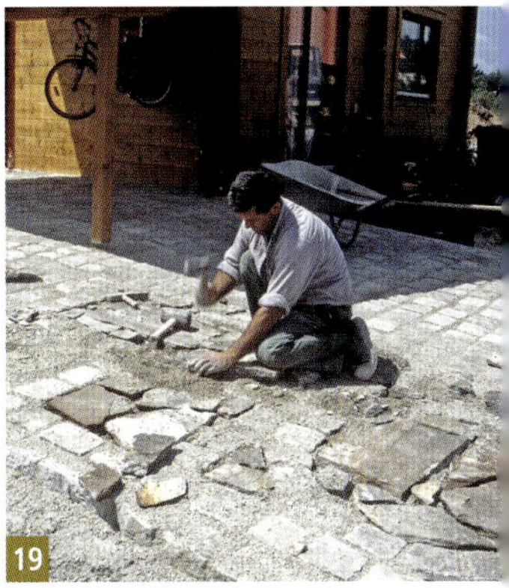

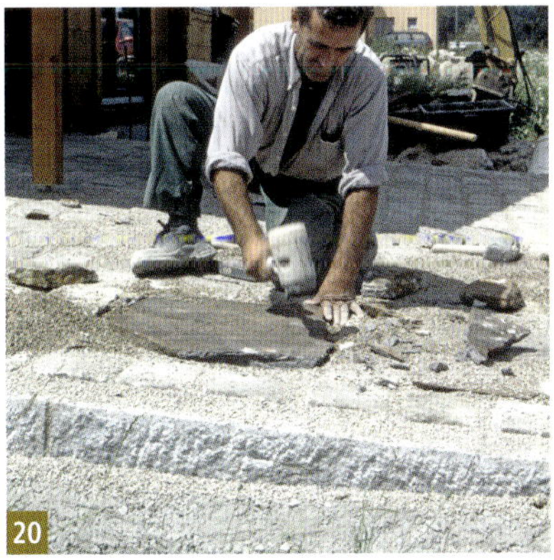

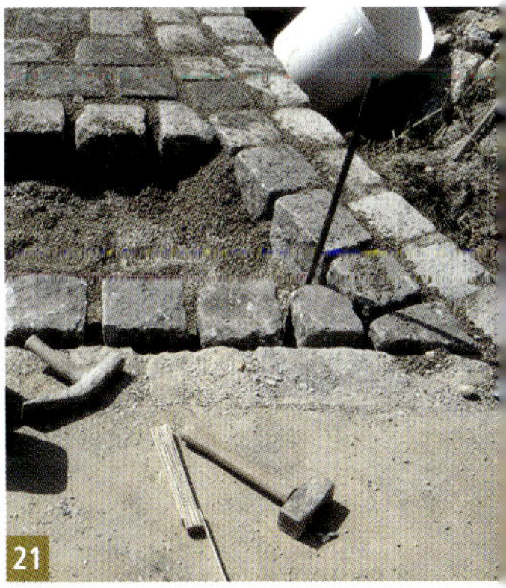

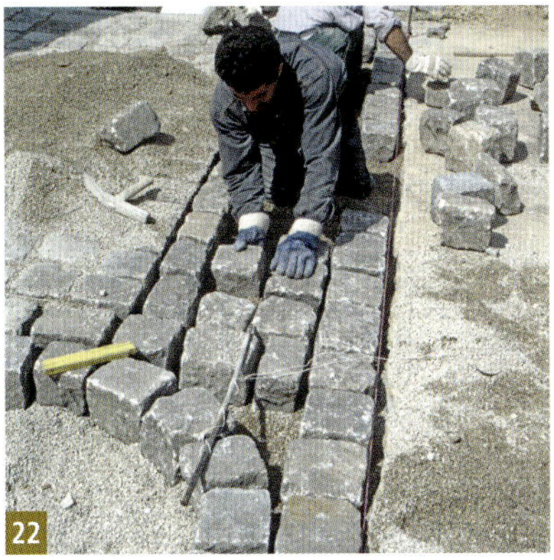

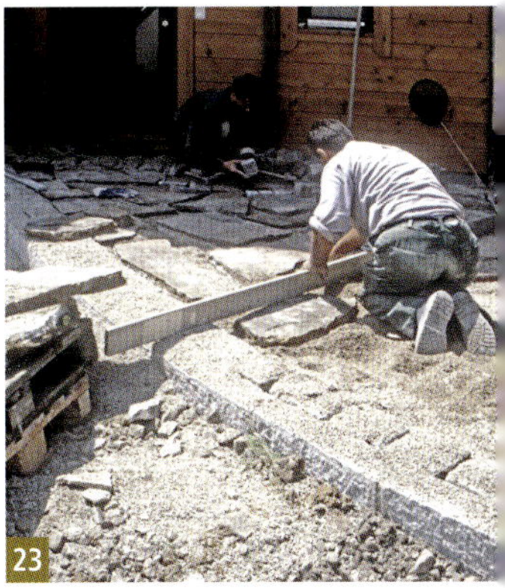

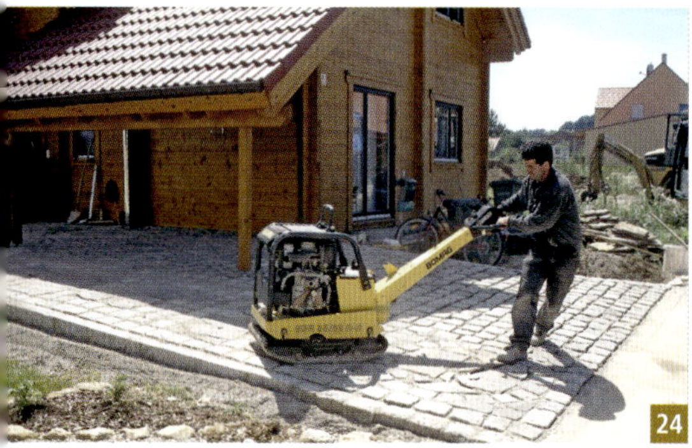
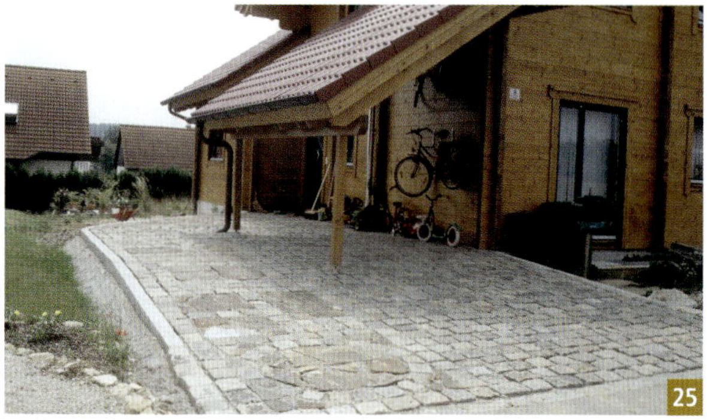
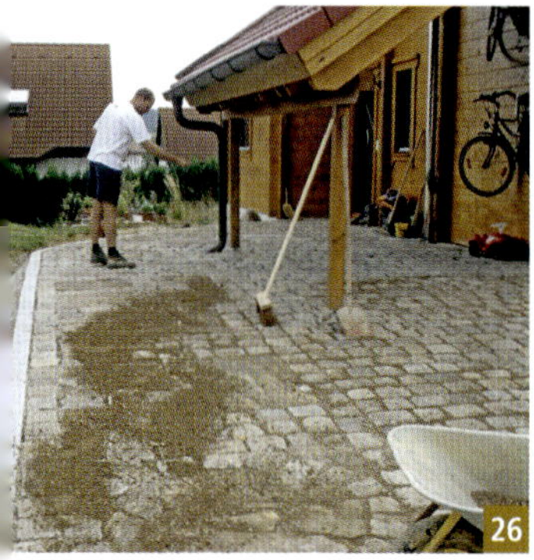
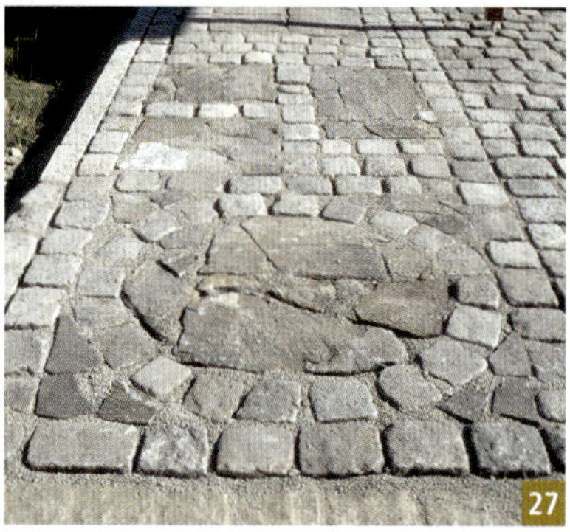
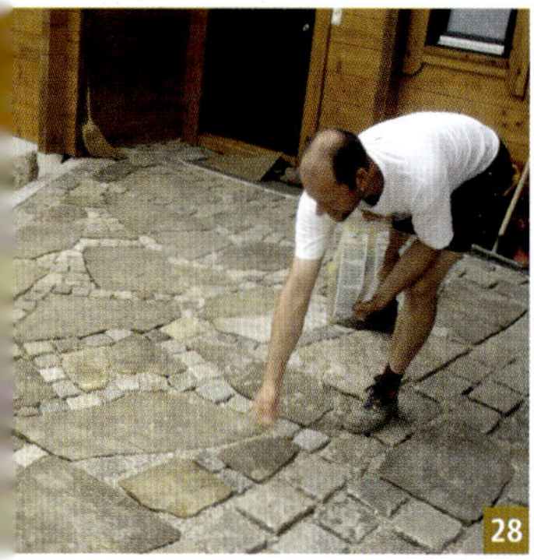
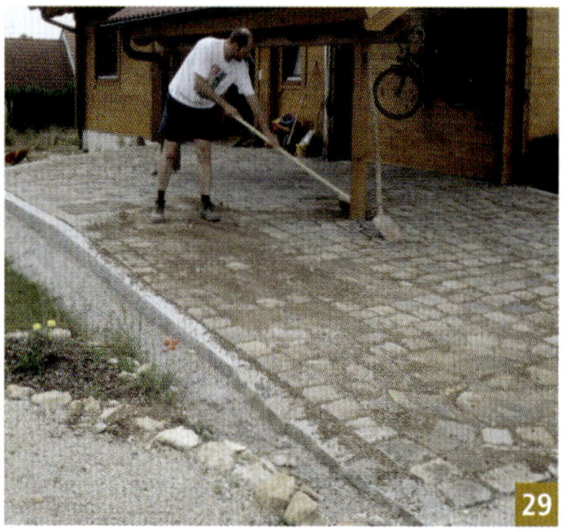
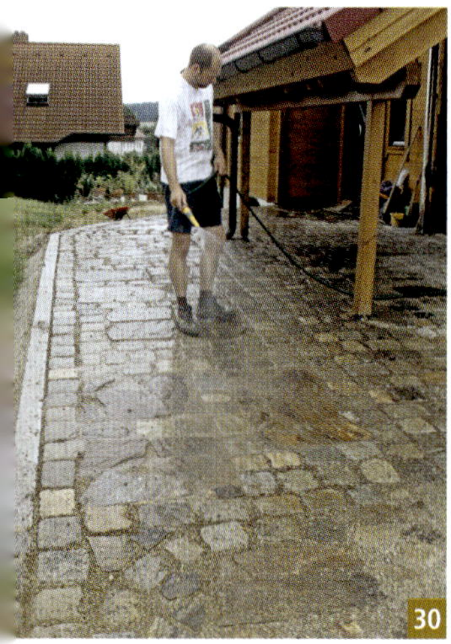
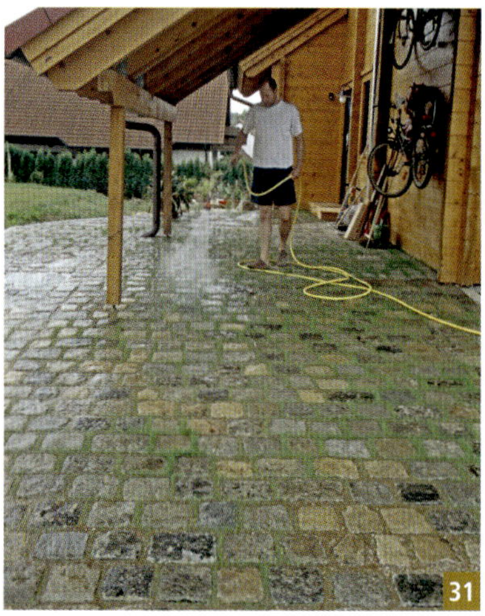

24
Das fertige Pflaster bekommt seine endgültige Festigkeit erst durch Verdichten mit der Rüttelplatte. Durch die Vibration werden die Steine fest ins Splittbett geklopft.

25
In der Gesamtansicht wirkt das Bauwerk schon durchaus gut gelungen.

26
Zum Ausfugen wird einige Zeit lang Sand eingefegt, zum Schluss werden auch auch Grassamen mit ausgebracht.

27
Stellenweise sah der Belag noch etwas holprig aus. Insbesondere wirken scharfkantige Porphyrsteine bei direkter Sonneneinstrahlung auffällig rau.

28
Das Einsäen von Grassamen in die Fugen trägt zur Gestaltung bei. Die Samen kommen auch im Splitt zum Keimen, wenn sie feucht gehalten werden. Die Porphyrplatten vor der Haustür vermitteln Ruhe.

29
Das Verteilen und Einkehren von Erde in die Fugen verbessert die Wachstumsbedingungen nach dem Ausbringen der Grassamen. Dadurch werden die Samen mit einer dünnen Schicht Erde bedeckt.

30
Die Saat keimt natürlich nicht, solange sie trocken liegt. Erst nach dem Angießen quellen die Samen auf, um auszutreiben. Dann muss regelmäßig bewässert werden.

31
Nach etwa 14 Tagen ist bereits ein feiner grüner Flaum zu sehen. Das Gras wächst, wenn es genügend Wasser erhält, und trägt mit zur Festigung des Pflasters bei.

Beispiel 2.3: Einfahrt pflastern mit Betonsteinen

Betonstein-Pflaster können – dank veredelter Oberflächen – durchaus ansehnlich sein und sind besonders für größere Hofeinfahrten und Stellplätze eine überlegenswerte Alternative. Anders als die unregelmäßigen Natursteine haben Betonsteine glatte Ober- und Unterseiten. Dadurch können die Steine auf einem abgezogenen Splittbett einfach ausgelegt werden und bilden nach dem Verdichten eine sehr glatte Oberfläche. Das kann besonders bei Hofeinfahrten erwünscht sein. Die große gepflasterte Fläche im Beispiel wirkt trotz Betonstein durch die verschiedenen Stein-Formate und Farbzeichnungen abwechslungsreich.

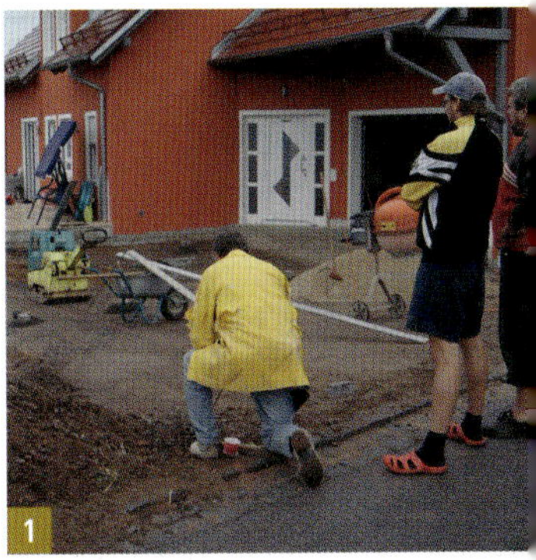
1

1
Die Terrasse am Haus wird mit großformatigen Betonplatten ausgebaut. Im Hof soll ein belastbares Pflaster entstehen. Ausrichtung und Höhe der Einfassung, ein Einzeiler aus Granit, werden mit Maurerschnüren festgelegt.

2
Neben der Einfassung sollen Beete für Sommerblumen entstehen. Die Flächen werden zunächst grob eingerichtet und markiert.

3
Für die großen Granitsteine genügt auf dem verdichteten Unterbau ein relativ dünnes Betonbett.

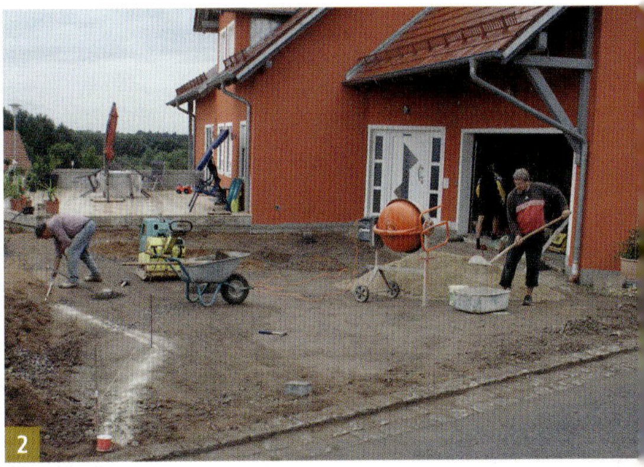
2

4
Nach dem Verlegen der Randsteine wird für die Ränder der Pflanzinseln eine Hilfskonstruktion aus Brettern errichtet.

5
Auch die Abgrenzung zum Garten wird als Bogen angelegt. Hier gaben die Randsteine an der Straße die Höhe vor.

6
Das Verdichten des groben Granitschotters erfolgt mit einer schweren Rüttelplatte. Der Gully für den Regenwasserablauf ist in der richtigen Höhe in die noch auszuführende Pflasterfläche eingesetzt.

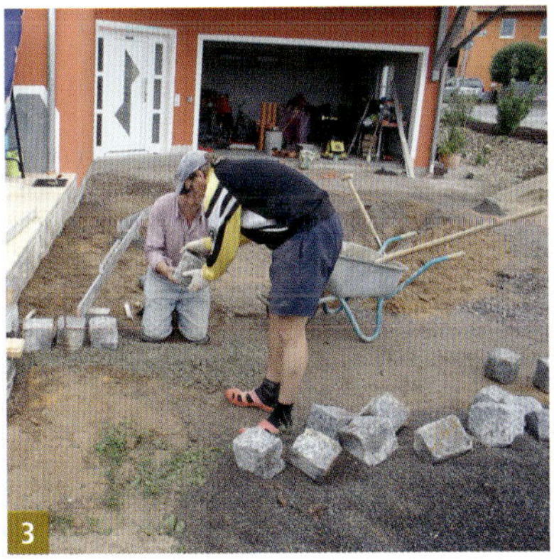
3

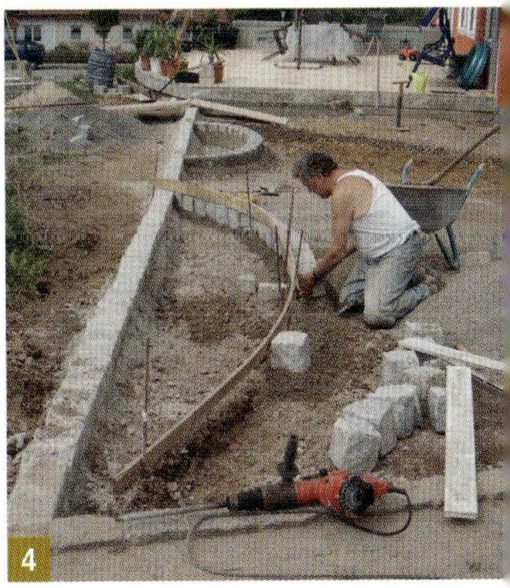
4

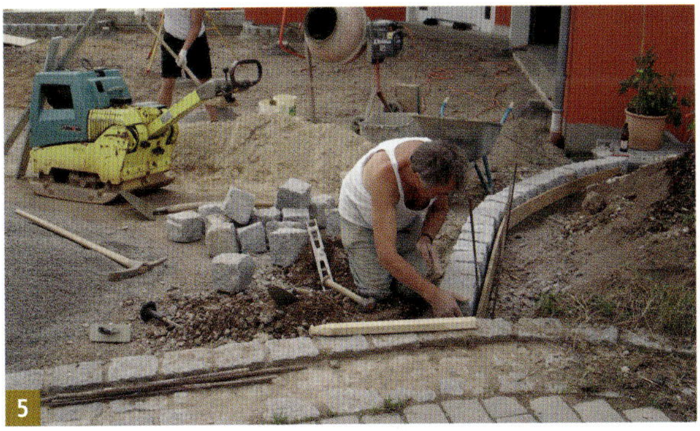
5

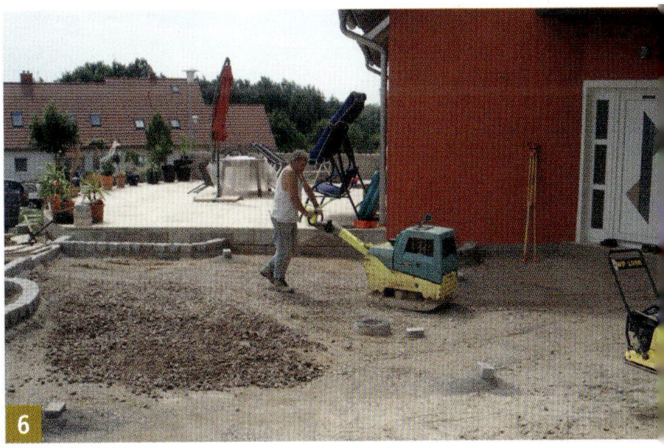
6

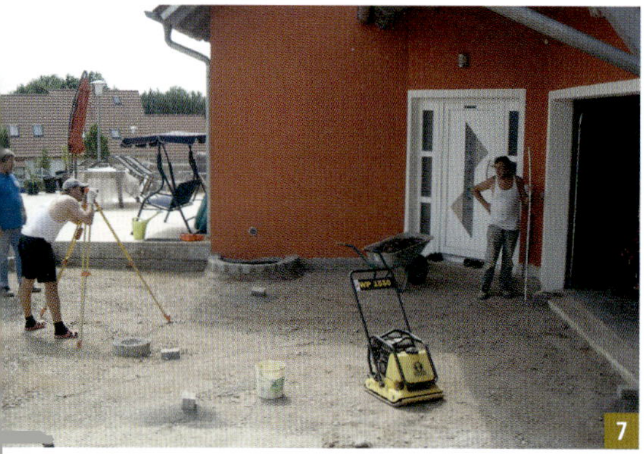

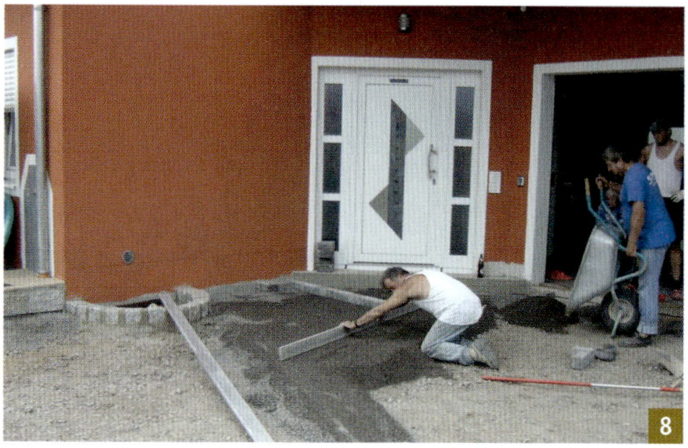

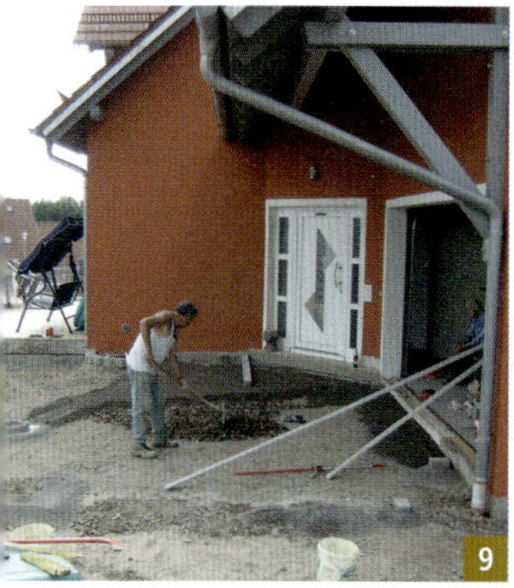

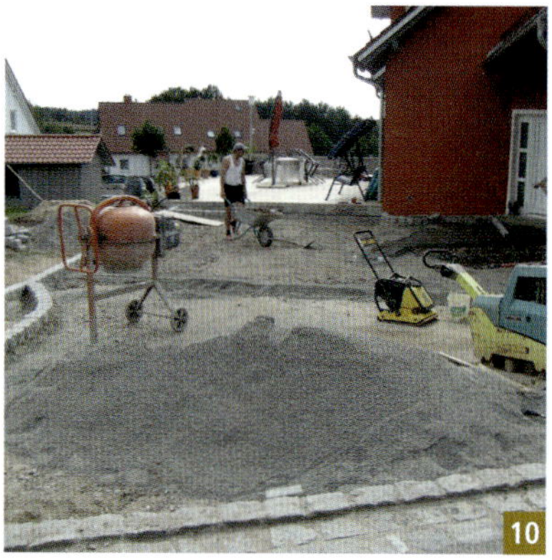

7
Beim Einrichten der Höhen ist bei so großen und verwinkelten Flächen ein Nivelliergerät hilfreich. Als Maß für die Pflasterhöhe wurden Fixpunkte in der gesamten Fläche eingerichtet. Entsprechend wird der Splitt verteilt.

8
Das Abziehen des Splittbetts erfolgt mit einer Richtlatte. Erste Steinreihen sitzen bereits in der richtigen Höhe. Für andere Pflaster (z.B. Klinker) muss der Unterbau genauso vorbereitet werden.

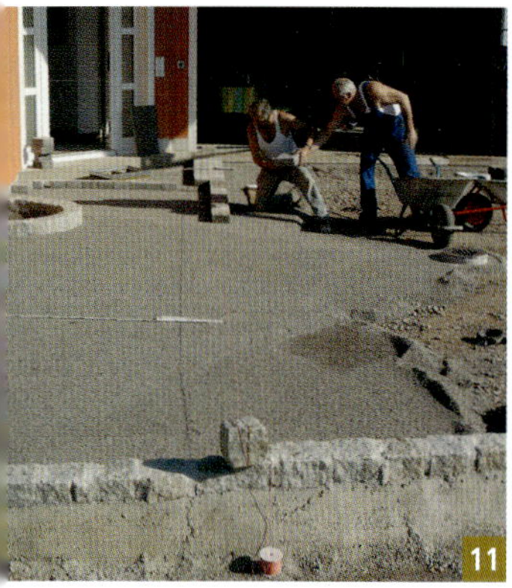

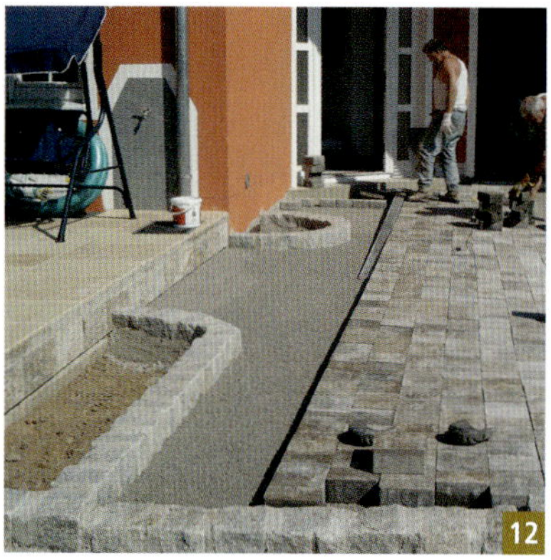

9
Sind alle Höhen durch die Randsteine und durch Fixpunkte in der Fläche eingerichtet, kann der weitere Ausbau erfolgen. Hier wird Schotter verteilt und gerüttelt.

10
Es lohnt sich, einen professionellen Pflasterer mit der Bauleitung zu beauftragen. Tätige Mitarbeit wie Beton mischen und Verteilen der Baustoffe hilft Kosten zu sparen.

11
Sind die Pflasterfläche eingerichtet und das Splittbett abgezogen, können die Pflastersteine zügig ausgelegt werden. Auch dabei sind Handlanger erwünscht.

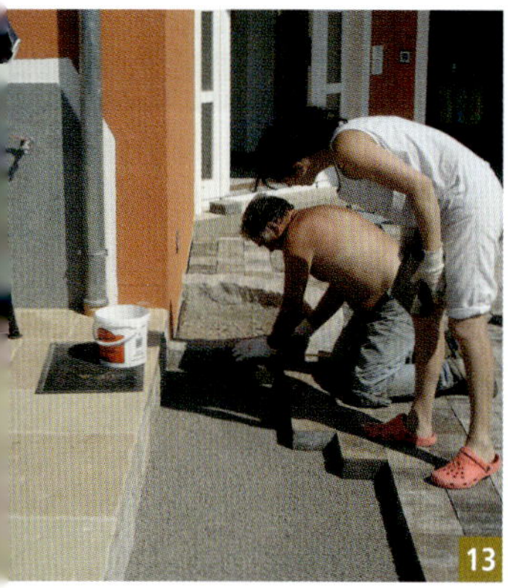

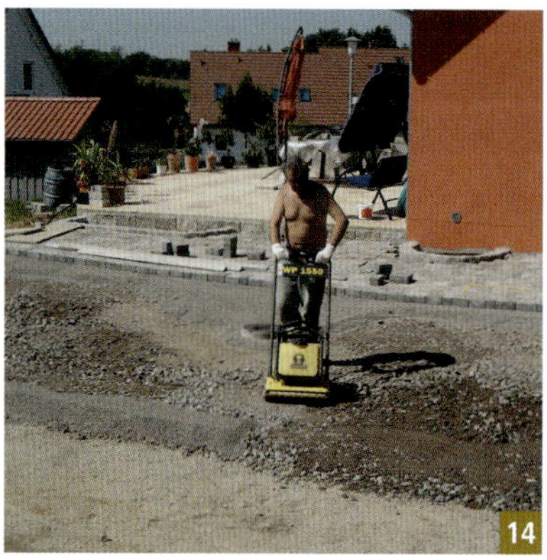

12
Dieses Betonpflaster aus unterschiedlichen Formaten muss so verlegt werden, dass keine Kreuzfugen entstehen. Die Verbände haben nur eine geringe Fugenbreite.

13
Die massive Pflasterfläche ist nach dem Rütteln voll belastbar und für Fahrzeuge geeignet. Zunächst musste noch durch Mitwirkung der Familenmitglieder fertig gepflastert werden.

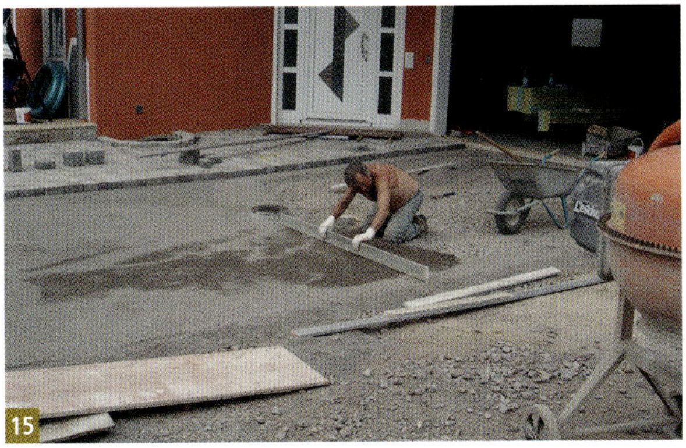
15

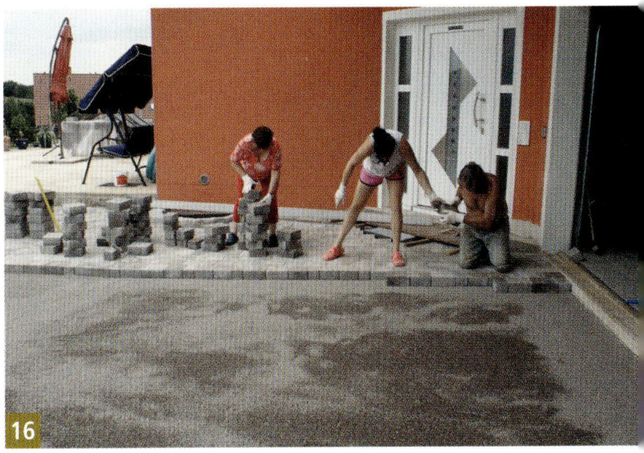
16

14
Bei so großen Flächen werden in der Regel sogenannte Leisten gesetzt. Das sind schmalen Reihen aus Schotter und Splitt, die bereits die endgültige Höhe haben. Sie dienen als Orientierung beim Auffüllen und Verdichten des Unterbaus.

15
Die Leisten geben beim Abziehen die Höhe vor. Das Splittbett wird hier mit geringem Gefälle zum Gully eingerichtet.

16
Das fertige Pflasterstück ist nach dem Legen der Steine begehbar. Der weitere Ausbau erfolgt vom Haus aus zur Straße hin.

17
Je gründlicher die Vorarbeiten verrichtet sind, umso einfacher ist die Ausführung. Die Höhenvorgaben wie Stufen am Haus, Randsteine, Straßenrand und dgl. sind besonders zu beachten.

18 und 19
Nach dem Auslegen der Fläche wurden noch die Steine an den Rändern passend zugeschnitten. Nach dem Rütteln und Einkehren von Quarzsand hat das Pflaster seine endgültige Festigkeit erhalten.

20
Die Fläche ist gleich nach der Fertigstellung befahrbar und als Stellplatz nutzbar. Das Auskoffern der Beetflächen zwischen den Granitzeilen sowie das Befüllen mit Gartenerde und das Bepflanzen erfolgten in einem späteren Arbeitsgang.

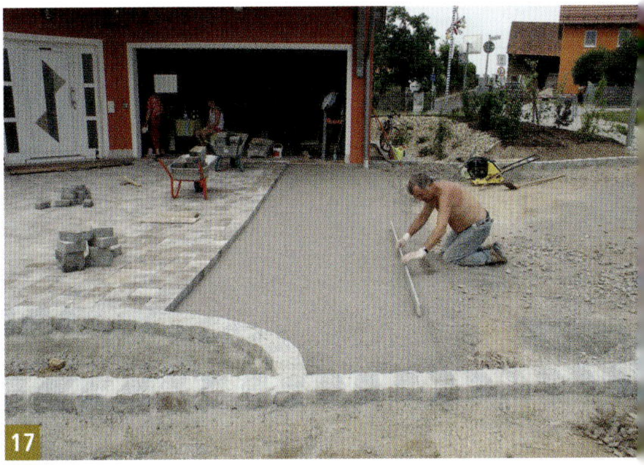
17

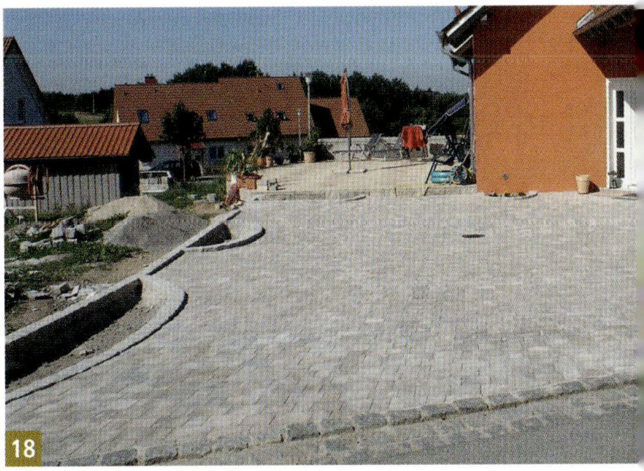
18

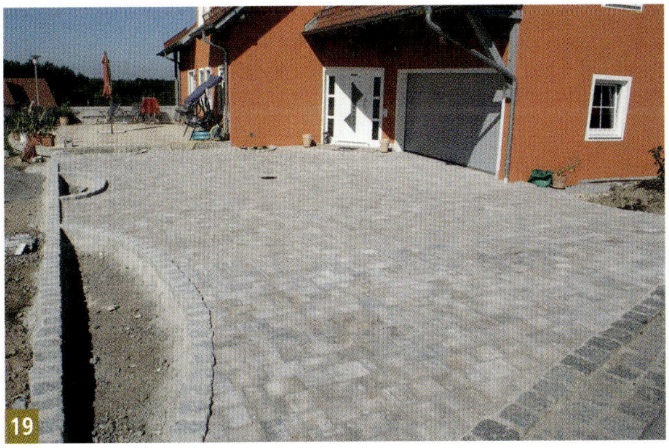
19

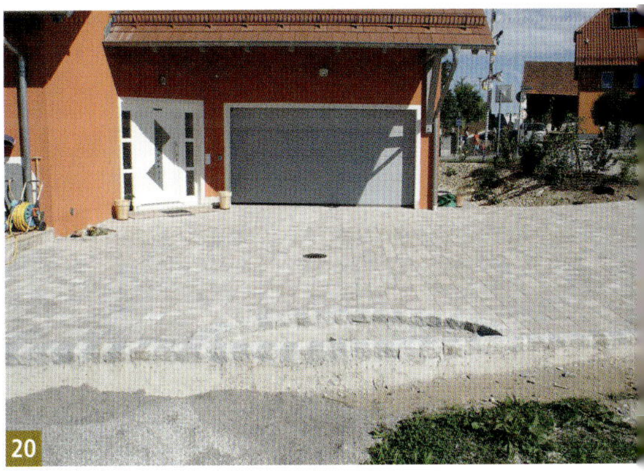
20

Beispiel 2.4: Pflasterweg statt Trittplatten

Für Nebenwege im Garten genügen manchmal Trittplatten, die bündig in den Rasen gelegt werden. Wenn es sich zeigt, dass solche Wege doch häufiger benutzt werden, etwa weil sie zu einem später eingerichteten, gerne genutzten Zweitsitzplatz führen, ist eine nachträgliche Korrektur immer noch möglich. Die Trittplatten werden dann ausgebaut und durch einen massiven Pflasterweg ersetzt.

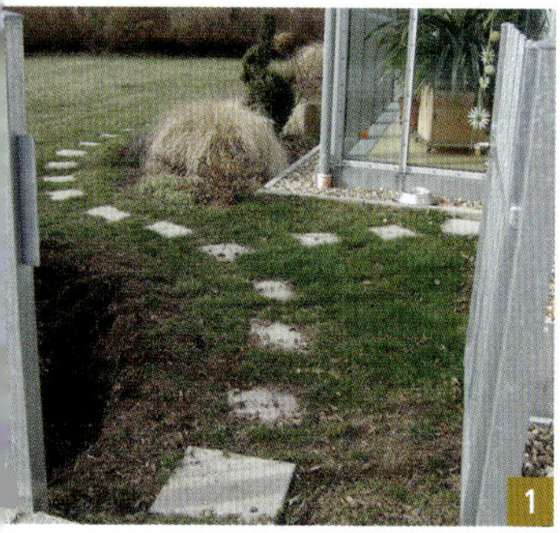

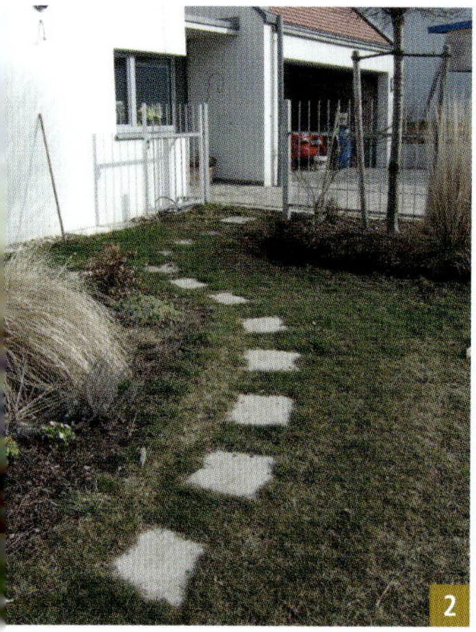

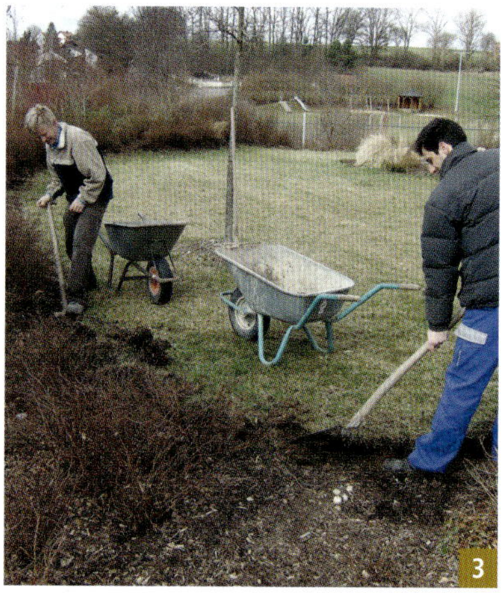

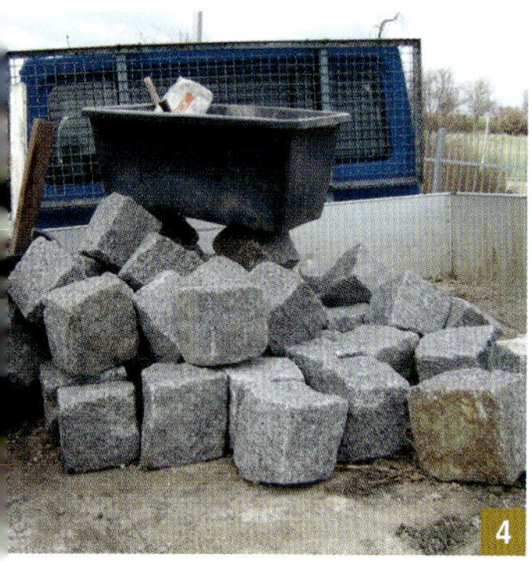

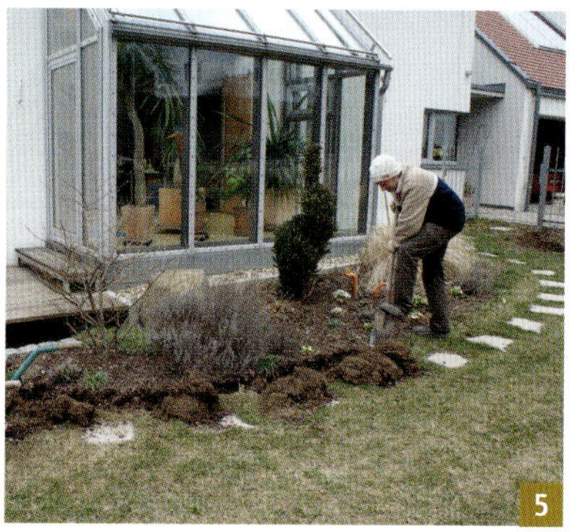

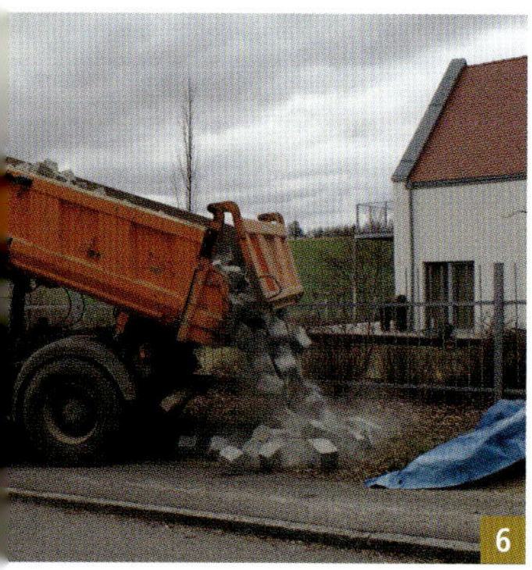

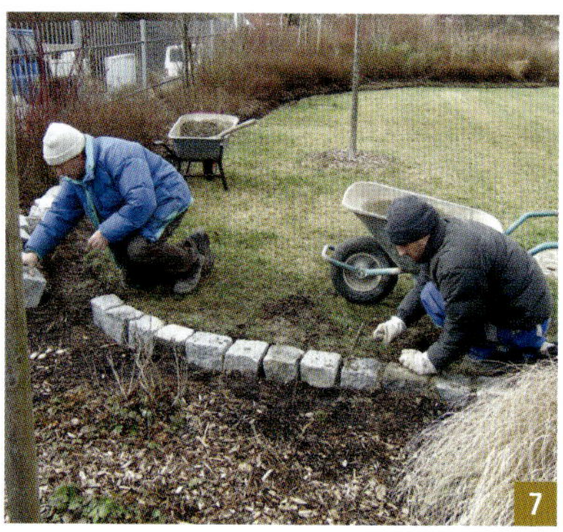

1
Ursprünglich waren einzeln im Rasen verlegte Platten aus Beton ausreichend. Die Besitzer entschieden sich aber im Zuge einer Gartenumgestaltung dazu, einen festen Weg anzulegen.

2
Die Trittplatten sind zum Teil schon vom Rasen überwuchert und mussten immer wieder vom Gras befreit werden.

3
Der Rasen breitet sich auch in die umliegenden Staudenbeete aus. Das soll durch dauerhafte Beeteinfassungen verhindert werden.

4
Für solche Einfassungen sind große Granitsteine gut geeignet. Sie hindern die flachen Gräserwurzeln wirksam an der Ausbreitung.

5
Zum Setzen einer Einfassung genügt ein spatentiefer Graben. Hier wird rundherum die lehmige Erde ausgehoben und abtransportiert.

6
Die Lieferung der Pflastersteine übernahm ein Spediteur aus der Region. Vor der Bestellung muss der Bedarf anhand der Länge der Einfassungen und der Steingröße berechnet werden. Die Stückzahl lässt sich dann in das Gewicht (in Tonnen) umrechnen.

7
Die Einfassung kann als Einzeiler auf Beton gesetzt werden, was jedoch nicht unbedingt nötig ist. Eine Einfassung aus großen Steinen bietet an sich schon eine wirksame Wurzelsperre.

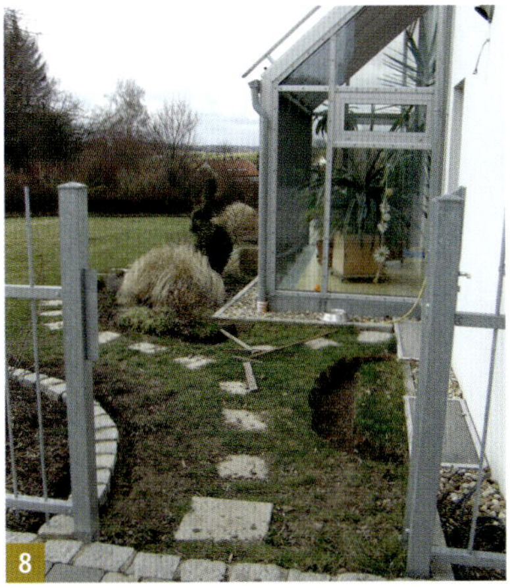

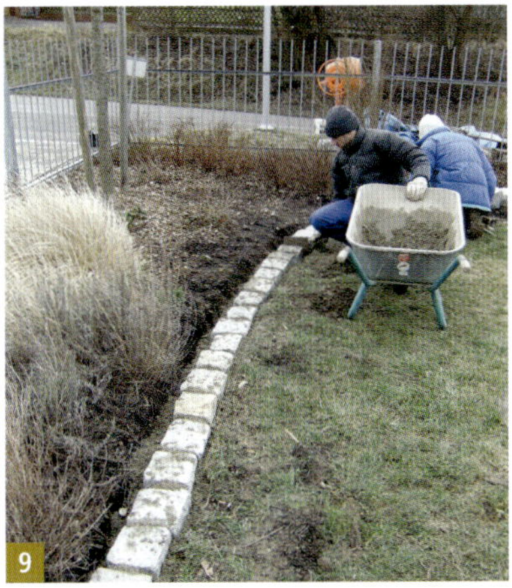

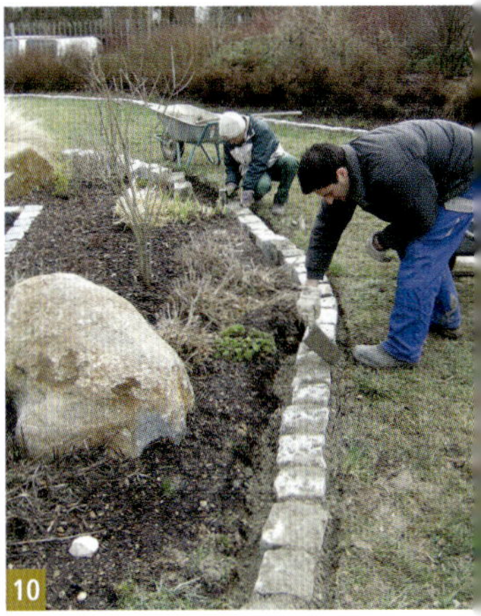

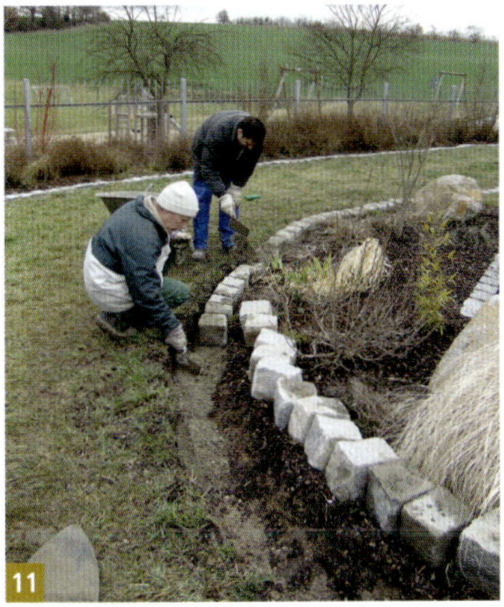

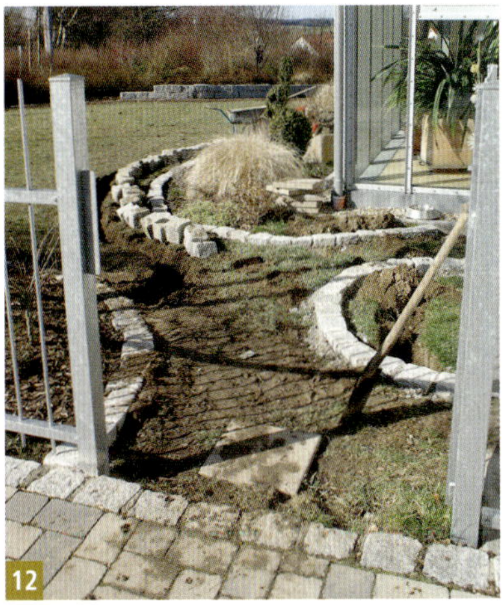

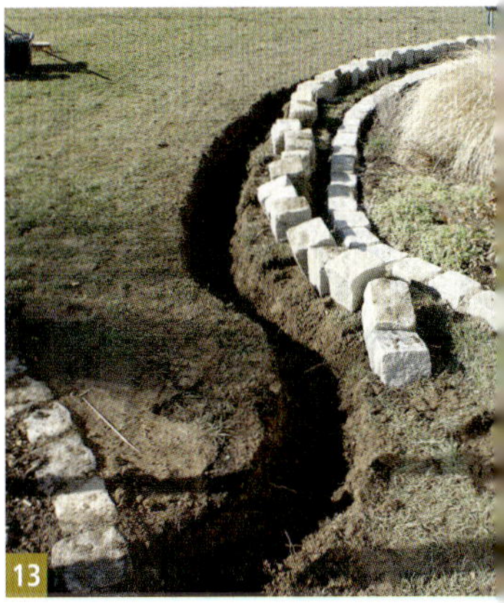

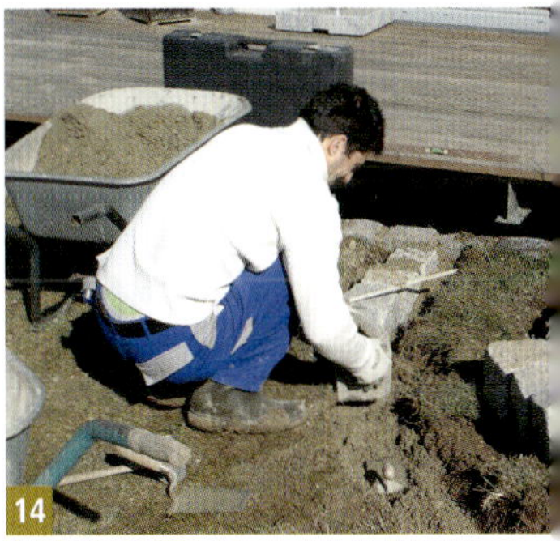

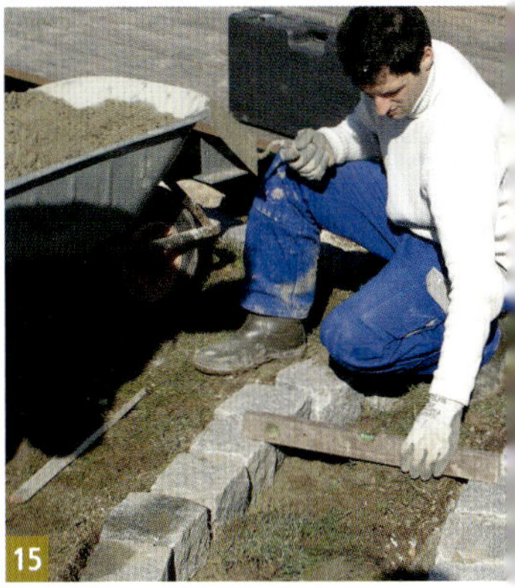

8
Beim Ausheben des Grabens werden die Rasensoden ausgestochen und ggf. an anderer Stelle im Garten z.B. zum Ausbessern kahler Stellen genutzt.

9
Die Beeteinfassung hat die gleiche Höhe wie die Rasenfläche. Eine schmalere Einfassung aus hochkant eingebauten Klinkerziegeln würde weniger wuchtig wirken.

10
Damit die Gräserwurzeln nicht durch die Zwischenräume wachsen können, sind die Steine mit Beton verfugt. Betonreste auf den Steinen müssen sofort mit Wasser abgewaschen werden.

11
Der graue Granit passt gut zu den verzinkten Metallbauteilen im Garten. Die Einfassung wird später, wenn sie eingewachsen ist, zum Teil von Pflanzen verdeckt sein.

12
Parallel zum Setzen der Einzeiler erfolgt der Wegebau. Die Aushuberde wurde hinterm Haus im Gemüsegarten genutzt, ebenso konnten die Betonplatten für einen Weg wiederverwendet werden.

13
Die Breite des Weges richtet sich u.a. nach dem gewünschten Belag. Beim Pflastern ist es günstig, wenn beim Reihenverband 3 oder 4 Pflastersteine nebeneinander passen.

14
Wie bei den Beeteinfassungen sind auch die Randsteine des Weges auf Beton gesetzt. Die Rasensoden in der Mitte werden erst anschließend ausgestochen.

15
Die Randstein-Reihen sollten waagerecht liegen, was immer wieder mit der Wasserwaage überprüft wird.

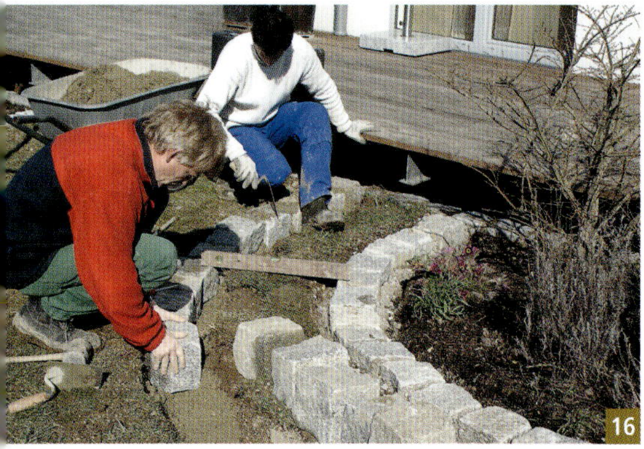

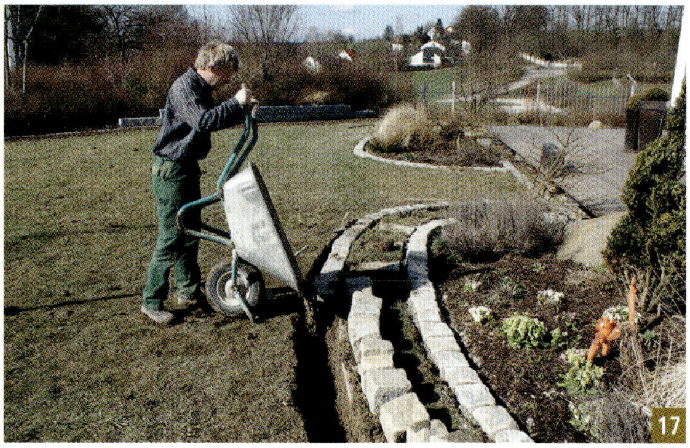

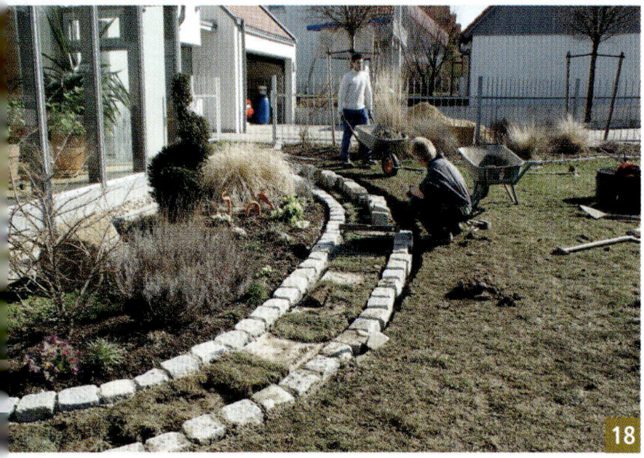

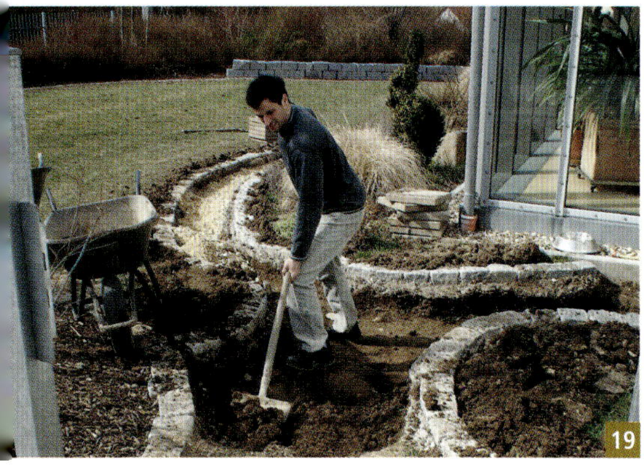

16
Granit ist gut mit anderen Baustoffen kombinierbar. So passst dieser Gartenweg gut zur Holzterrasse im Hintergrund.

17
Der Beton zur Vermörtelung der Randsteine wird in der Maschine aus Flusssand und Zement mit wenig Wasser gemischt.

18
Für solche Bauarbeiten ist trockenes Wetter empfehlenswert, da der Boden bei Nässe matschig wird. Der marode Rasen muss hier ohnehin nachgesät werden.

19
Nach dem Setzen der Randsteine wird die Erde zwischen den Steinen ausgehoben. Hinten ist der Weg zum Teil schon mit Schotter gefüllt.

20
Als Pflaster kommen Granitsteine in verschiedenen Formaten zum Einsatz. Die lassen sich nur im Wilden Verband verlegen.

21
Für den Unterbau und zum groben Verfugen wird Kalkschotter verwendet. Er gibt den Steinverbänden die nötige Festigkeit.

22
Die gleichmäßigen Randsteinreihen geben dem Wilden Verband einen symmetrischen Rahmen. Einheitlich große Pflastersteine würden weniger markant wirken.

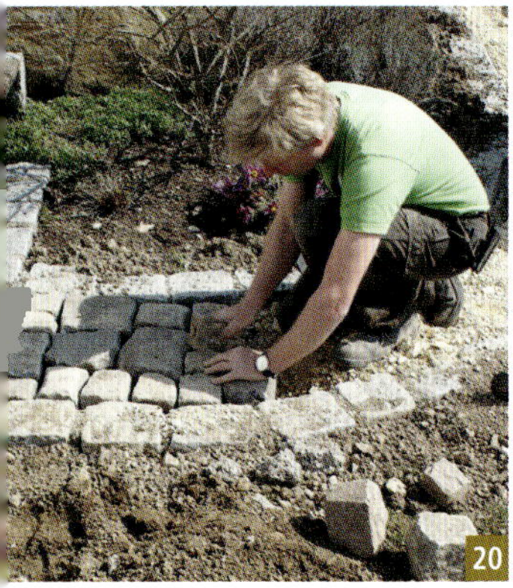

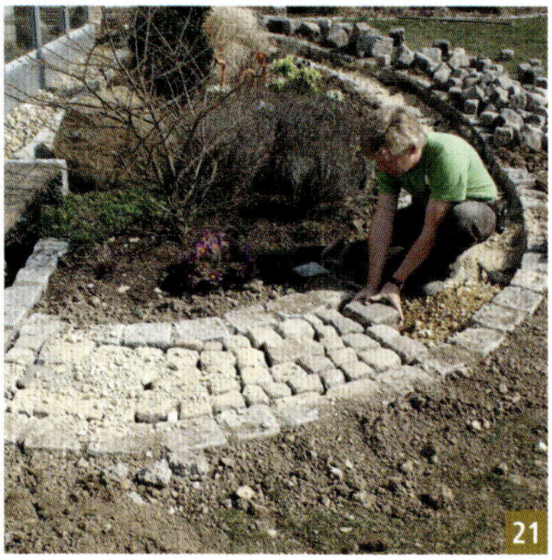

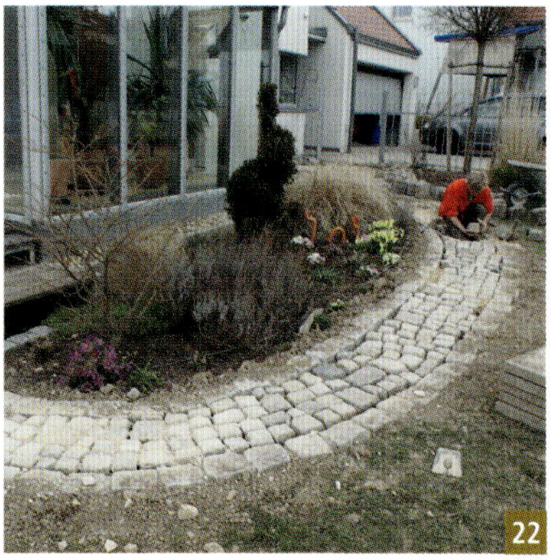

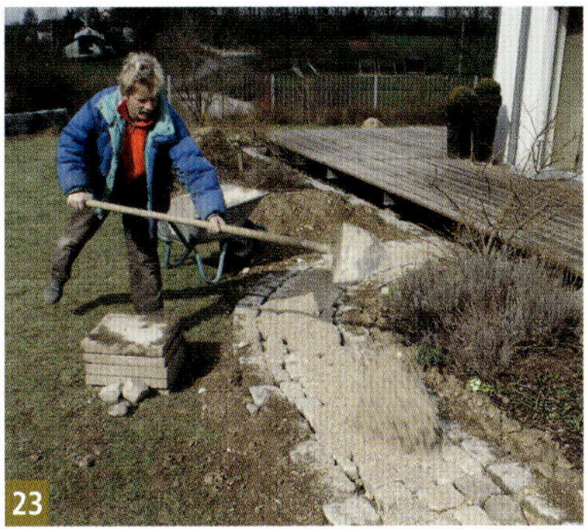

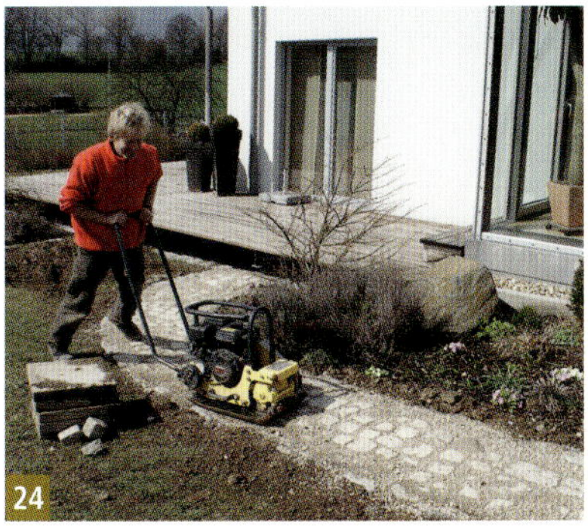

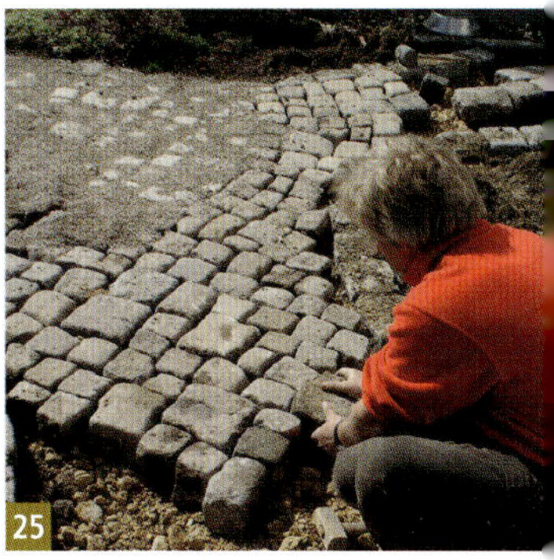

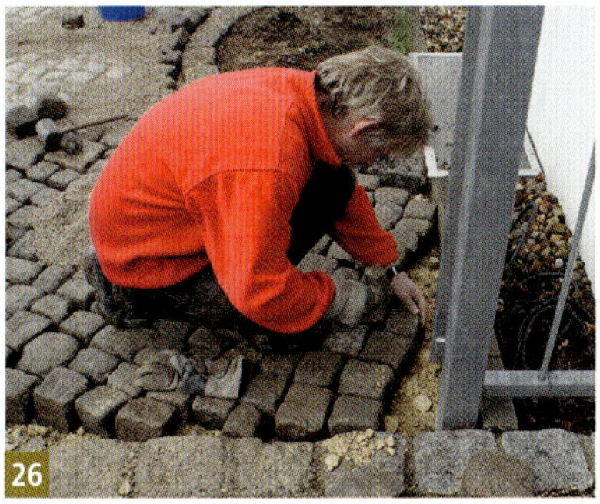

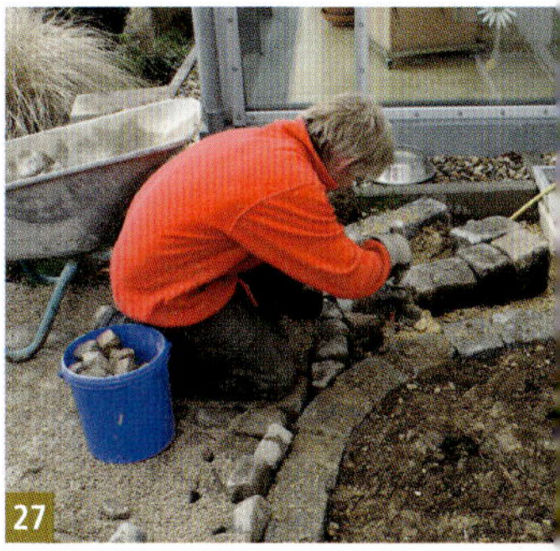

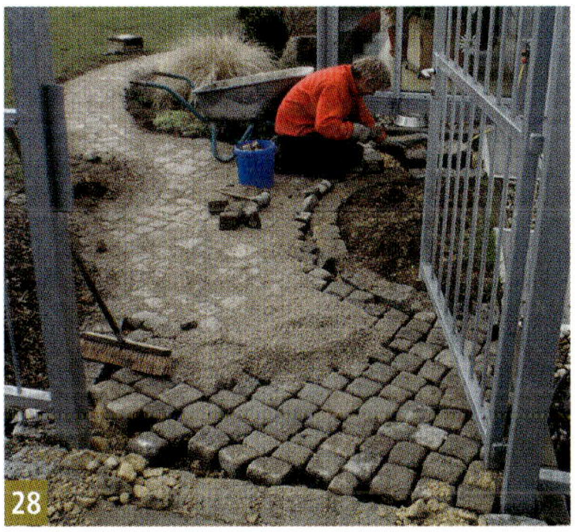

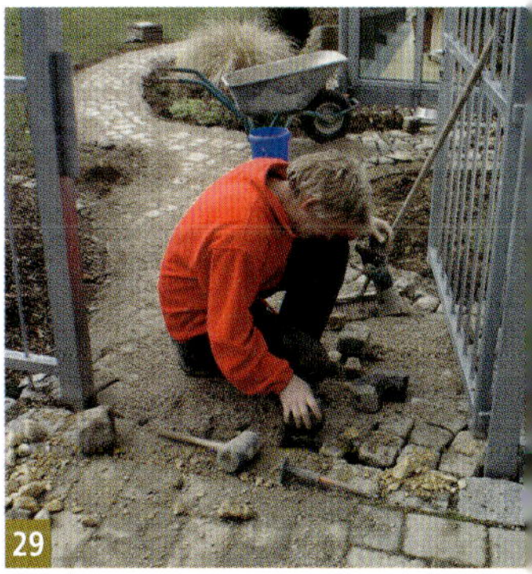

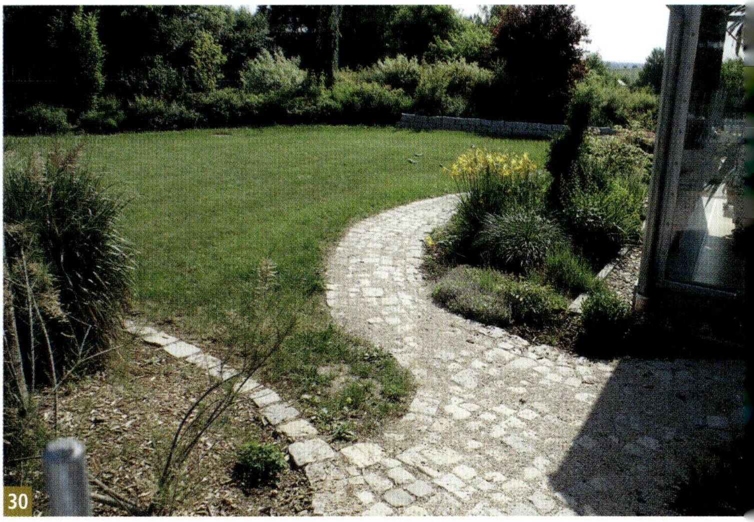

23
Der feine Granitsplitt rieselt gleichmäßig in die Fugen und schließt alle Hohlräume. Er trägt zur Gestaltung des Pflasters bei.

24
Durch das Verdichten mit der Rüttelplatte werden alle überstehenden Pflastersteine in das Schotterbett geklopft. Der Splitt in den Fugen festigt den Belag zusätzlich.

25
Das Pflastern im Wilden Verband mit ungleichen Formaten ist erheblich schwieriger als mit einheitlichen Steinen. Es dürfen keine zu großen Fugen entstehen.

26
Zudem ist es nötig, für kleinere Steine Splitt zu unterfüllen; für große Steine muss dagegen Splitt entfernt werden.

27
Der Betonkeil an den Randsteinen wird, wo er stört, teilweise abgestemmt. Solche Arbeiten bleiben bei einem einheitlichen Kleinsteinpflaster weitgehend erspart.

28
Durch weiteres Verdichten und Verfugen mit Splitt wird das Pflaster nach und nach fertig gestellt.

29
Um an den Rändern ebene, lückenlose Anschlüsse herzustellen, müssen passende Steine ausgewählt oder zugerichtet werden. Kleinere Steine ersparen das Einschneiden, das bei einem Betonpflaster z.B. unumgänglich ist

30
Durch die vielformatigen Steine wirkt der Pflasterweg nach der Fertigstellung dekorativ. Der überschüssige Splitt muss noch abgefegt werden.

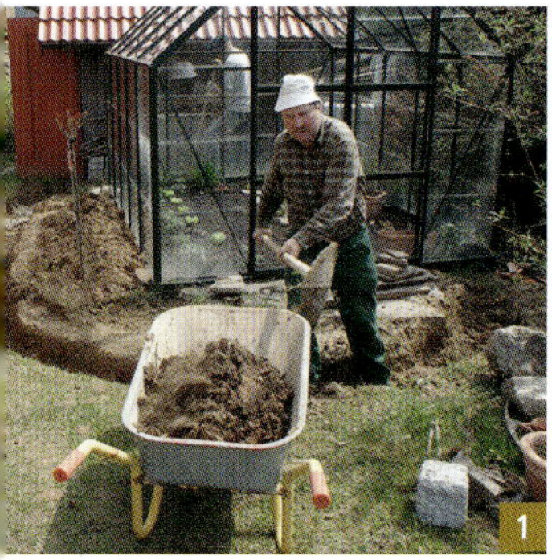

Beispiel 2.5: Ein Platz am Gewächshaus

Reste vom Pflastern oder Plattenlegen auf großen Flächen können zum Befestigen kleiner Nebenplätze nützlich sein. Im Bildbeispiel dienten Porphyrplatten, die vom Pflastern der Einfahrt übrig blieben, als Belag vor dem Gewächshaus. Solche Arbeiten sind im Eigenbau oder in Nachbarschaftshilfe realisierbar, wenn jemand bereits Übung mit Arbeiten dieser Art hat oder wie im Beispiel ein gelernter Maurer dabei ist.

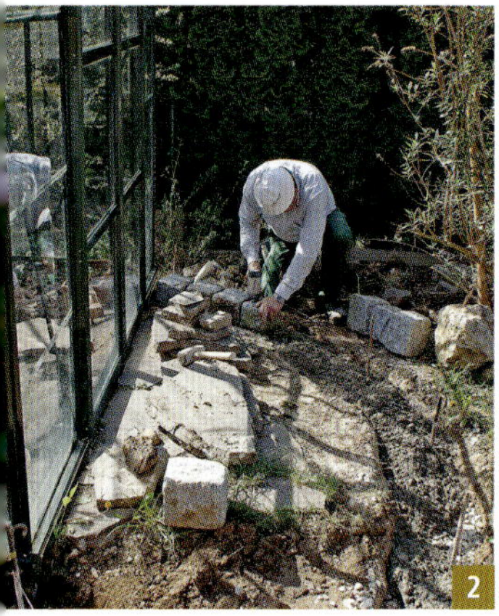

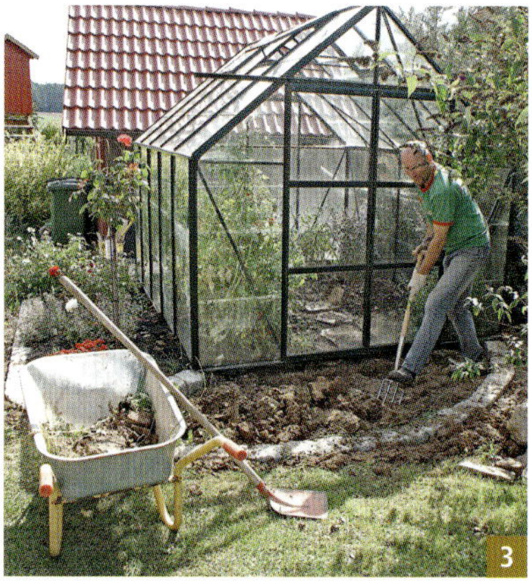

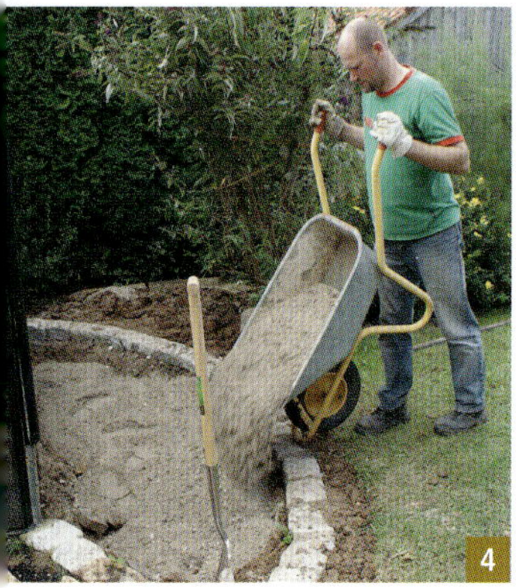

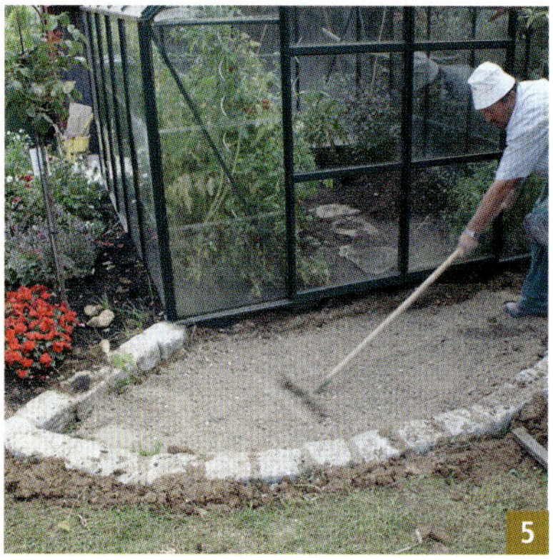

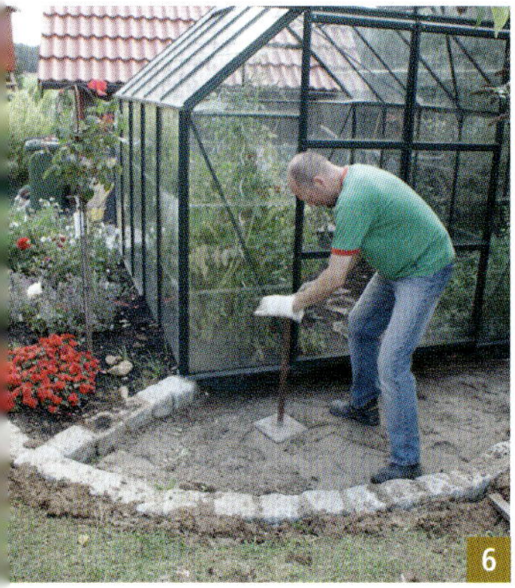

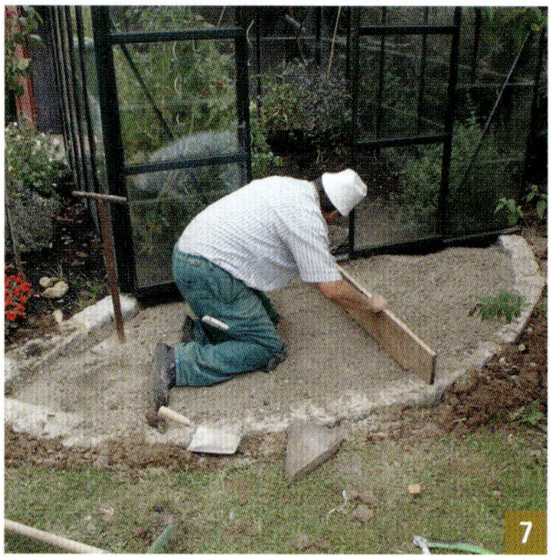

1
Für die Umrandung aus einem Granitstein-Einzeiler wurde ein Graben ausgehoben. Die Randsteine sollen bogenförmig um das Gewächshaus gesetzt werden.

2
Nach dem Einfüllen von Beton und dem Einrichten der Richtschnur können die Pflastersteine waagerecht gesetzt werden. Die vorhandenen Platten, die früher im Erdreich lagen, wurden aufgenommen und auf Kies neu verlegt.

3
Die Randsteine sind bereits auf einen Betonkeil gesetzt. Sie geben den Umriss des Belags vor. Nun wird die lehmige Erde ausgehoben.

4
Auch Kies war noch von Bauarbeiten an anderer Stelle übrig. Er wird als Unterbau für den Plattenbelag anstelle der ausgehobenen Erde eingebracht.

5
Die Höhe der Kies- bzw. Splittschicht richtet sich nach der Stärke der Platten. Sie müssen bündig mit den Randsteinen im Kiesbeet liegen.

6
Zum Verdichten genügt bei solchen Arbeiten ein Handstampfer. Falls vorhanden, könnte auch eine kleine, wendige Rüttelplatte zum Einsatz kommen.

7
Zum Abziehen der Kiesschicht wurde ein Brett passend zugerichtet. Der Ausschnitt am Rand hat die Stärke der Porphyrplatten.

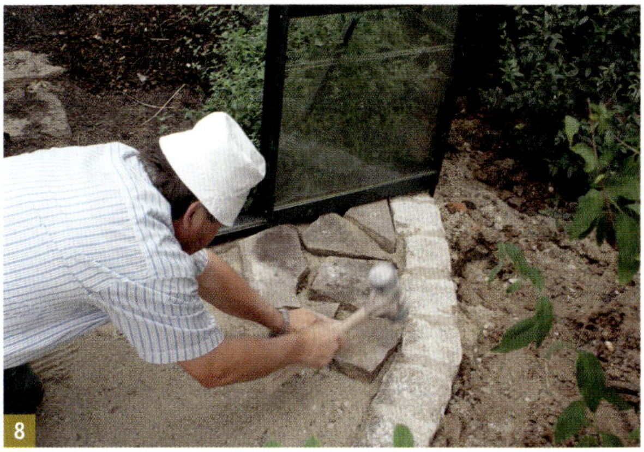

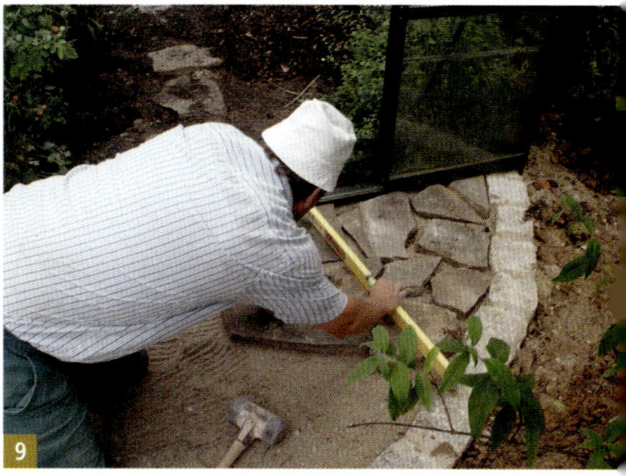

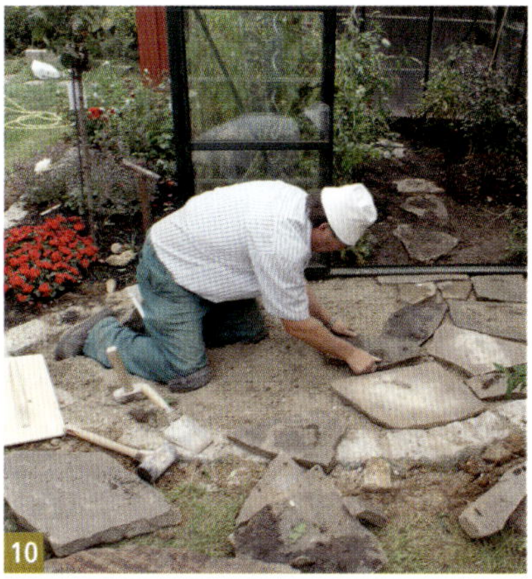

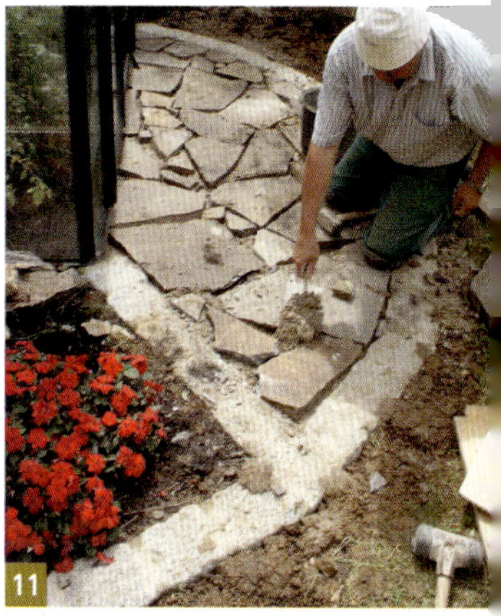

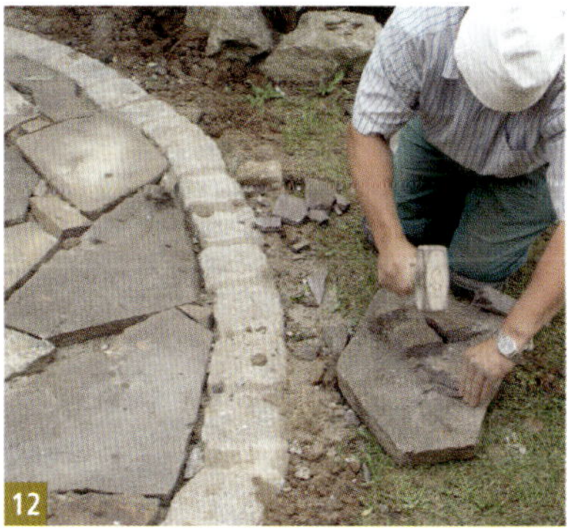

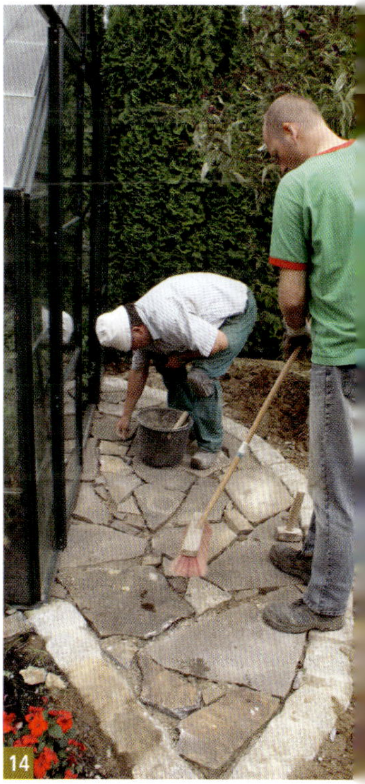

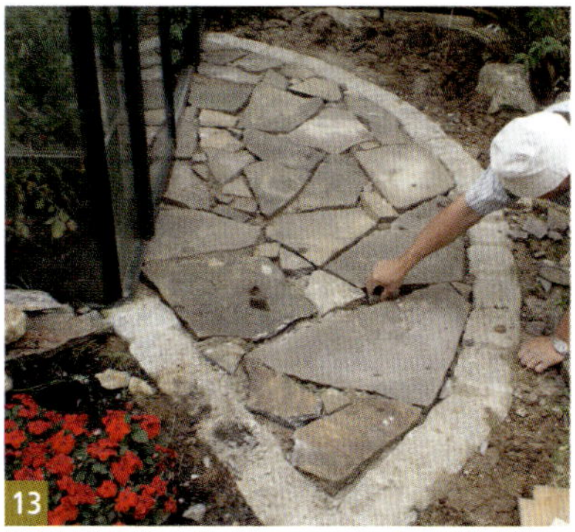

8
Für das Setzen solcher Platten ist ein Gummihammer besser geeignet als ein Pflasterhammer, da Porphyrplatten im Vergleich zu Granitsteinen relativ brüchig sind.

9
Ebenso wie die Randsteine sollte auch der Plattenbelag waagerecht verlegt werden, was immer wieder mit der Wasserwaage zu kontrollieren ist.

10
Eine Schwierigkeit beim Legen polygonaler Platten besteht darin, möglichst dichte Verbände mit schmalen Fugen zu schaffen. Die Platten müssen dazu passend ausgewählt und günstig gedreht werden.

11
Zum Verfugen dient hier ebenfalls Kies, weil später Gras eingesät werden soll. Üblichlicherweise werden polygonale Porphyrplatten mit Beton oder Mörtel verfugt.

12
Für größere Fugen sind hier Plattenstücke nötig, die mit dem Hammer passend zugerichtet werden.

13
Beim Einsetzen kleinerer Plattenstücke ist darauf zu achten, dass sie fest sitzen. Beim Verlegen in Beton ist das kein Problem. Bei einem Rasenpflaster festigt das Gras auf Dauer den Verband.

14
Nach der Fertigstellung und dem Entfernen der Kiesreste können der Belag mit Humus verfugt und die Fugen mit Gras eingesät werden (wie im Beispiel 2.2).

Beispiel 2.6: Terrasse mit Quarzit-Polygonalplatten

1
Die Platten wurden von einer Pflasterbau-Firma auf Beton verlegt. Zunächst musste die Höhe der Terrasse (Oberkante) am Haus festgelegt werden. Die wird hier durch die Fenstertüren vorgegeben.

Quarzitgestein ist durch hohen Druck aus Quarzsand entstanden. Quarzitplatten zeichnen sich durch eine besondere Wetterbeständigkeit und durch einen geringen Abrieb aus. Das helle, meist beige Gestein kann durch Einlagerungen etwa von Eisen rötliche oder bräunliche Zeichnungen aufweisen. Durch seine besonderen Eigenschaften haben sich Quarzite als Gartenbaustoffe bewährt. Allerdings sind polygonale Platten nicht einfach zu legen, zumal sie oft unterschiedliche Stärken haben. Im Beispiel sollte der helle Belag eine Terrasse unter einem großen Balkon freundlicher gestalten.

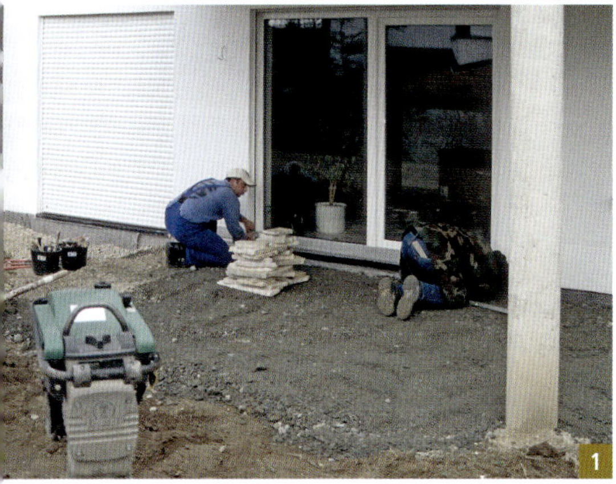

1

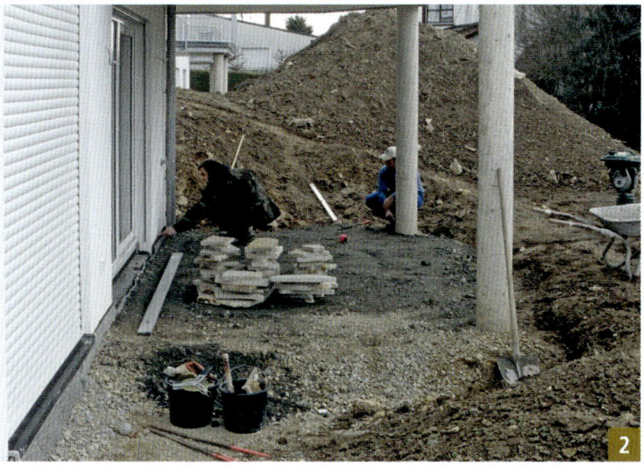

2

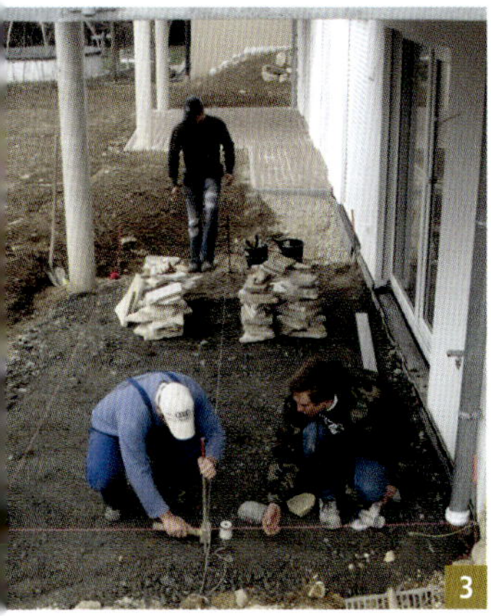

3

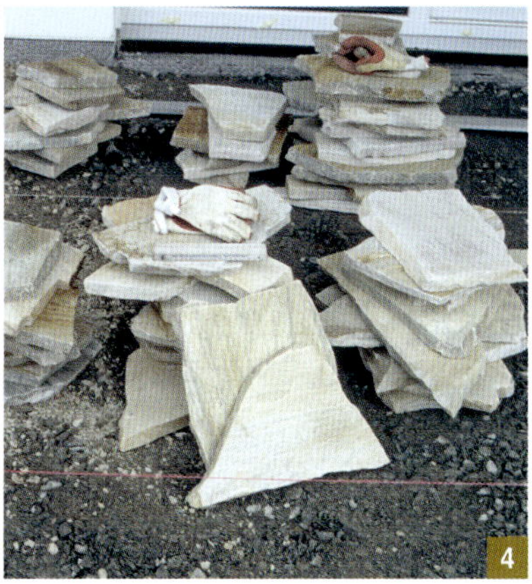

4

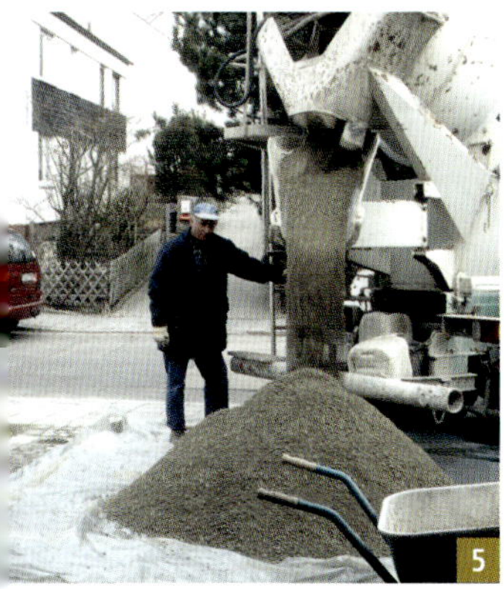

5

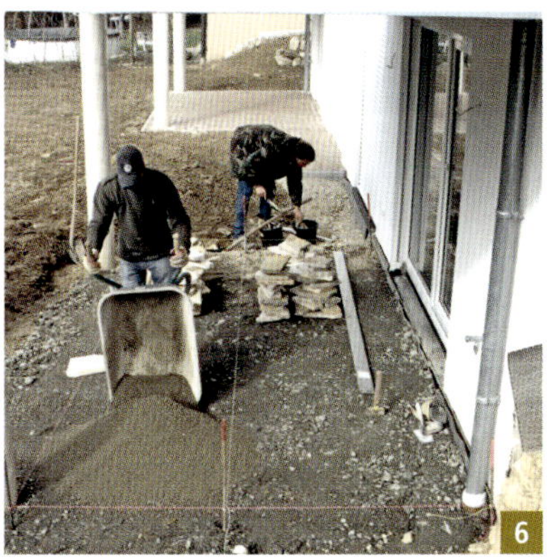

6

2
Ein Schnurgerüst erleichtert das Legen der Platten. Es gibt die Höhe an den Rändern der Pflasterfläche und damit die Höhe des Belages vor. Der Unterbau aus Schotter ist bereits mit dem „Frosch" verdichtet.

3
Gründliche Vorbereitungen tragen wesentlich zum Gelingen bei. Anstelle der Richtschnüre können auch in Beton gesetzte Randsteine der Orientierung dienen.

4
Natursteinplatten sollten direkt beim Baustoffhändler begutachtet und ausgewählt werden. Dann bleiben unangenehme Überraschungen bei der Lieferung erspart, wenn ein bestimmter Posten bestellt und namentlich gekennzeichnet wurde.

5
Der trockene Beton vom Werk wurde per LKW geliefert und an der Einfahrt abgeladen. Eine Plane schützt das vorhandene Pflaster vor Zementflecken.

6
Trockener Beton lässt sich einfacher verteilen als nasser. Er wird erst nach dem Plattenlegen angefeuchtet, damit er abbindet.

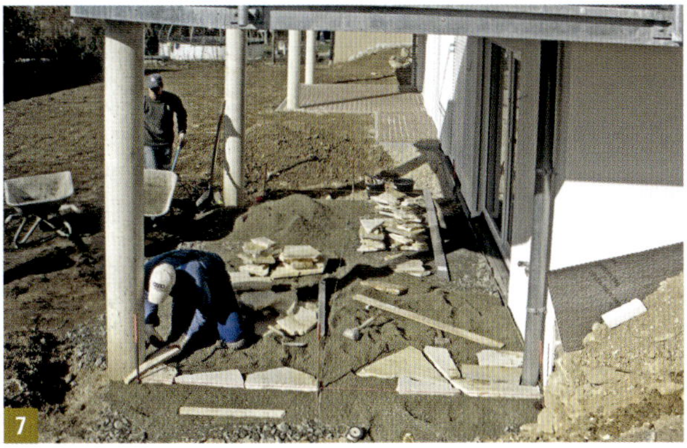

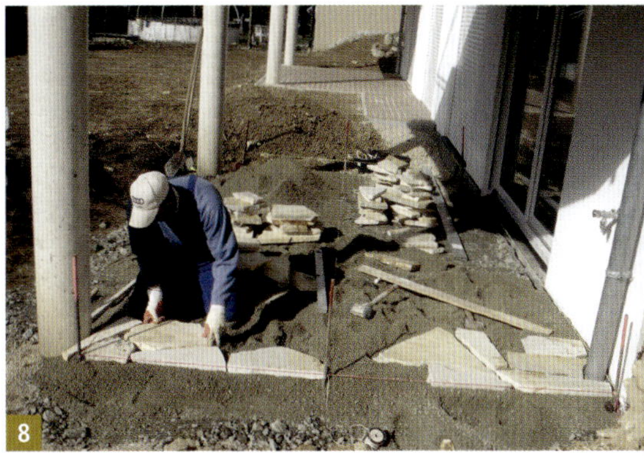

7
Die erste Plattenreihe wird jeweils mit einer geraden Seite entlang der Richtschnur ausgelegt. Dazu müssen gut geeignete Platten ausgewählt und eingepasst werden.

8
Das Einpassen ist besonders bei unregelmäßigen Platten eine schwierige und langwierige Puzzlearbeit. Die Fugen sollten möglichst schmal ausfallen.

9
Die richtige Lage geben Richtschnüre und Wasserwaage vor. Beim Festklopfen solcher Platten mit dem Hammer verhindert eine Hilfslatte oder ein Holzbrett, dass sie brechen.

10
Nach dem Auslegen der gesamten Fläche kann der Belag mit Wasser besprüht werden. Der feuchte Beton bindet mit der Zeit ab, so dass die Platten eine feste Verbindung mit dem Unterbau eingehen.

11
Rund um den Belag wird hier der Betonkeil geformt. Dieser gibt den Platten zusätzlich seitlichen Halt.

12
Zum Verfugen solcher Platten ist ein spezieller Mörtel nötig. Dieser muss wetterfest und elastisch sein, damit es keine Risse gibt. Er wird sofort von den Platten abgewischt, um Zementschleier zu vermeiden.

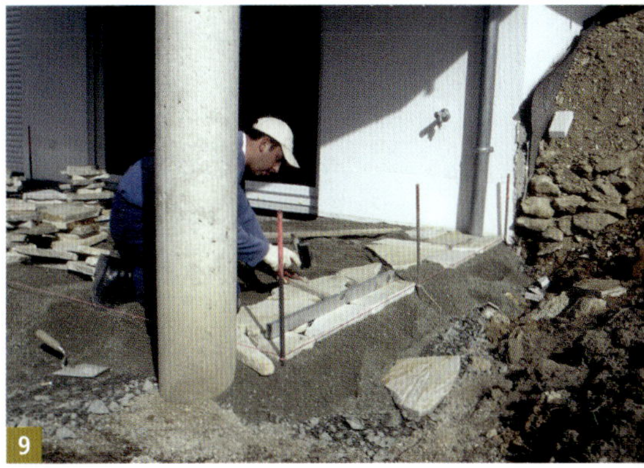

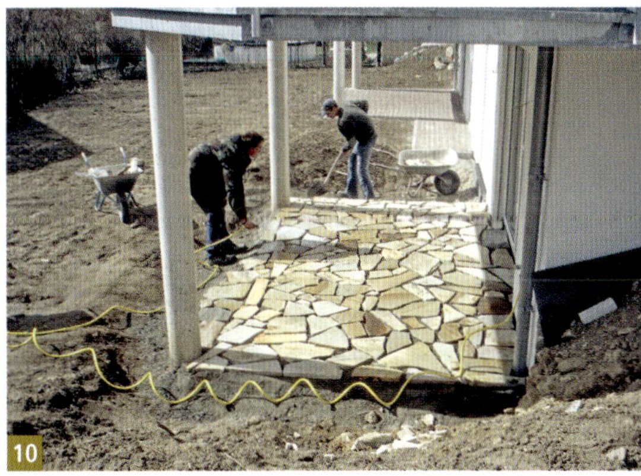

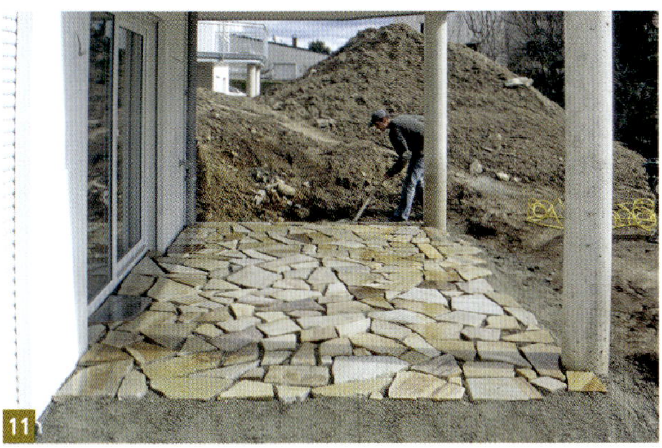

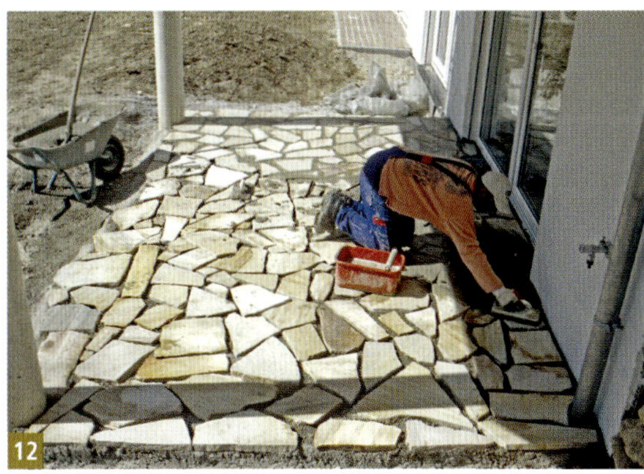

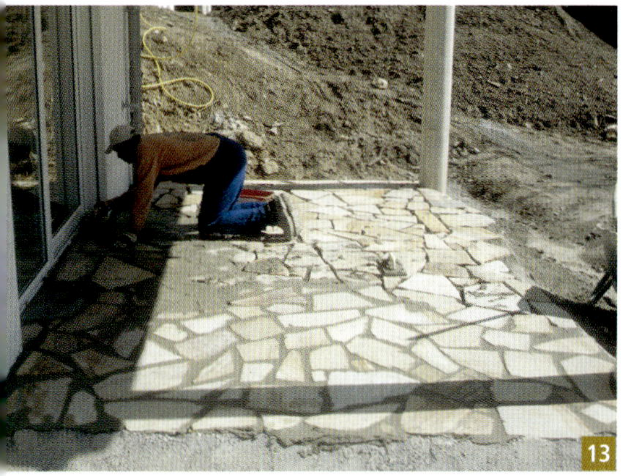

13

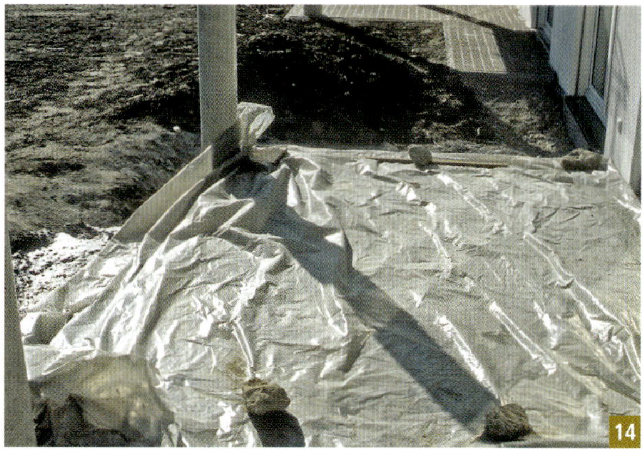

14

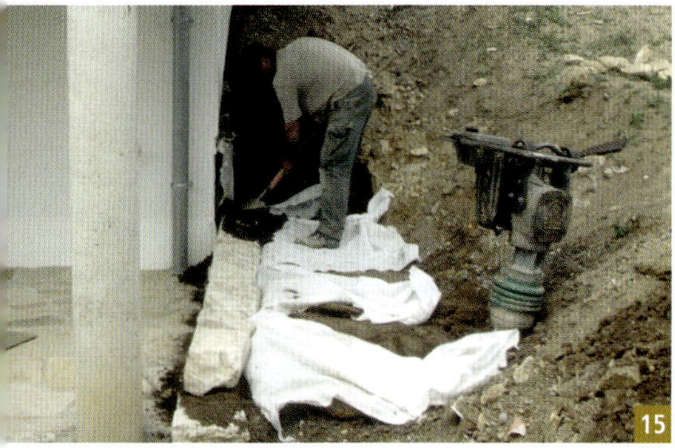

15

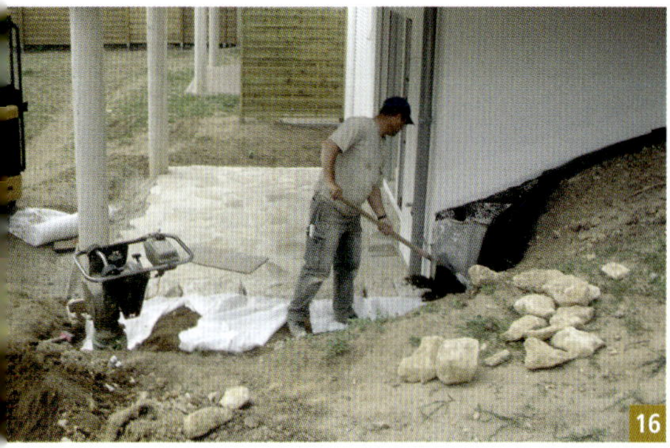

16

13
Nach dem Verteilen des Mörtels in den Fugen, kommt das Reibbrett zum Einsatz. Damit lassen sich die Mörtelfugen schön glätten. Mörtelreste müssen immer sofort mit einem feuchten Schwamm abgewaschen werden.

14
Das Abdecken mit einer Plane schützt den frischen Belag vor Nachtfrost und verhindert eine zu rasche Austrocknung.

15
Es ist geplant, den Hang neben der Terrasse mit einer Trockenmauer aus Kalkbruchsteinen abzufangen. Zum Verfugen der Kalkbruchsteine dient Erde.

16
In den Mauerfugen sollen Pflanzen wachsen. Zum Schutz vor Auswaschen des Erdreichs durch Regenwasser werden Vliesbahnen hinterlegt.

17
Die behauenen Kalksteine werden im Verband aufgesetzt. Kreuzfugen sind bei solchen Verbänden zu vermeiden. Steine dieser Größe sind gerade noch von Hand zu verarbeiten.

18
Die angefüllte Erde hinter der Mauer wird mit dem „Frosch" verdichtet.

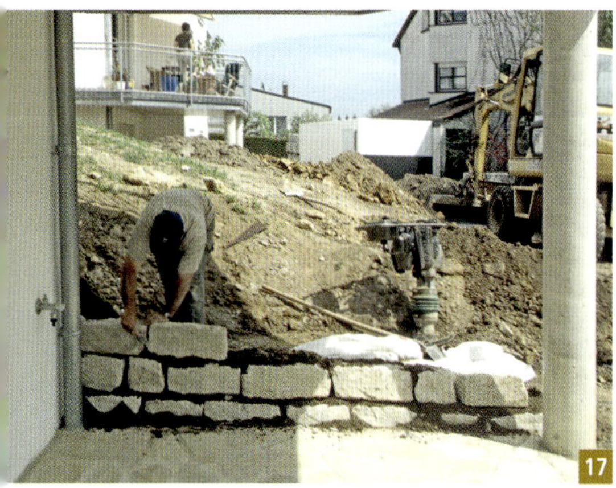

17

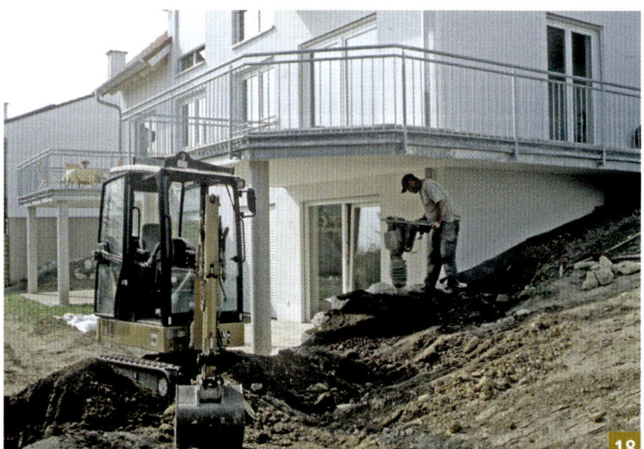

18

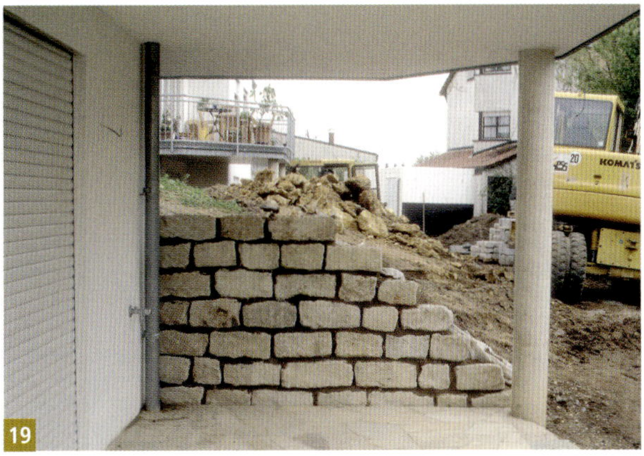

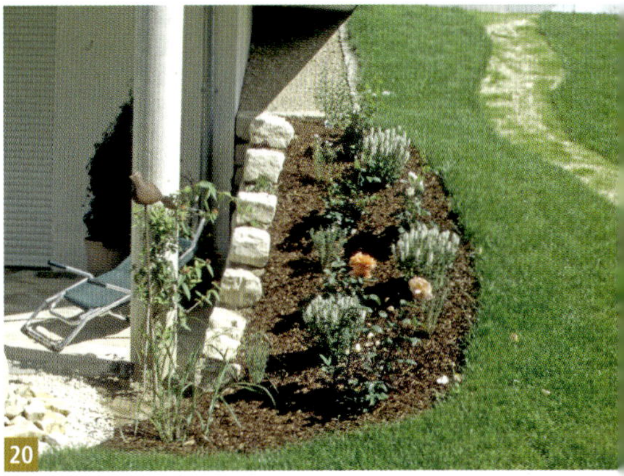

19
Das Sichtmauerwerk fängt den Hang auch ohne vermörtelte Fugen sicher ab und bietet Sichtschutz zum Nachbargarten.

20
Nach der Fertigstellung wurde der Hang mit Rosen und Ziersalbei bepflanzt. Hier ist der Rollrasen schon gut angewachsen.

21
Im Sommer konnte die fertige Terrasse mit Kübelpflanzen ausgestattet werden. Nach dem Abbinden (Trocknen) hat der Fugenmörtel eine helle Farbe angenommen und passt zu den Platten besser als ein grauer Mörtel.

22
Der Rollrasen ist bis an den Plattenbelag ausgebreitet, wo er aufgrund des Betonkeils schlechtere Wachstumsbedingungen hat. Dagegen sind die Rosen und Stauden gut angewachsen.

23
Neben der Terrasse wurde ein Sprudelbecken gebaut. Die Pumpe sitzt unten in einer Kunststoffwanne. Als Sprudelstein dient ein durchbohrter Mauerstein.

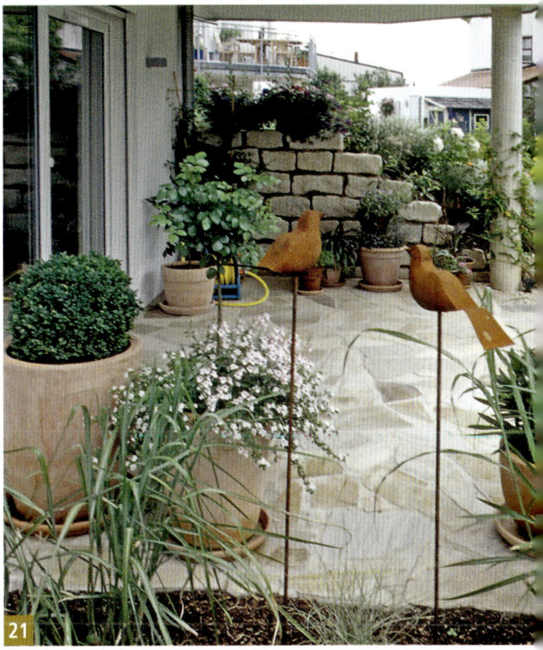

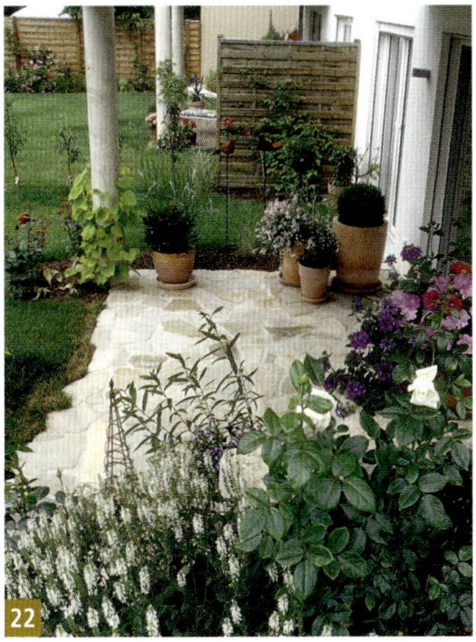

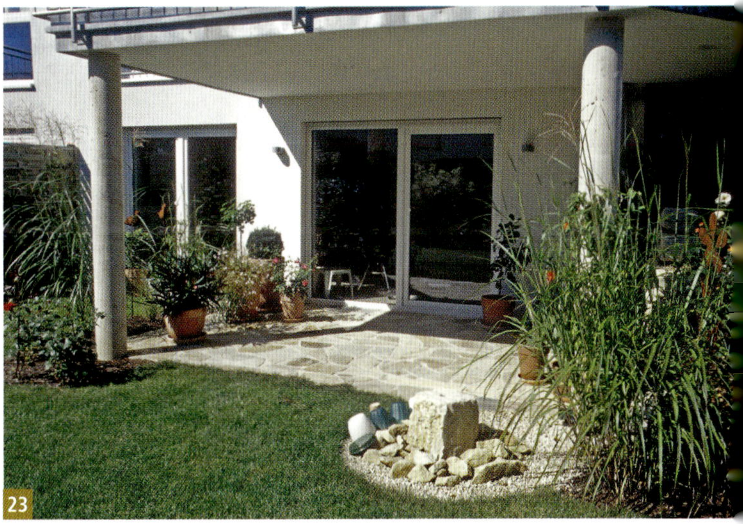

Beispiel 2.7: Terrassenbau mit Pflasterklinkern

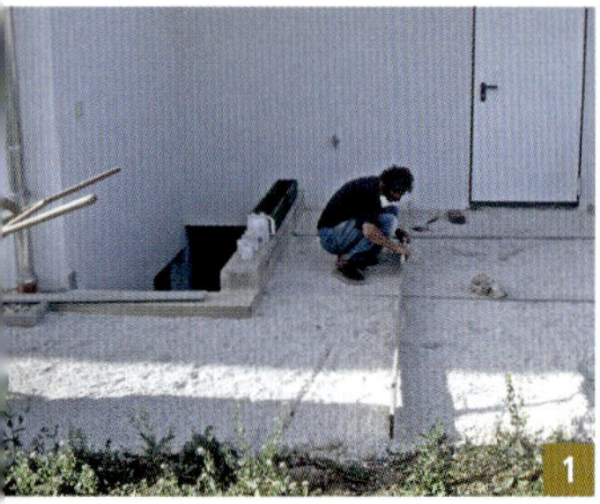

Ziegelsteine sind industriell hergestellt und zählen daher nicht zu den Natursteinen. Dennoch wirken diese Steine aus gebranntem Lehm wie ein natürliches Material und haben auch im Gartenbau eine lange Tradition. Für das Freiland sind nur besonders dicht gebrannte, frostharte Klinker geeignet. Im Baubeispiel entstand eine große Terrasse rund ums Haus aus Ziegeln in verschiedenen Formaten.

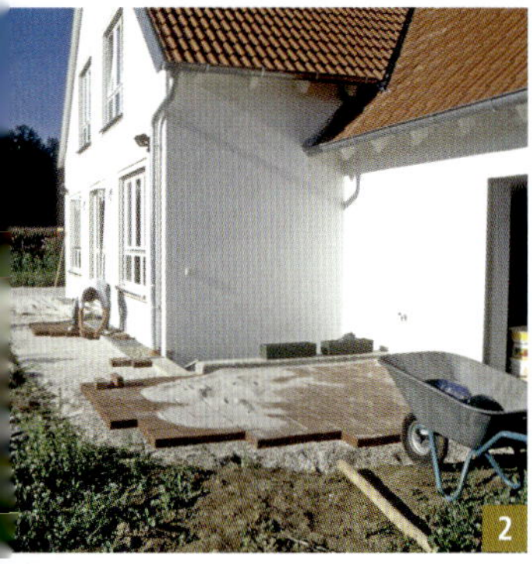

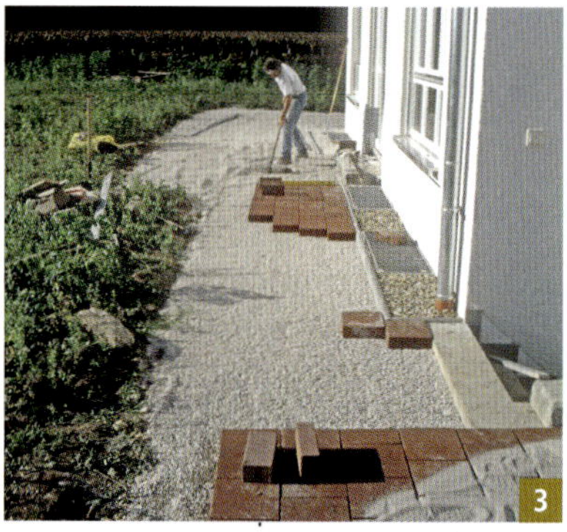

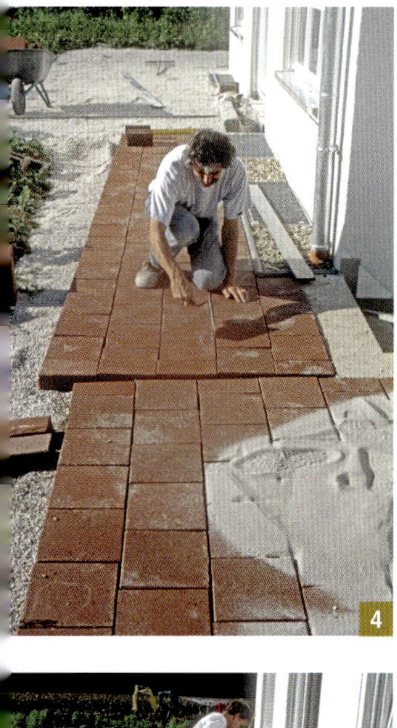

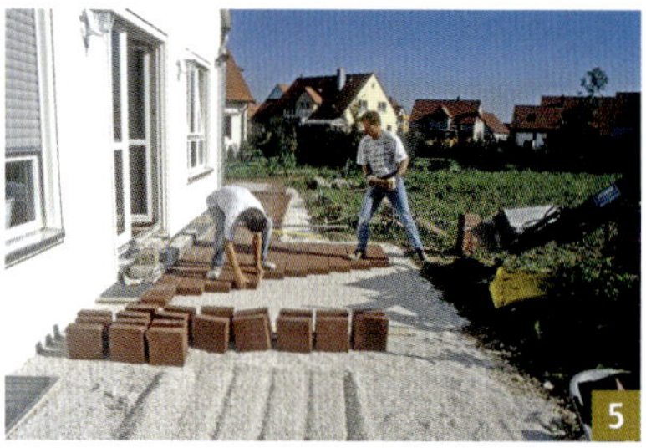

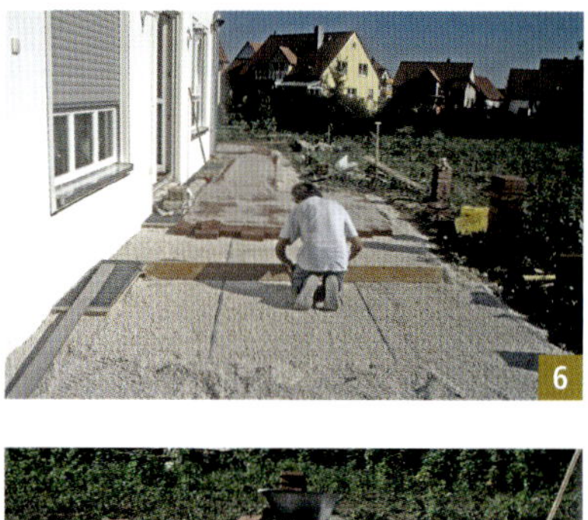

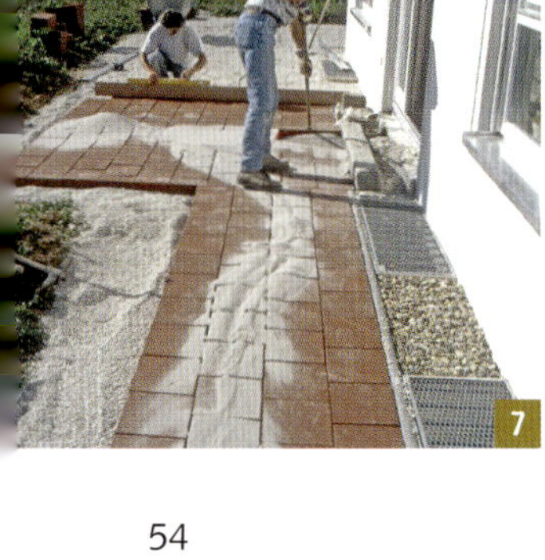

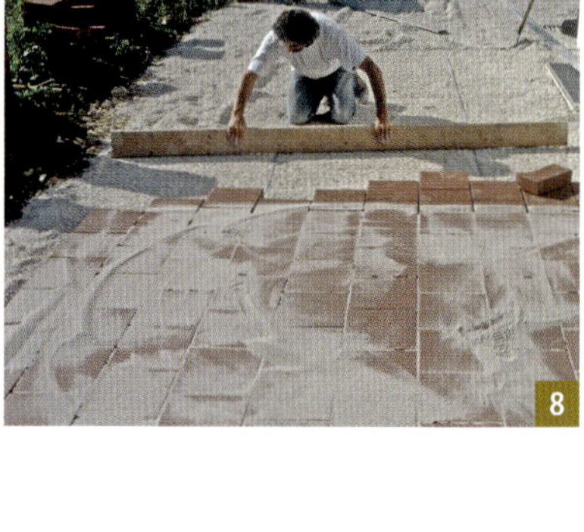

1
Der Unterbau aus Schotter ist bereits fertig gestellt und verdichtet. Das Splittbett wurde mit Hilfe von Stahlrohren abgezogen.

2
Da Klinkersteine eine einheitliche Stärke haben, können sie auf dem abgezogenen Splittbett schnell ausgelegt werden. Hier ist bereits ein Teil mit Quarzsand verfugt.

3
Die Randsteine aus Beton und die oberste Stufe der Kellertreppe geben die Höhe des Pflasters vor. Beim Auslegen in das Splittbett ist zu beachten, dass sich das Pflaster beim Rütteln noch um einige Millimeter setzt.

4
Nach dem Legen der quadratischen Klinker sind noch kleine Reihenkorrekturen mit der Kelle möglich. Das Pflaster liegt im versetzten Reihenverband.

5
Das Auslegen erfolgt in kleinen Abschnitten, jeweils nach dem Abziehen des Splittbetts. Mit großformatigen Ziegeln geht das Pflastern recht zügig voran.

6
Das Einrichten der Metallrohre ins Splittbett erfolgt mit Richtlatte und Wasserwaage. Beim Abziehen des überschüssigen Splitts kann ein Brett hilfreich sein.

7
Pflaster am Haus sollten ein geringes Gefälle zum Garten hin haben. Der feine Quarzsand wird mit dem Besen in die Fugen gekehrt.

8
Die Metallrohre werden nach dem Abziehen wieder entfernt. Die schmalen Fugen im Splittbett, die dadurch zurückbleiben, lassen sich von Hand mit Splitt auffüllen.

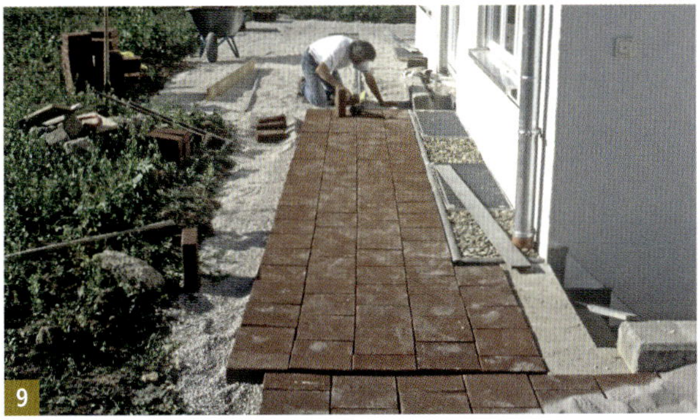

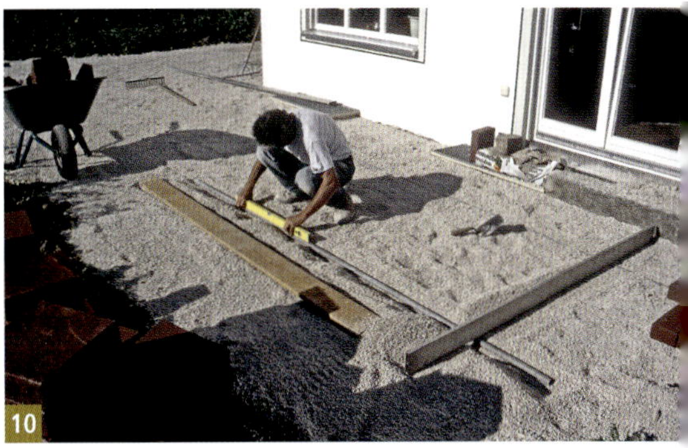

9
Bei dieser Bauweise wird erst das Pflaster verlegt und dann die Einfassung gesetzt. Auf den Betonkeil kann verzichtet werden.

10
Bei Splitt als Ausgleichsschicht ist darauf zu achten, dass er auf der gesamten Fläche in etwa gleich dick aufgetragen wird. Die Rohre zum Abziehen lassen sich dann ausreichend tief einrichten.

11
Zum exakt geraden Ausrichten der Ziegelreihen kann ein Brett ans Anschlag nützlich sein. Mit der Kelle sind wiederum geringe Korrekturen der Ausrichtung möglich.

12
Hier geht die Arbeit um das Haus herum weiter. Das große Grundstück erlaubt eine großzügig bemessene Terrassenfläche.

13
Neben quadratischen Ziegeln wurden auch Steine im Normalformat gesetzt. Dadurch konnten die Anschüsse an den Rändern fast ohne Einschneiden gelegt werden.

14
Geringe Unebenheiten im Splittbett lassen sich mit einer Kelle glätten. Die Pflasterarbeiten erfolgen immer vom bereits belastbaren Belag ausgehend.

15
An den Wandanschlüssen müssen die Pflastersteine passend eingeschnitten werden. Das Festklopfen von Ziegeln gelingt am besten mit einem Gummihammer.

16
Für die Stufe am Haus kommen Leistensteine aus Granit zum Einsatz. Sie werden nach dem Zuschneiden auf ein Mörtelbett gesetzt.

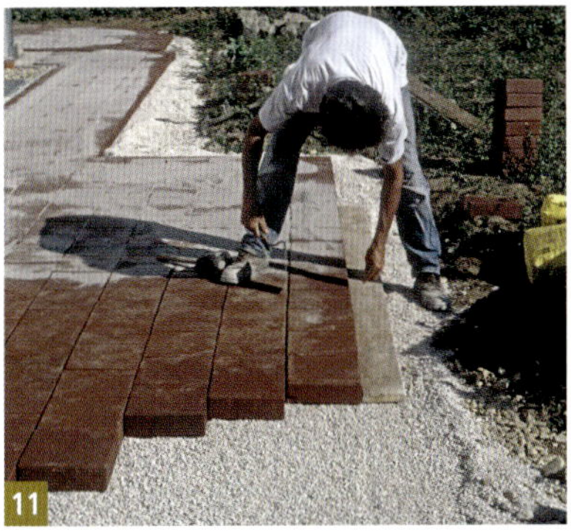

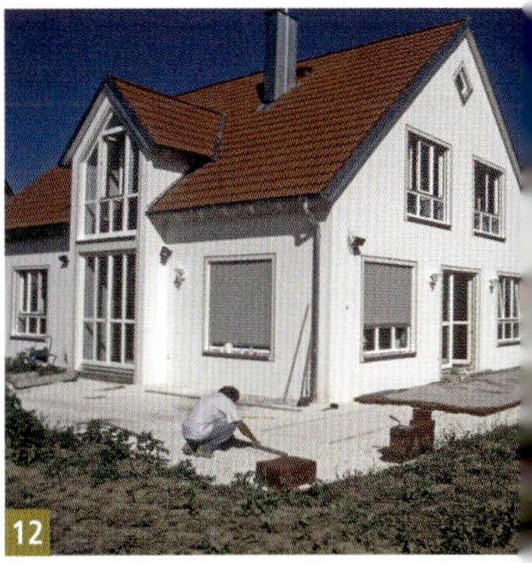

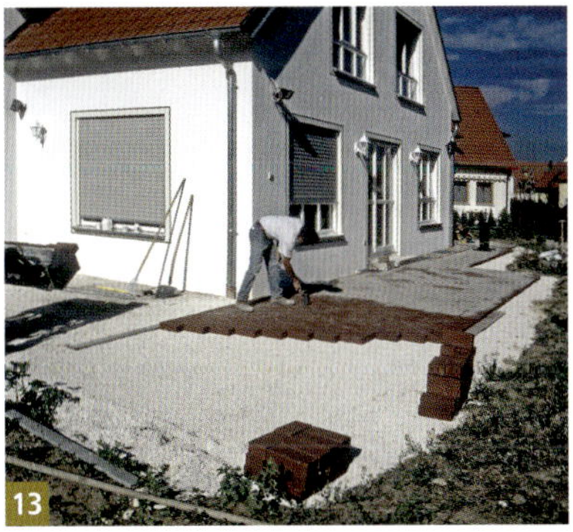

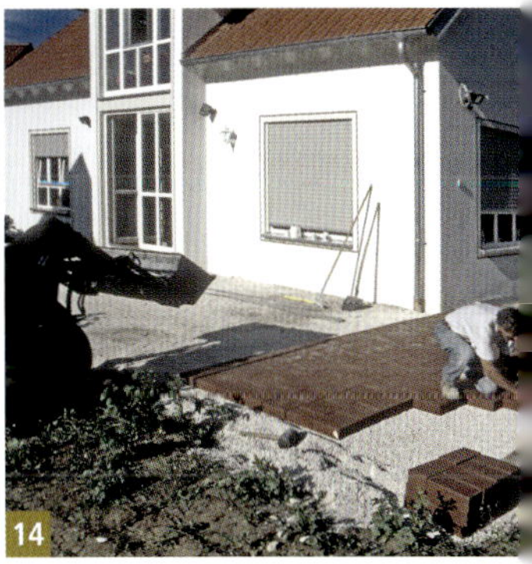

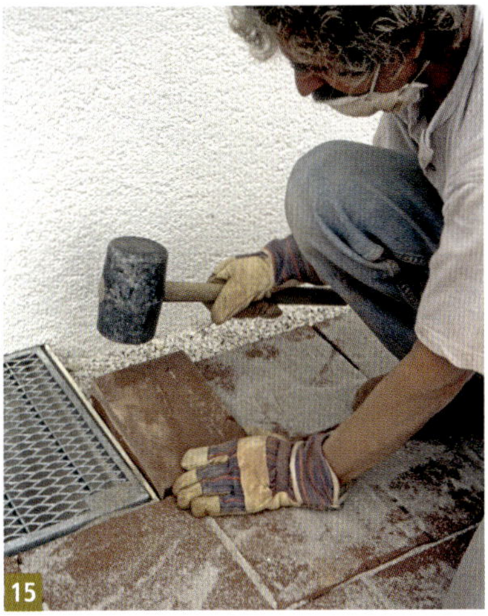

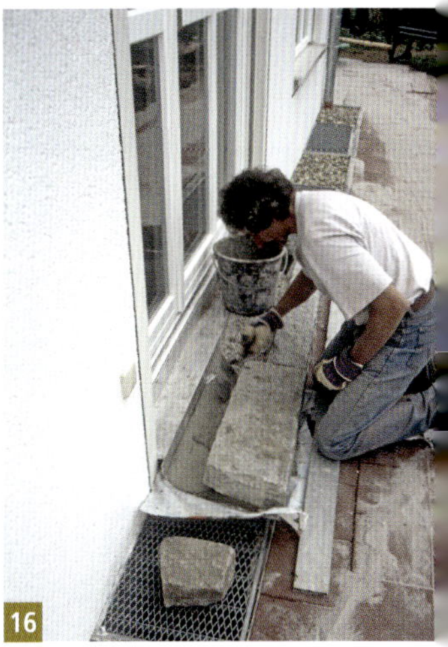

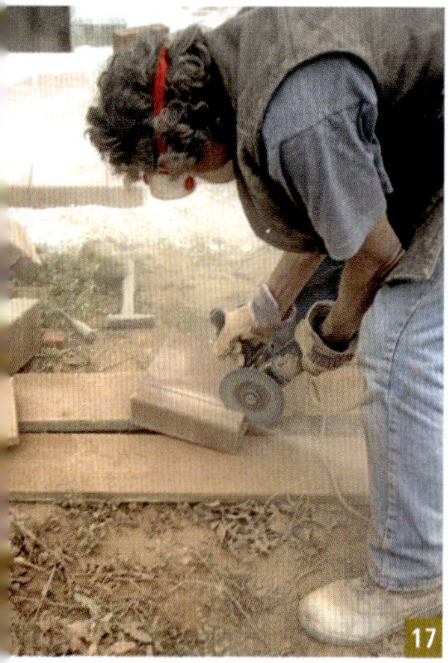

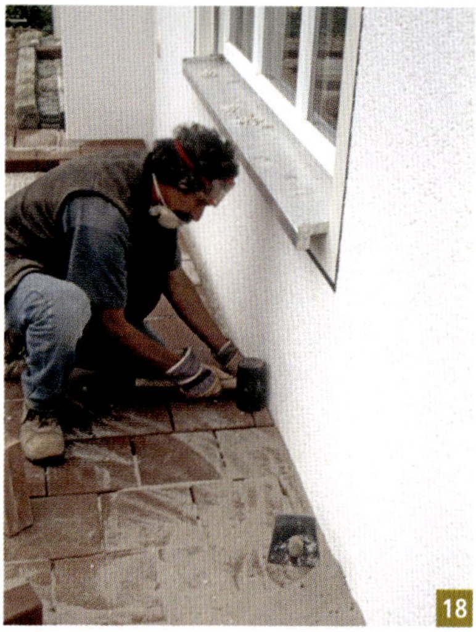

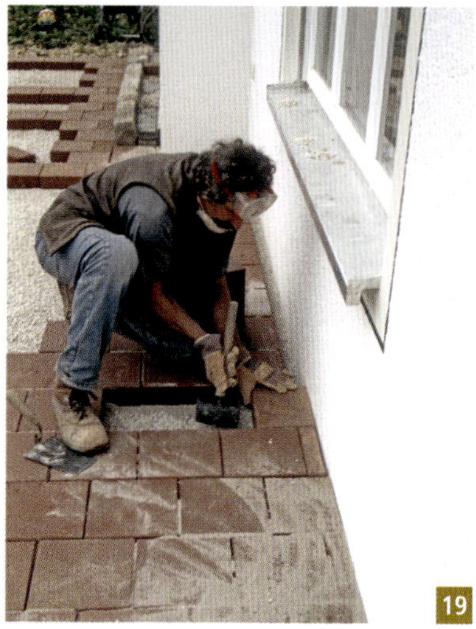

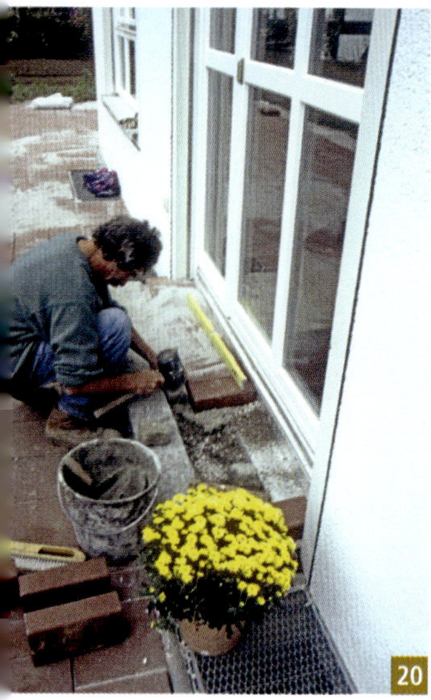

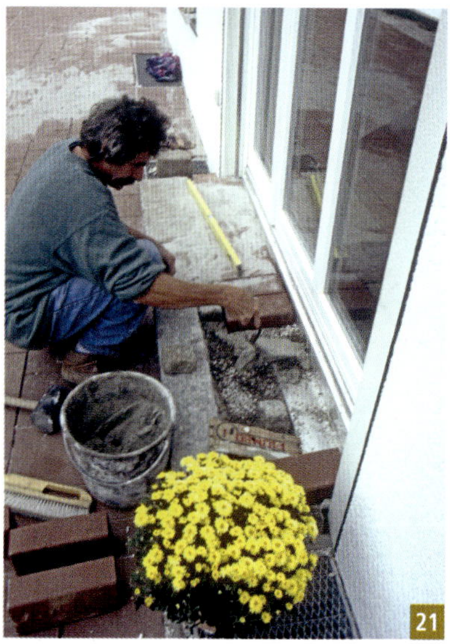

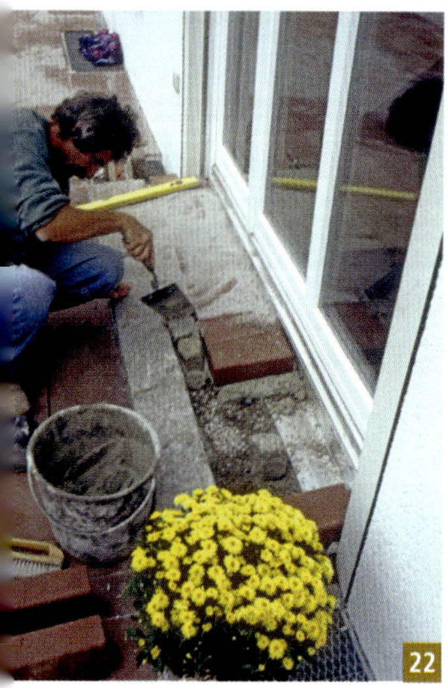

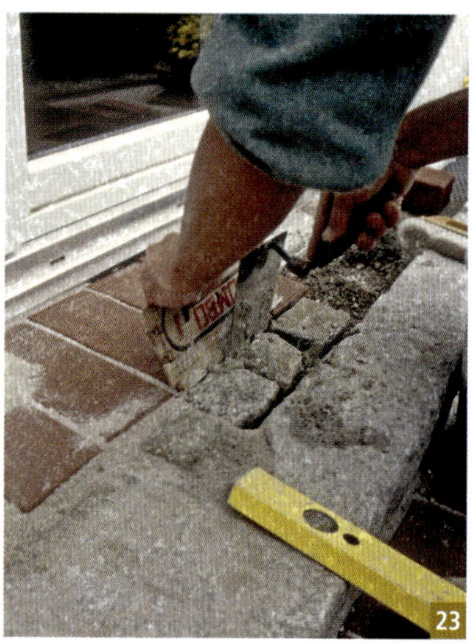

17
Der Zuschnitt von Klinkern erfolgt mit einer Trennscheibe. Gebrannte Ziegel lassen sich leichter schneiden als Beton- oder Granitsteine.

18
Das Pflaster schließt hier direkt an die Hauswand an. Dafür mussten passende Ziegelleisten geschnitten werden.

19
Bei den weiteren Reihen werden die Platten dicht an der Wand verlegt. Durch Einschneiden und Verrücken der Steine entsteht ein sauber verlaufendes Fugenbild.

20
Für die Trittfläche der Stufe sind die Ziegel im Mörtelbett verlegt. Um das Einschneiden von Ziegelplatten zu vermeiden, werden Granitsteine mit eingesetzt.

21
Der Mörtel verhindert, dass sich der Ziegelbelag an dieser stark beanspruchten Stelle lockert. Für die Vermörtelung kommt ein elastischer „Flexkleber“ zum Einsatz.

22
Dieser Mörtel wird auch zum Verfugen der Granitsteine verwendet. Zum Füllen der schmalen Fugen zwischen den Klinkern genügt feiner Quarzsand.

23
Damit die Klinker sauber blieben, diente hier ein Hilfsbrettchen zum Verfugen. Andernfalls muss der Mörtel sofort vom Ziegelbelag abgewaschen werden.

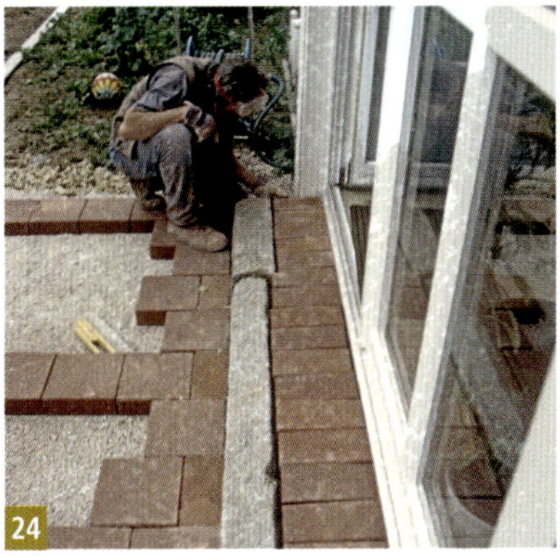

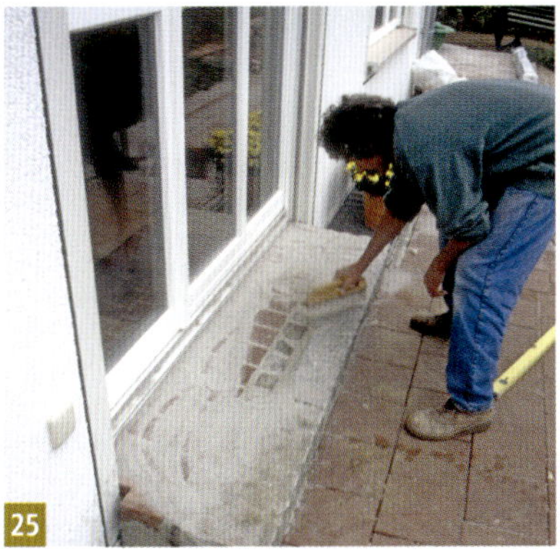

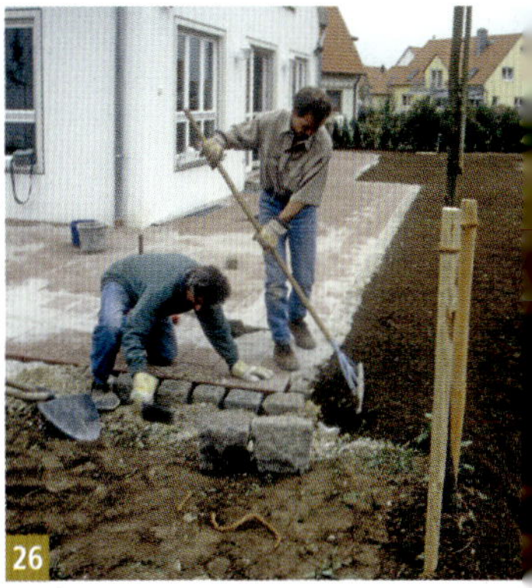

24
An der zweiten Fenstertür mit schmalerer Stufe konnten die Ziegel ohne Füllsteine aus Granit verlegt werden. Stellenweise mussten Ziegel eingeschnitten werden.

25
Wenn in den noch feuchten Mörtel feiner Quarzsand eingefegt wird, bindet dieser ab. Dadurch nehmen die Fugen zwischen den Granitsteinen die gleiche helle Farbe an wie die zwischen den Klinkersteinen.

26
Die Randsteine aus Granit wurden hier nur ins Schotter- bzw. Splittbett gesetzt. Das Anböschen erfolgte mit Erde.

27
Zum Setzen der Randsteine musste ein schmaler Graben im Unterbau ausgehoben werden. Dadurch ließen sich die großen Granitsteine bündig zum Pflaster einbauen.

28
Die Randsteine geben dem Klinkerpflaster auch ohne Betonkeil einen festen Rahmen.

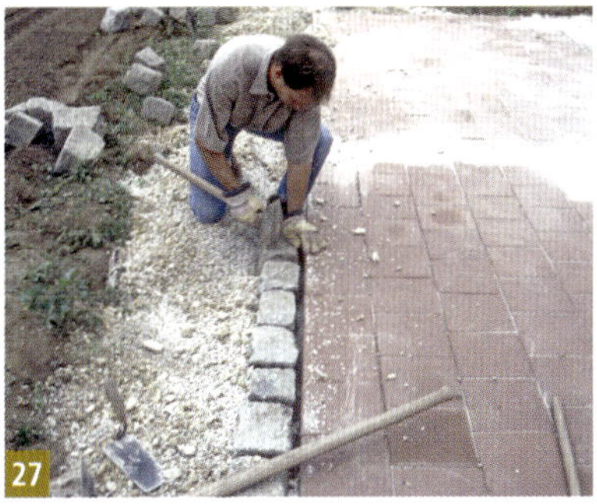

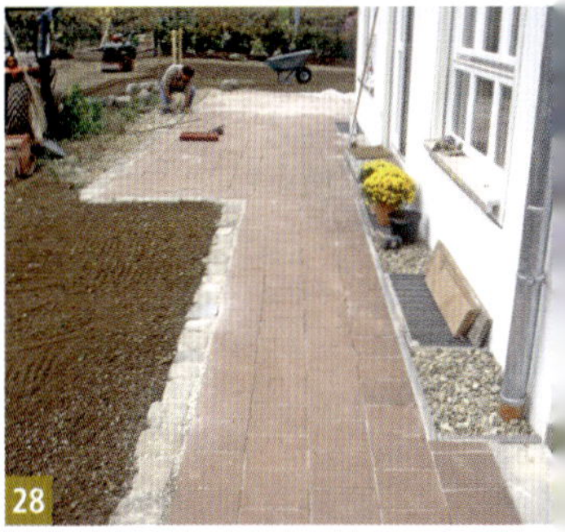

29
Der Vorteil des Pflasterbaus ohne Beton besteht darin, dass keine Gartenflächen versiegelt werden. Dennoch ist der Belag ausreichend tragfähig und dauerhaft fest.

30
Durch den Wechsel von Flächen und Wegen wirkt das Pflaster abwechslungsreich.

31
Im Jahr nach der Anlage ist der Garten schon gut eingewachsen. Gras ist in die Fugen eingewachsen und festigt sie.

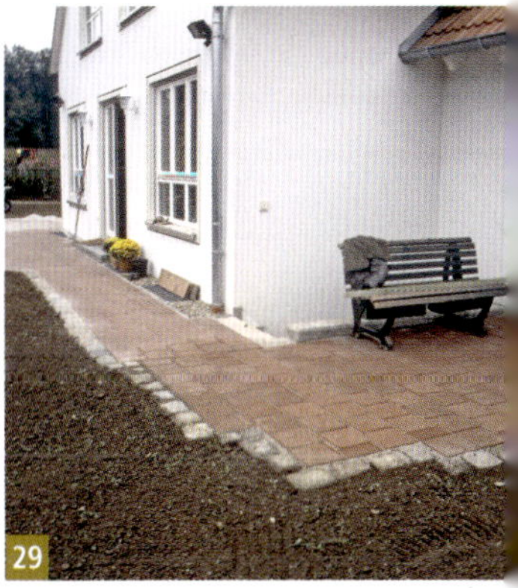

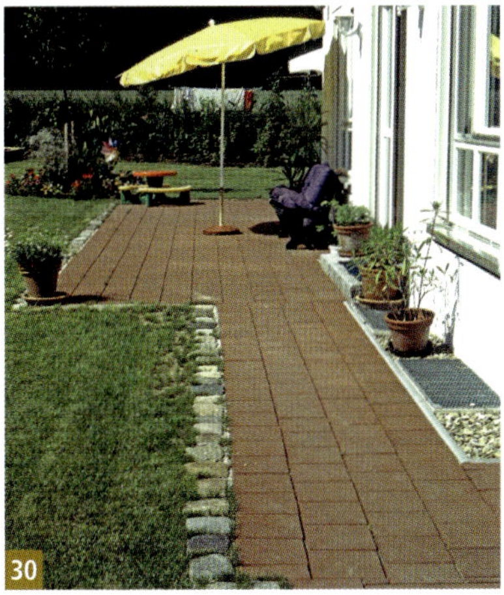

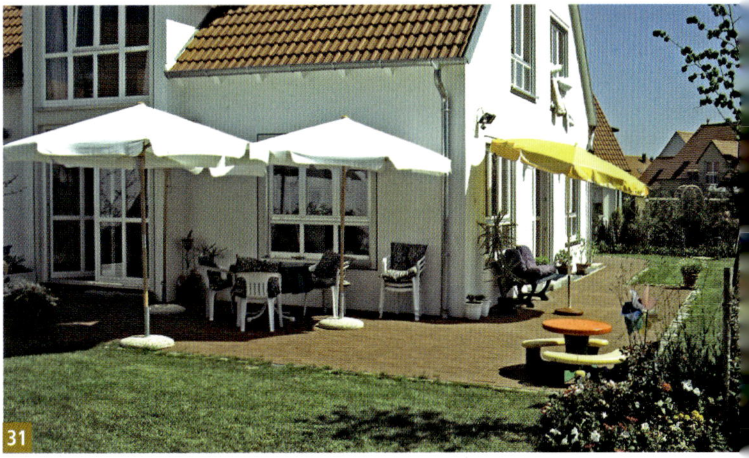

Tipp
Die Kosten für die professionelle Planung durch einen Architekten oder Landschaftsgärtner machen sich bezahlt. Die Fachleute kennen u.a. die Wuchseigenschaften der Pflanzen, so dass diese auf Dauer richtig platziert sind. Außerdem können sie die Wünsche und Vorstellungen der Eigentümer optimal auf das Grundstück bzw. zunächst als Entwurf auf Papier übertragen.

Beispiel 2.8: Kleiner Sitzplatz am Teich

Bei diesem Bauvorhaben wurde ein Gartenarchitekt mit der Planung beauftragt. Dieser erstellte ausgehend von eigenen Entwürfen unter Berücksichtigung der üblichen Rahmenbedingungen wie Grünordnungsplan der Gemeinde, vorhandenem Pflanzenbestand und verfügbarem Budget einen detaillierten Gartenplan. Dieser Plan diente dem handwerklich geschickten Eigentümer als Vorlage für die Gestaltung in Eigenleistung. Teich, Bachlauf und Sitzplatz wurden an freien Wochenenden und Urlaubstagen realisiert. Den Anfang machte der Bagger zur Bewältigung der groben Erdarbeiten.

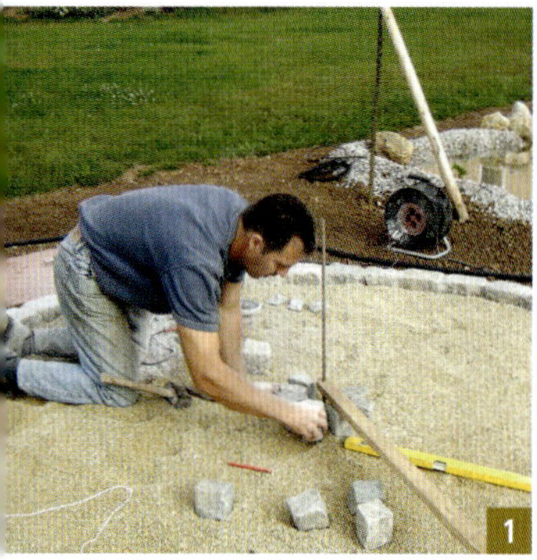
1

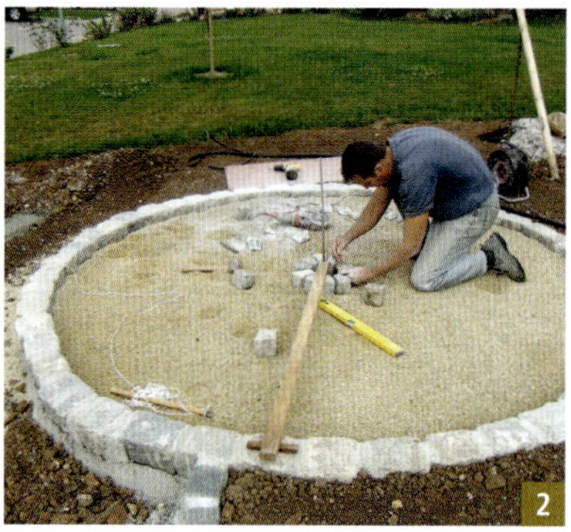
2

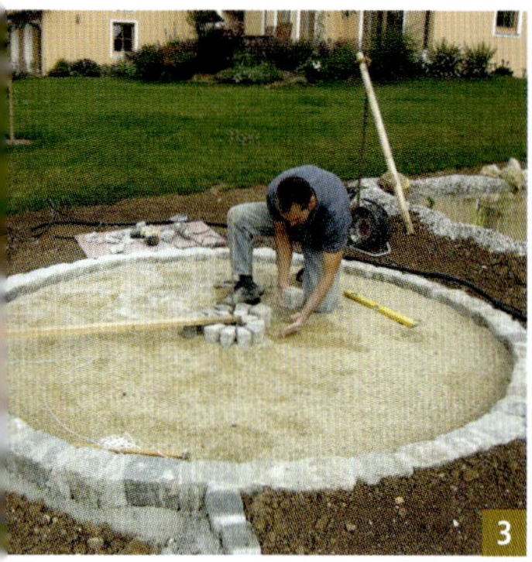
3

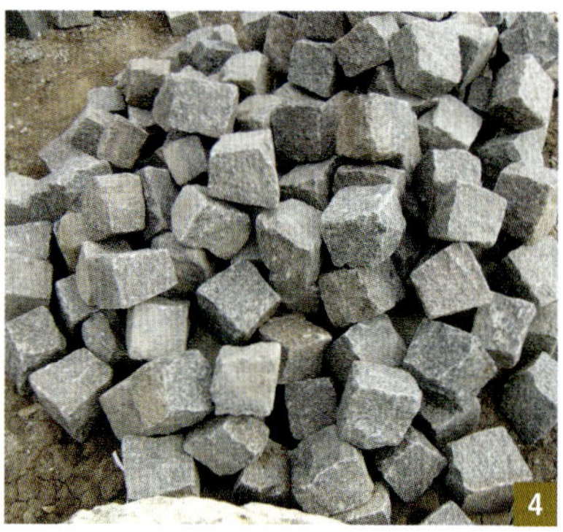
4

1
Nach dem Ausbaggern, dem Unterbau aus Schotter und dem Setzen der Randsteine auf Betonkeil kann mit dem Pflastern des Rondells begonnen werden.

2
Die Pflasterung beginnt mit einem kleinen Ring im Zentrum des Rondells. Dafür müssen die Steine passend zugeschnitten werden. Ein Holzzirkel gibt den Radius vor.

3
Zum Pflastern wurde hier graues Granit-Kleinpflaster gewählt. Granitsteine sind in verschiedenen Farben erhältlich, so dass auch bunte Mosaike möglich sind.

4
Der Splitt dient auch als Untergrund für das Pflaster. Die feinen Steinchen werden dazu auf dem Schotter verteilt.

5
Durch ausgewählte trapezförmige Steine kommen gleichförmige Ringe zustande. Die Fugen zwischen den Ringen richten sich nach der Gesamtzahl der Ringe. Diese werden vor dem Pflastern berechnet.

6
Kontrolliert wird mit der Messlatte, auf der die Anzahl an Ringen aufgezeichnet ist.

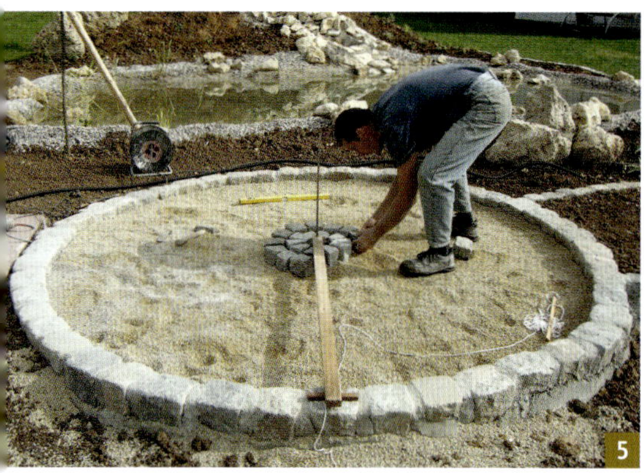
5

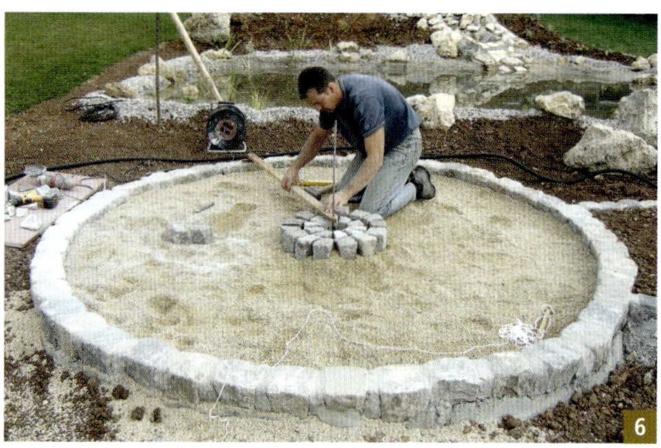
6

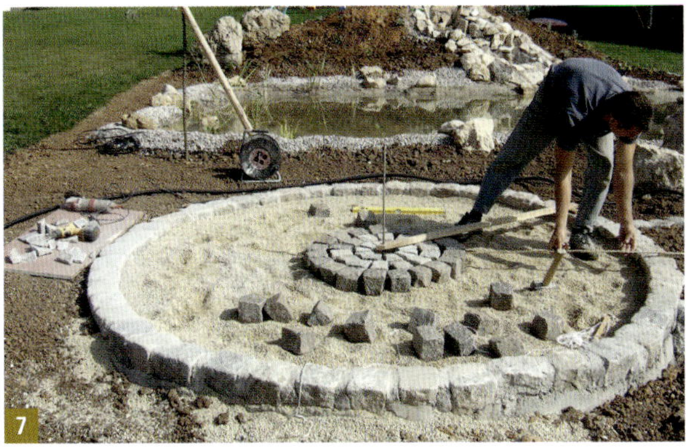

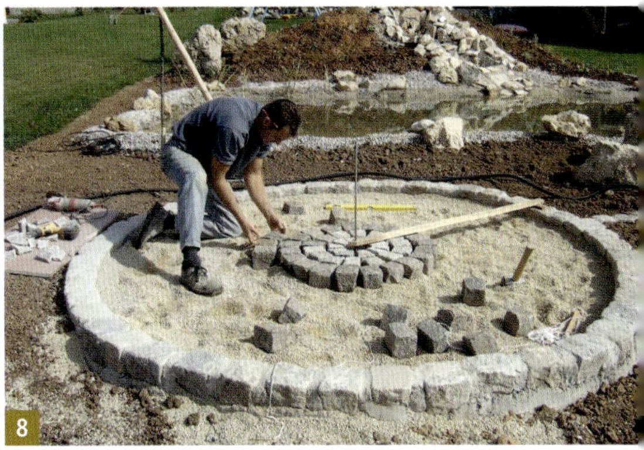

7
Damit die Ringe gleichmäßig rund werden, müssen die Abstände zum Einfassungsring kontrolliert werden. Bei Bedarf sind durch Verändern der Fugenbreiten geringe Korrekturen möglich.

8
Wenn Steine in verschiedenen Formaten zur Verfügung stehen, können unterschiedlich breite Ringe gesetzt werden. Hier kommen neben hellgrauen Kleinsteinen etwas größere dunkelgraue Steine zum Einsatz.

9
Beim Setzen der Steine in das Splittbett gibt der Einfassungsring die Höhe vor. Je nach Größe der Steine wird Splitt unterfüllt oder abgegraben.

10
Die Pflasterfläche muss am Ende etwas höher liegen als der Einfassungsring. Durch das anschließende Verdichten sinkt die Oberfläche noch ab und das Pflaster erhält so seine Festigkeit.

11
Die Steine sitzen nach dem Pflastern noch nicht bündig im Splittbett. Der Splitt in den Fugen reicht nicht bis zur Oberkante, damit noch Raum für den Presssand bleibt.

12
Die Rüttelplatte klopft die Steine richtig fest in das Splittbett. Mit einem schweren Gerät lassen sich auch Unebenheiten in der Pflasterfläche ausgleichen.

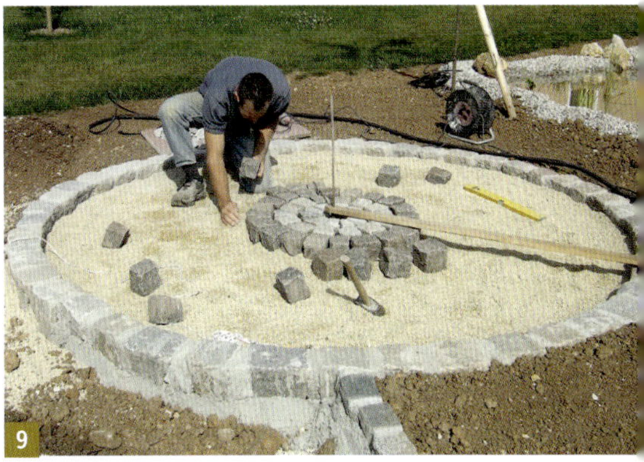

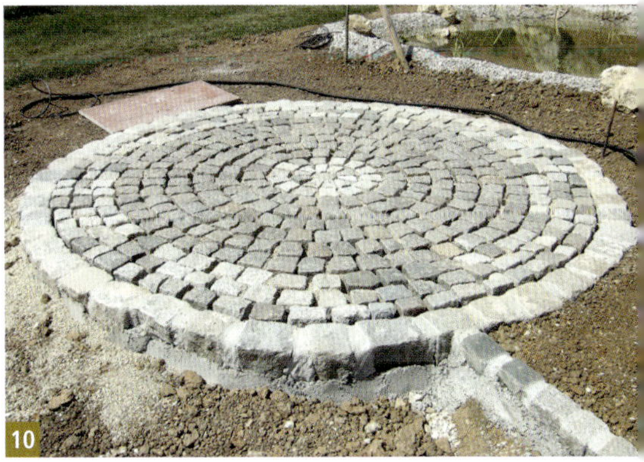

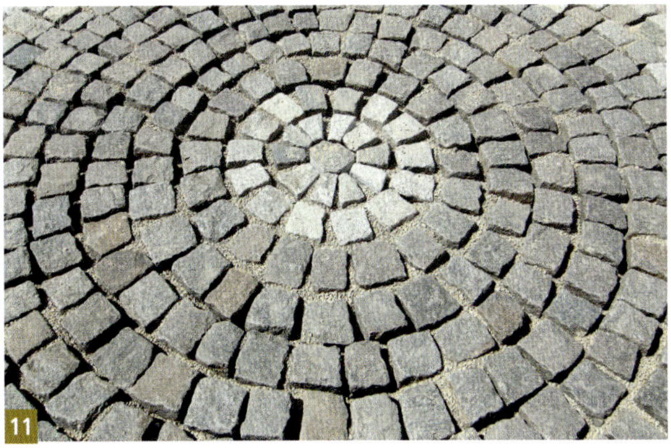

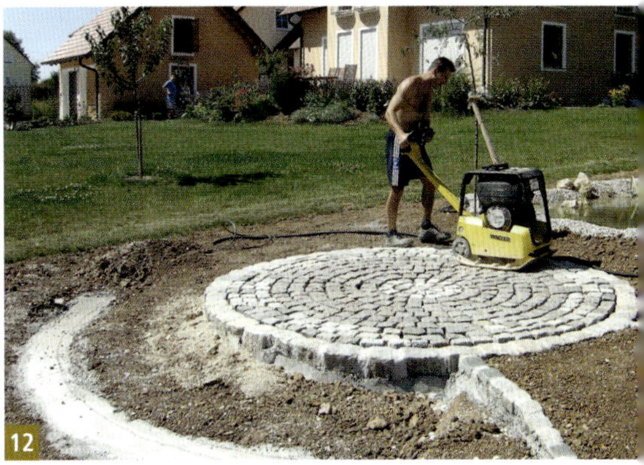

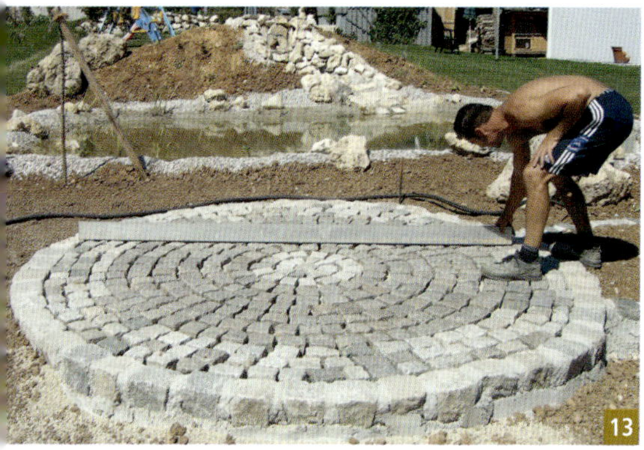

13

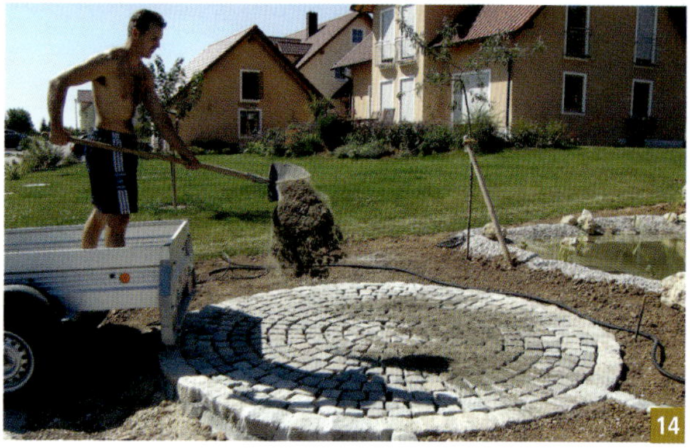

14

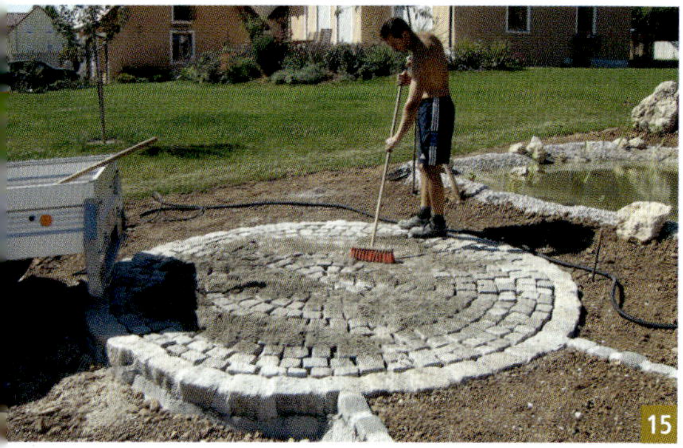

15

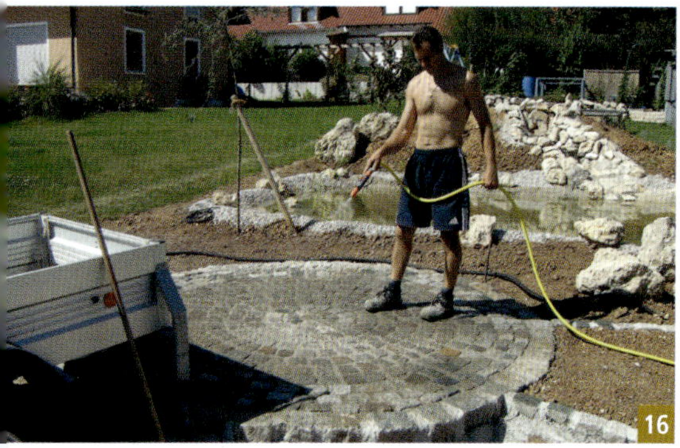

16

13
Beim Überprüfen mit einer Richtlatte zeigt es sich, ob noch Unebenheiten bestehen. Falls nötig, muss weiter gerüttelt werden.

14
Nach dem groben Verfugen mit Splitt kommt auf den letzten Millimetern ein spezieller Presssand zum Einsatz. Dieses Material verkrustet nach dem Anfeuchten und bleibt fest in den Fugen haften.

15
Anders als Splitt, der gelegentlich an den Schuhsohlen haften bleibt und unerwünscht ins Haus gelangt, verkeilen sich die Presssand-Körnchen.

16
Beim Einschwemmen mit Wasser werden Hohlräume in den Fugen verfüllt. Außerdem bekommt der Presssand seine optimale Festigkeit. Durch das Anfeuchten werden auch die schönen Strukturen der Granitsteine betont.

17
Der Sitzplatz wird durch eine Mauer zur die Straße hin abgeschirmt.

18
Nach der Fertigstellung wird der Sitzplatz am Teich gerne angenommen. Die Mauer bietet schon jetzt etwas Sichtschutz, bevor die Hecke groß geworden ist.

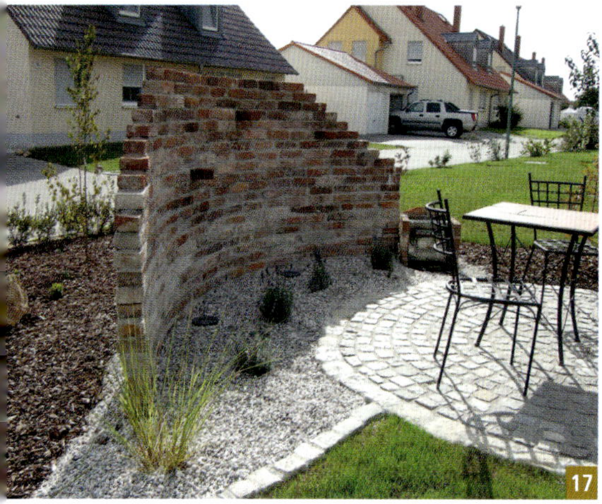

17

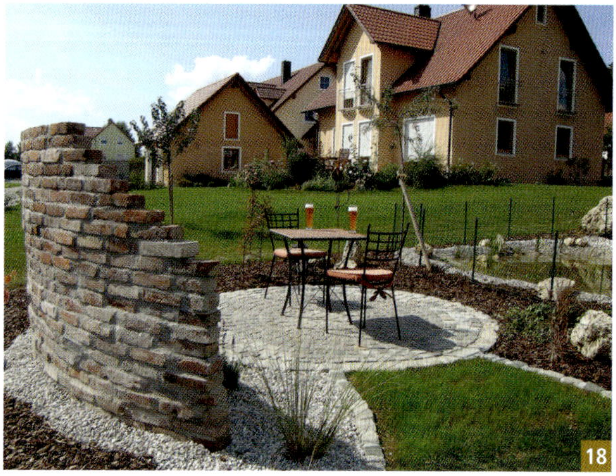

18

3 Treppen

Stufen sind die logische Fortsetzung von Wegen überall dort, wo größere Höhenunterschiede zu überwinden sind und wo für einen durchgehenden Weg mit akzeptabler Steigung der Platz fehlt. Mehrere aufeinanderfolgende Stufen werden allgemein als Treppe bezeichnet.

Stufen und Treppen können helfen, Hindernisse zu überwinden, ohne selbst zum Hindernis zu werden. Es kommt darauf an, wie sie angelegt sind und wer sie nutzt. Soll beispielsweise behindertengerecht gebaut werden (d.h. für Rollstuhlfahrer), sind Treppen tabu und nur Wege mit einer Steigung von 5 - 8% (entsprechend 5 - 8 cm pro m Weglänge) akzeptabel. Andererseits sind viele Häuser so gebaut, dass der Erdgeschossfußboden 20 - 60 cm über dem Geländeniveau draußen liegt, so dass an den Eingangstüren 1 bis 3 Stufen zu überwinden sind. Im Garten treten – außer im Flachland – oft noch größere Höhenunterschiede im Gelände auf, die in der Regel durch Treppen überbrückt werden.

Die Möglichkeiten zur Gestaltung von Treppen sind sehr vielfältig: Abgesehen vom Material für die Stufen eröffnen die Aspekte Breite, Steigung, Verlauf (Wegführung) und die Einbindung in das umgebende Gelände einen großen Gestaltungsspielraum. Entsprechend werden in weitläufigen öffentlichen Anlagen – etwa in botanischen Gärten oder in den Themengärten von Gartenschauen –Treppen gern als großzügiges Gestaltungselement eingesetzt und gezeigt. Wenn Platz vorhanden ist und wenige einengende Rahmenbedingungen einzuhalten sind, können mit Treppen sogar Räume gestaltet werden. Dann wird es zum Erlebnis, die Stufen auf und ab zu schreiten, nicht nur, weil Steigung und Schrittmaß sehr angenehm sind, sondern auch, weil die Treppe dazu dienen kann, den Besucher geschickt zu neuen Plätzen zu führen.

Im Hausgarten steht meist weniger Platz zur Verfügung als in öffentlichen Anlagen und die Rahmenbedingungen für Wegführung, Steigung und Treppenbreite sind enger gefasst. Bei Beachtung einiger Regeln lassen sich Treppen aber auch hier so bauen, dass sie sich gut in die Gartenanlage einfügen und sich bequem begehen lassen.

Treppenmaße

Damit eine Treppe angenehm zu begehen ist, sollte die Treppenformel eingehalten werden, die beim Treppenbau allgemeine Gültigkeit hat.
2 x Stufenhöhe + Stufentiefe =
63 - 67 cm (= Schrittmaß)
Wie aus der Zeichnung deutlich wird, liegt der Formel das Schrittmaß eines Erwachsenen zugrunde, das je nach Körpergröße bei 63 - 67 cm liegt. Treppen im Haus haben normalerweise eine Stufenhöhe von 18 - 20 cm und eine Tiefe von 28 - 30 cm. Das entspricht in etwa dem Stufenmaß (2 x 19 + 28 = 66 cm). Eine ganz strenge Einhaltung des Schrittmaßes von 65 cm ist nicht nötig, da die Schrittweite nicht einheitlich ist und sich nach der Größe der Personen richtet. Die Formel gibt jedoch eine Orientierungshilfe. Unbedingt eingehalten werden sollte das einmal begonnene Verhältnis von Stufenhöhe und Auftritttiefe.

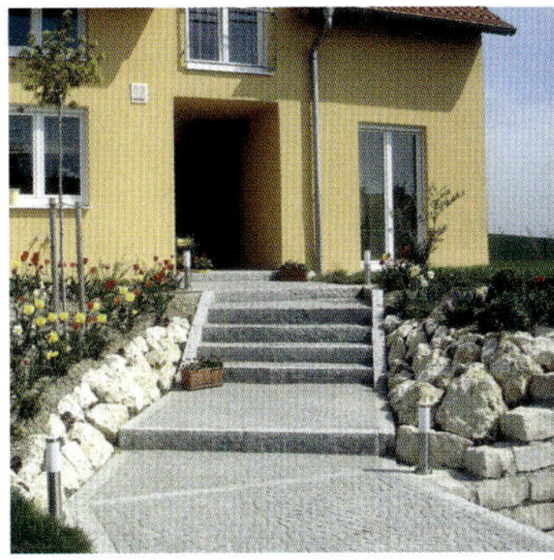

3.1
Sind für den Zugang zum Haus Treppen notwendig, sollten diese einladend und nicht zu schmal gestaltet sein. Hier eine Eingangssituation am Hang mit Podesten und 7 Stufen (Höhenunterschied ca. 1,2 m).

3.2
Die Treppenformel zur Ermittlung eines günstigen Steigungsmaßes.

Treppenformel
2 x Stufenhöhe + Stufentiefe = 63 - 67 cm = Schrittmaß

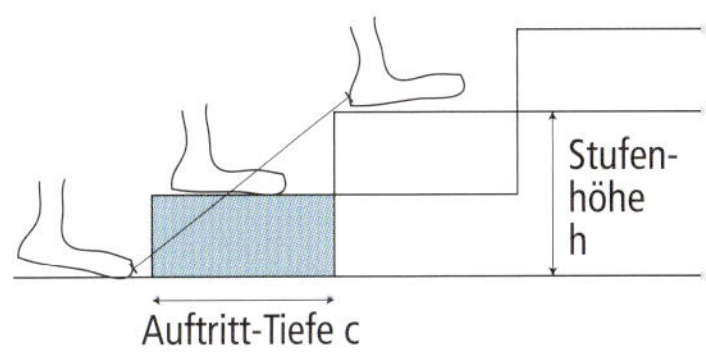

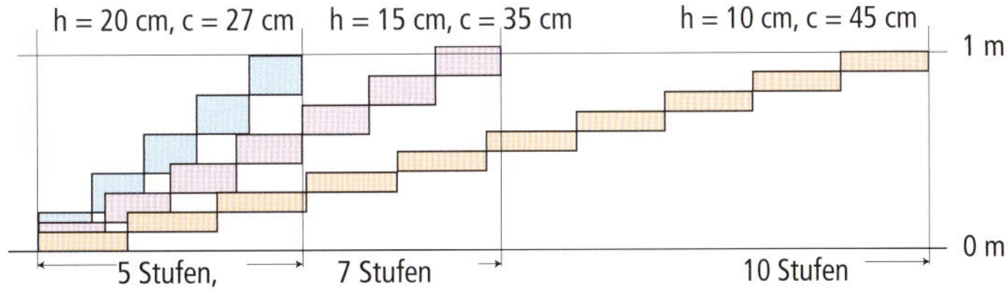

3.3 Aus der gewählten Stufenhöhe und -tiefe ergeben sich Stufenzahl und Treppenlänge.

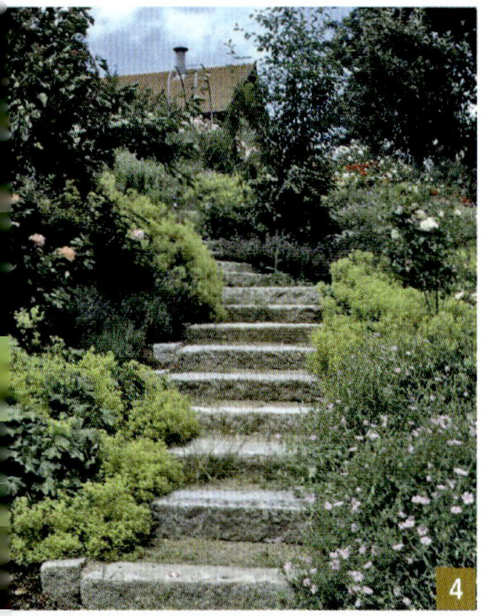

4

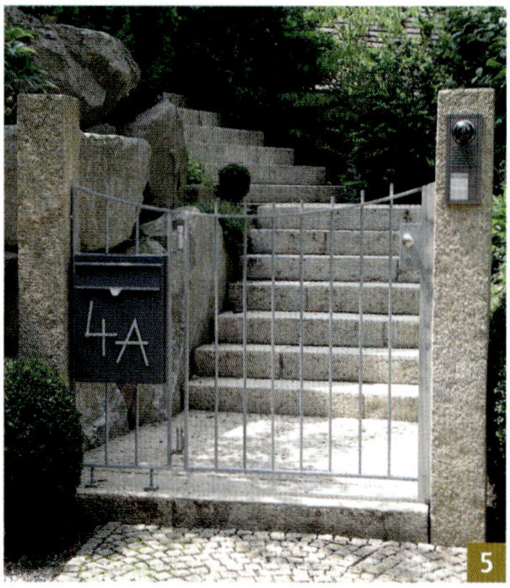

5

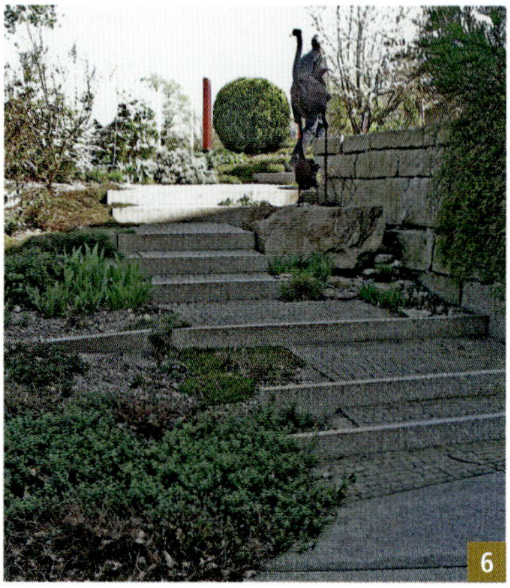

6

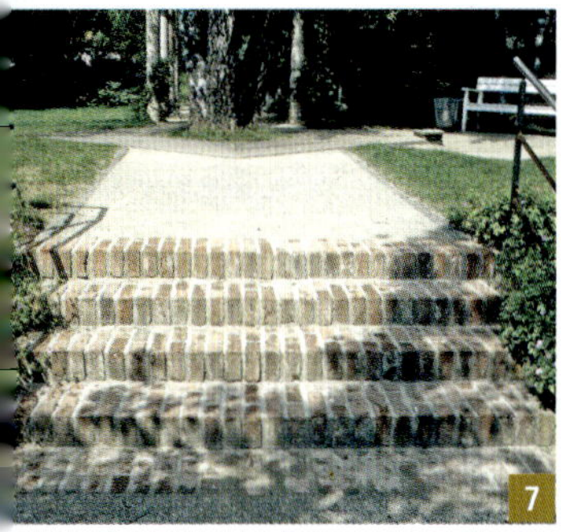

7

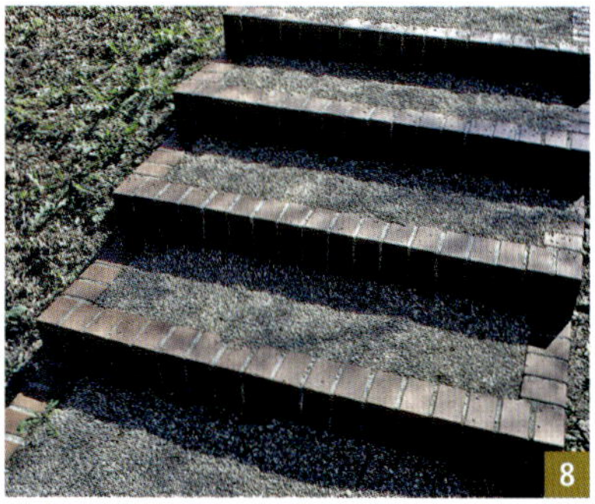

8

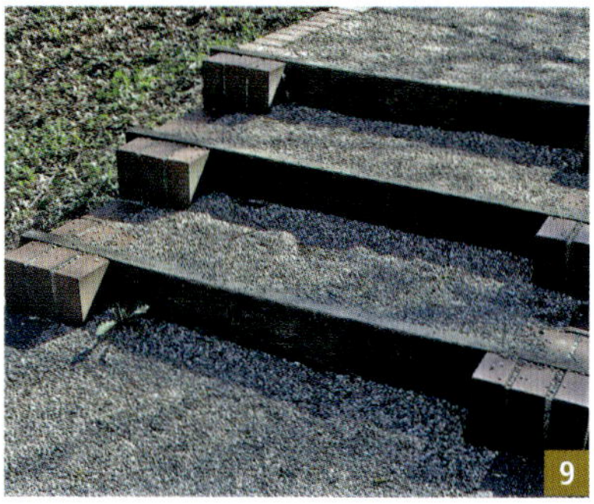

9

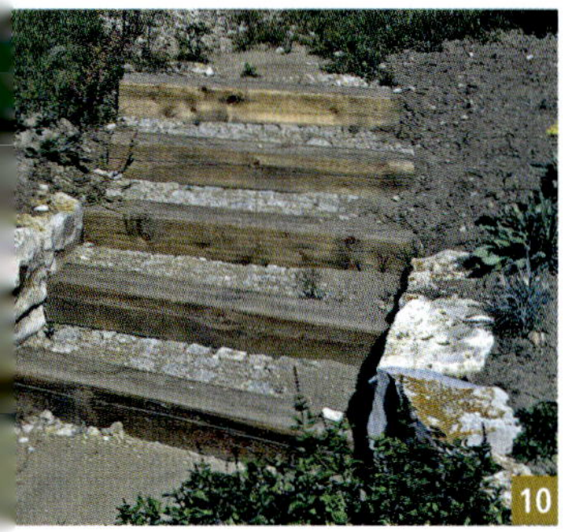

10

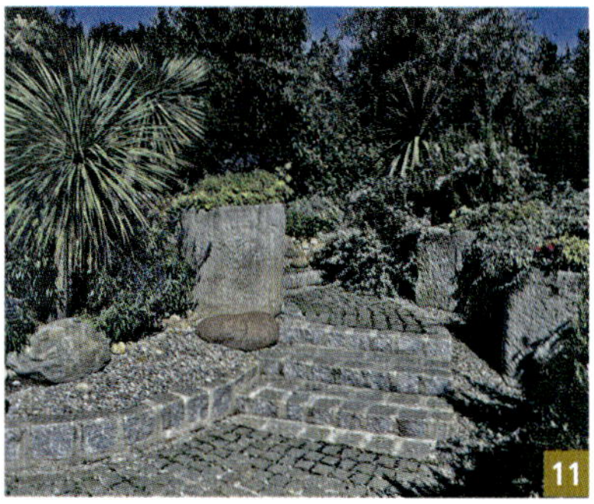

11

Beispiele für Treppenformen

3.4 Blockstufen im Hanggarten
3.5 Hauseingang am Hang
3.6 Stellstufen mit Übergang in den Garten
3.7 Blockstufen aus Ziegelrollschicht
3.8 Stellstufen aus Ziegel mit Kiesschüttung
3.9 Stellstufen aus Holz mit Kiesschüttung
3.10 Blockstufen aus Holz mit Pflasterung
3.11 Stufen aus Granitquadern gemauert
3.12 Blockstufen aus groben Granitquadern
3.13 Stufen aus Granit hinterpflastert
3.14 Treppe mit Granitstellstufen u.Podesten

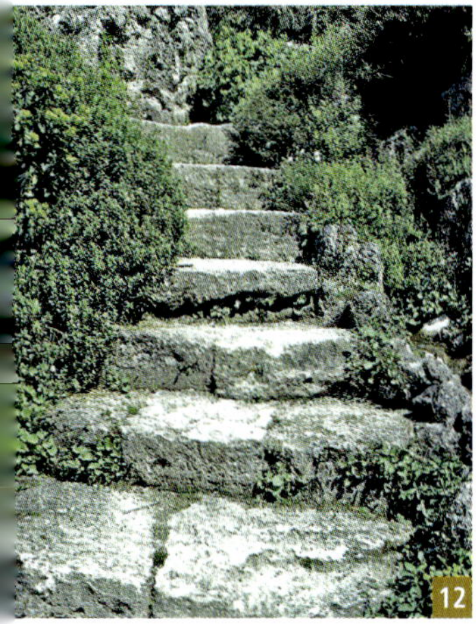

12

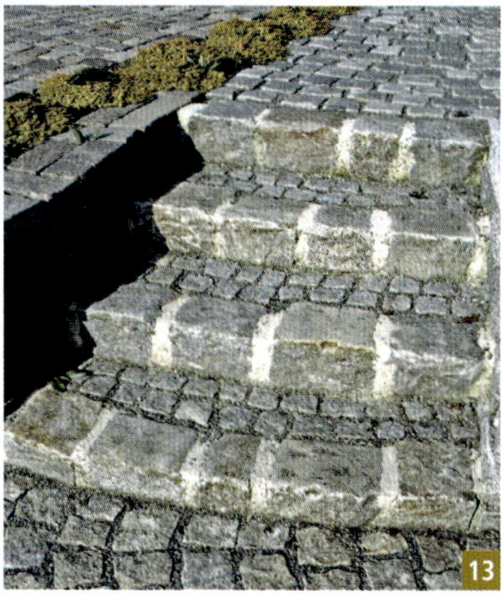

13

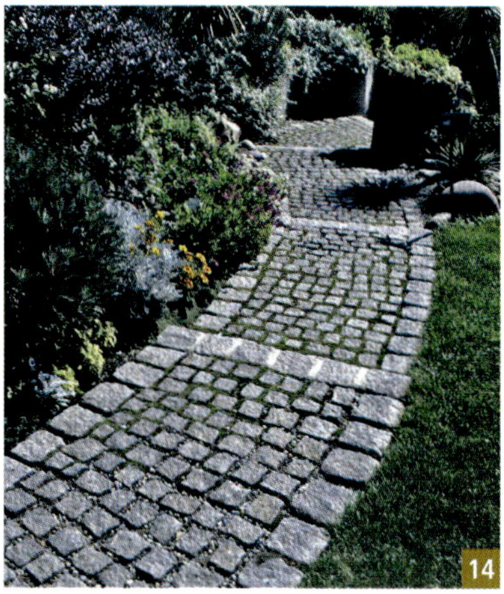

14

Wie die Treppen im Haus sollten auch Gartentreppen nach der Treppenformel bemessen und gebaut werden. Das Stufenmaß bestimmt natürlich bei gegebener Höhendifferenz die Gesamttiefe der Treppe. Um einen Höhenunterschied von 1 m zu überwinden, lassen sich z.B. 5 Stufen mit 20 cm Höhe bauen. Dadurch käme bei einer Stufentiefe von 27 cm eine Gesamttiefe von 135 cm zustande. Im Freien baut man gern großzügigere, weniger steile Treppen. Wenn eine geringere Stufenhöhe und dafür eine größere Stufentiefe gewählt werden, kommt eine größere Gesamttiefe der Treppe zustande. Im Extrem ergibt sich bei 10 cm Stufenhöhe und 45 cm Stufentiefe eine Gesamtlänge der Treppe von 4,50 m. Je nach Wahl der Stufenhöhe und Auftritt entstehen also sehr unterschiedliche Treppen.
Ob die Gesamtlänge nun 1,5 m oder 4,5 m betragen soll oder ein anderes Maß dazwischen gewünscht ist, richtet sich vor allem nach dem Gelände und dem zu überwindenden Höhenunterschied. Für sehr langgestreckte Treppen sind auch Zwischenpodeste oftmals sinnvoll. Große Höhendifferenzen erfordern ggf. mehrfache Richtungsänderungen mit Wendelung oder Podesten.
Um eine bessere Vorstellung von der Begehbarkeit verschiedener Treppen zu bekommen, kann man z.B. in öffentlichen Anlagen oder Gärten Treppen begehen und sich die Maße (Auftritt und Steighöhe) des jeweiligen Typs und der favorisierten Treppe notieren. Auf jeden Fall müssen alle Stufen die gleiche Steighöhe haben. Denn eine oder mehrere uneinheitliche Stufen oder ein An- oder Austritt mit abweichender Höhe werden unweigerlich zu einer Stolperfalle. Um die passende Steigung zu ermitteln, ist es sinnvoll, eine maßstäbliche Schnittzeichnung des Geländeverlaufs anzufertigen, in die auch der Treppenschnitt eingezeichnet wird. Leichte Höhendifferenzen zum Gelände können durch Anpassen des anschließenden Weges ausgeglichen werden.
Ebenfalls einen großen Einfluss auf die Wirkung der Treppe hat deren Breite. Eine 50 - 60 cm breite Treppe wirkt recht schmal, kann aber für eine Nebentreppe, die nur von einer Person benutzt wird, ausreichen. Damit zwei Menschen gut aneinander vorbei gehen können, ist eine Breite von 0,9 – 1,2 m erforderlich. Breitere Treppen wirken großzügiger, erfordern aber auch entsprechend mehr Platz.
Lange Treppen mit mehr als 12 Stufen sollten vorteilhaft durch Podeste gegliedert werden, eventuell in Verbindung mit einer Richtungsänderung, damit die zu überwindende Steigung optisch nicht so stark in Erscheinung tritt.

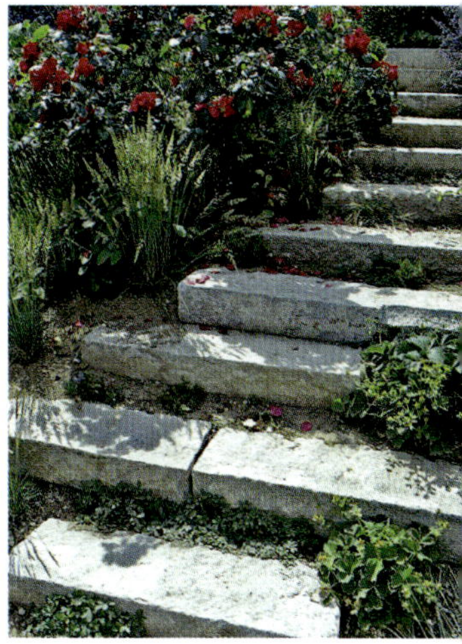

3.15 (oben) und 3.16 (unten)
Eine schmale hohe Treppe wirkt anders als eine kurze breite Treppe.

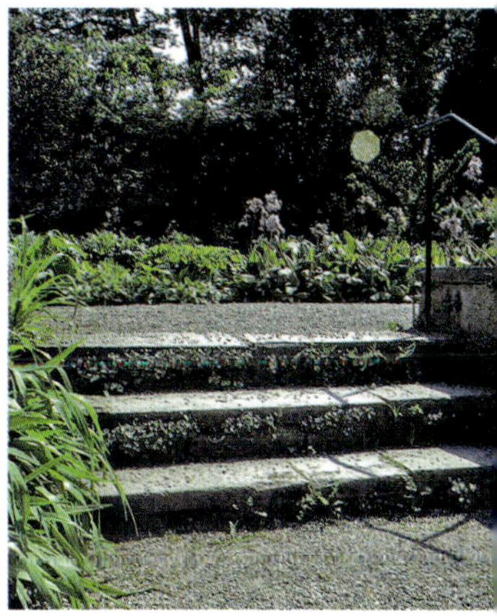

Tabelle 3.1
Materialien für den Treppenbau

Steinmaterialien für den Treppenbau		
Material	**Bearbeitung**	**Abmessungen / Gewicht**
Blockstufen aus Granit auch andere Steinarten möglich: Sandstein, Blaustein, Porphyr usw.	allseits gesägt, bei Granit Tritt- und Sichtflächen geflammt, Sichtkante gefast, andere Steinarten: gesägt und geschliffen	15 x 35 cm L = 50 / 80 / 100 / 120 /150 cm Gewicht: ca. 140 kg/m
Randsteine/Stelen/Palisaden Bordsteine aus Granit z.T. auch andere Steinarten	auf Format gesägt, Sichtseiten geflammt bruchrau, allseitig gestockt oder bruchrau, Sichtseiten gestockt	6 x 25 cm, 42 kg/m 8 x 20-22 cm, 43 kg/m 8 x 25-28 cm, 50 kg/m 10 x 25-28 cm, 65 kg/m 12 x 25-28 cm, 80 kg/m 14 x 25-28 cm, 90 kg/m
Kantige Bruchsteine aus Kalkstein, Granit, Basalt, Quarzit	bruchrau gespalten	in verschiedenen Abmessungen

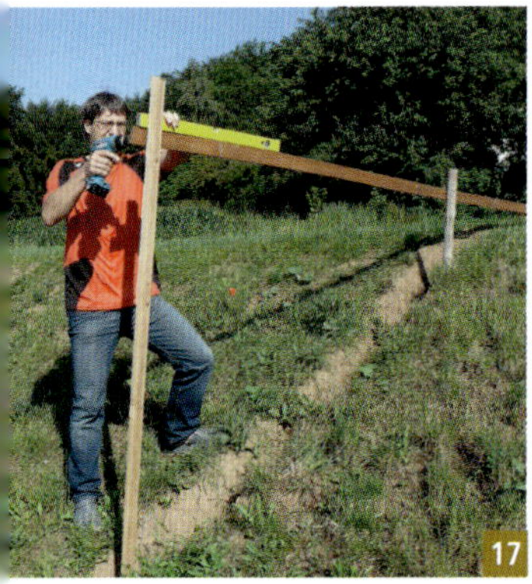

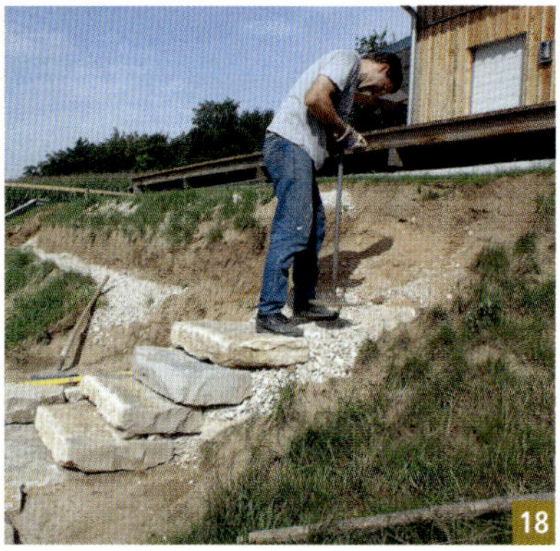

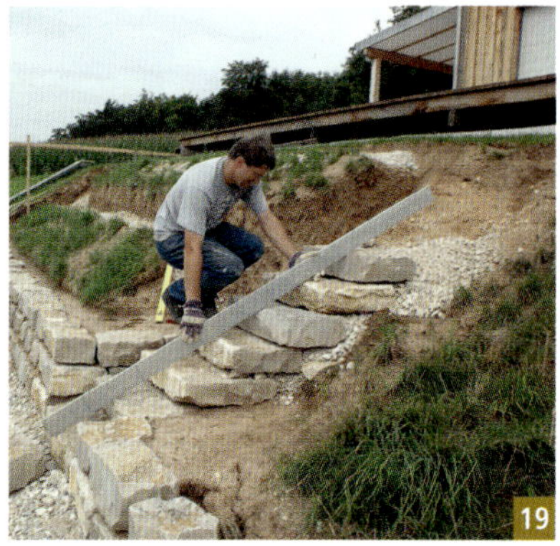

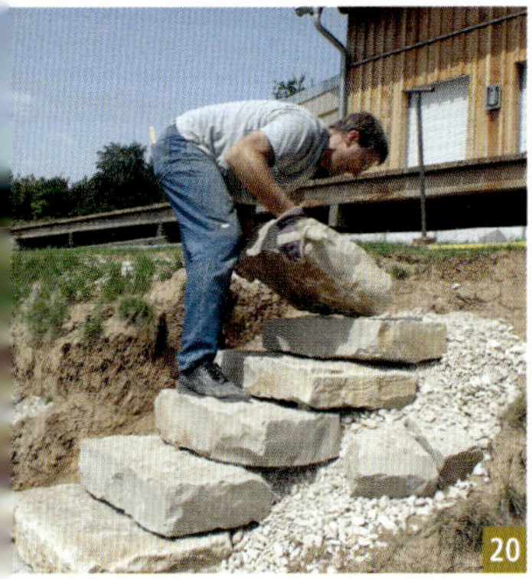

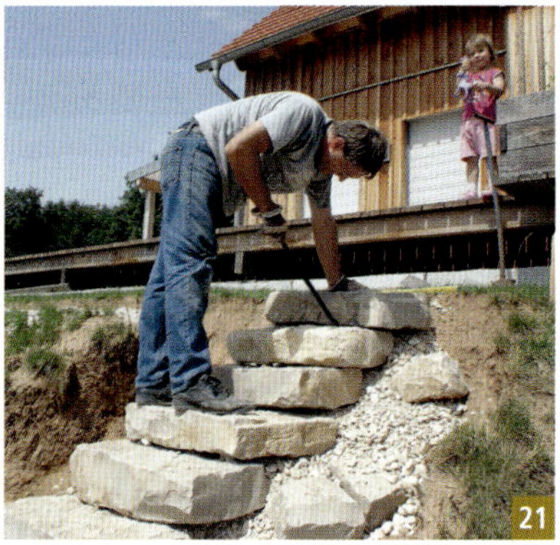

3.17 bis 3.21
Ausmessen der Treppe mittels Gerüst und Verlegen der Blockstufen in Kalkschotter. Für jede Stufe ist der richtige Sitz mit der Richtlatte zu überprüfen und ggf. zu korrigieren. Ist der Unterbau gut verdichtet und wasserdurchlässig, liegen die schweren Trittstufen auch ohne Mörtel fest. Nach dem Legen ist wiederholtes Ausmessen und ggf. eine Feinkorrektur der Steine angebracht.

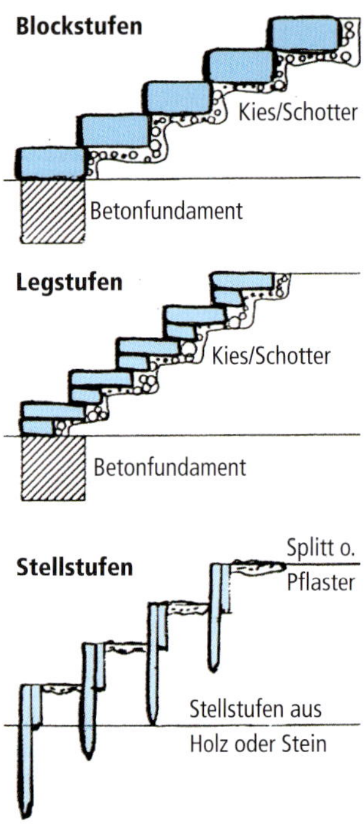

3.22 Bauweisen von Treppen

Treppenbauweisen: Blockstufen, Stellstufen, Legstufen

Beim Aufbau wird unterschieden in Blockstufen (d.h. jede Stufe ein Steinblock), Stellstufen (ein Stein für die Vorderseite der Stufe einschließlich Auftritt) und Legstufen (eine Platte für jeden Auftritt) (vgl. Abb. 3.22).

Beim *Treppenbau mit Blockstufen* gibt die Größe der verfügbaren Blöcke die Treppenhöhe und -tiefe vor. Gängige Blockmaße von Granit- und Beton-Blocksteinen sind in Tabelle 3.1 angegeben. Bei Blockstufen mit 15 cm Höhe erscheint es theoretisch schwierig, eine Treppe mit genau 100 cm Höhe zu bauen. Werden die Blöcke jedoch mit einem leichten Gefälle von 1,5 cm je Stufe gesetzt, lassen sich mit 6 Stufen durchaus 99 cm überwinden. Der fehlende 1 cm kann bei der Weiterführung des Weges durch etwas Gefälle leicht ausgeglichen werden. Mit Hilfe von Holzschalungen können aber auch Blockstufen aus Beton hergestellt werden, die genau die gewünschten Maße haben. Außerdem macht das große Sortiment an Blockstufen, Bordsteinen aus Granit oder anderen Natursteinen im Baustoffhandel die Auswahl und Beschaffung einer passenden Größe relativ leicht. Alternativ zu den Blockstufen können mit Stellstufen oder Legstufen vorgegebene Stufenhöhen leichter gebaut werden. Stellstufen, z.B. aus Randsteinen, lassen sich auf eine bestimmte Größe zuschneiden oder mit einem Fundament aus Magerbeton passend tief im Boden verankern. Bei Legstufen kann die richtige Stufenhöhe durch Platten passender Dicke (ggf. in mehreren Lagen) und durch Unterfüttern mit Beton hergestellt werden.

Treppen am Hang

Abgesehen von außenliegenden Kellertreppen und ein paar Stufen, die zur Terrasse oder ins Haus führen, sind Treppen insbesondere dann nötig, wenn es gilt, mehr oder weniger steile Böschungen begehbar zu machen,

wie z.B. an einem Hanggrundstück. Da die Niveaus und die Steigung vorgegeben sind, muss die Treppe dem Gelände angepasst werden. Die Gesamthöhe und -länge richten sich nach der Steigung der Böschung und der Lage von Sohle und Scheitelpunkt. Nach dem Ermitteln der Maße können Anzahl und Größe der Stufen anhand der Treppenformel ermittelt werden. Ein günstiges Schrittmaß im Einklang mit der Treppenformel (S. 61) ist unbedingt erstrebenswert.
Sofern mit Blockstufen gebaut werden soll und diese in den entsprechenden Abmessungen verfügbar sind, können sie nun bestellt werden. Das Setzen der Stufen erfolgt direkt auf den gewachsenen Boden oder nach dem Abgraben des Mutterbodens und Einbauen von Frostschutzmaterial auf Schotter, Kies oder auf Beton.
Anders als beim Hausbau, bei dem die Treppe exakt in das Treppenhaus mit klar vorgegebenen Abmessungen einzupassen und zu bauen ist, gibt es im Garten Toleranzen. Man kann Höhe und Länge der Treppe ein wenig strecken oder stauchen und dadurch dem vorhandenen Gelände anpassen. Durch einen Einschnitt in die Böschung bzw. den Hang lässt sich eine Treppe auch flacher gestalten als es der Hang vorgibt. Die Sohle oder der Scheitelpunkt wird einfach verlagert, das heißt die unterste Stufe rückt vom Hang weg nach außen (die Treppe wird angeböscht) oder die oberste Stufe rückt in den Hang hinein, indem der Hang abgegraben und dadurch flacher modelliert wird. Dies ist natürlich nur dort möglich, wenn die An- und Austrittspunkte der Treppe entsprechend variabel sind.

In der Regel sollte für Gartenwege und Treppen eine möglichst kurze, direkte Wegführung zwischen zwei Punkten bzw. Plätzen gewählt werden. Sind sehr große Höhenunterschiede zu überwinden, ist dies jedoch nicht unbedingt empfehlenswert. Hier sollte die Treppe besser nicht gerade, d.h. senkrecht zur Hangkante nach oben führen, sondern schräg in den Hang gebaut werden (ggf. mit Podest und Richtungsänderung), um die Steigung zu verringern.

Treppe berechnen

Die Stufenanzahl und -höhe errechnen sich aus der zu überwindenden Gesamthöhe. Um die Treppenhöhe zu ermitteln, wird am Fußpunkt neben der Treppe ein Pflock eingeschlagen, so dass daran eine Richtlatte oder Richtschnur befestigt werden kann, die waagerecht zum oberen Scheitelpunkt am Hang führt. Die Stufentiefe ergibt sich aus der errechneten Stufenanzahl und der Gesamtlänge bzw. der Gesamttiefe der Treppe.

Baustoffe

Blockstufen

Das Stufenmaß lässt sich auch anhand ausgewählter oder vorhandener Baustoffe festlegen. Wenn Bordsteine oder Granitquader als Stufen dienen sollen, ist die Stufenhöhe ohnehin vorgegeben. Allerdings ist es nötig, die

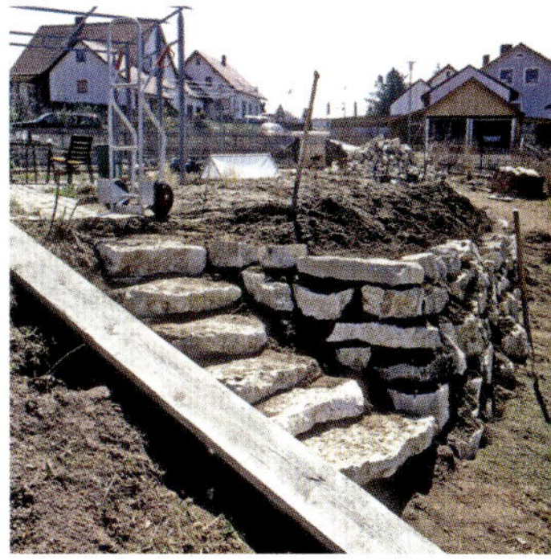

3.23
Die kurze Treppe aus gebrochenen Kalksteinquadern führt direkt den Hang hinauf.

3.24
Bei längeren Treppen über große Höhenunterschiede ist ein Richtungswechsel vorteilhaft.

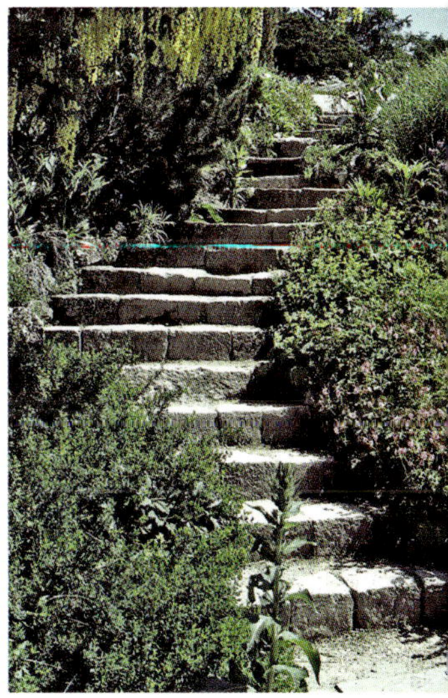

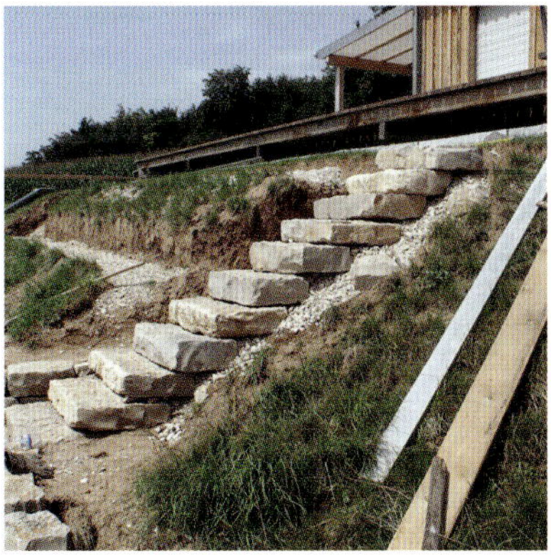

3.25
Blockstufen aus großen Kalksteinplatten.

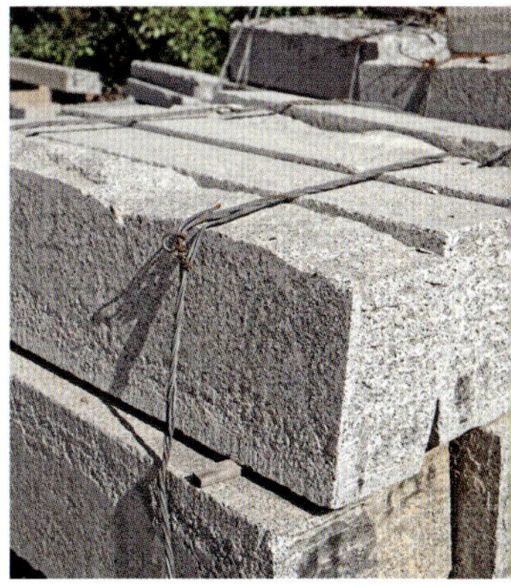

3.26
Granit-Leistensteine, gesägt und gebrochen, eignen sich auch als Blockstufen.

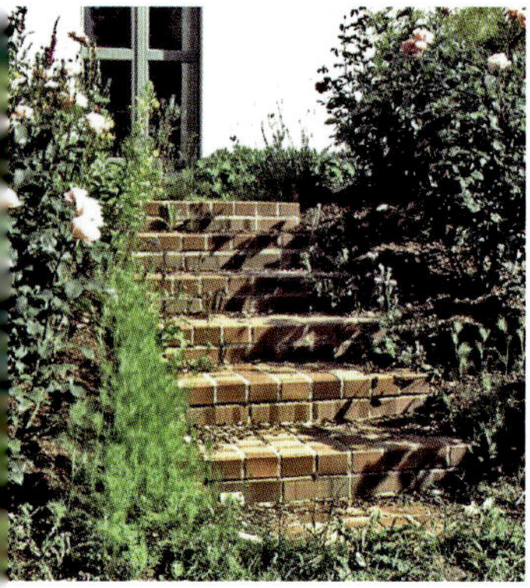

3.27
Die Ziegelsteine sind hier wie Legstufen angeordnet und vermauert, kommen jedoch nicht ohne einen dauerhaften, massiven Unterbau aus Beton aus.

3.28
Bei dieser Gartentreppe wurden Granitrandsteine als Stellstufen in Beton gesetzt und die dahinterliegenden Trittstufen mit Kleinpflaster belegt.

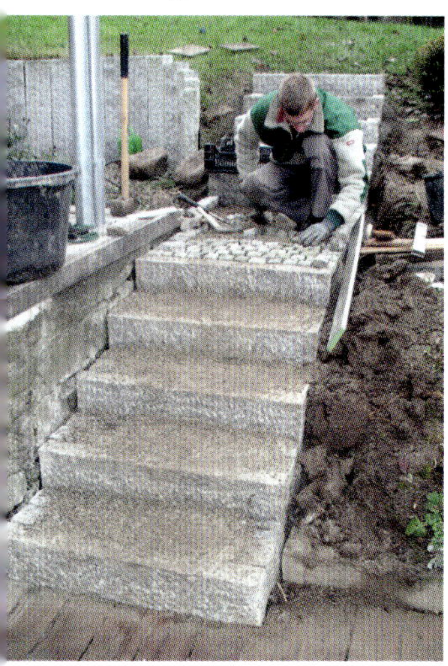

Stufentiefe gemäß der Treppenformel anzupassen. Das ist kein Problem, weil die einzelnen Blockstufen sowieso aufeinander gelegt werden. Der Aufbau beginnt mit der untersten Stufe und wird fortgeführt, indem eine Stufe nach der anderen darüber gelegt wird. Dabei sollte die obere Stufe jeweils ein Stück auf der unteren aufliegen. Die Anzahl an Einzelstufen errechnet sich wie beschrieben aus der Gesamttiefe und Gesamthöhe.

Legstufen

Für Legstufen bieten sich insbesondere Natursteinplatten (kantig oder geschnitten) und andere flache Materialien (z.B. auch Betonplatten) an. Die Abmessungen der Treppe und der einzelnen Stufen werden gleichermaßen wie bei Blockstufen berechnet und die Stufen dann von unten nach oben aufgebaut. Zunächst entsteht jeweils die Front der Stufe, die sogenannte Stellstufe. Diese wird mit Erde, Schotter oder Mörtel hinterfüllt, so dass die Legstufe, die möglichst aus dem gleichen Material bestehen sollte wie die Stellstufe, aufgelegt werden kann. Stufen, die mit dünnen Platten oder Ziegelpflastersteinen belegt werden, zählen von der Bauart her eher zu den Blockstufen, da sie auf einen massiven Unterbau aufsetzen.

Stellstufen

Beim Treppenbau mit Stellstufen wird zunächst nur die Vorderseite der Stufe aus Stein gebaut, die dahinterliegende Trittfläche kann auch gepflastert bzw. als Rasen oder Schotterbett, d.h. ohne festen Belag, ausgeführt werden. Die Stellstufen, z.B. rechteckige Natursteine oder auch Betonplatten, werden nacheinander passend in den Hang gegraben, so dass von Vorderkante zu Vorderkante das Stufenmaß eingehalten ist. Gehalten werden sie durch 2 Baustahlstäbe am Rand oder besser durch ein kleines Betonfundament. Als Stellstufen eignen sich z.B. Rand- und Palisadensteine oder auch Bordsteine, die nicht wie Blockstufen flach gelegt, sondern aufrecht stehend eingebaut werden. Die Trittflächen können als Schüttung aus Rindenschrot oder Kalksplitt ausgeführt werden, ebenso ist Raseneinsaat oder eine dauerhafte Pflasterung mit Granit- oder Porphyr-Kleinpflaster möglich.
Beim Treppenbau mit Stellstufen entstehen vergleichsweise leichte Treppen (vom Materialgewicht her), die sich auch an Orten bauen lassen, die nicht mit schweren Baumaschinen erreicht werden.

Unterbau

Für Gartentreppen ist gewöhnlich kein tiefes Betonfundament nötig, wenn sie auf gewachsenem Boden gebaut werden. Treppen am Haus oder auf lockerem, aufgeschüttetem Boden brauchen jedoch einen etwa 80 cm tiefen befestigten Unterbau aus Schotter, damit sie frostsicher liegen und Feuchtigkeit abfließen kann.

Betonblockstufen selbst gießen

Billiger als Natursteinblockstufen, aber ebenso haltbar, sind Betonblockstufen. Sie lassen sich mit Hilfe von Holzschalungen selbst herstellen. Durch Zusatz von Mörtelfarbe, die es in verschiedenen Tönungen gibt, können auch rötliche, gelbliche oder bräunliche Treppenblöcke hergestellt werden. Die Schalung wird je nach gewünschter Stufengröße und Form gefertigt. Sie ist mehrmals verwendbar, so dass die erforderliche Zahl an Stufen nach und nach produziert werden kann. Zum Mischen des Betons dient Zement und Kies (1:4 Raumteile). Die Schalung, bestehend aus einem Schaldeckel und Brettern, nimmt den fertigen Beton auf. Nach dem Rütteln und Abziehen des Betons ist eine Trocknungszeit von etwa 48 Stunden abzuwarten. Dann kann die Schalung abgenommen werden.

Beispiel 3.1: Betontreppe mit Klinkerbelag

Bei Hanglagen ist der Treppenbau im Garten unvermeidlich. Für kurze Treppen an flachen Böschungen genügen meist einfache Blockstufen, die ohne Unterbau in den Hang gesetzt werden. Am Haus und bei größeren Höhenunterschieden ist dagegen eine Treppe gefragt, die das ganze Jahr hindurch gut begehbar ist. Ist, wie im Beispiel, eine steile Böschung zu überwinden, wird die Treppe vorteilhaft durch ein Podest unterteilt, um sie optisch flacher wirken zu lassen. Hier wurde ein Unterbau aus Beton gegossen und mit Ziegelplatten belegt.

1
Nach dem Ausbaggern des Innenhofes war der Hang für eine gerade Treppe zu steil. Deshalb wurde eine zweiteilige Treppe mit Podest vorgesehen. Zunächst musste der Treppenverlauf am Hang geformt werden.

2
Für den Absatz zwischen den beiden Treppenteilen war eine Schalung nötig. Sie musste ausreichend stabil gebaut werden, um den frischen Beton aufzunehmen.

3
Um Risse in der Platte zu vermeiden, wird hier eine Bewehrung aus Baustahl eingelegt. Die überstehenden Eisen stellen eine Verbindung zu den anderen Treppenteilen her.

4
Der Beton ist aus 4 Teilen Kies, 1 Teil Zement und wenig Wasser gemischt.

5
Nach dem Füllen der Schalung wird geglättet. Die Stahlstäbe müssen vollständig von Beton umschlossen sein.

6
Etwa 48 Stunden nach dem Betonieren kann die Schalung abgenommen werden.

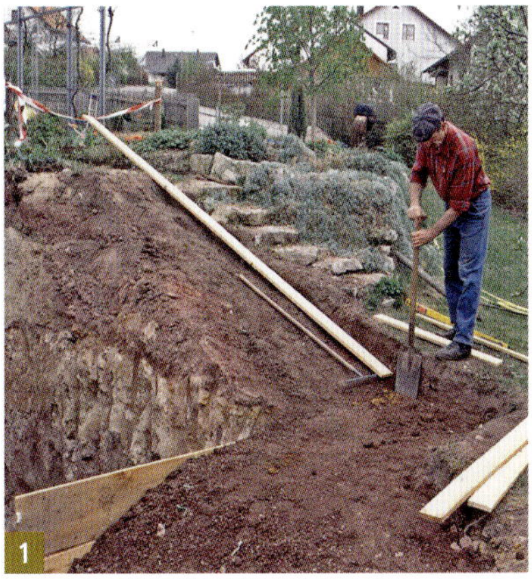

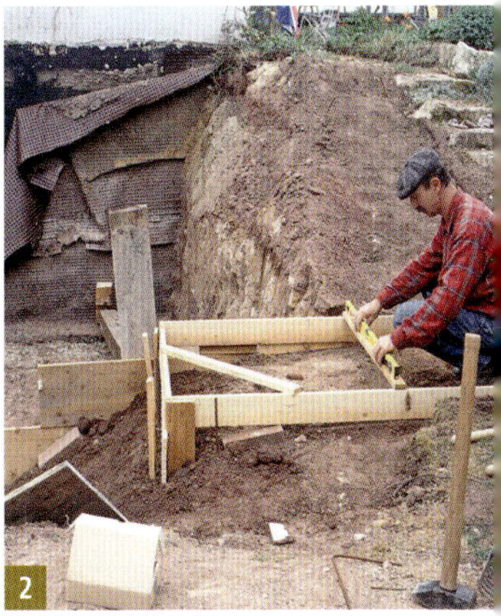

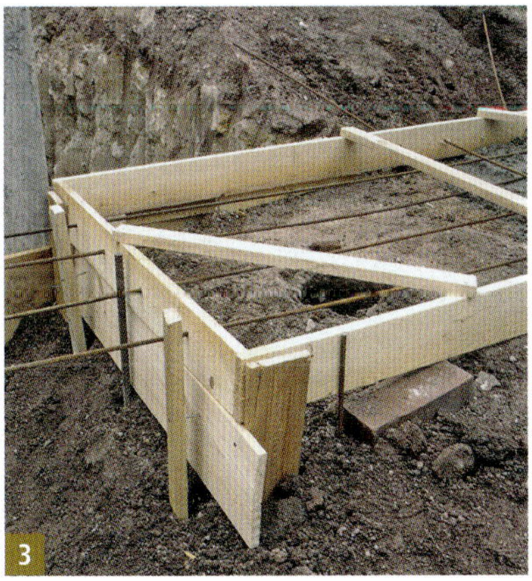

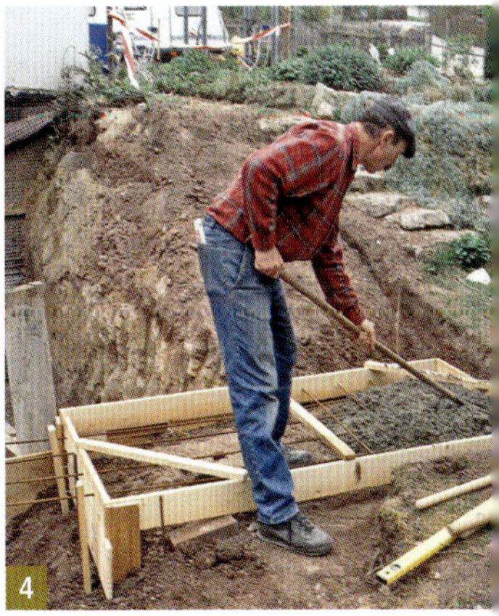

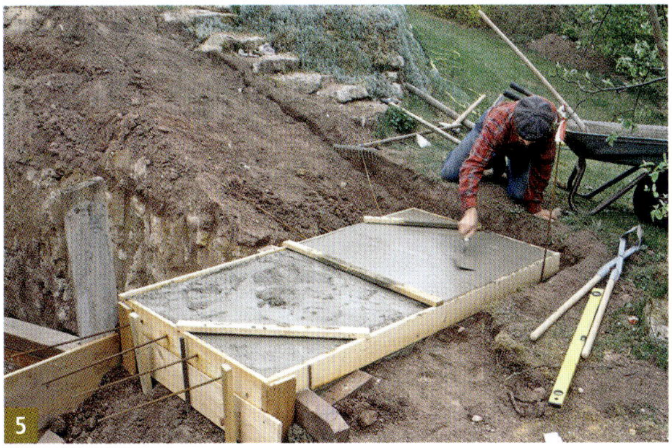

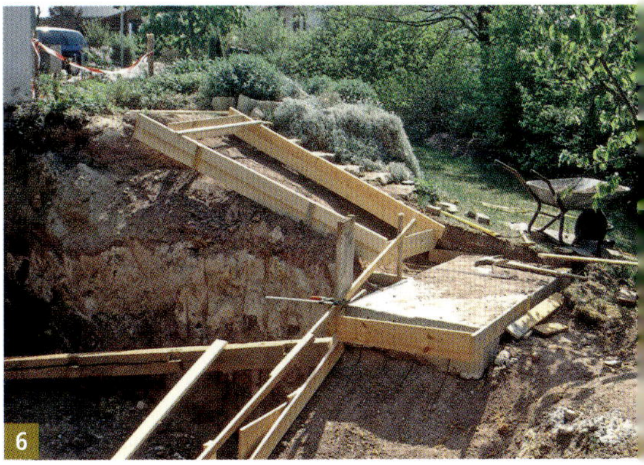

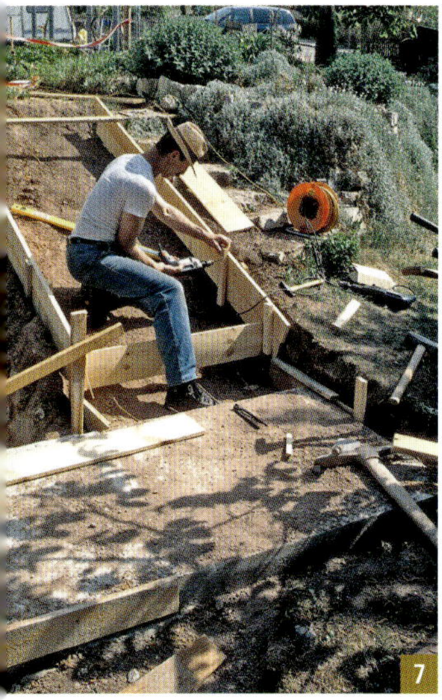

7

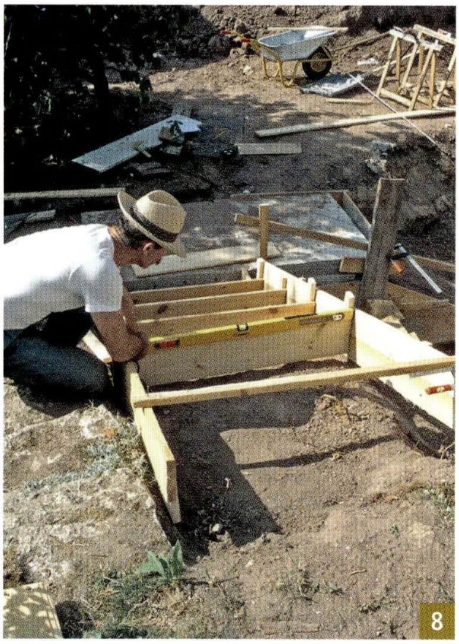

8

7
Nach der Fertigstellung des Podestes kann nun der Treppenbau mit dem Montieren der Bretter für die Stufen weitergehen. Für die einzelnen Stufen sind Halteleisten nötig.

8
Solche Treppen müssen vor dem Bau detailiert geplant und berechnet werden. Beim Zusammenschrauben der Schalung ist darauf zu achten, dass alle Stufenbretter waagerecht liegen.

9
Die Schalung muss außerdem stabil genug sein, um den Druck der schweren Betonfüllung auszuhalten. Die Seitenteile werden hier stellenweise mit Hilfslatten ausgesteift.

10
Der Schalungsbau ist zwar aufwändig, ermöglicht aber Eigenkonstruktionen in beliebigen Größen und Neigungen. Für die Stufen ist keine Bewehrung nötig.

11
Nach dem Ausschalen ist nun die weitläufige Treppe sichtbar. Sie liegt auf Granitgrus auf. Dieser von Natur aus harte Untergrund ersparte den Unterbau aus Schotter.

12
Die Betontreppe erhält noch einen Belag aus Klinkern. Diese auch auf der Terrasse verwendeten Ziegelsteine werden im Blockverband verlegt.

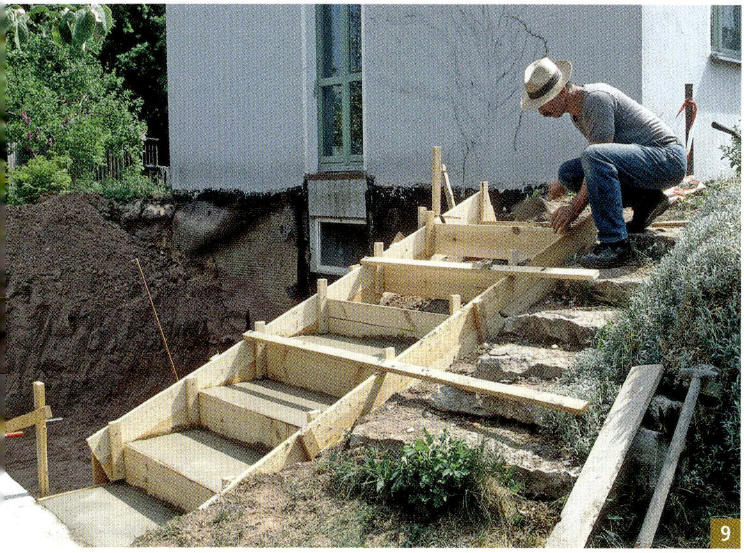

9

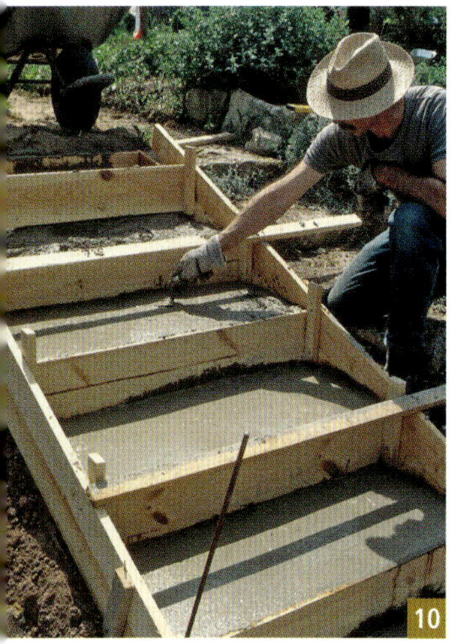

10

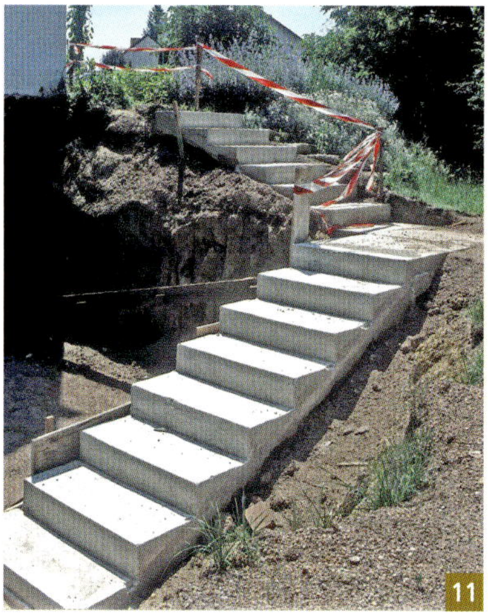

11

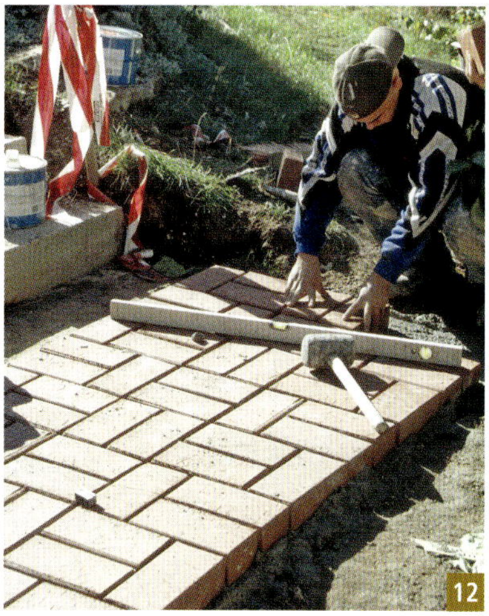

12

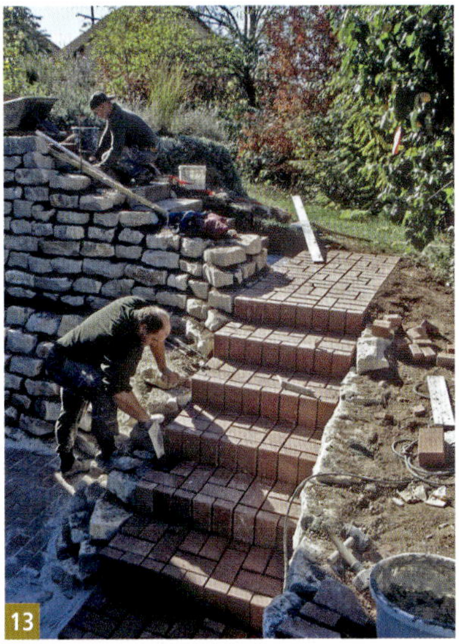

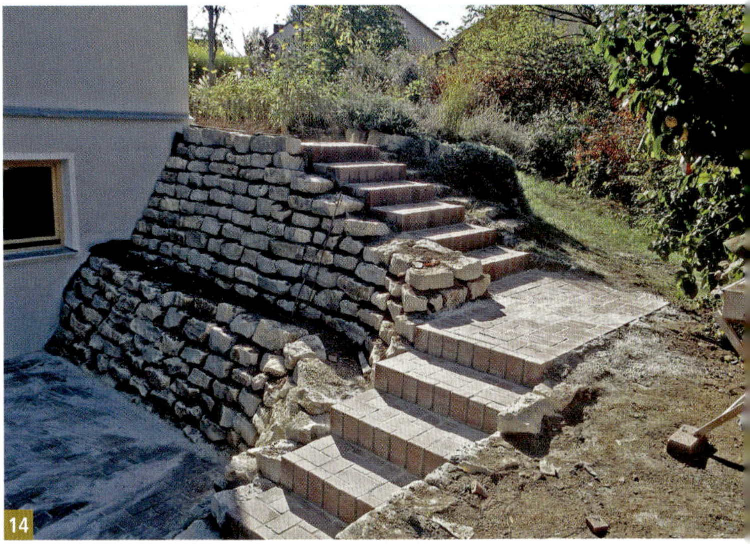

13
Die Ziegel können mit einem elastischen Mörtel auf den Beton geklebt und damit zum Schluss auch verfugt werden.

14
Zur Hangbefestigung wurde im Innenhof eine Trockenmauer aus handbehauenen Kalkbruchsteinen aufgeschichtet. Ein Hochbeet auf halber Höhe gliedert die hohe Mauer und dient zur Begrünung.

15
Als Absturzsicherung ist ein Geländer aus Edelstahl montiert. Die stabile, aber leichte Konstruktion wirkt unauffällig, entspricht aber nicht den Anforderungen an eine kindersichere Ausführung.

16
Die großzügige Treppe macht den Innenhof gut zugänglich. Die Beleuchtung durch eine Hoflampe dient der sicheren Benutzung auch bei Dunkelheit.

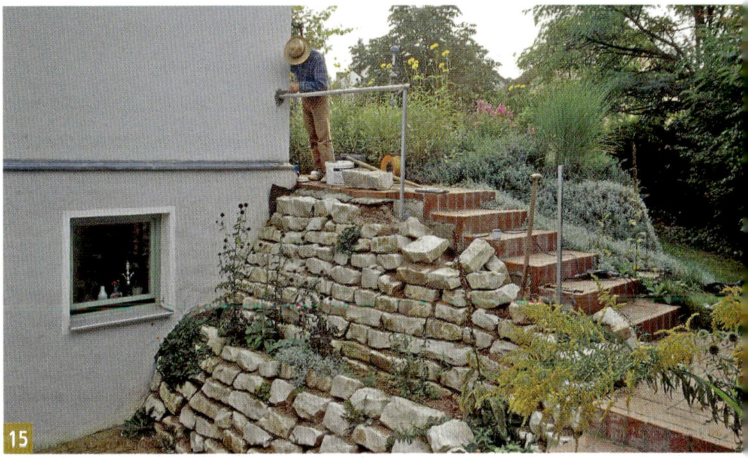

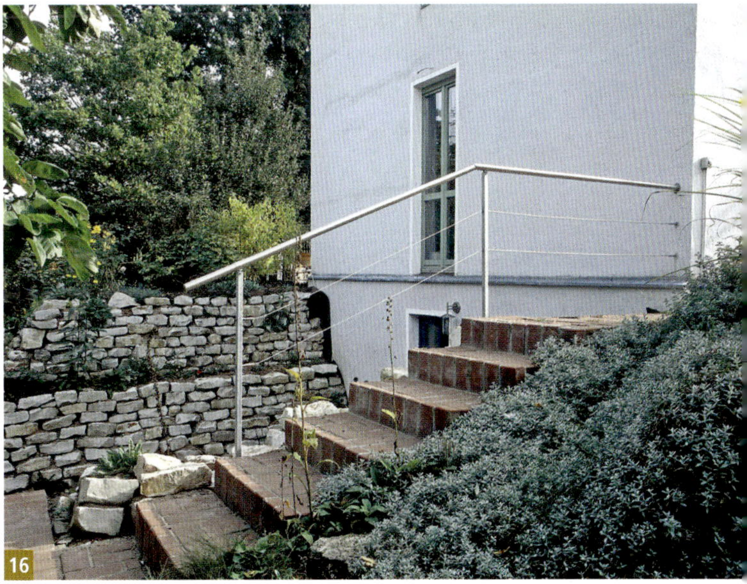

Beispiel 3.2: Trittstufen ohne Unterbau

Steinquader eignen sich vorzüglich zum Bau von Gartentreppen. Das können z.B. Granitleistensteine sein, die im Straßenbau als Bordsteine zum Einsatz kommen. Anders als am Hauseingang ist für Treppen im Garten, z.B. an der Terrasse oder in einem Staudenhang, kein massiver Unterbau nötig. Die Stufen können direkt auf dem gewachsenen Boden oder auf einem verdichteten Schotter-Unterbau verlegt werden. Die mit Rasen eingesäten Trittstufen müssen gelegentlich, z.B. mit einer Motorsense, gemäht werden.

1
Bei dieser Treppe sind Granitleistensteine als Stellstufen eingebaut. Um die Abstände der Stufen zu ermitteln, musste zunächst die Länge der Treppe ausgemessen werden.

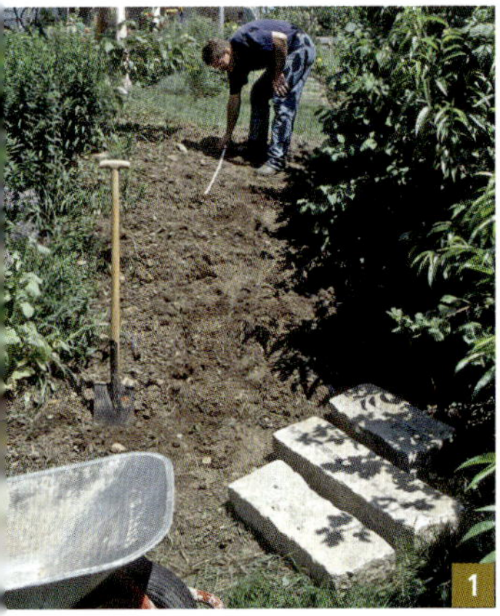

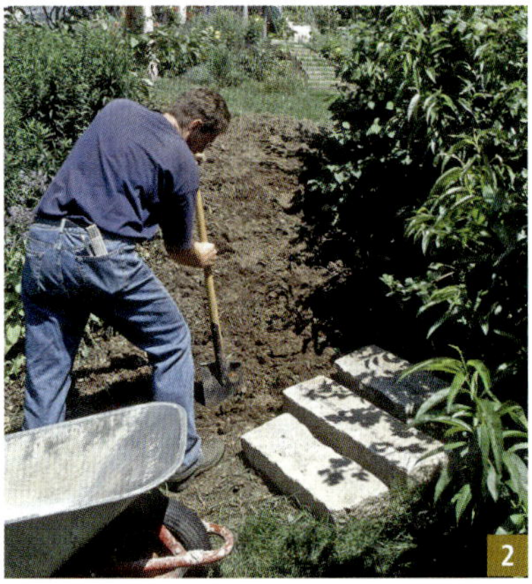

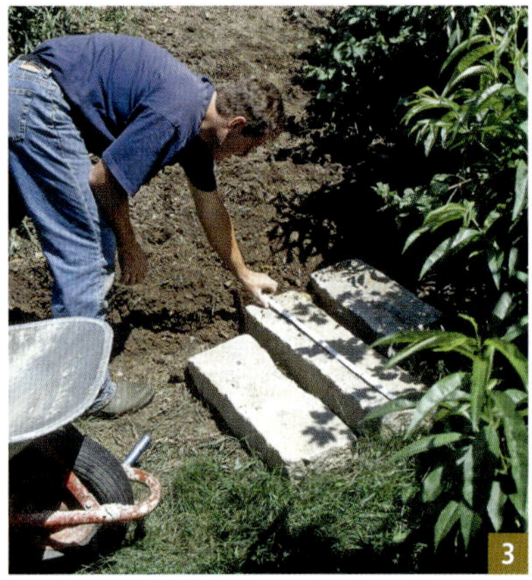

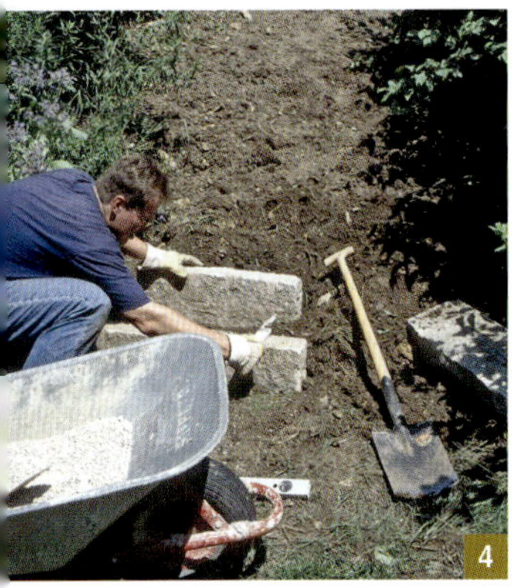

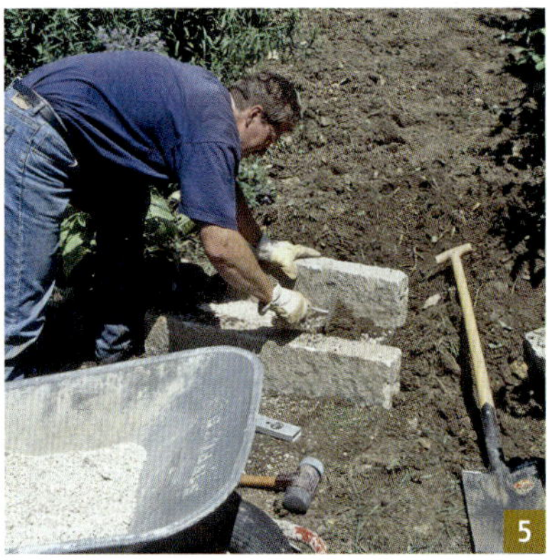

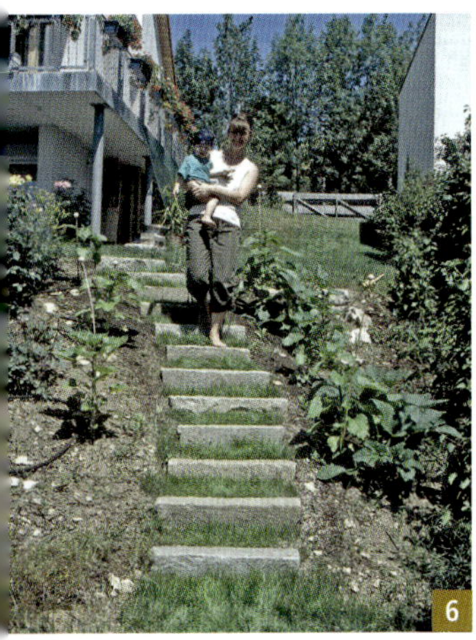

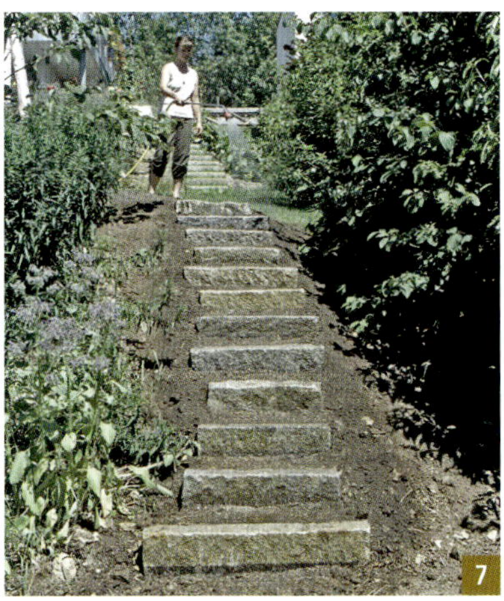

2
Im Hintergrund oben im Bild ist eine schon fertige Treppe zu sehen. Analog werden die Granitleistensteine unten nach und nach quasi als Stellstufen in den Boden gesetzt.

3
Dazu ist es nötig, für jede Stufe einen schmalen Graben nach Maß auszuheben. Auch bei dieser Bauweise müssen alle Stellstufen die gleiche Stufenhöhe einhalten.

4
Die Trittflächen sollen so tief sein, dass sich ein angenehmes Schrittmaß ergibt. Die Abstände richten sich auch nach der Anzahl an Stufen und sind vor dem Bau zu planen.

5
Die Trittflächen werden mit Splitt und Humus gefüllt. Splitt festigt die Flächen, Humus begünstigt das Wachstum der Gräser.

6
Hier an der oberen Treppe ist das Gras bereits gut angewachsen. Die Rasentreppe führt durch den Rosenhang.

7
Die Trittstufen werden nach der Fertigstellung eingesät. Das Angießen mit der Brause fördert die Keimung.

8
In diesem Beispiel werden Graniteistensteine als Blockstufen vor eine Terrasse gebaut. Beim Transport hilft ein Frontlader.

9
Das Eingraben der Steine erfolgt hier ausnahmsweise ausgehend von der Terrasse nach unten. Die erste Stufe wird bündig zum Terrassenpflaster gesetzt.

10
Die Stufen sollen wie das Pflaster ein geringes Gefälle vom Haus wegführend haben. Die Lage wird mit einer Richtlatte geprüft.

11
Die zweite Stufe soll mit etwas Abstand und in einem günstigen Schrittmaß tiefer in der Böschung liegen. Brechstange und Spaten dienen beim Einrichten als Hebel.

12
Die Blockstufen sollen der Länge nach waagerecht liegen. In der Breite sind sie leicht nach vorne geneigt.

13
Nach dem Graben einer weiteren Mulde kann die dritte und letzte Stufe gesetzt werden. So große Leistensteine sind von Hand gerade noch zu bewegen.

14
Die schweren Blockstufen liegen unverrückbar fest. Sie werden durch Auffrierungen kaum hochgedrückt und lassen sich, falls nötig, mit relativ geringem Aufwand wieder zurechtrücken.

15
Solche einfach gebauten Treppen sind im Garten ideal, weil sie ohne aufwändigen Unterbau auskommen und dennoch, bei wenigen Stufen, dauerhaft funktionieren.

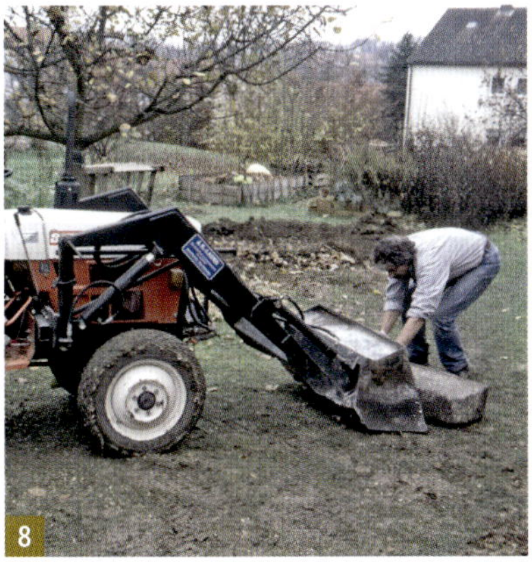
8

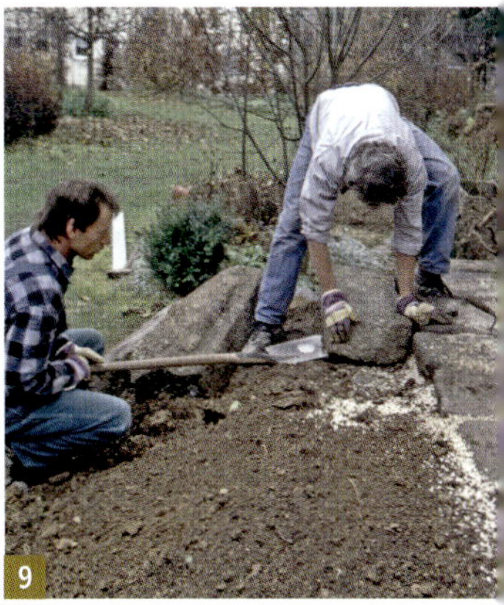
9

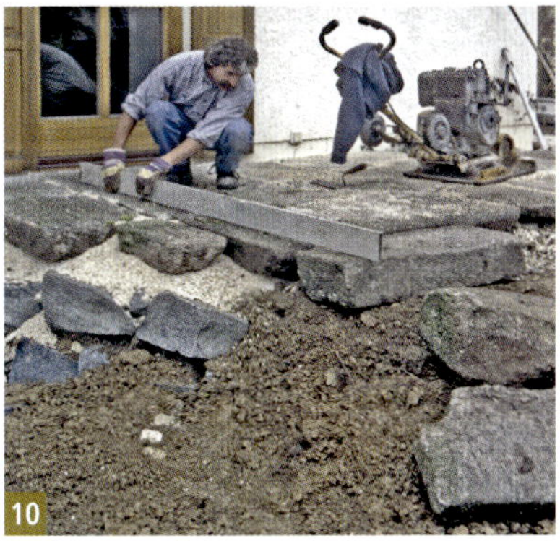
10

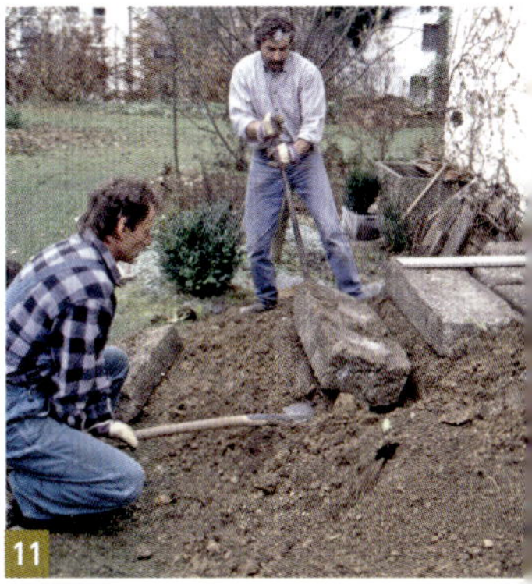
11

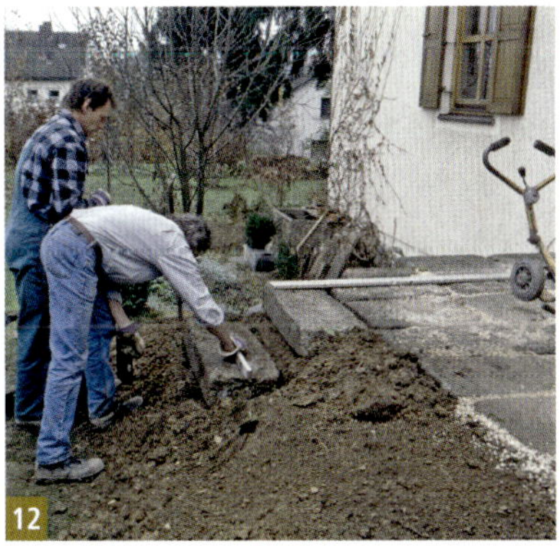
12

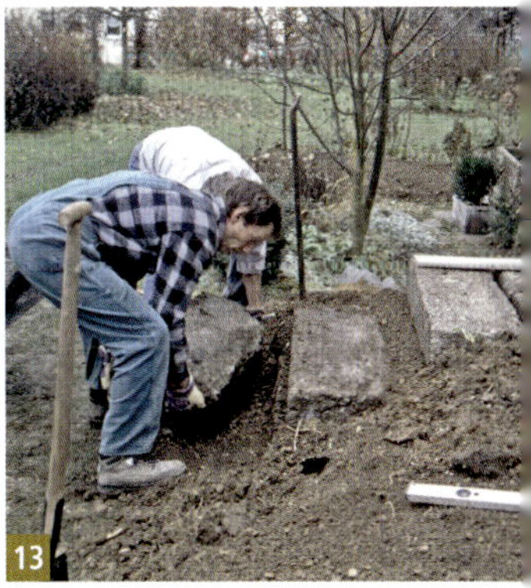
13

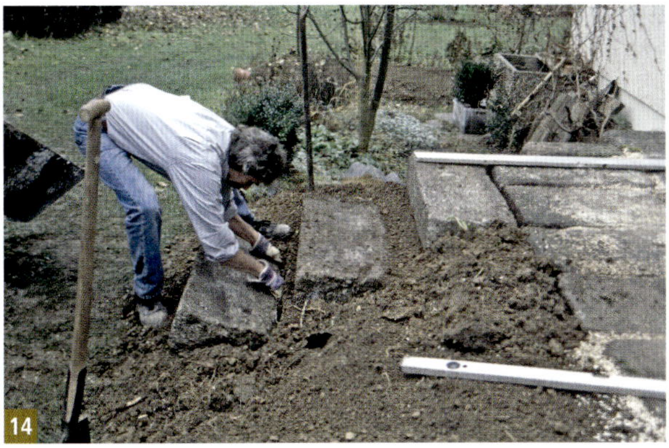
14

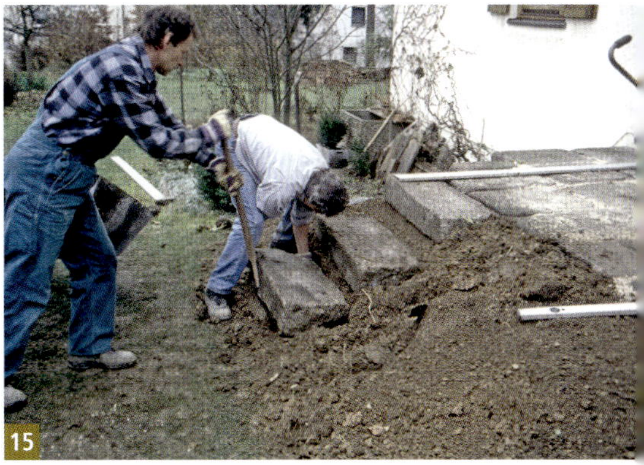
15

Beispiel 3.3: Treppe mit Blockstufen aus Betonstein

Neben Blockstufen aus Granit, Muschelkalk, Sandstein und anderen Natursteinarten sind auch Betonstufen und –steine im Handel erhältlich. Es gibt u.a. Systeme, die sich sowohl zum Mauerbau, als auch für Treppen eignen. Im Beispiel wurden damit in einem Hanggarten eine hohe Stützmauer errichtet und zugleich eine geschwungene Treppe gebaut.

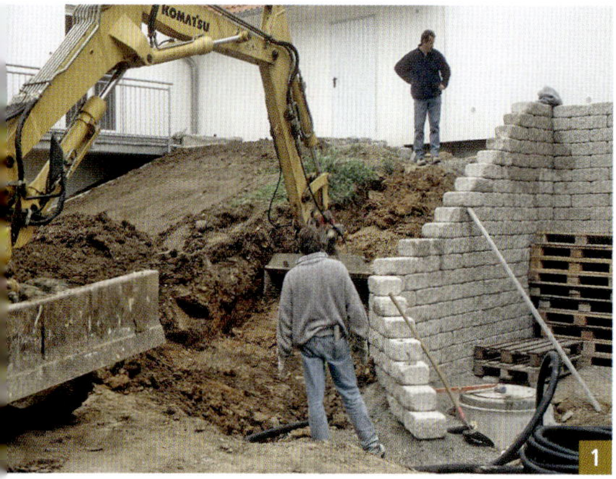

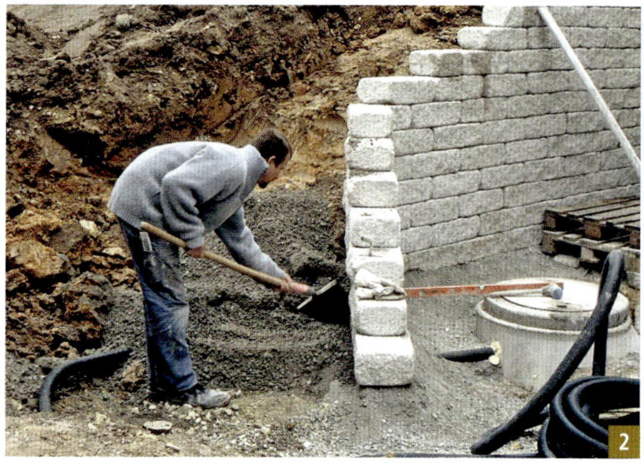

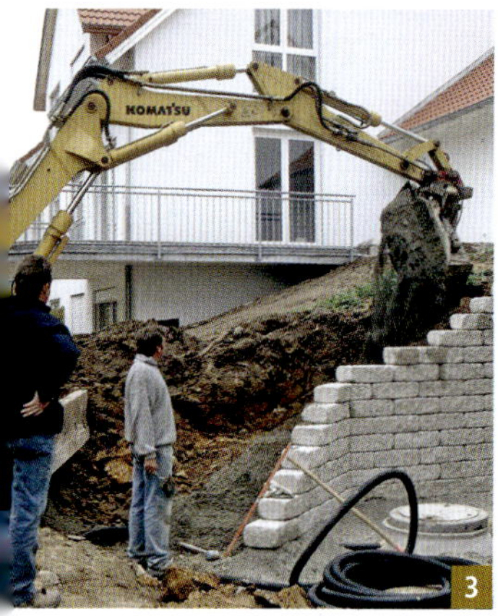

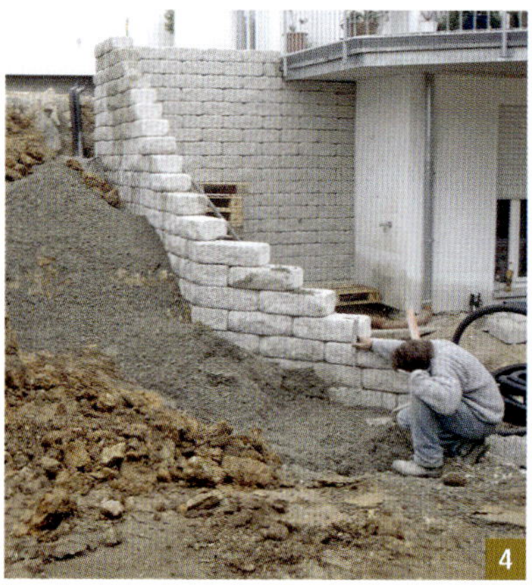

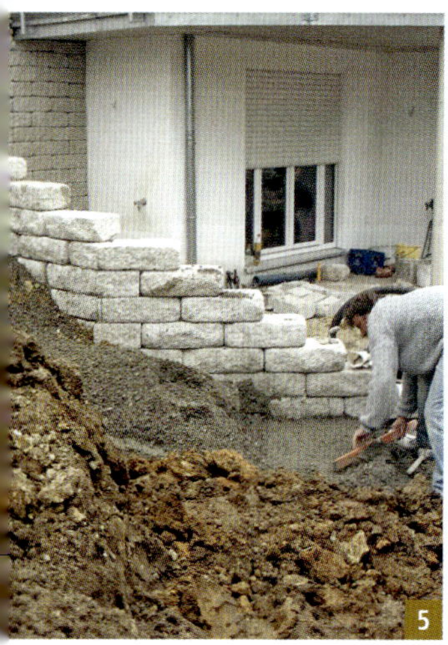

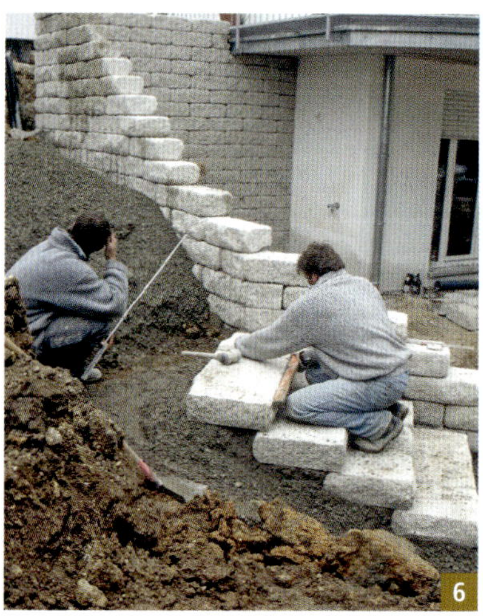

1
Nach dem Mauerbau auf einem Betonstreifenfundament wird der Hang mit dem Bagger abgegraben. Die Treppe am Haus soll ein frostsicheres Fundament erhalten.

2
Dazu wird erdfeuchter Beton auf dem gewachsenen Boden verteilt. Er stabilisiert auch das Mauerwerk noch zusätzlich.

3
Für die groben Arbeiten stand auf dem Neubaugrundstück ein Bagger zur Verfügung, der Beton wurde ab Werk geliefert.

4
Die Lage der ersten Stufe richtet sich nach der Oberkante des fertig gestalteten Geländes, die an der Stützmauer markiert ist. Die Stufen sollen in der gleichen Höhe liegen wie die Steinreihen.

5
Zunächst muss der Beton waagerecht abgezogen werden. Oben ist eine Baustahlmatte eingesetzt, um Risse im Mauerwerk durch Spannungen mit der Treppe zu verhindern.

6
Die Blockstufen werden so gesetzt, dass die jeweils obere Stufe ein Stück weit auf der unteren Stufe aufliegt.

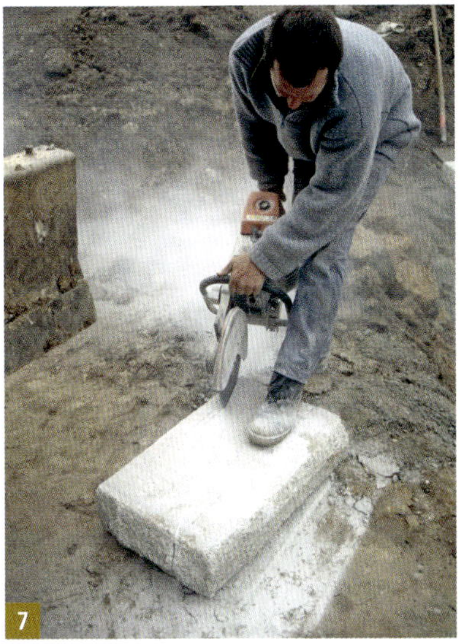

7

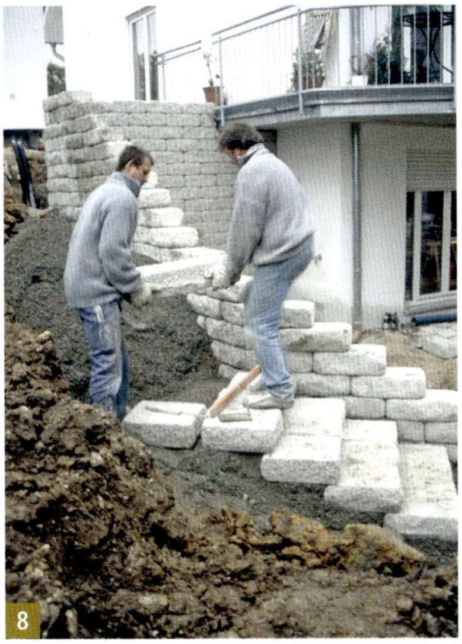

8

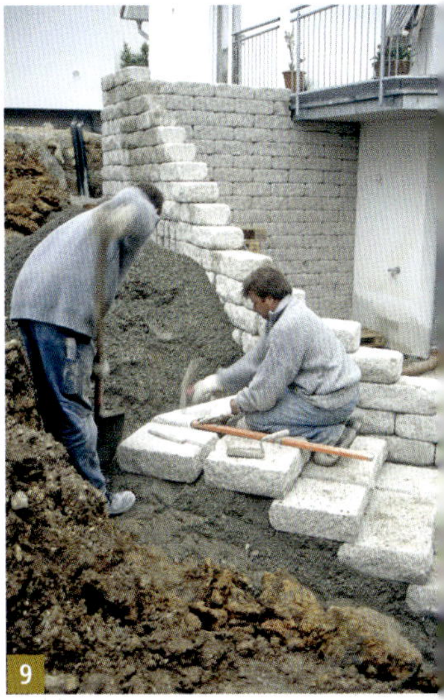

9

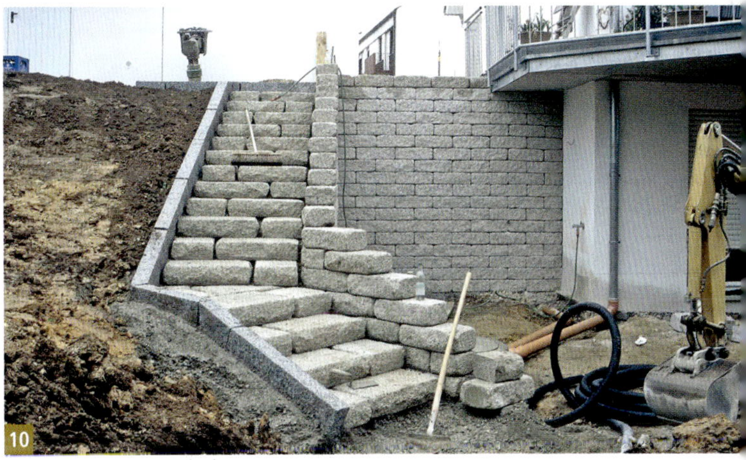

10

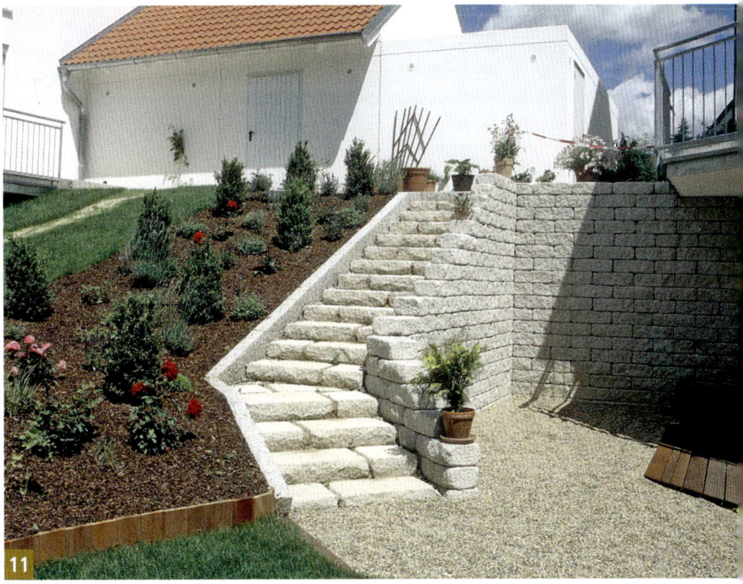

11

7
An der Mauerecke müssen die Stufen passend zugeschnitten werden. Um derart dikke Steine zu teilen, ist eine leistungsfähige Motortrennscheibe mit entsprechend großer Scheibe erforderlich.

8
Das Podest gliedert die lange Treppe in zwei Abschnitte. Auch dafür müssen Betonsteine passend zugeschnitten werden.

9
Die mehrteiligen Stufen werden wie ein Mauerwerk im Verband gesetzt. Kreuzfugen sind zu vermeiden.

10
Nach Fertigstellung der Treppe wurden als Abgrenzung zum benachbarten Gartenland Randsteine aus Granit gesetzt. Sie sind auf einem Betonkeil verlegt.
Das verwinkelte Bauwerk aus Beton stützt den Hang sicher ab und ermöglicht einen bequemen Zugang zum Garten bzw. zum ersten Geschoss.

11
Die Bepflanzung des Hanges mit Rosen, Buchs und Stauden lässt den Betonbau im Garten weniger auffällig erscheinen. Zur Gesamtgestaltung tragen auch ein Kieselbeet und eine Holzterrasse bei. Im oberen Teil der Treppe fehlt noch das Geländer.

Beispiel 3.4: Treppe mit Stellstufen aus Granit

1
Für die Treppe in diesem Hanggarten konnten schöne alte Bordsteine besorgt werden. Die Granitleistensteine werden mit dem Frontlader zur Baustelle transportiert.

Leistensteine aus Granit lassen sich als Blockstufen oder als Stellstufen einsetzen. Als Blockstufen werden sie flach liegend in den Hang gebaut, so dass jeweils die breite Seite als Trittfläche dient. Als Stellstufen werden sie hochkant gestellt und mit Mörtel fixiert. Die dahinterliegende Trittfläche kann beliebig breit angelegt und z.B. mit Pflastersteinen befestigt werden.

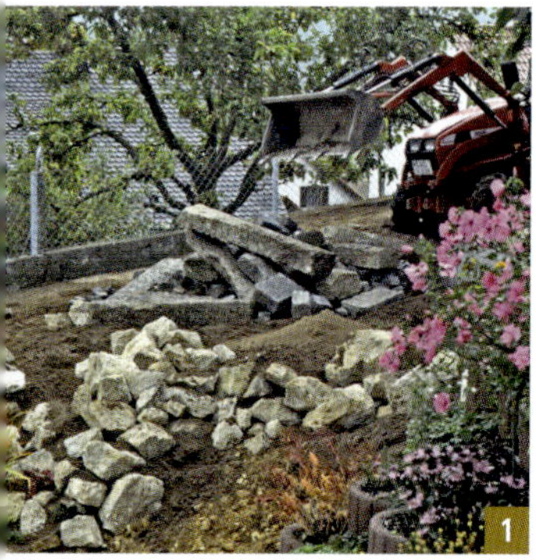
1

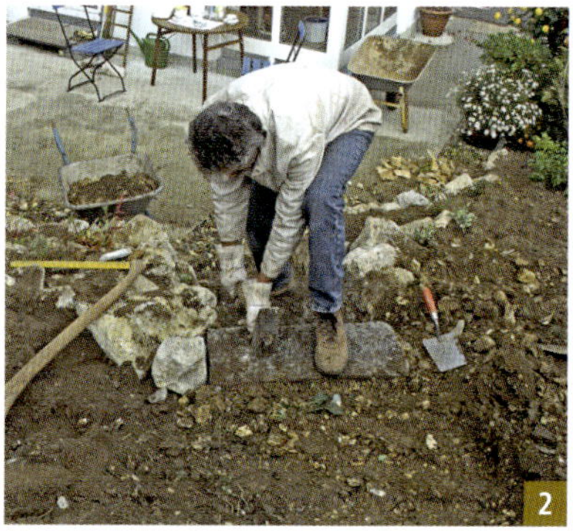
2

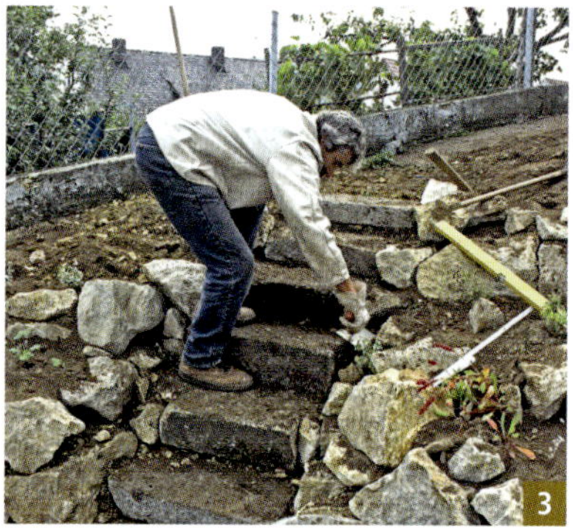
3

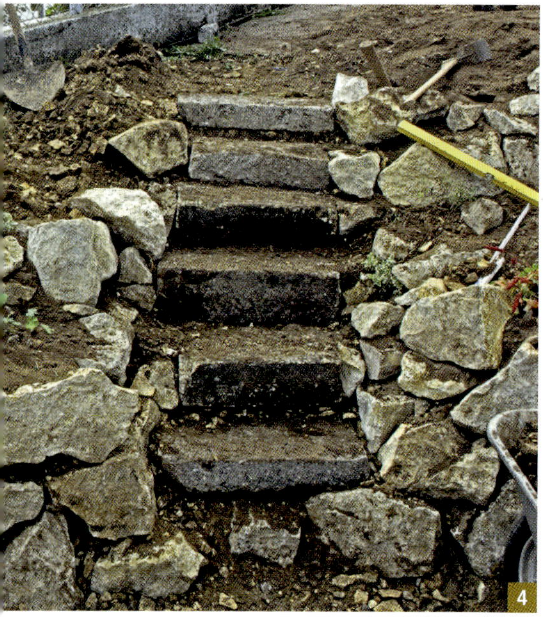
4

2
Die kürzeren Steine aus der Lieferung wurden für eine seitliche Nebentreppe aussortiert, die in Form von Blockstufen auf den gewachsenen Boden gelegt und festgeklopft wird.

3
Beim Setzen der unterschiedlich dicken Stufen muss stellenweise mit Aushuberde unterfüllt werden, um ein einheitliches Stufenmaß zu erreichen. Zum seitlichen Verfugen dient ebenfalls Erde.

4
Die Blockstufen-Treppe sitzt ohne Beton zwischen einer niedrigen Trockenmauer aus Kalkbruchsteinen. Granit- und Kalksteine passen durchaus gut zusammen.

5
Die Haupttreppe erhält einen frostsicheren Unterbau aus Schotter. Die unterste Stellstufe wird direkt neben der Betonplatte der Terrasse auf Schotter gesetzt.

6
Die Stufen müssen sowohl in der Breite als auch in der Tiefe waagerecht sitzen. Die Höhe ist durch die Stufenhöhe vorgegeben.

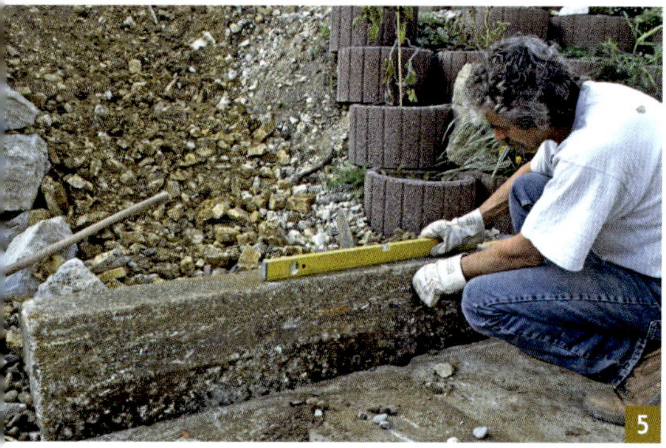
5

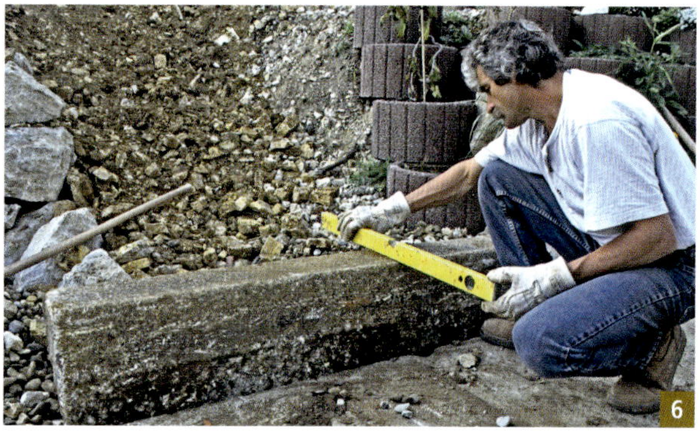
6

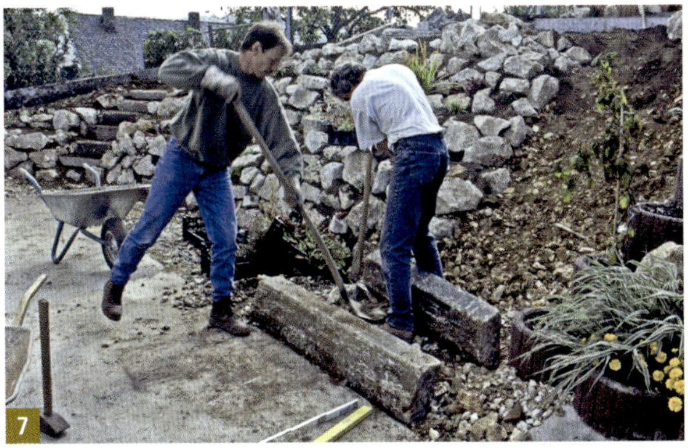

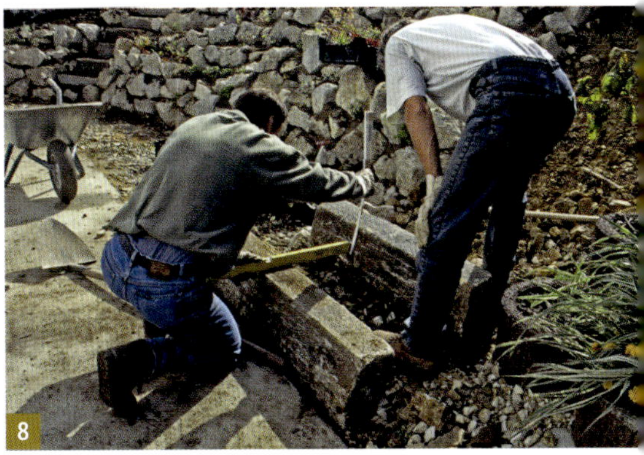

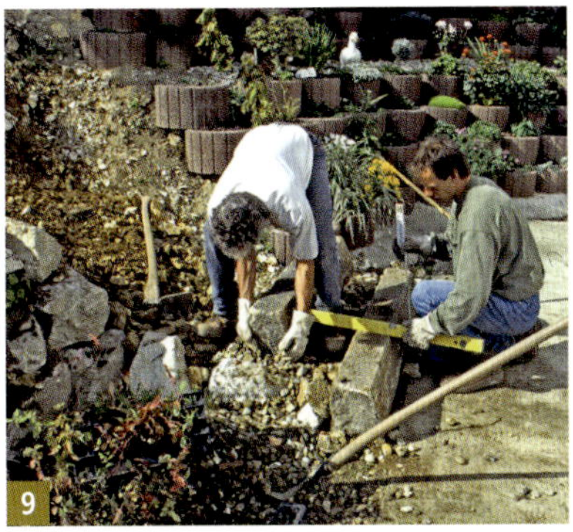

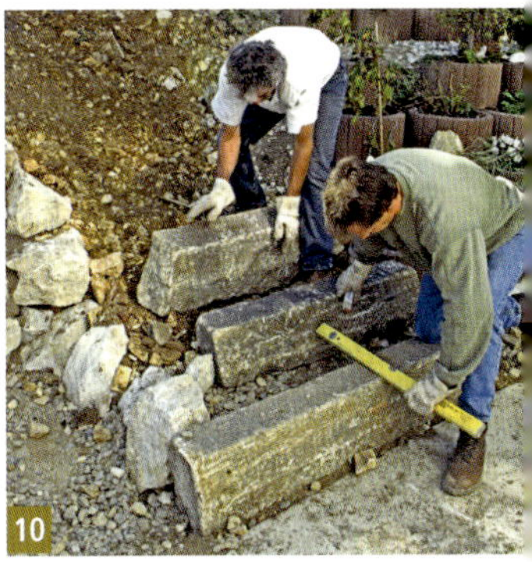

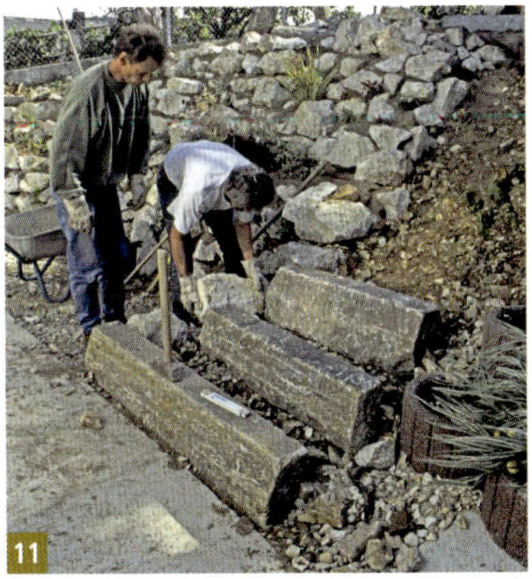

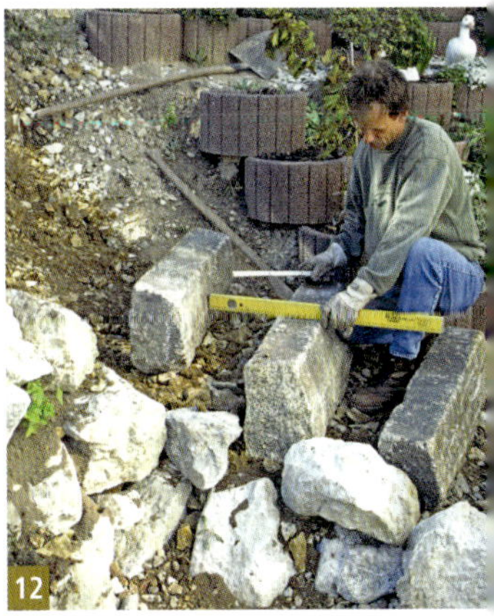

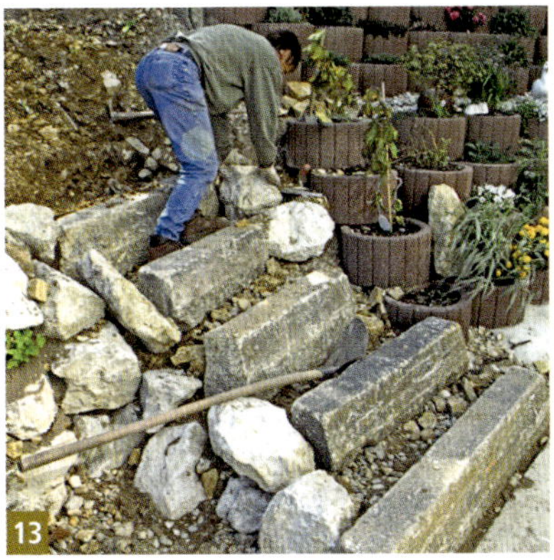

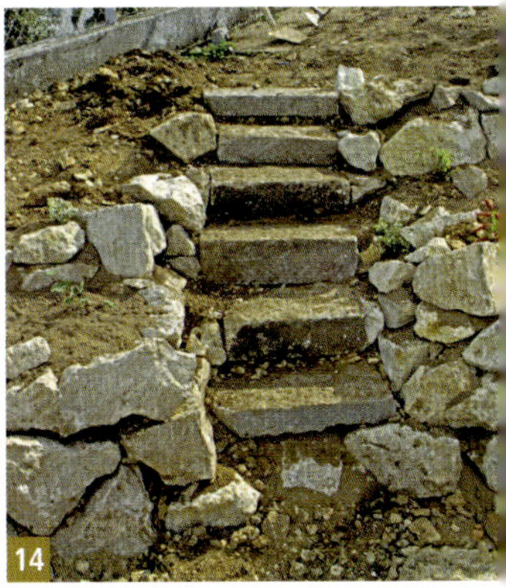

7
Das Setzen solcher Stufen ist gerade noch ohne Maschinen mit Muskelkraft und einfachen Hebelwerkzeugen möglich.

8
Nach dem Unterfüllen mit Schotter wird die 2. Stufe im richtigen Abstand zur 1. Stufe gesetzt und eingerichtet. Stufenhöhe und Auftritttiefe wurden aus der Länge und Höhe der Treppe errechnet.

9
Auf dem Unterbau aus grobem Schotter liegen die Stufen fest auf. Regenwasser kann durch den Schotter abfließen, so dass ein Auffrieren des Bodens verhindert wird.

10
Wenn es das Treppenmaß erlaubt, sollte die Tiefe des Auftritts so gewählt werden, dass gerade 2 oder 3 Reihen Pflastersteine hinter die Stellstufe passen.

11
Als seitliche Begrenzung werden Bruchsteine eingebaut, die einen Anschluss zur fertiggestellten Trockenmauer schaffen.

12
Sind die Granitzeilen wie in diesem Fall nicht gleich groß, muss für jede Stufe individuell aufgeschottert werden, so dass Stufenhöhe und Auftritttiefe stets gleich sind.

13
Die Treppe erhält auch auf der anderen Seite einen Abschluss aus Bruchsteinen. Der rechte Teil des Hanges war bereits früher mit Betonformsteinen befestigt worden.

14
Zur Begrünung werden Pflanzen in die Mauerfugen der Trockenmauern eingesetzt, hier an der Nebentreppe.

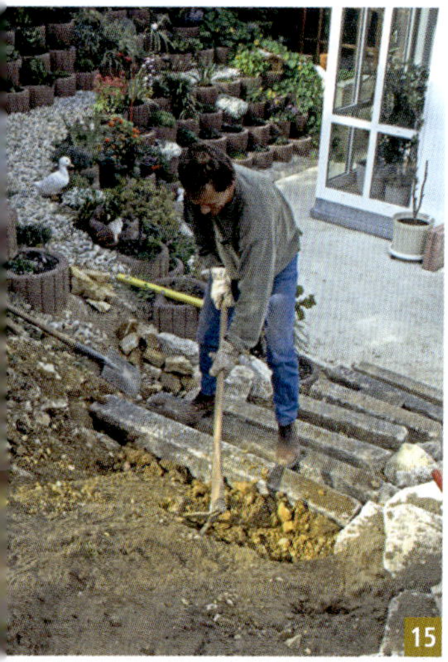

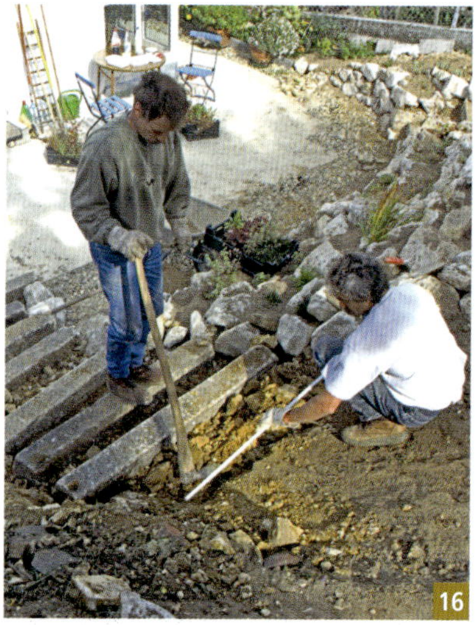

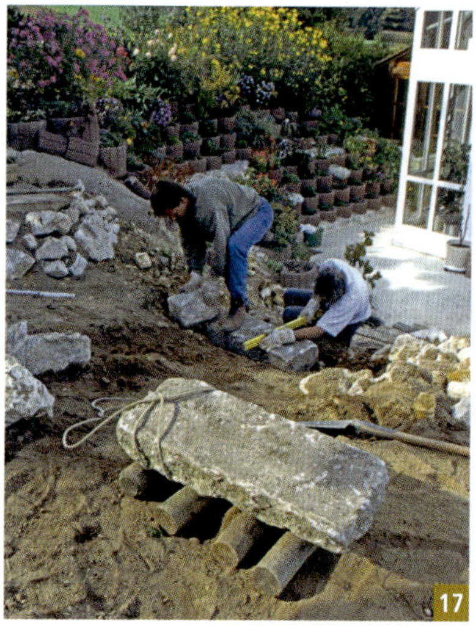

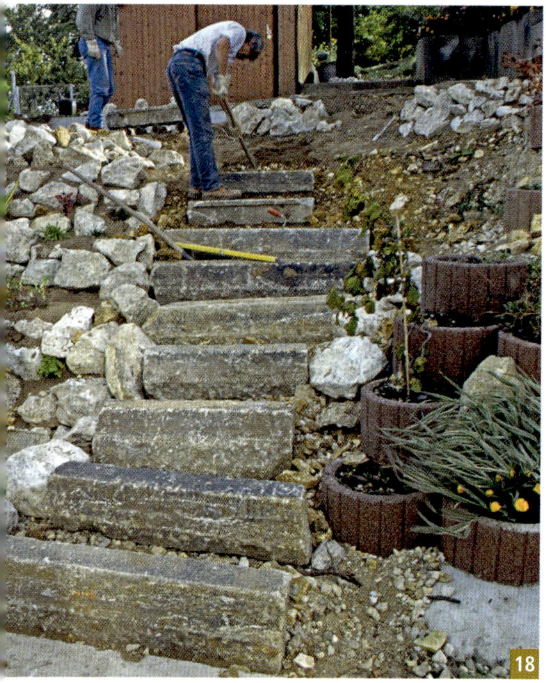

15
An der Haupttreppe musste im oberen Teil der zu steile Hang teilweise etwas abgegraben werden. Die Erde wurde zum Hinterfüllen der Trockenmauer verwendet.

16
An anderen Stellen konnte der gewachsene Boden aus Lehm und Kalkbruchstein erhalten bleiben und musste nur geebnet werden.

17
Wenn Maschineneinsatz nicht möglich ist, können schwere Steine wie hier auch auf Rundholz-Resten bewegt werden .

18
Stellstufen haben anders als Blockstufen, die jeweils ein Stück weit aufeinander liegen, keine Berührungspunkte. Deshalb können einzelne Trittstufen falls nötig noch nachträglich korrigiert werden.

19
Im letzten Teil der Treppe sind die Granitzeilen als Blockstufen eingebaut, da noch einige passende Steine übrig waren.

20
Die Kalksteine für die Trockenmauern links und rechts der Treppe stammen aus der Region. Anderenorts können Granit, Sandstein oder ein anderer Naturstein naheliegender und passender sein.

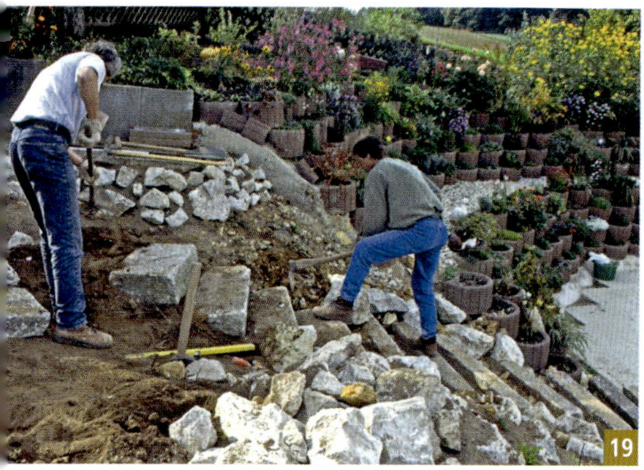

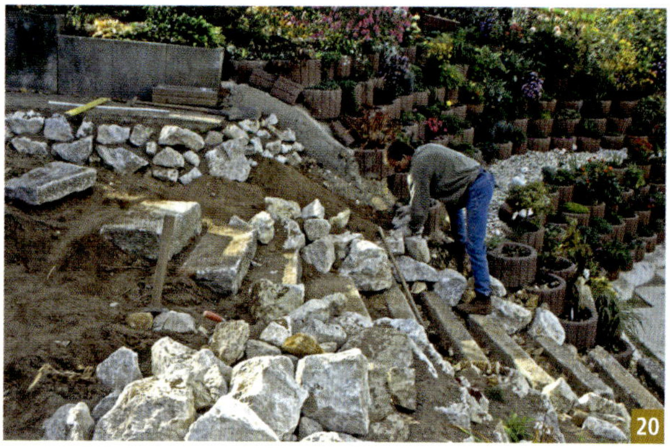

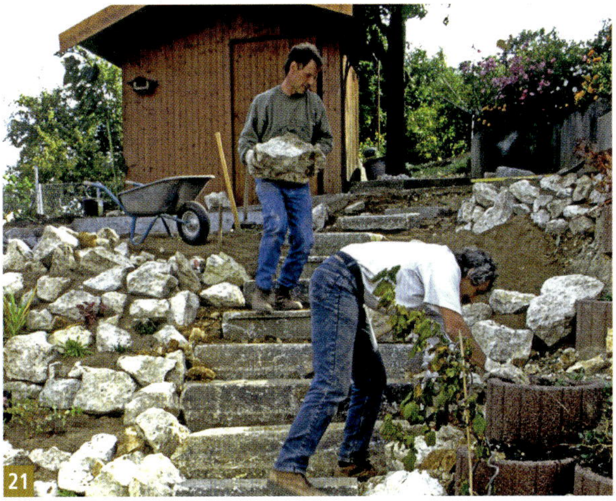

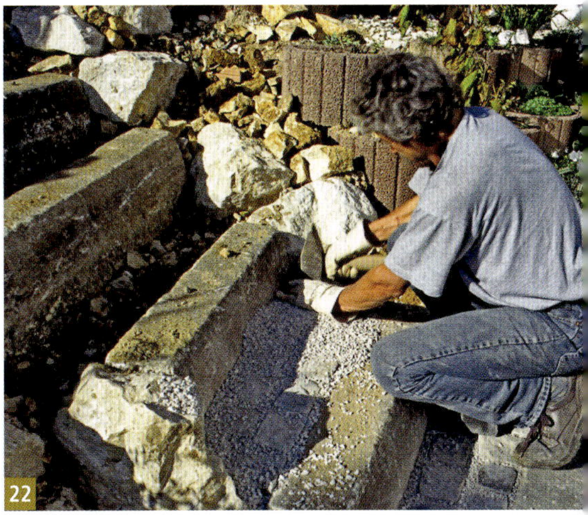

21
Trockenmauern harmonieren gut mit Stufen aus Granitleistensteinen. Die benachbarten Betonformteile wirken dagegen wie Fremdkörper, wenn sie nicht durch eine üppige Begrünung verdeckt werden.

22
Hier werden die Trittflächen mit Granit-Kleinpflaster belegt. Schon bei der Festlegung der Treppenmaße werden entweder Steine passender Größe ausgesucht oder die Stufenabstände an verfügbare Pflastersteine angepasst.

23
Zum Verfugen wird Kalksplitt gestreut und eingefegt. Die hellen Steinchen geben zu den grauen Pflasterreihen einen schönen Kontrast.

24
Die alten Granitbordsteine passen gut zum neuen Granit-Kleinpflaster und zur Kalksplittausfugung, auch in Verbindung mit der Hangbefestigung aus Kalksteinen.

25
Die schweren Stufen liegen unverrückbar auf dem gewachsenen und teilweise geschotterten Boden auf. Bei einem tief reichenden Humusboden muss unter Umständen mehr Erde ausgehoben und durch Schotter ersetzt werden.

26
Die Pflastersteine erhalten die nötige Festigkeit durch das Verfugen mit Splitt. Verdichten mit der Rüttelplatte ist hier nicht nötig und wäre auch nicht möglich.

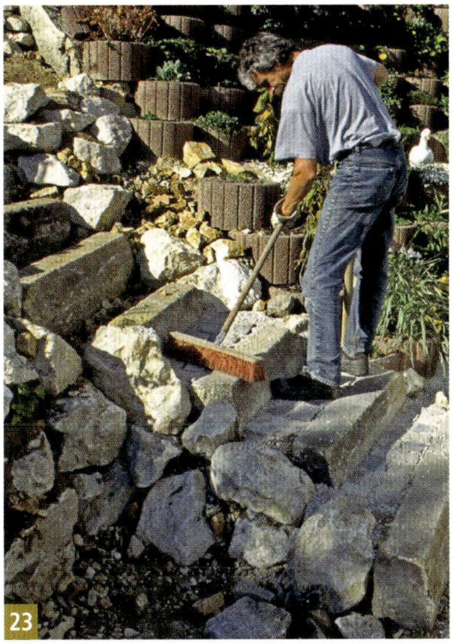

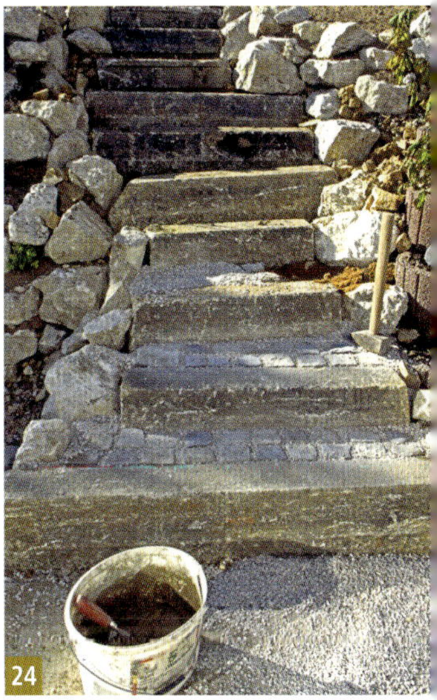

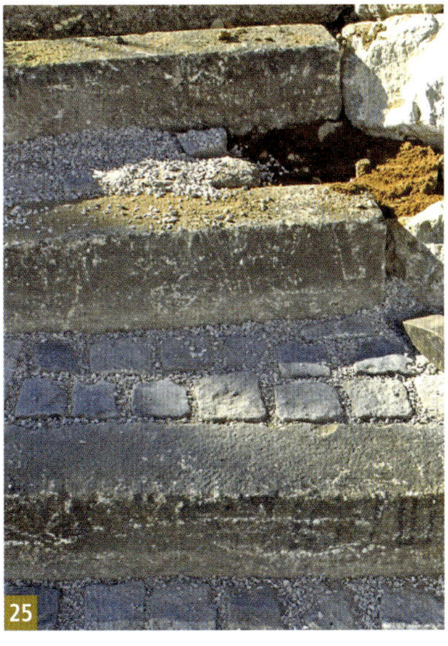

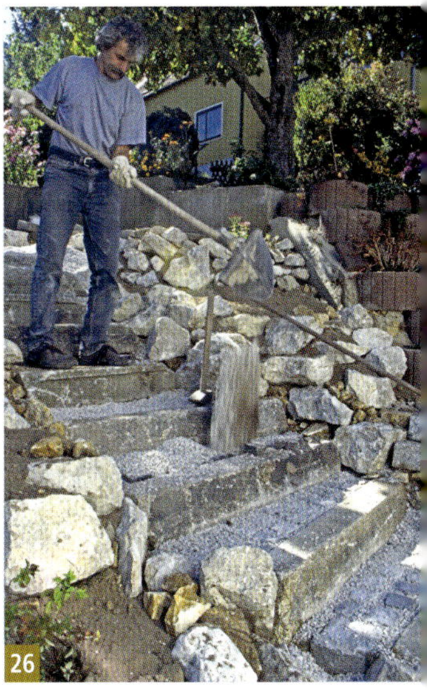

Beispiel 3.5: Treppe und Trockenmauer aus Rauriser Marmor

In diesem Baubeispiel musste eine morsche Stützwand aus Holz ersetzt werden. Die Besitzer entschieden sich für eine Trockenmauer aus Naturstein (Rauriser Marmor) und nutzten die Gelegenheit zur Anlage eines Sitzplatzes unten am Haus, der über eine Treppe erreicht wird.

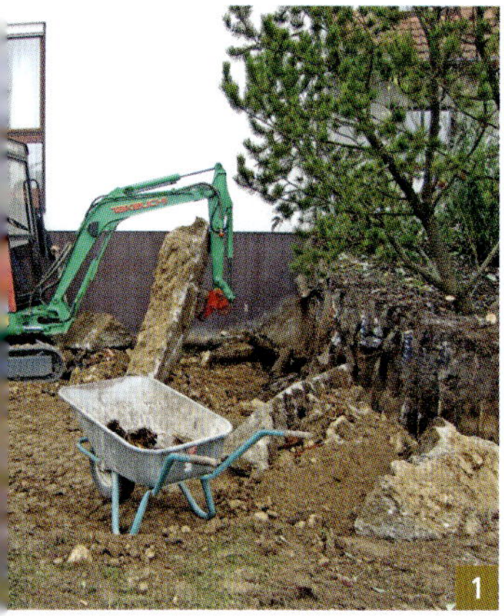

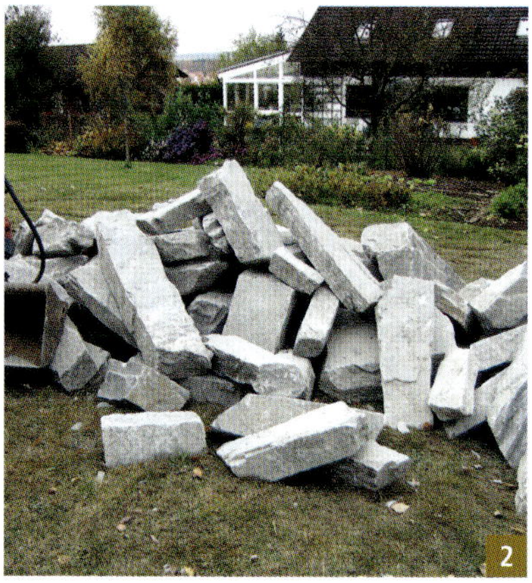

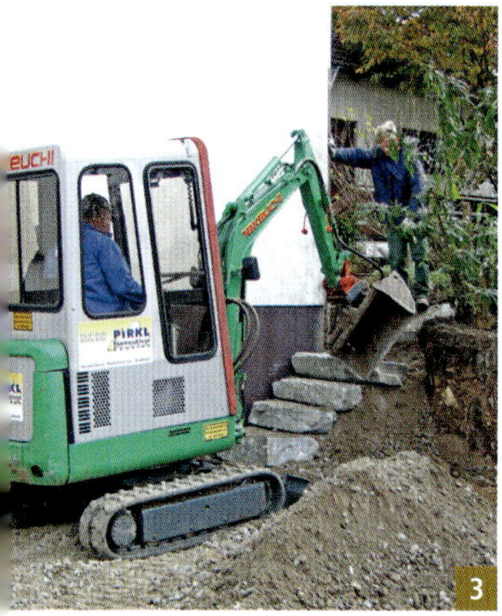

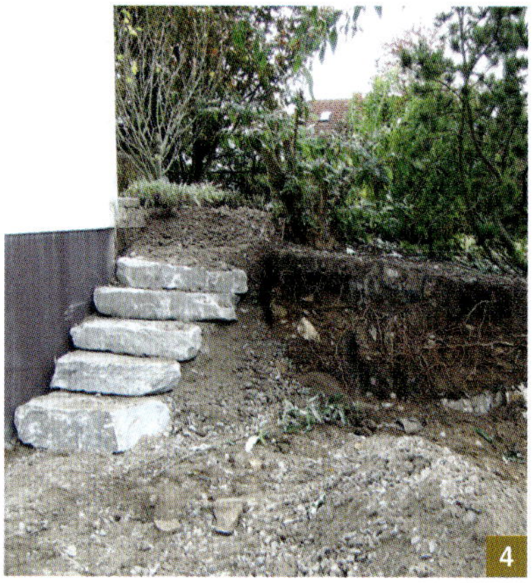

1
Die imprägnierten Holzpalisaden steckten in einem Betonsockel und waren dennoch verfault. Sie wurden mit dem Minibagger ausgegraben und entsorgt.

2
Der Treppenbau aus solchen ungleichmäßigen Stufen kann nicht am Zeichentisch geplant werden. Die Natursteine müssen einzeln ausgewählt und eingepasst werden.

3
An der Hausecke wird als Unterbau zunächst Granitschotter aufgeschüttet .

4
Die unterste Stufe ist höher als die darüber liegenden. Sie liegt später, nach dem Pflastern der Terrasse, ein Stück im Pflaster.

5
Beim Heben solcher Steine mit dem Minibagger ist ein Gurt nützlich. Damit lassen sich die Steine gut an den gewünschten Platz befördern.

6
Die Böschung rechts neben der Treppe ist von den Gehölzen gut durchwurzelt. Deshalb ist für die aufzuschichtende Trockenmauer kein Betonfundament erforderlich.

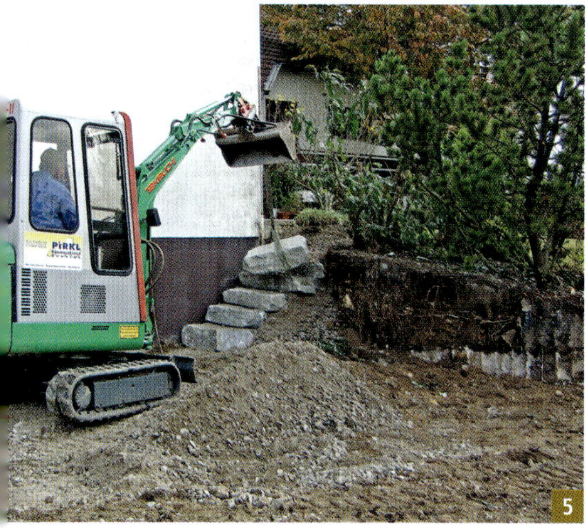

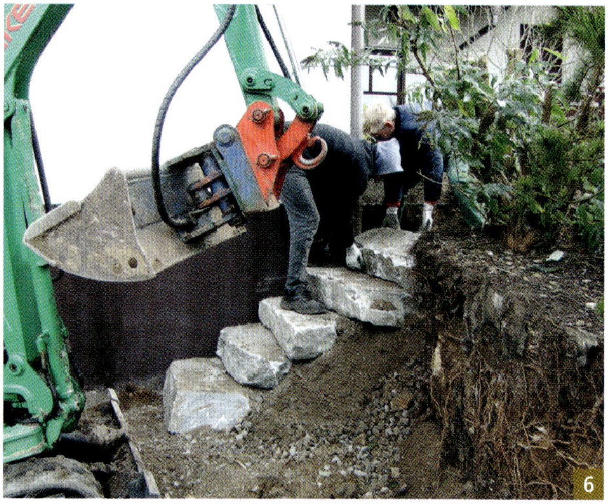

7
Beim Aussortieren aus dem Haufen sollten Steine mit gleicher Höhe gewählt werden. Geringfügiges Ausgleichen ist durch Zugabe von Schotter zum Unterbau möglich.

8
Die Treppe soll eine Verbindung zur oberen bereits bestehenden Terrasse schaffen. Die Blockstufen werden so ausgewählt, dass die oberste Stufe möglichst in der richtigen Höhe an die Terrasse anschließt.

9
Dazu muss regelmäßig Maß genommen und nach passenden Steinen gesucht werden.

10
Nach jeder gesetzten Stufe ist der dahinter liegende Raum mit Schotter zu verfüllen.

11
Ist ein passender Stein aufgesetzt, wird er mit dem Bagger eingerichtet.

12
Der zuvor gesetzte Stein war zu niedrig und musste durch einen höheren ersetzt werden. Unterschiedliche Stufenhöhen sind auf jeden Fall zu vermeiden, da sie potentielle Stolperstellen sind.

13
Nach dem Bau der Treppe wird die Trockenmauer aus den restlichen Steinen ohne Kreuzfugen aufgeschichtet. Für das Terrassenpflaster unten ist bereits ein Rand aus Einzeiler-Steinen auf Betonkeil gesetzt.

14
Als Terrassenbelag sind eckig Platten und Pflastersteine im Reihenverband verlegt.

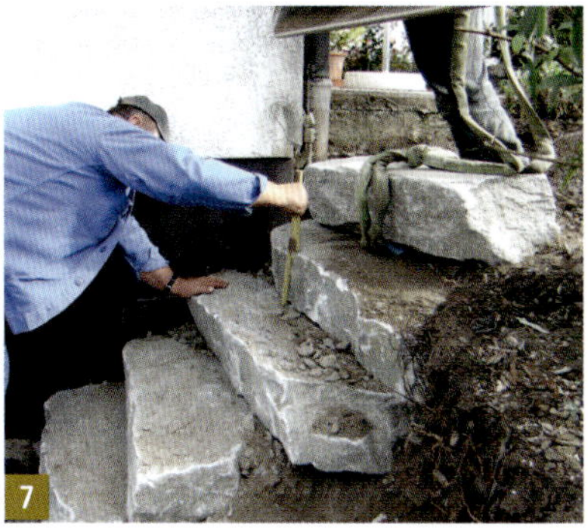
7

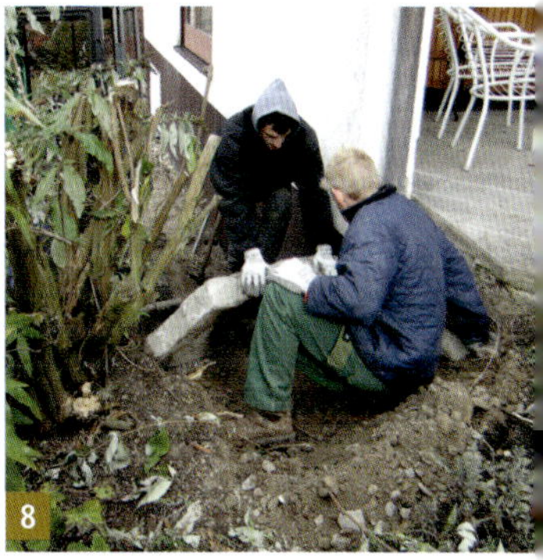
8

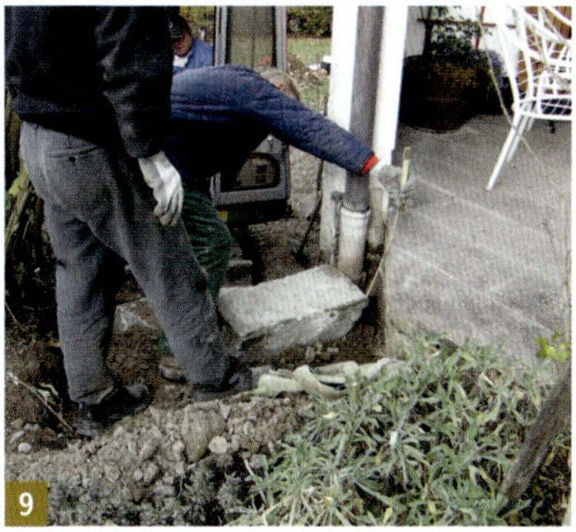
9

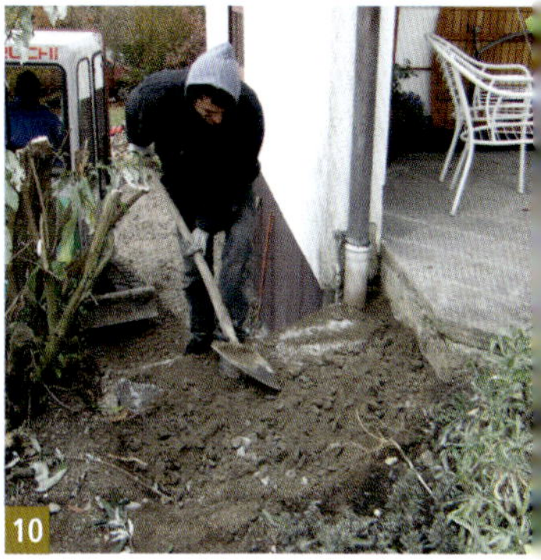
10

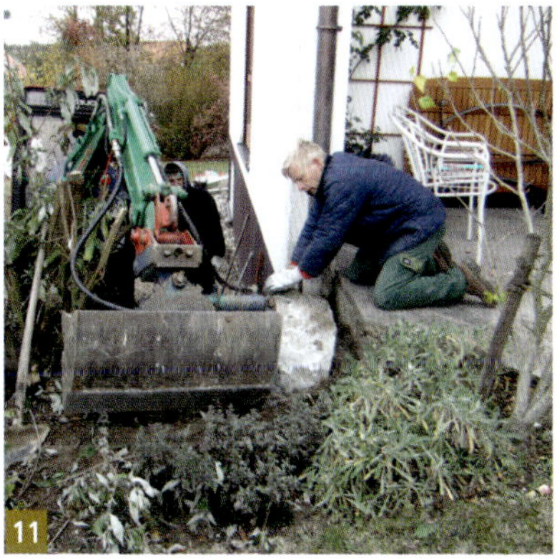
11

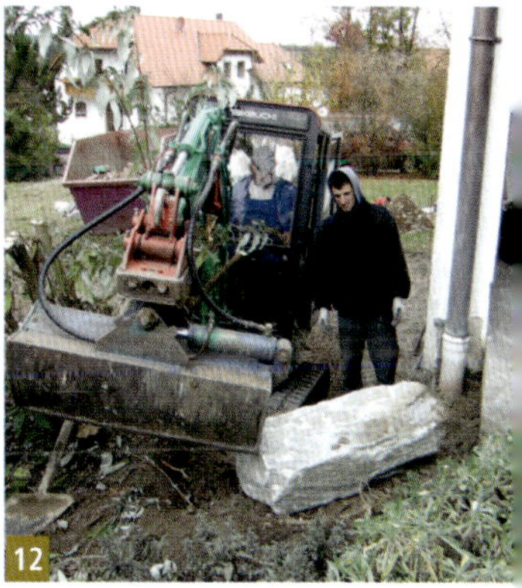
12

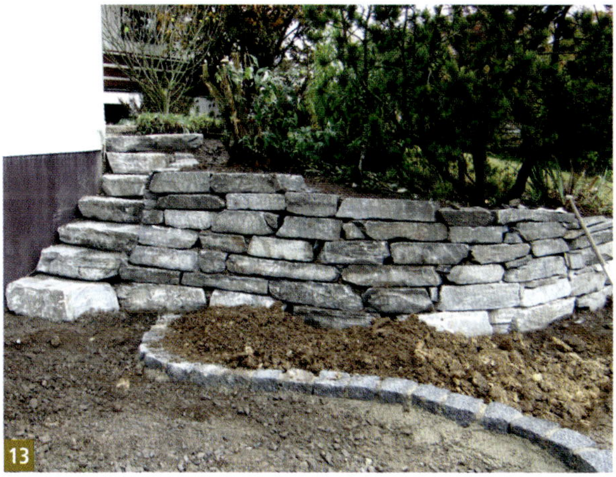
13

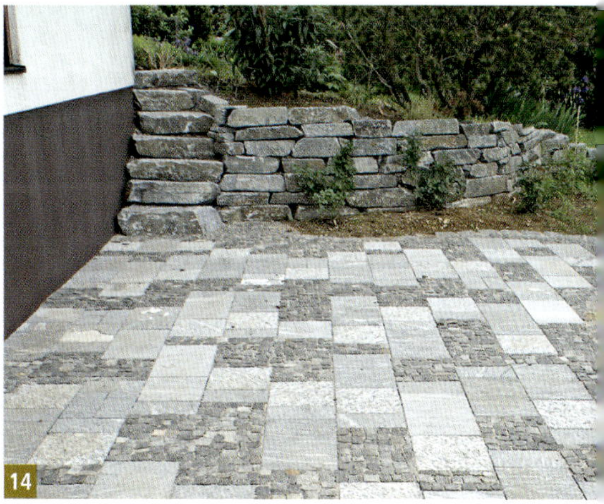
14

Beispiel 3.6: Treppe aus Granit-Stellstufen

Zum Hauseingang des Neubaus ist ein beträchtlicher Höhenunterschied zu überwinden, so dass von der Staße aus 11 Stufen erforderlich sind. Da dauerhafter Naturstein zum Einsatz kommen sollte, wurden Granitleistensteine als Stellstufen verlegt und die dahinterliegenden Trittflächen mit Kleinpflaster belegt. Der schwere Baustoff macht natürlich einige Arbeit. Da der Untergrund gut wasserdurchlässig ist, reichte in diesem Fall ein sorgfältig gerütteltes Schotterbett als Unterbau.

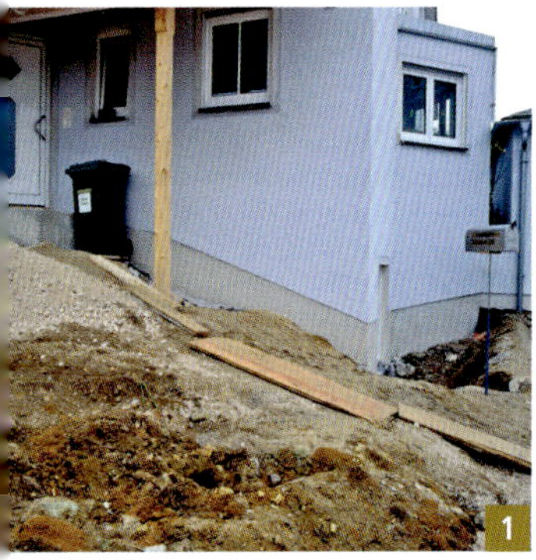

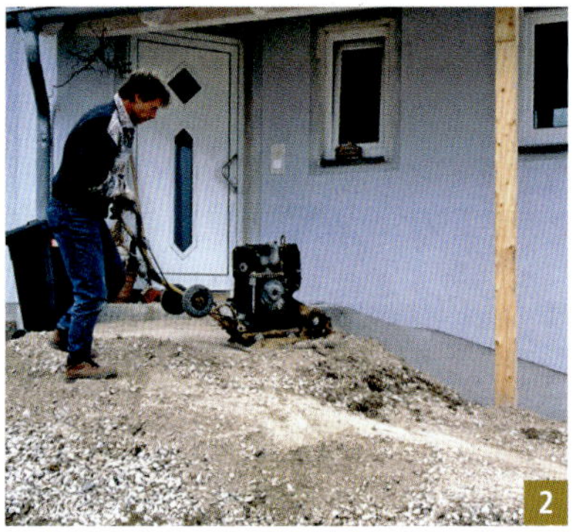

1
Nach Fertigstellung des Hauses ist der Treppenbau im Vorgarten ein dringendes Anliegen. Bis zum Baubeginn dienen Schalbretter als Wegersatz zwischen Straße und Haus.

2
Die Natursteintreppe wurde von unten nach oben auf einem gut wasserdurchlässigen und verdichteten Schotterbett gebaut. Dieser Unterbau erspart ein aufwändiges Betonfundament.

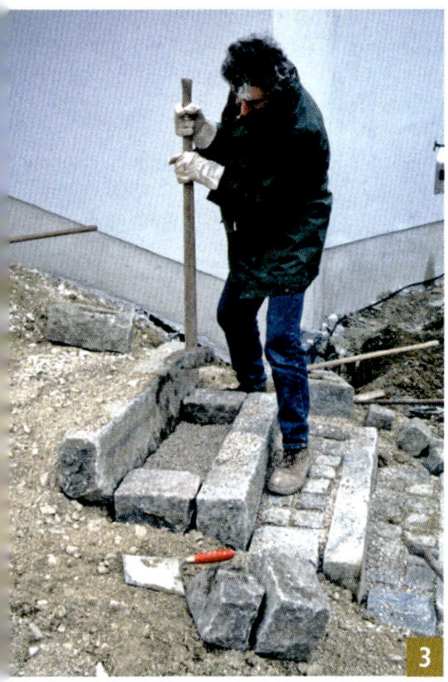

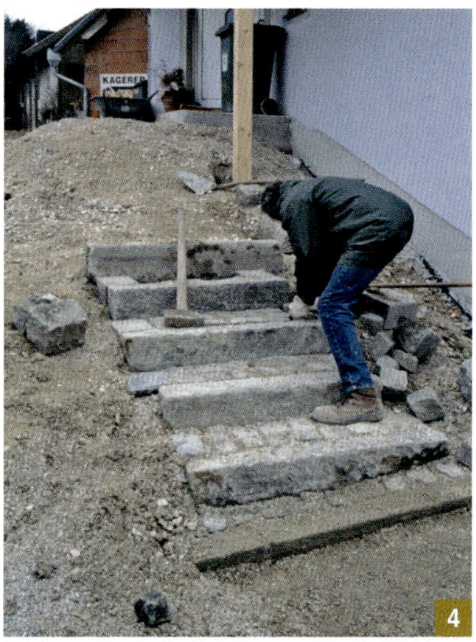

3
Als Stellstufen dienen lange Granitleistensteine, die im Straßenbau als Bordsteine zum Einsatz kommen. Die Trittstufe ist unten bereits mit zwei Reihen Pflastersteine belegt. Oben wird vor dem Auspflastern Splitt eingefüllt und verdichtet.

4
Sobald die Stellstufen waagerecht liegen, ist das Auspflastern der Trittfläche mit Granit-Kleinpflaster kein Problem.

5
Die Fugen werden mit Splitt verfüllt, um die Treppe zu festigen. Zum grauen Granitstein passt sowohl grauer Granitsplitt oder auch weißer Splitt aus Kalkgestein.

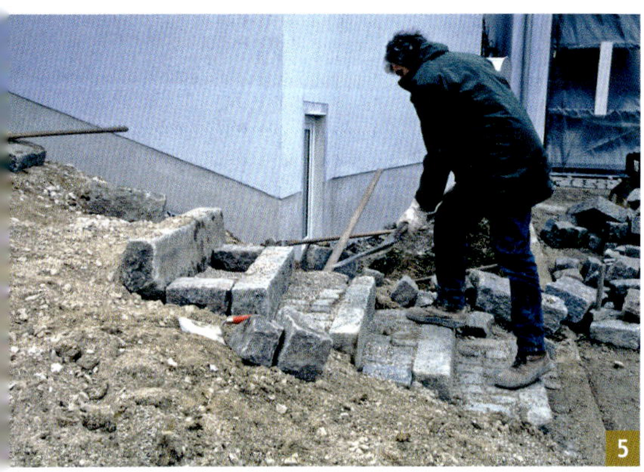

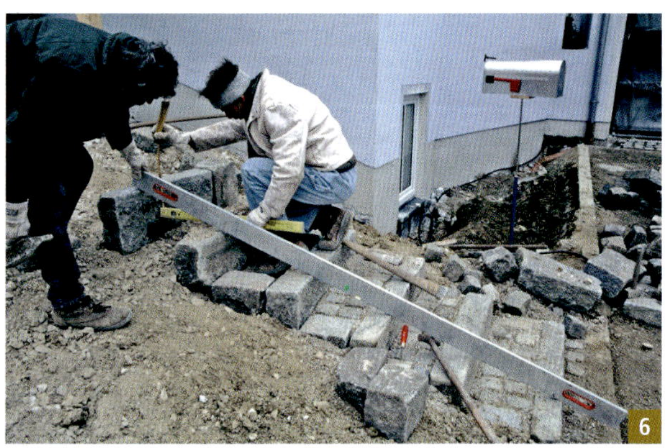

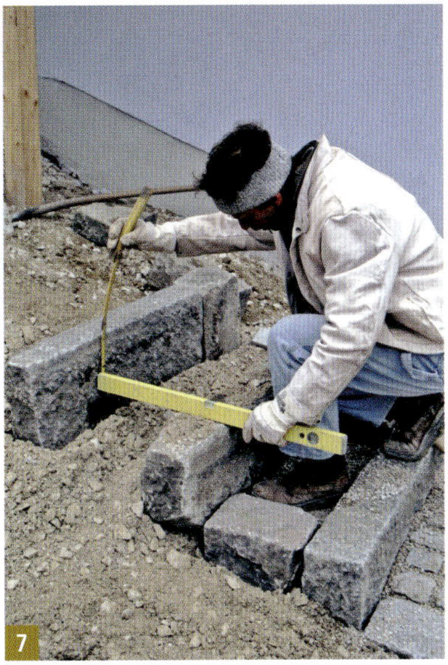

7

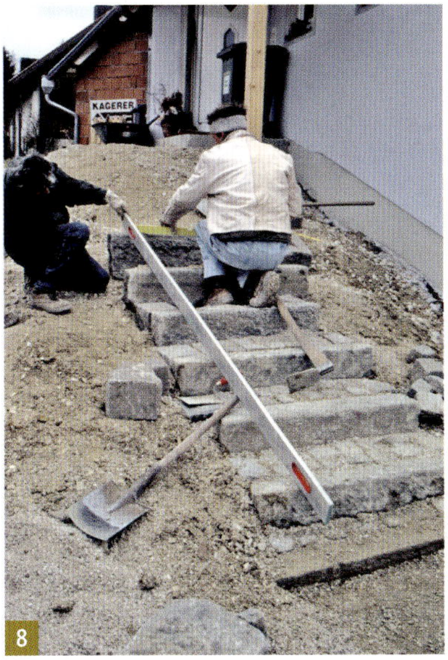

8

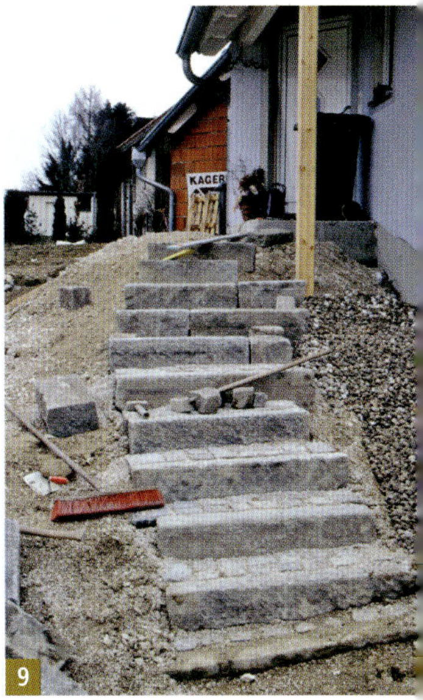

9

6
Beim Treppenbau mit massiven Steinquadern ist es wichtig, von der Basis ausgehend jede Stufe genau nach Maß aufzubauen. Nicht nur die erste Stufe muss waagerecht und in der richtigen Höhe liegen. Beim Einrichten der schweren Stufen erleichtern einfache Werkzeuge mit Hebelwirkung die Arbeit.

7
Abgesehen von der Höhe und der waagerechten Lage muss auch der Auftritt zwischen den Stellstufen die richtige Tiefe haben. Das Steigungsmaß der Treppe wird vor Baubeginn anhand des Höhenunterschieds und der Länge ermittelt.

8
Vor dem Setzen jeder Granitzeile ist es nötig, das Schotterbett passend abzugraben. Mit Hilfe der Richtlatte lässt sich der Sitz der Stellstufen überprüfen. Durch Entfernen oder Zufügen von Schotter kann justiert werden. Die waagerechte Lage wird mit der Wasserwaage kontrolliert.

9
Durch Variation der Fugenbreiten erhält die Treppe im oberen Bereich eine leichte Drehung nach rechts. Das Material ist dauerhaft wie Beton und trotzdem ansehnlich.

10
Nach der seitlichen Bepflanzung fügt sich die Steintreppe harmonisch in den Vorgarten ein.

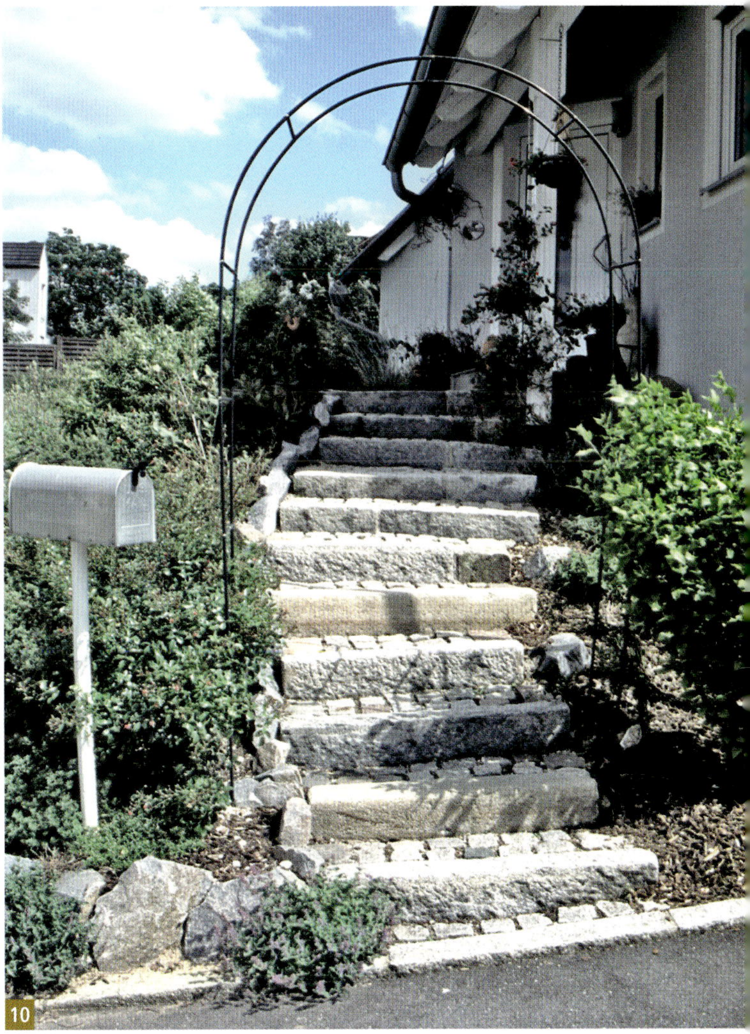

10

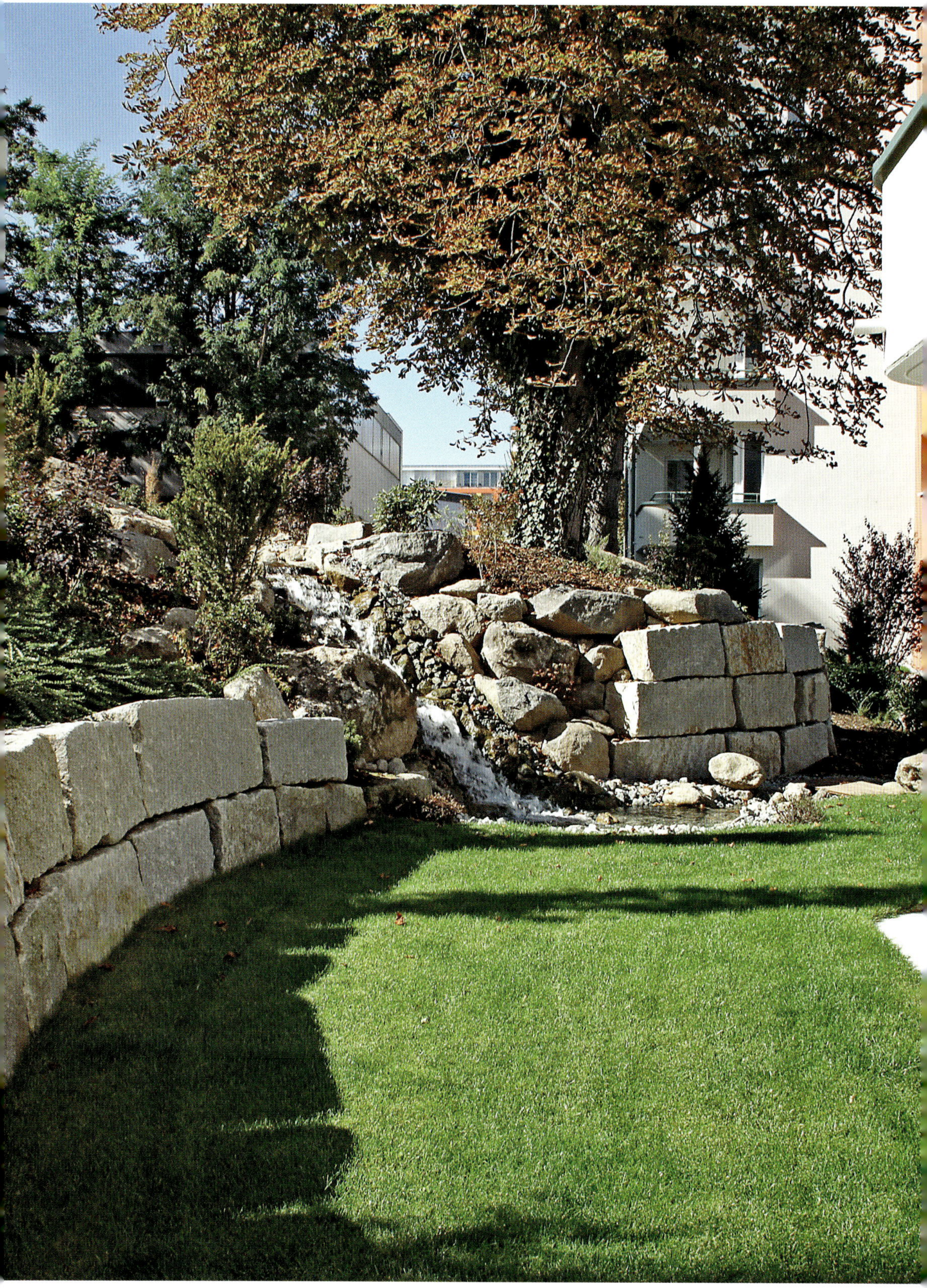

4 Mauern und Hangbefestigungen

Eine Mauer im Garten kann verschiedenen Zwecken dienen: als Grundstückseinfriedung zur Straße hin schützt sie vor Schmutz, Lärm und Einblicken; eine Mauer kann aber auch zum Aufteilen von Gartenräumen dienen, zum Abfangen oder Stützen von Böschungen oder als Schutzwand an der Nordseite eines Gewächshauses. Gartenmauern sind massive Gestaltungselemente, deren Wirkung auf den Garten wohl bedacht werden sollte. Damit die Standsicherheit gewährleistet ist, müssen Mauern gut geplant und gebaut als auch sicher gegründet werden.

Zum Mauerbau eignen sich alle Steine, die eine schöne Oberfläche haben und frostbeständig sind, etwa Kalksandsteine, Klinker oder auch kantige Natursteine. Solche für Sichtmauern geeigneten Steine benötigen keinen schützenden Verputz. Gewöhnliche Ziegelmauern sind dagegen nicht frostbeständig. Sie müssen mit Mörtel verputzt werden, um zu verhindern, dass die Ziegel Wasser aufnehmen und der Frost die Ziegel sprengt. Ein Verputz kann auch bei Betonsteinmauern sinnvoll sein, weniger zum Schutz der Betonwand als zur Verschönerung der Oberfläche. Das gilt besonders für Betonwände, die aus Fertigteilen zusammengefügt sind oder mit Hilfe von Schalungssteinen errichtet werden. Putzoberflächen können ebenso wie Sichtbetonwände durch einen farbigen Anstrich aufgewertet werden, beispielsweise mit einer zum Haus passenden Fassadenfarbe, .

Natürlich lassen sich Mauern auch mit Kletterpflanzen begrünen. Das lässt sie weniger massiv erscheinen und bindet sie besser in den Garten ein. Ganzjährig wirkungsvoll sind immergrüne Kletterpflanzen wie der Efeu, das immergrüne Geißblatt (*Lonicera henry*) und der immergrüne Spindelstrauch (*Euonymus fortunei var. radicans*) und Wilder Wein (*Parthenocissus tricuspidata*). Die Selbstklimmer unter ihnen brauchen keine Kletterhilfe. Den Schlingern und Rankern, die keine Haftwurzeln treiben, müssen in den ersten Jahren Rankhilfen geboten werden. Sobald sie die Mauerkrone erreicht und überwunden haben, halten sie sich selbst fest.

Bauvorschriften beachten

Mauern, insbesondere solche, die zur Grundstückseinfriedung dienen, be-

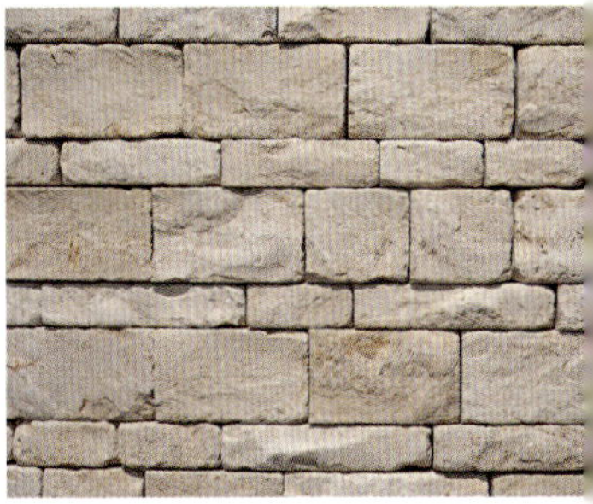

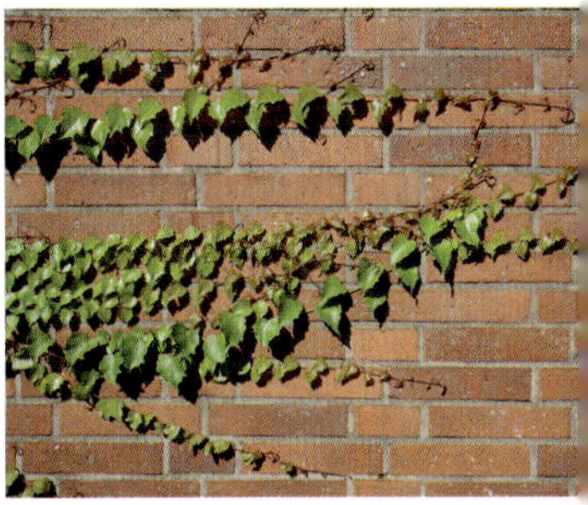

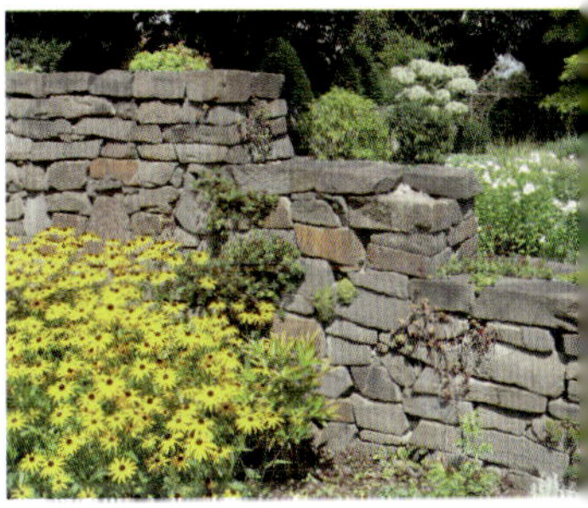

4.1 bis 4.3 *(oben)*
Mauer aus Kalkstein, auf Format behauen;
Ziegelmauer, ausgefugt, bewachsen mit Wildem Wein;
Trockenmauer aus quaderförmigem Basalt

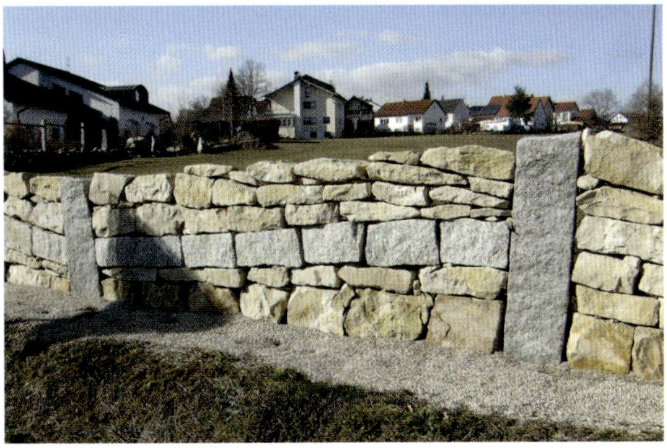

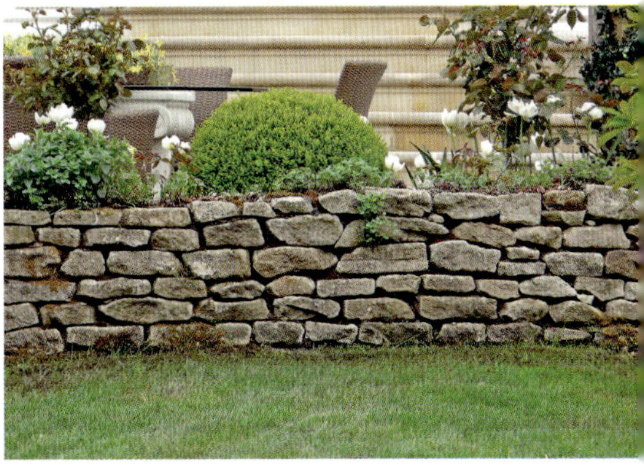

4.4 und 4.5 *(unten)*
Für höhere Trockenmauern sind große kantige Steine vorteilhaft *(linke Seite und unten links)*. Dagegen lässt sich eine 80-100 cm hohe Trockenmauer auch aus kleineren Steinen und von Hand aufschichten *(unten rechts)*.

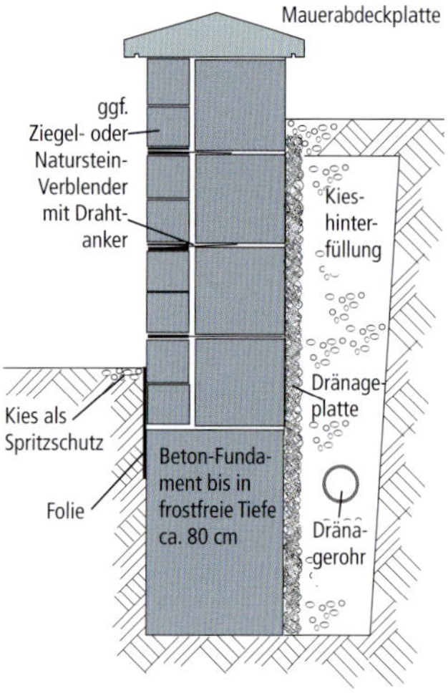

4.6
Aufbau einer Mauer zur Hangabstützung mit Fundament, ggf. mit Verblender aus Naturstein oder Ziegel.

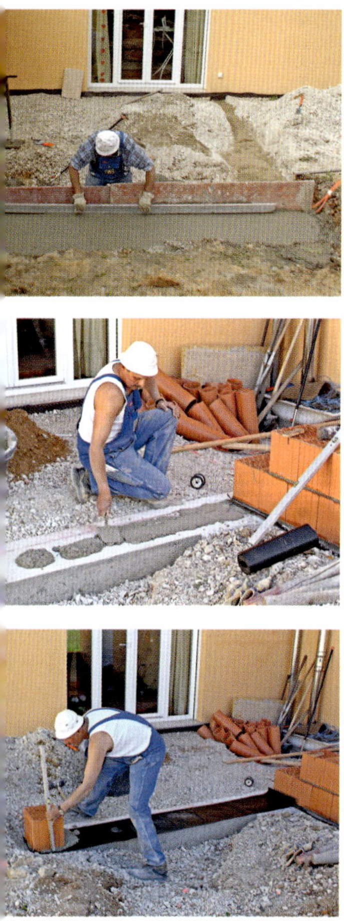

dürfen im Allgemeinen einer Baugenehmigung. Die Baugenehmigung ist in vielen Fällen nicht nur deshalb gefordert, damit die Mauer mit ausreichender Standsicherheit verantwortlich geplant wird, sondern auch, weil Mauern nicht nur Grundstück und Garten vor Einblick und Lärm schützen, sondern auf der Außenseite auch von der Allgemeinheit ertragen werden und sie sich daher gestalterisch in die Umgebung einfügen müssen.
Die Vorschriften in den Bebauungsplänen sind von Ort zu Ort verschieden. So kann es sein, dass mancherorts für eine niedrige Mauer keine Baugenehmigung nötig oder der Mauerbau bis zu einer bestimmten Höhe (z.B. 1,0 m) genehmigungsfrei ist, während anderenorts Mauern – insbesondere solche zur Einfriedung – grundsätzlich nicht erlaubt sind, weil sie nicht zum Ortsbild passen. Ein Anruf beim örtlichen Bauamt gibt Sicherheit und bewahrt vor Unannehmlichkeiten.

Fundament

Mit Ausnahme von Trockenmauern, die nicht mit Mörtel, sondern mit Erde oder trocken aufgeschichtet werden, benötigt jedes Mauerwerk ein frostsicheres Fundament. Dieses muss etwa 80 cm tief gründen und wird aus Beton gegossen. Auf einer solchen Sohle aus Beton lässt sich dann jede beliebige Mauer errichten.
Das Betonfundament muss nicht breit sein, aber ausreichend tief (d.h. frostfrei entsprechend 0,8 – 1,0 m) im Erdreich gründen. Normalerweise genügt es, wenn die Sohle so breit wie die Wandstärke der Mauer ist, zumal das Fundament nur von oben belastet wird und fest im Boden sitzt. Beim Erdaushub mit Schaufel und Spaten oder mit einem Minibagger entsteht aber meist ein etwas breiterer Graben,

4.7 bis 4.9
Auf dem Betonfundament kann auf einer Zwischenlage aus Bitumenpappe die Mauer errichtet werden.

der dann mit entsprechend viel Beton ausgegossen wird. Das kann Fertigbeton sein oder selbst angemachter aus dem Betonmischer.
Wenn der Betonsockel aus dem Boden ragen soll, ist oberhalb der Erde eine einfache Schalung aus Holzplatten erforderlich, die den frischen Beton aufnimmt und bis zum Aushärten in Form hält. Sie wird aus Schalbrettern gebaut oder aus fertigen Schalungselementen, die bei Baufirmen leihweise zu bekommen sind. Natürlich nimmt der Betonsockel genau die Form an, die von der Schalung vorgegeben wird. Deshalb muss die Schalung sauber ausgerichtet werden, stabil sein und zudem gut befestigt werden, damit der schwere Beton sie nicht auseinanderdrückt.
Der Beton wird aus Betonkies und Zement im Verhältnis von 4 : 1 gemischt (auf 4 Volumenteile Betonkies, Körnung 0/32, kommt 1 Teil Zement). Nach dem Vermischen der trockenen Zutaten wird Wasser zugegeben, bis eine gut formbare, nicht zu flüssige Masse entstanden ist, die sich gut in die Schalung füllen lässt. Eine Bewehrung mit Eisenstäben ist für einen Mauersockel in der Regel nicht erforderlich.
Wer selbst bauen möchte, sollte die erforderlichen Materialmengen im Auge behalten: Die Mengen an Kies und Zement können aus dem Volumen des Fundamentes leicht errechnet werden. Beispielsweise erfordert ein 80 cm tiefes und 25 cm breites Fundament pro Meter Länge 0,2 m^3 Beton, entsprechend etwa 90 kg Zement und 360 kg Kies.

Aufmauern

Für den Mauerbau ist dann eine ausreichende Menge Steine erforderlich. Die Steine werden im Verband, d.h. unter Vermeidung von Kreuzfugen, mit einer Fugenbreite von etwa 1 cm auf Mörtel (4 Teile Sand und 1 Teil Zement) gelegt. Je nach Steinart sind verschiedene Verbände möglich. Nach der Fertigstellung erhält die Mauer eine wasserabweisende Mauerkrone. Dazu eignen sich rostfreie Blechstreifen aus Titanzink, die vom Spengler/Blechner auf Maß anfertigt werden. Ebenso ist eine Abdeckung mit Dachziegeln oder witterungsbeständigen Steinplatten möglich, die im Mörtelbett aufgesetzt werden.

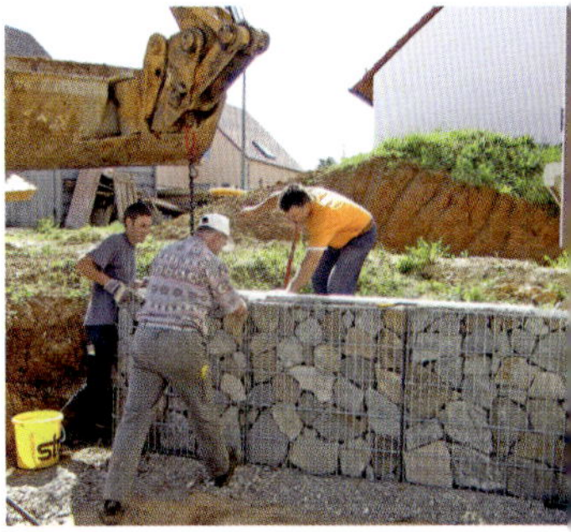

Gabionen, Trockenmauern und Palisaden

Auch wenn Beton und Mörtel im Garten für Fundamente und als Bindemittel beim Mauern gute Dienste leisten, sind diese Materialien doch nicht überall erwünscht bzw. sollen oft nicht in Erscheinung treten. Mauern lassen sich aber auch ohne Beton und Mörtel errichten, die gängigsten Varianten sind Gabionen, Trockenmauern und eingegrabene Palisaden aus Stein.

Gabionen

Gabionen sind nichts anderes als verzinkte Drahtkörbe oder Käfige, die mit Stein gefüllt werden. Größe und Form der Körbe oder Käfige können sehr unterschiedlich sein, Material und Bauart müssen zu den statischen Anforderungen der jeweiligen Anwendung und zur Größe der Körbe passen. Durch die Wahl der Steinfüllung (Größe, Steinart, Farbe) sind verschiedene gestalterische Akzente möglich. Die mit Steinen gefüllten würfel- oder quaderförmigen Drahtkörbe kommen zunehmend zur Hangbefestigung bzw. Abstützung von Böschungen, als Raumteiler oder zur Einfriedung auch in Hausgärten zum Einsatz. Vorteilhaft ist, dass sie schnell und ohne Unterbau aufgestellt werden können. Zudem bieten sie alle guten Eigenschaften von Mauerwerk. Anders als etwa Holzpalisaden sind Gabionen wetterbeständig und verrottungsfest. Wo sie gestalterisch passen, sind die mit Stein gefüllten Körbe also durchaus empfehlenswert. Neben den genannten Anwendungsbereichen eignen sie sich auch als Basis für Gartenzäune oder können als wetterfeste Skulpturen im Garten Platz zum Sitzen bieten.

Bauen ohne Beton

Gabionen wirken ähnlich wie Sichtmauerwerk, haben aber je nach Massivität der Eisenkörbe ein etwas anderes Erscheinungsbild. Die verzinkten Drahtkörbe lassen sich mit beliebigem Gestein füllen, das können Granitbrocken, Kalksteine, Kiesel oder anderes wetterfestes Gestein sein. Natürlich müssen Maschenweite der Drahtkörbe und Größe der Steine aufeinander abgestimmt sein.
Drahtkörbe für Gabionen sind in verschiedenen Größen und Qualitäten erhältlich. Im Baustoffhandel gibt es

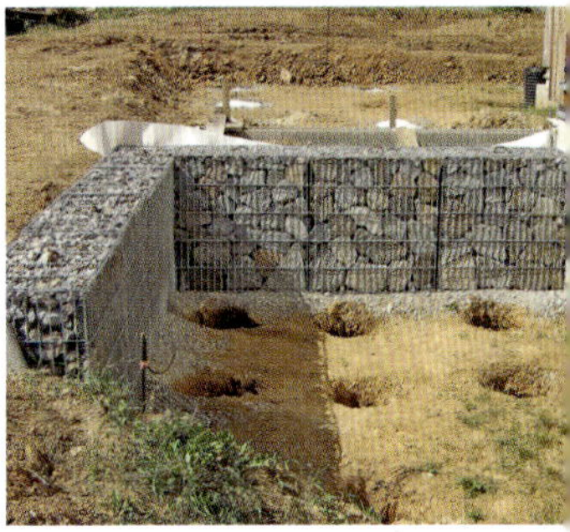

4.10 und 4.11 (oben) Gabionen zur Böschungsbefestigung werden mit dem Bagger gesetzt.

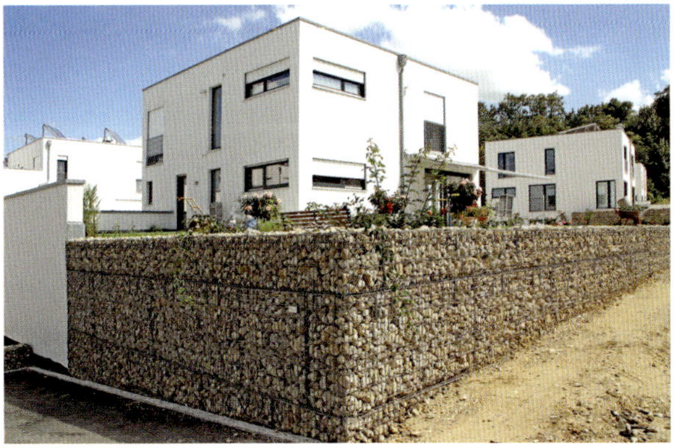

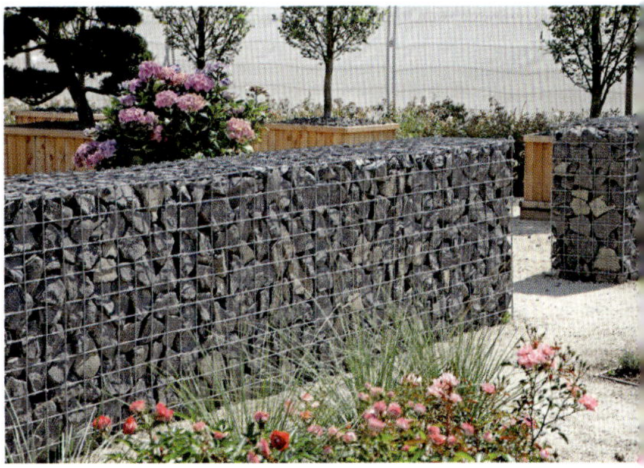

4.12 und 4.13 (unten) Anstelle einer Böschungsmauer (links) oder einer Trennmauer können Gabionen eine attraktive Alternative sein.

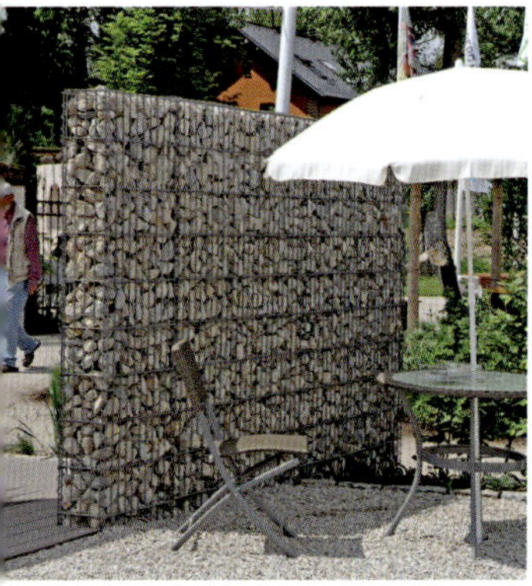

4.14
Solch eine schmale Gabionentrennwand muss durch ein Fundament gegen Kippen gesichert sein.

4.15 bis 4.18 (unten)
Aufschichten einer Trockenmauer aus Kalkbruchsteinen zur Böschungsbefestigung auf dem gewachsenen Boden; da die Steine im Beispiel unregelmäßig geformt und wenig quaderförmig sind, erfordert das Aufschichten sorgfältige Auswahl und Geduld beim Legen der Steine, damit ein fester Verbund entsteht.

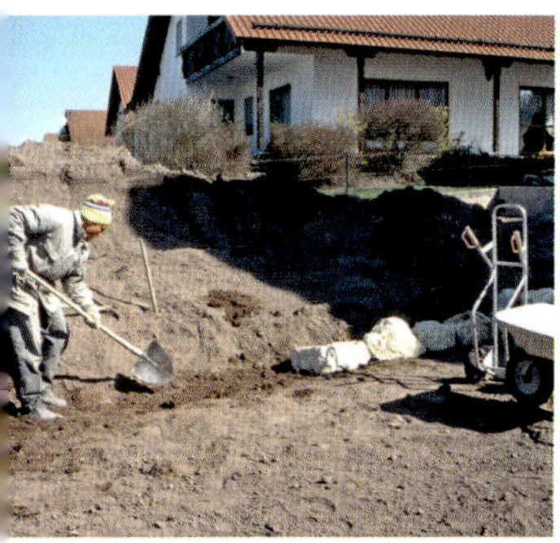

vorwiegend stabile Körbe, die aus verzinkten Baustahlmatten oder Drahtzaunelementen gefertigt sind. In den Baumärkten werden weniger stabile Produkte angeboten, die eher für selbstgebaute Hochbeete, Beeteinfassungen, Gartenmöbel und dergleichen hergestellt sind. Für statisch anspruchsvollere Aufgaben wie Hangabstützungen, Terrassierungen oder als Ersatz für massives Mauerwerk an der Grundstücksgrenze eignen sich diese preiswerteren Produkte kaum bzw. gar nicht. Die Preise für die ungefüllten Drahtkörbe schwanken stark je nach Abmessungen und Stabilität. Für einen Korb der Größe 100 x 50 x 50 cm, der mit ca. 400 kg Stein gefüllt wird, kann man etwa 70 - 90 € rechnen.
Die Drahtkörbe können selbst mit Gestein bestückt werden. Dafür bietet sich ein für die Region typischer Bruchstein aus einem naheliegenden Steinbruch an, der auf kurzem Transportweg und entsprechend preiswert erhältlich ist. Die Lieferung übernimmt ein ortsansässiger Spediteur, der auf Anfrage auch Auskunft über die Material- und Transportkosten geben kann. Gern wird auch Granitschotter o.ä. zur Füllung verwendet.
Der Baustoffhandel liefert auch fertige Gabionen mit Steinfüllung nach Wahl per Kranwagen auf die Baustelle. Vorher muss natürlich der Standort hergerichtet werden. In der Regel genügt es, den Boden zu ebnen, sofern die Gabionen keine Stützfunktion übernehmen, sondern nur als Raumteiler dienen. Wo Gabionen statische Funktionen erfüllen, ist ein Unterbau aus verdichtetem Schotter nötig, damit die Drahtkörbe unverrückbar und dauerhaft fest stehen. Das gilt z.B., wenn Gabionen als Auflager für eine Holzterrasse dienen, bei der Terrassierung eines Hanggartens oder wenn freistehende höhere Mauern errichtet werden sollen.
Anwendungsbeispiele für Gabionen sind insbesondere in Neubausiedlungen in Hanglage zu finden, wo sie in den letzten 15 Jahren zunehmend zum Einsatz gekommen sind. Gelegentlich finden sich auch in den Schauanlagen von Baustoffhandlungen Anschauungsobjekte für die verschiedenen Bauformen und Füllungen.

Trockenmauern statt Drahtkörbe

In naturnahen Gärten können die steingefüllten Metallkörbe störend oder zu massiv wirken. Für niedrige Mauern und zur Befestigung von Böschungen sind ohne Mörtel aufgeschichtete Trockenmauern oftmals besser geeignet bzw. sehen gefälliger aus. Trockenmauern werden aus kantigen Steinen mit oder ohne Erde aufgeschichtet. Sie nehmen durchweg mehr Platz in Anspruch als eine Gabionenwand, weil die Steine in Lagen nach oben hin leicht konisch aufgeschichtet werden müssen und eine höhere Mauer deshalb an der Basis recht breit angelegt werden muss.
Welcher Stein für die Trockenmauer gewählt wird, richtet sich unter anderem nach der Bauaufgabe und – wie bei der Gabionenfüllung – nach dem

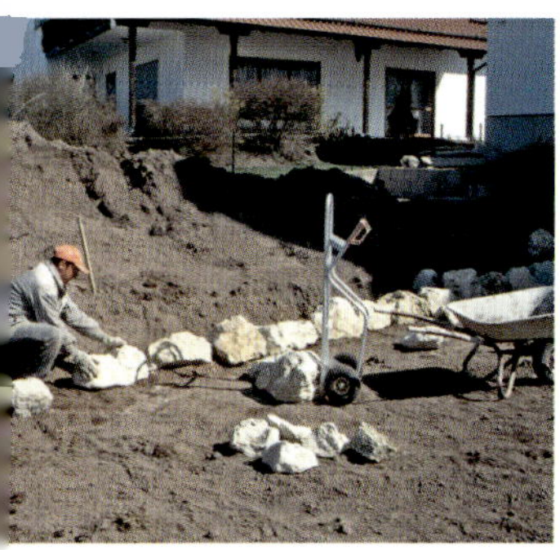

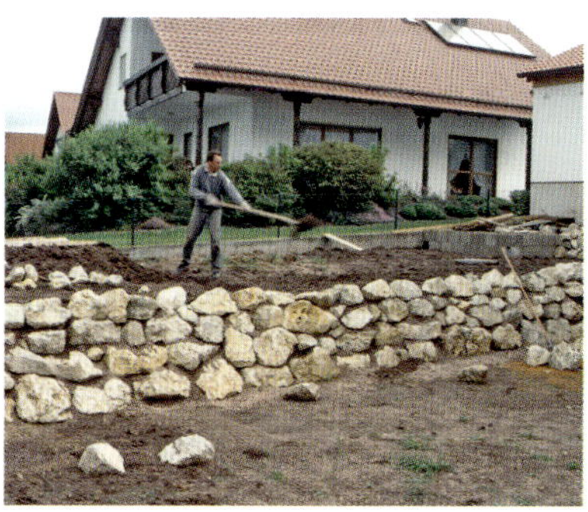

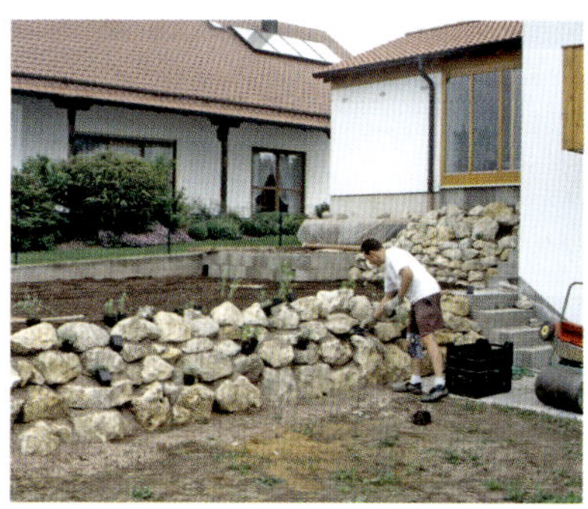

in der Region verfügbaren Gestein. Der gewählte Stein sollte natürlich auch zu den übrigen Gartenbaustoffen passen. Kalkstein, Granit, Schiefer, Sandstein und viele andere Arten sind vielerorts erhältlich und in Form von kantigen Steinen verfügbar, am besten etwa große Quader oder flache Platten. Runde Steine oder glatte Kiesel sind allenfalls für niedrige Trockenmauern geeignet.

Stein auf Stein aufschichten

Vor dem Aufschichten der Trockenmauer wird zunächst der Boden vorbereitet. Dazu steckt man die Grundfläche ab und hebt die lockere Mutterbodenschicht aus. Die Aushuberde lässt sich beim Aufbau wiederverwenden und sollte deshalb in der Nähe zwischengelagert werden. Auf dem gewachsenen beziehungsweise befestigten Untergrund wird nun die erste Steinreihe gesetzt. Die Zwischenräume werden mit Aushuberde verfüllt. Durch Festtreten der Erde lässt sich ein späteres Zusammensacken weitgehend verhindern. Jetzt können auf der unteren Steinlage weitere Lagen aufgeschichtet werden, bis die Mauer die gewünschte Höhe erreicht hat. Dabei lassen sich kantige Steine einfacher zu einem stabilen Verband aufschichten als runde. Aber selbst mit großen rundlichen Feldsteinen und Kieseln ist der Bau einer Trockenmauer möglich, wenn sie sorgfältig und breit genug gelegt und so miteinander verkeilt werden, dass sie fest sitzen. Letzteres ist bei allen Steinen wichtig, ebenso das lückenlose Verfüllen mit Erde. Jeder Stein muss gedreht und gewendet werden, bis er richtig fest sitzt. Hohlräume sind mit Erde zu verfüllen. Ein im Profil konischer Aufbau der Mauer ist grundsätzlich wichtig. Bei Hangbefestigungen müssen die Flanken sogar leicht schräg zum Hang geneigt sein, damit die Steine dem Erddruck standhalten und nicht abrutschen. Je größer eine Trockenmauer gebaut wird, umso attraktiver ist sie, zumal die Zwischenräume Lebensraum für viele Pflanzen und Kleintiere bieten.

Hangabstützungen mit Palisaden

Palisaden aus Holz sind zum Abfangen von Böschungen oder zum Einfassen höher liegender Beete beliebt, weil sie sich durch Einschlagen mit dem Vorschlaghammer leicht einbauen lassen. Allerdings faulen sie selbst bei bester Imprägnierung und brechen teilweise schon nach 5 bis 6, spätestens aber nach 15 bis 20 Jahren ab. Für nicht zu hohe Böschungen und Hangabstützungen bis ca. 1 m können alternativ zu Holzpalisaden und Trockenmauern auch Palisaden oder Leistensteine aus Naturstein (meist Granit) gesetzt werden, die teilweise nur wenig teurer sind als Betonpalisaden oder L-Steine. Wie in Abb. 4.19 dargestellt, werden die Steine nebeneinander mit ca. 1/3 ihrer Länge in ein Betonfundament (B15 oder B5) gesetzt. Damit die Steine sauber in Reih und Glied stehen, werden sie mit Maurerschnur und Wasserwaage ausgerichtet. Die Größe des Fundamentes und die Gründungstiefe der Palisaden hängt von der Belastung auf die Steine ab: Für freistehende Palisaden reicht ein kleineres Fundament, wenn einseitig Erddruck ansteht, muss das Fundament für die seitlichen Kräfte stabiler und größer bemessen werden.
Damit das Erdreich nicht durch die Fugen geschwemmt wird und anfallendes Wasser abfließen kann, sollte vor dem Hinterfüllen am Fuß des Fundamentes ein Dränagerohr verlegt werden. Die Palisaden selbst und deren Zwischenräume werden vor dem Anfüllen der Erde durch Teichfolie, Teerpappe oder ein anderes wasserundurchlässiges Material abgedeckt.

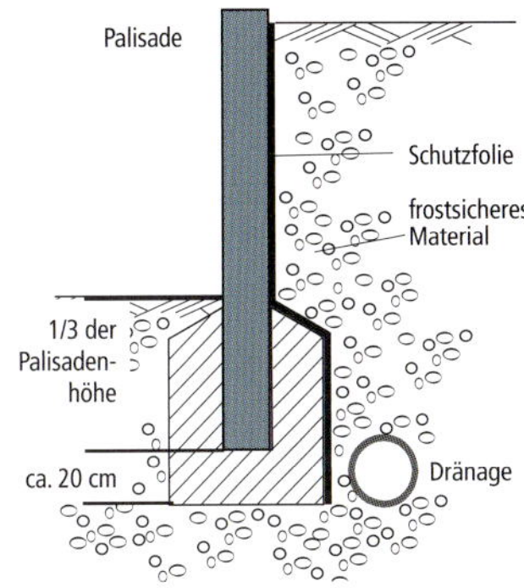

4.19
Aufbau einer Hangabstützung mit Leistensteinen (Palisaden) aus Naturstein. Etwa 1/3 des Steins sollte in Beton gefasst im Erdreich liegen.

4.20 (unten)
Eine Mauer aus Granitpalisaden wirkt schlicht und gediegen.

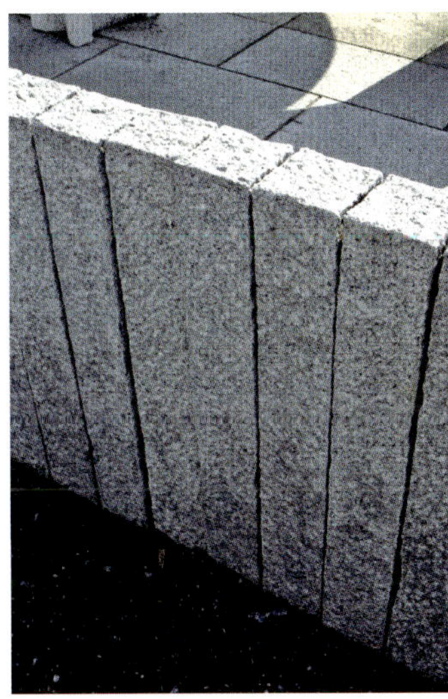

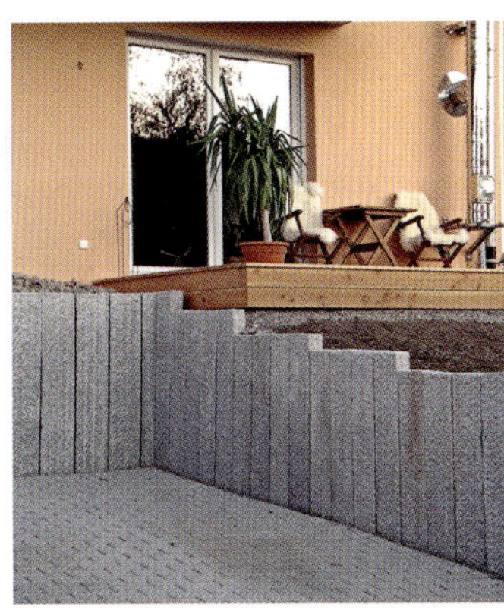

4.21
Mauer aus Granitstelen zur Abmauerung einer Böschung.

Beispiel 4.1 Natursteinmauer als Böschungsbefestigung

Im Bildbeispiel wurde ein Hanggarten neu gestaltet. Zum Abstützen an der Grenze waren grobe Bruchsteine ausreichend, die zu einer langen Trockenmauer aufgeschichtet wurden. An der Terrasse kamen handbehauene kantige Steine zum Einsatz. So entstanden geschwungene Hochbeete, um die flache Böschung abzufangen.

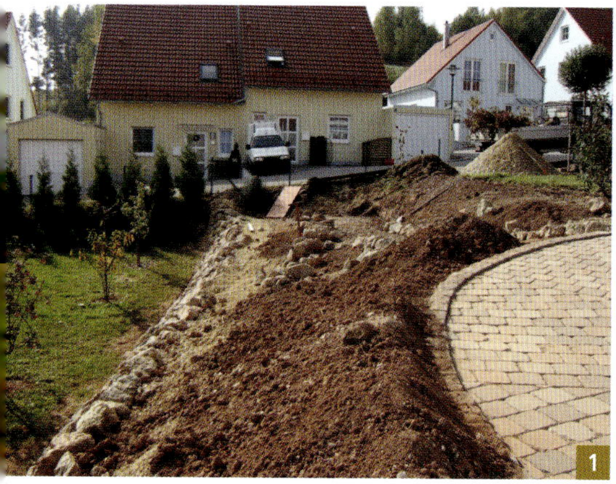

1

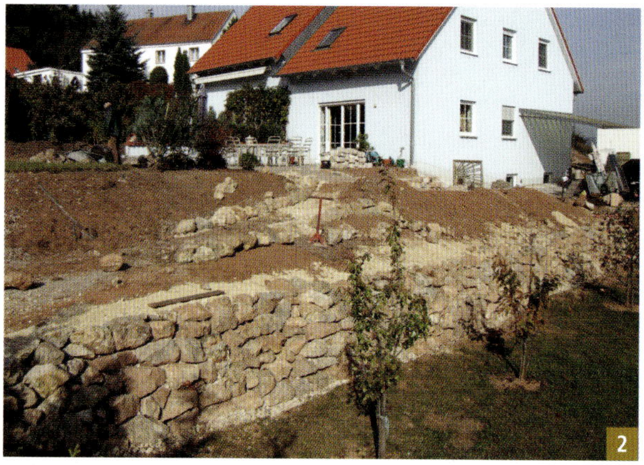

2

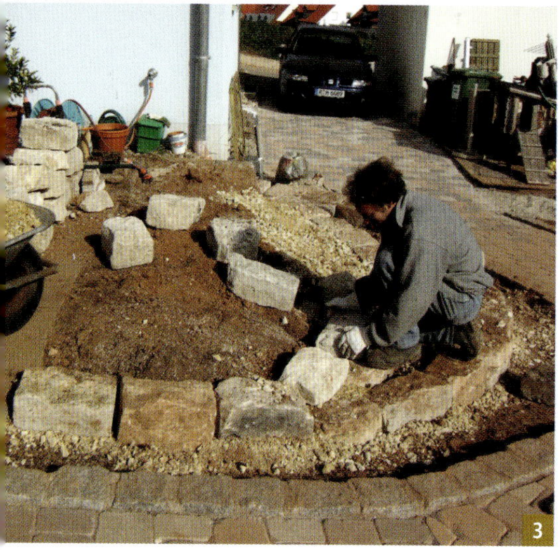

3

1
Nach dem Pflastern der Wege und der Terrasse kommt hier nun die Gartengestaltung an die Reihe. Für die Materialanlieferung und die Zufahrt war es nötig, den Gartenzaun zu beseitigen.

2
Das vorher steile Grundstück wird terrassiert und der Hang mit einer Trockenmauer abgefangen. Die Bruchsteine stammen aus dem naheliegenden Kalksteinbruch.

3
An der Terrasse sollen halbkreisförmige Hochbeete entstehen. Dazu werden die Kalksteine auf Schotter gesetzt.

4
Der Unterbau aus grobem Schotter dient als Tragschicht und Frostschutz. Ist eine Bepflanzung mit kalkunverträglichen Pflanzen erwünscht, sollte besser ein Granitschotter verwendet werden.

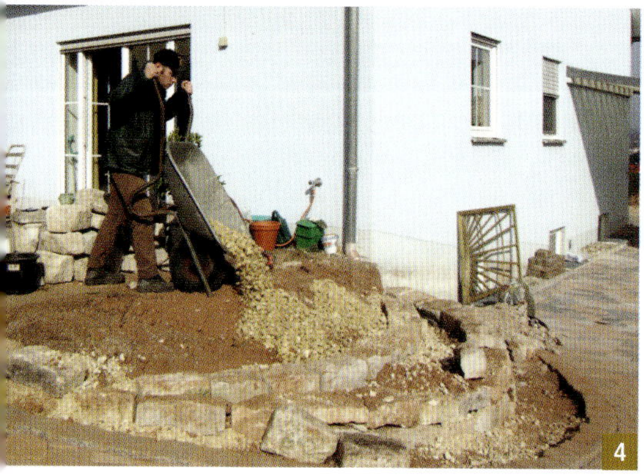

4

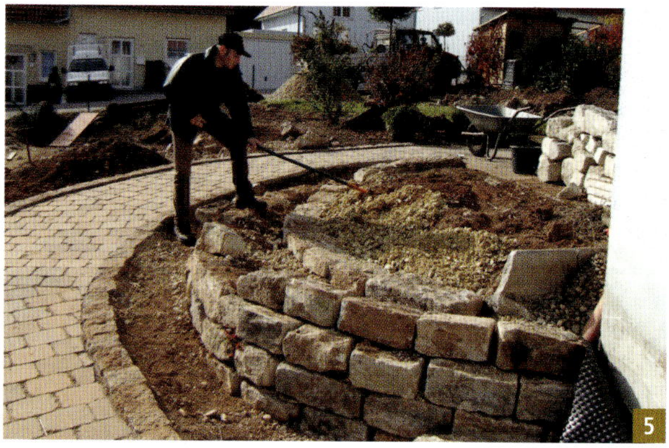

5

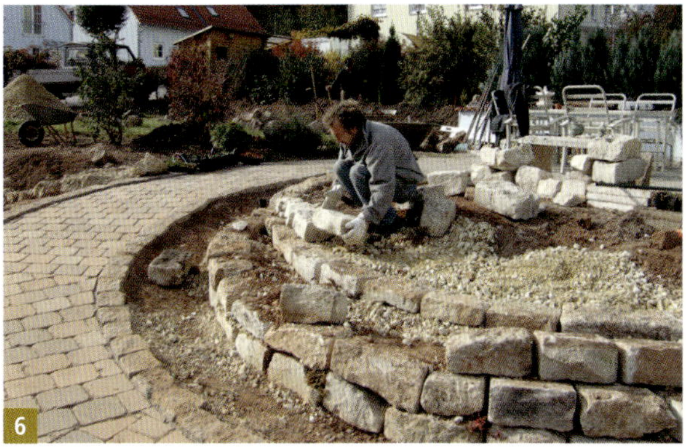

6

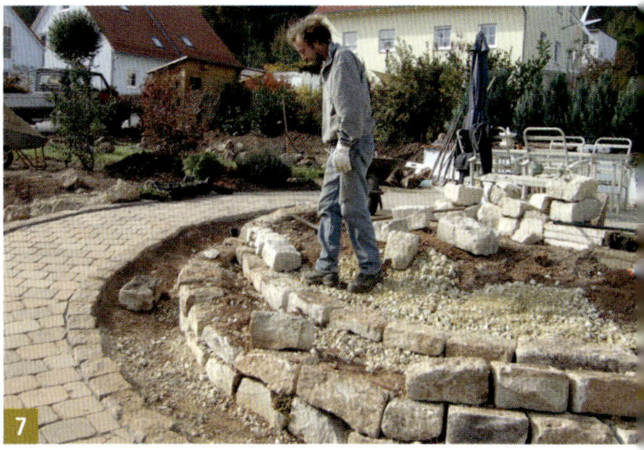

7

5
Stellenweise werden hier einzelne Pflanzen bereits beim Aufschichten ins Mauerwerk eingesetzt. Die Bepflanzung in große Fugen ist aber auch nachträglich möglich.

6
Beim Aufschichten der Steine sind Kreuzfugen zu vermeiden, d.h. die neu gesetzten Steine sollten die senkrechten Fugen in der darunterliegenden Reihe überdecken.

7
Der Schotter dient auch als Ausgleichsschicht beim Setzen der Steine. Zudem kann die Aushuberde genutzt werden.

8
Der Trockenmauerbau ist mit behauenen Bruchsteinen einfacher als mit unförmigen Brocken. Sie kosten etwa das Doppelte.

9
Durch das versetzte Legen der oberen Steinreihen entstehen mehrere schmale Beete. Dort können Polsterstauden oder auch Nutzpflanzen gesetzt werden, was ggf. bei der Substratwahl berücksichtigt werden sollte.

10
Im Mauerwerk gedeihen Hauswurzen, Mauerpfeffer und andere Polsterstauden sehr gut, die auch am Naturstandort mit wenig Wurzelraum zurecht kommen.

11
Ein guter Wasserabzug ist beim Bau solcher Mauern am Haus besonders wichtig. Hier kann das überschüssige Regenwasser durch den Schotter abfließen.

12
Der Bau von Steinmauern ist schwere Arbeit, die mit dem Verlegen der verbliebenen Steine der Vollendung entgegen geht.

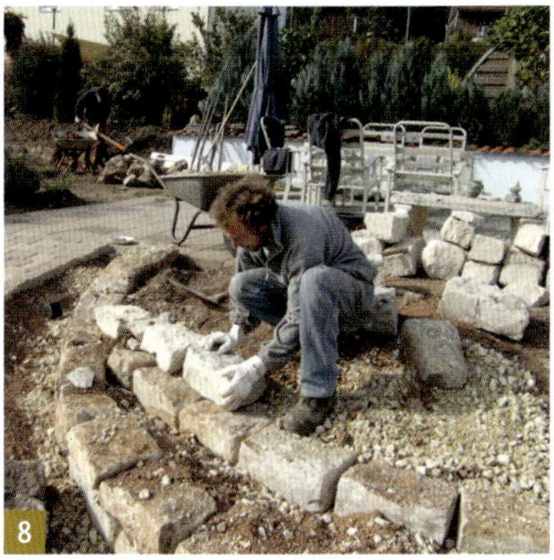

8

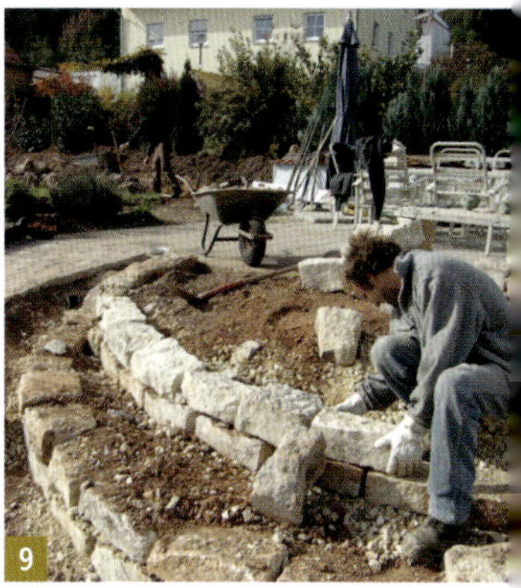

9

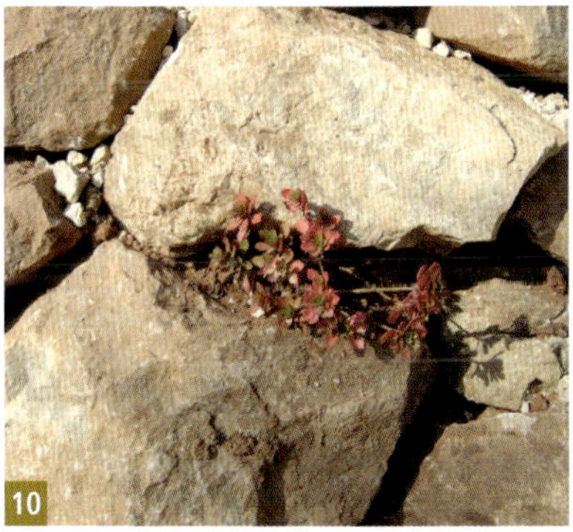

10

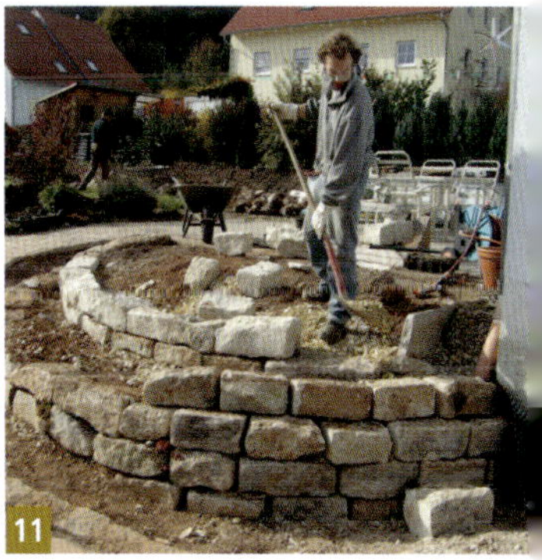

11

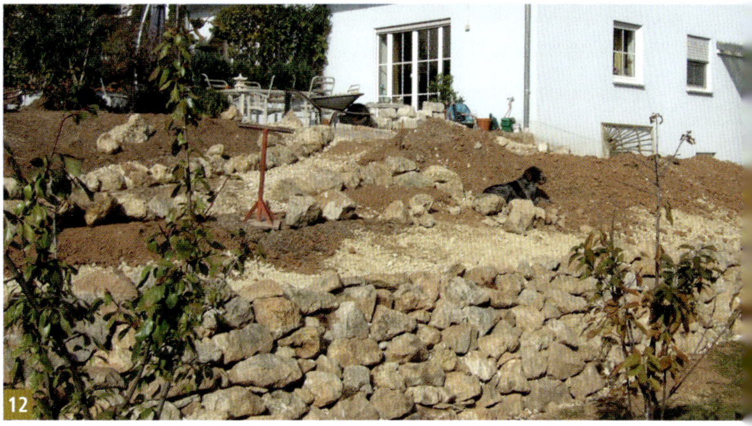

12

Beispiel 4.2: Trockenmauer zur Hangbegrenzung

Die Trockenmauer aus behauenen Kalkbruchsteinen soll einen Erdhügel von der Rasenfläche abgrenzen. Der Erdhügel wurde als Sichtschutz zur Straße aufgeschüttet und dicht mit Gehölzen bepflanzt. Für so niedrige Mauern wie im Beispiel ist in der Regel keine Baugenehmigung nötig.

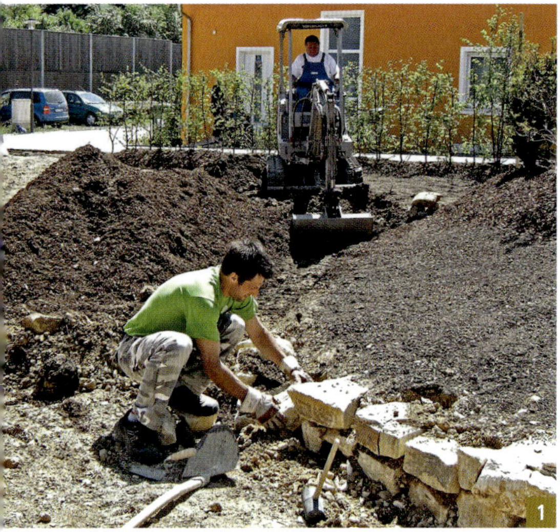

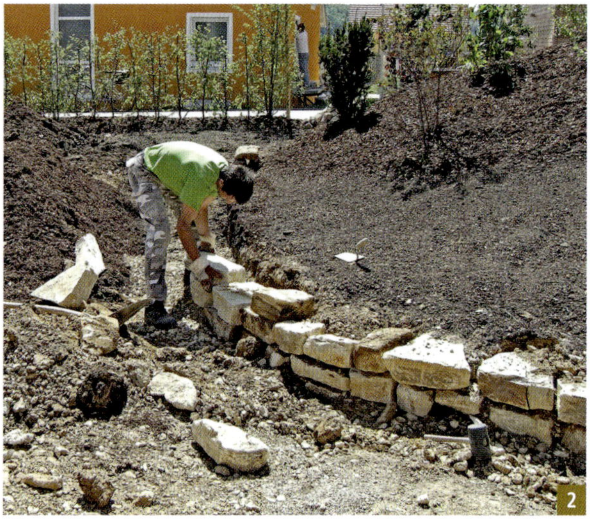

1
Für die niedrige Trockenmauer ist ein aufwendiges Betonstreifenfundament nicht nötig. Die Steine werden in einen schmalen Graben auf ein Schotterbett gesetzt.

2
Steine in dieser Größe lassen sich noch in Handarbeit bewegen und verlegen. Ein Minibagger erleichtert allerdings den Transport und die Verarbeitung.

3
Hier werden die Steine in der Baggerschaufel zur Baustelle gefahren. Einen Minibagger zu mieten lohnt sich z.B. dann, wenn auch Grabarbeiten zu erledigen sind.

4
Das halbrunde Mauerwerk trägt statisch zur Hangabstützung und optisch zur Gartengestaltung bei. Die flachen Steine bieten sich nach der Fertigstellung auch als Sitzplatz an.

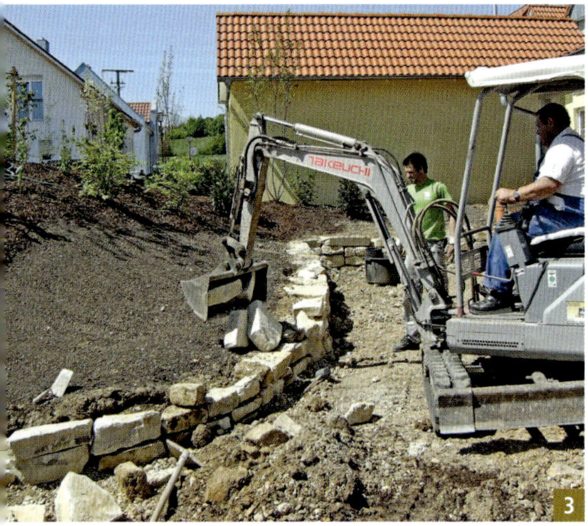

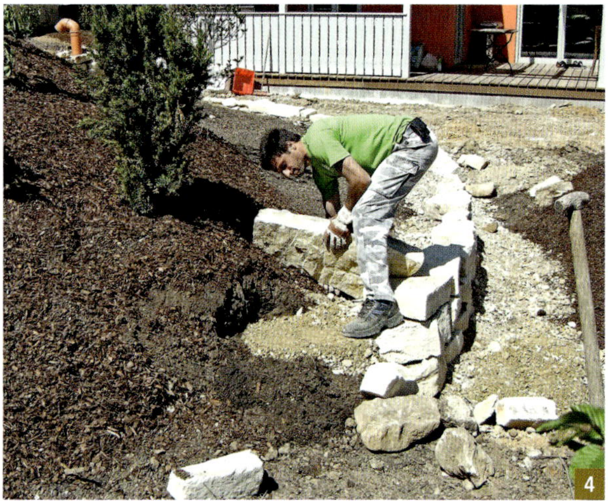

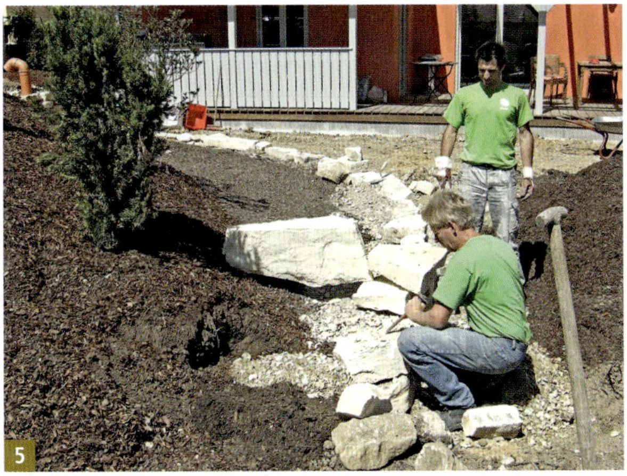

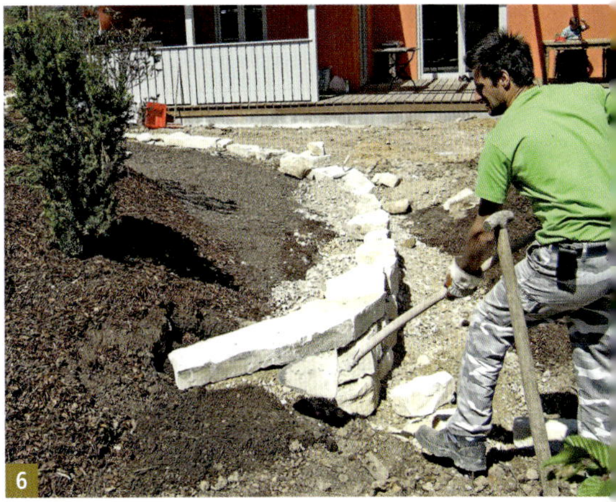

5
An manchen Steinen müssen unebene Stellen abgestemmt werden, damit die Steine fest und sicher aufeinander liegen. Das Ausgleichen und Auffüllen von Hohlstellen ist auch mit Schotter möglich.

6
Vorne ist die Mauer bereits mit Erde angeböscht. Der Rasen soll später direkt ans Mauerwerk angrenzen.

7
Das Hinterfüllen der Steinreihe mit Schotter gibt zusätzliche Stabilität. Statt des Schotters ist auch Erde geeignet, wenn die Mauerkrone bepflanzt werden soll.

8
Auch die Fugenzwischenräume können mit Erde gefüllt werden, um dort Pflanzen einzusetzen. Wer kalkunverträgliche Pflanzen wünscht, sollte keine Kalksteinmauer bauen und ein spezielles Substrat verwenden.

9
Ein Jahr nach dem Bau ist die kleine Trockenmauer durch die Bepflanzung und Rasenanlage gut eingewachsen. Diese Kalksteine aus dem Altmühltal behalten ihre helle Farbe.

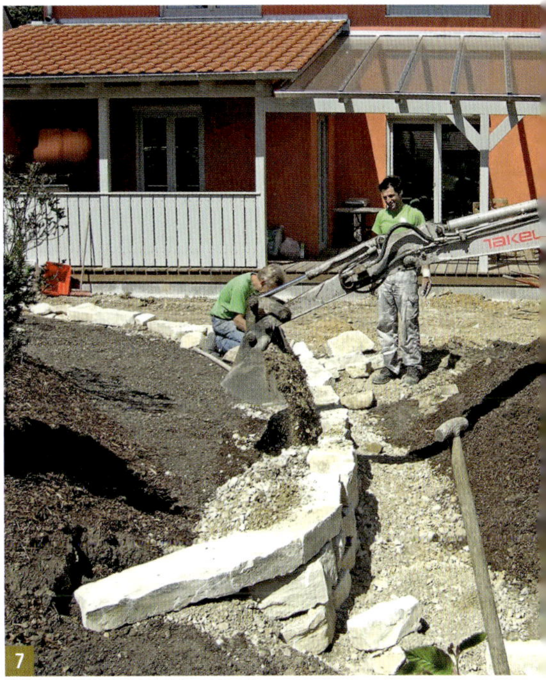

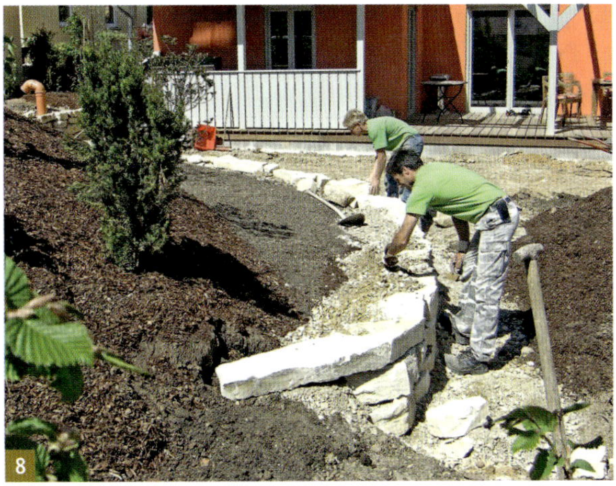

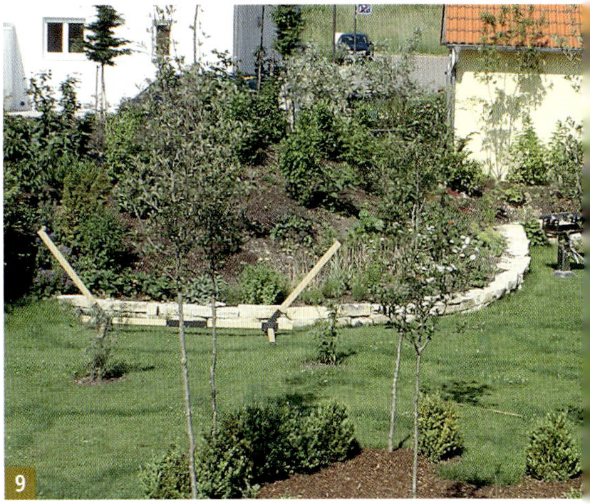

Beispiel 4.3: Stützmauer aus Betonsteinen

1
Zur Gründung wurde ein Graben ausgehoben und mit Beton gefüllt, der hier glatt gestrichen wird. Das Mauerwerk soll den Hang abfangen und Hochbeete entstehen lassen.

Die Entscheidung für eine Trockenmauer aus Naturstein oder eine Stützwand aus Beton ist Geschmackssache, in naturnahen Gärten passt die Trockenmauer mit Begrünung oftmals besser. Im pflegeleichten, streng strukturierten Garten dieses Beispiels entschieden sich die Besitzer für ein System aus Betonsteinen. Der Hersteller weist in der Beschreibung dieser „Palisaden mit Hohlkern“ darauf hin, dass sie leichter zu befördern und aufzubauen sind als Vollsteine und dennoch die gleiche Stabilität gewährleisten.

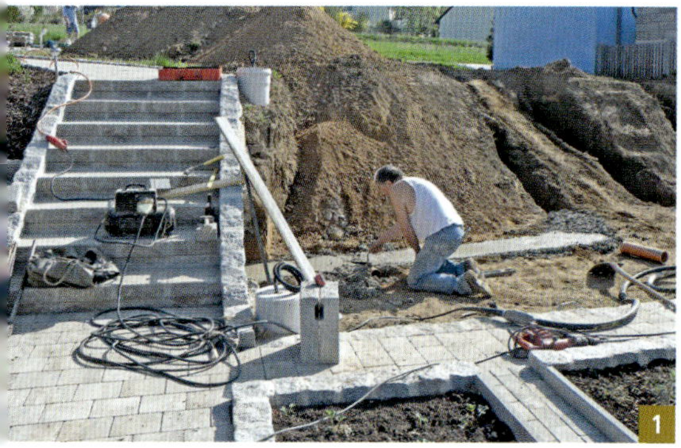

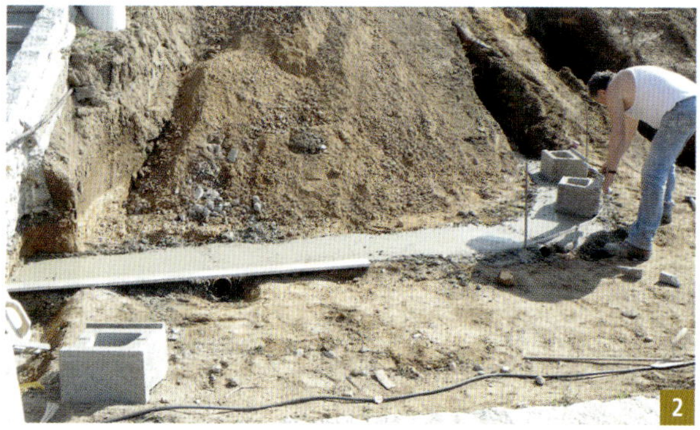

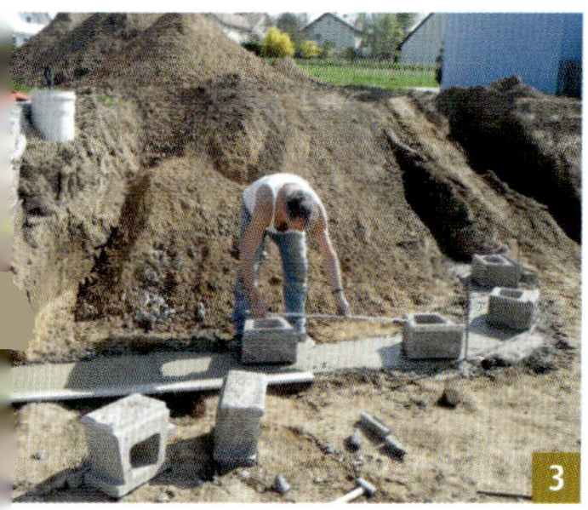

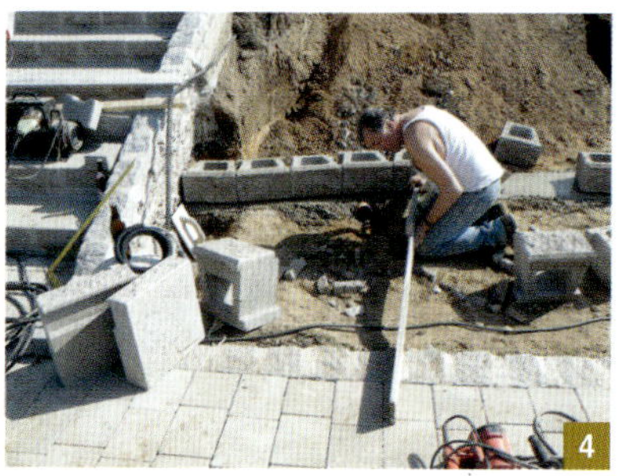

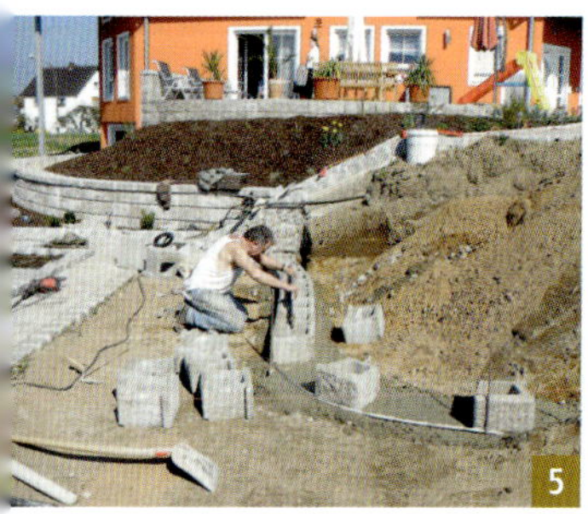

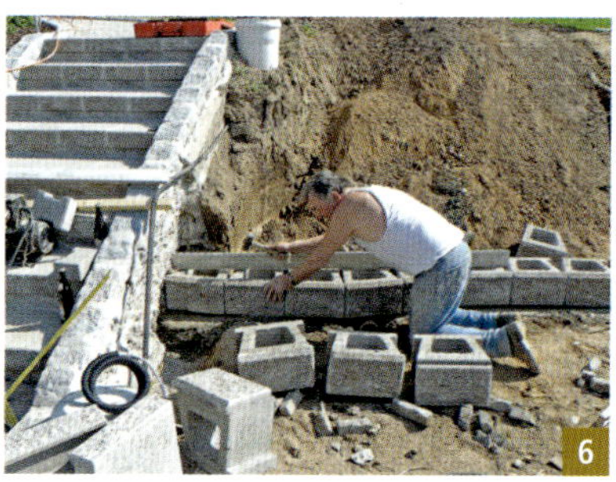

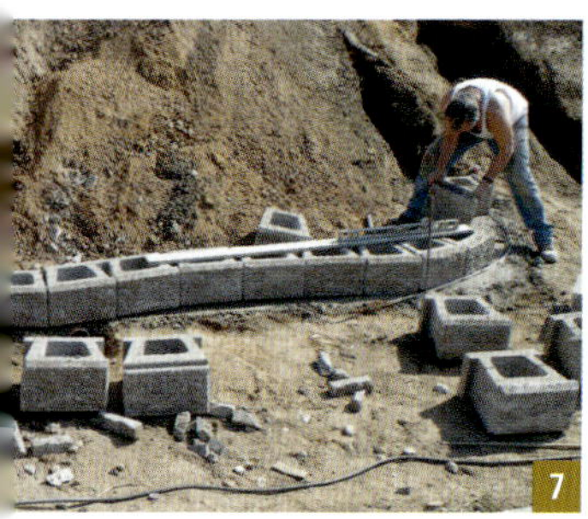

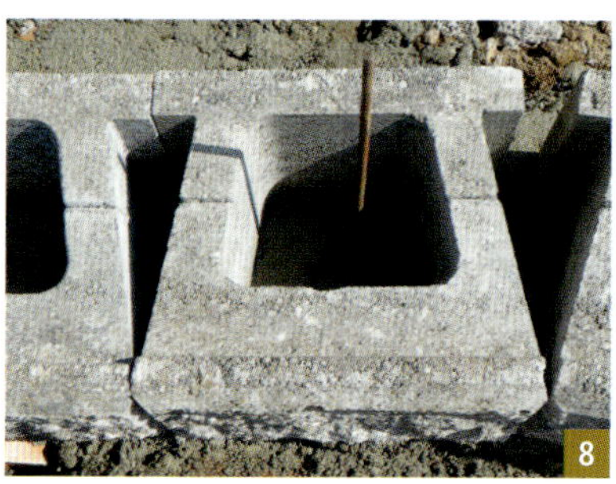

2
In das Streifenfundament werden zwei Dränagerohre eingebaut. Um mit den Formsteinen Bögen zu bauen, müssen sie passend zugeschnitten werden.

3
Zur Realisierung der Bögen in der Mauer müssen die Steine nach einem vorberechneten Schema gesetzt werden.

4
Als Bezugspunkt für die Höhe dient das bereits fertiggestellte Pflaster: Die Mauersohle liegt auf gleicher Höhe wie die Randsteine.

5
Alle Betonsteine müssen waagerecht und in gleicher Höhe sitzen.

6
Damit die Steine festen Kontakt zum Fundament haben, werden sie in den noch feuchten Beton geklopft.

7
Nach dem Setzen der nur leicht geschwungenen Frontreihe werden die Steine hier in den Bogen eingepasst.

8
Die senkrecht einbetonierten Baustahlstangen geben der Mauer eine bessere Stabilität. Bei anderen Systemen wird der Armierungsstahl waagerecht eingebaut.

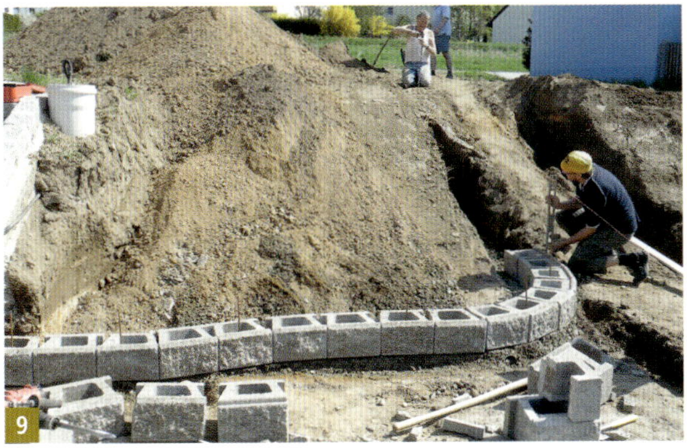

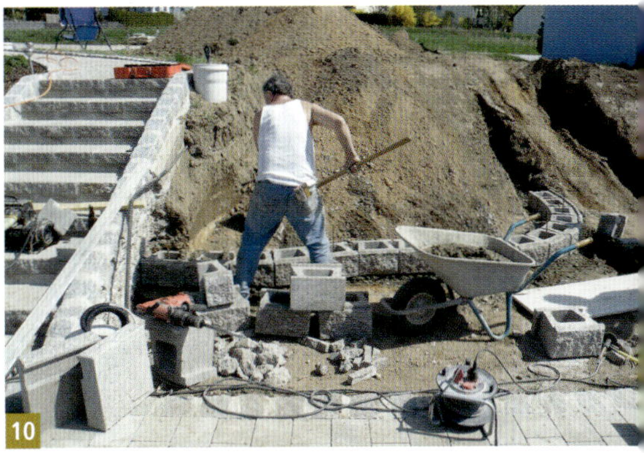

9
Nach Fertigstellung der unteren Steinreihe wird die Richtschnur nach oben versetzt. Rechts vom Maueransatz soll später zwischen zwei Mauerausläufern ein Rasenweg den Hang hinaufführen.

10
Füllen der Schalungssteine mit Beton: Der Beton sollte relativ flüssig sein, damit er sich in den kleinen Hohlräumen gut verteilen lässt.

11
Der Beton bindet in den Steinen ab, so dass eine massive Wand entsteht. Die Basis bildet das Streifenfundament.

12
Nach dem Verfüllen wird der Beton bündig an der Steinoberseite bündig abgezogen, um die nächste Steinreihe passgenau aufsetzen zu können.

13
Für die Mauerkrone gibt es bei diesem System spezielle Blocksteine mit Überstand (Wetterschutz), die auf Beton gesetzt werden. Die anderen Mauern werden in gleicher Weise errichtet.

14
Nach der Fertigstellung der Mauern und dem Hinterfüllen mit Schotter und Erde können die Böschungen bepflanzt werden. Mit Rollrasen ist eine schnelle Begrünung und Fertigstellung der Gartenanlage möglich.

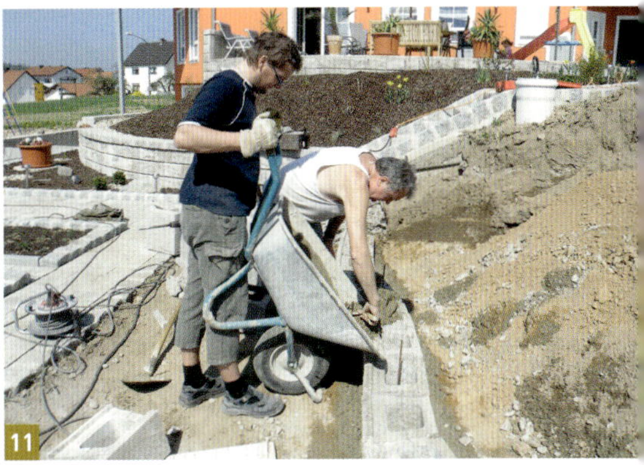

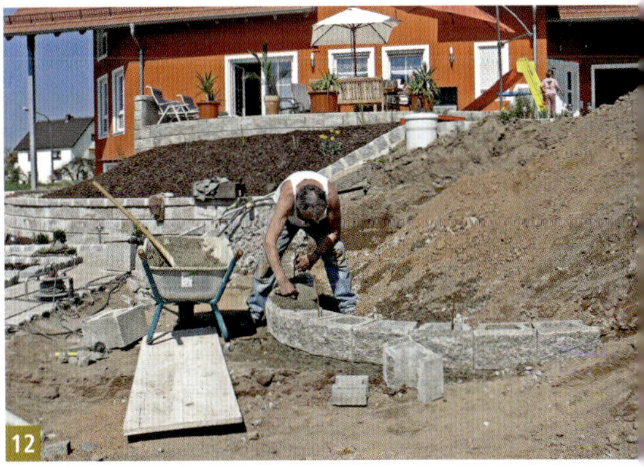

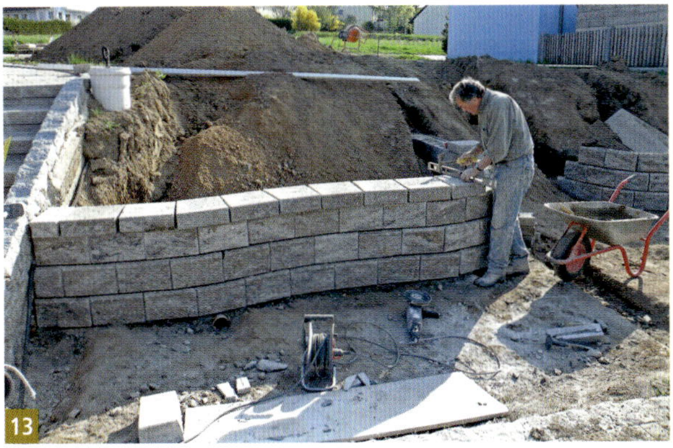

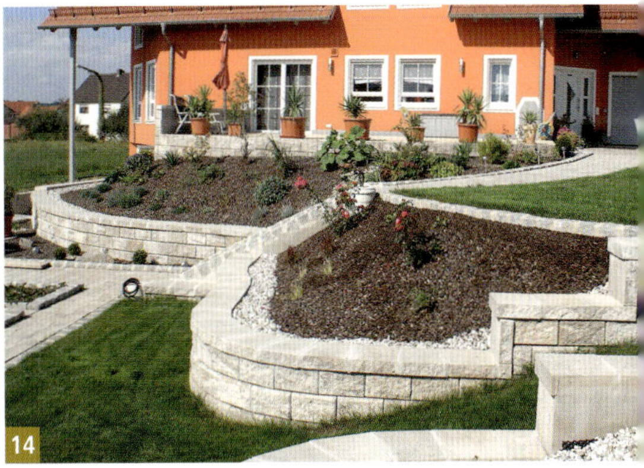

Beispiel 4.4: Bruchsteinmauern und Terrassenanlage

Ein Garten am Hang ist schwieriger zu gestalten und zu pflegen als eine ebene Fläche. Zur Pflegeerleichterung können die Terrassierung und die Anlage von Hochbeeten beitragen. Zum Abfangen eines Hanges eignen sich große Steinquader, die so eingebaut werden, dass mehrere kleine Terrassen entstehen. Diese bieten sich dann zur Bepflanzung an.

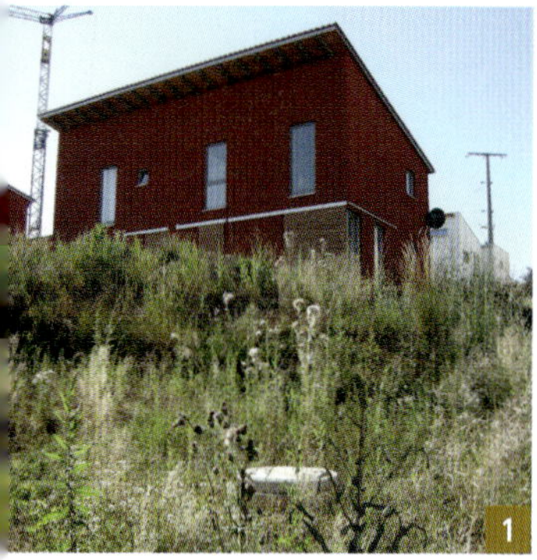

1
Nach dem Hausbau liegt das Grundstück am Hang noch brach. Es haben sich viele Pionierpflanzen angesiedelt, die vor Bodenerosion schützen.

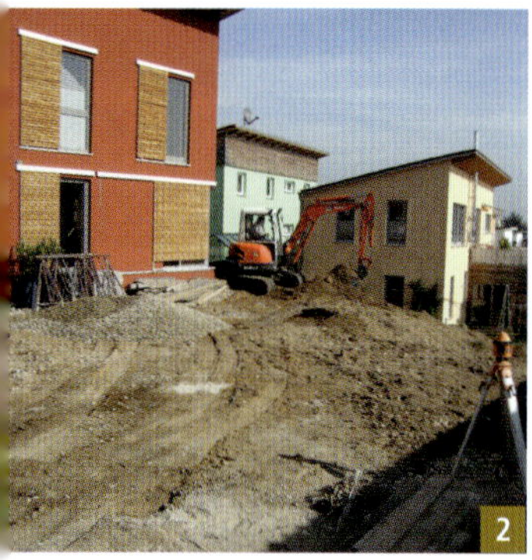

2
Der Bewuchs wurde abgeräumt. Mit Hilfe eines Nivelliergeräts wird die obere Terrasse planiert und der Hang angeböscht.

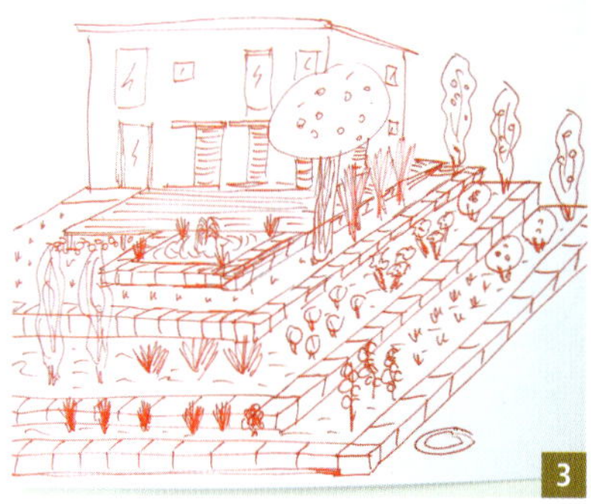

3
Eine Handzeichnung kann die Vorstellungen der Eigentümer deutlich machen. Beim Bauen entstanden allerdings drei Ebenen.

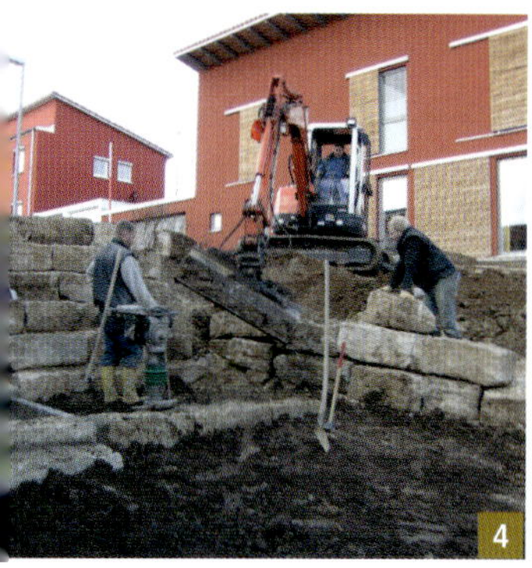

4
Aufgrund der Bodenbeschaffenheit, der Baustoffe und anderer Gegebenheiten sind manchmal andere Lösungen nötig als ursprünglich erwünscht /geplant. Die Steine werden mit dem Bagger aufgeschichtet.

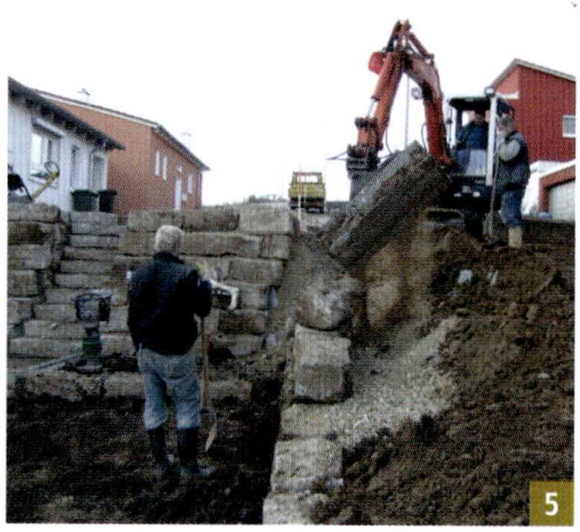

5
Ein Unterbau aus Schotter verhindert Frostschäden. Das Hinterfüllen der Steine mit Schotter sorgt für guten Wasserabzug.

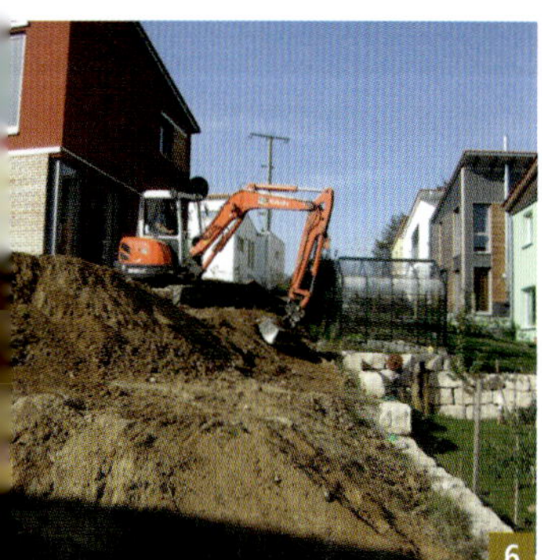

6
Die Neigung der Böschung richtet sich beim Modellieren des Hangs nach der oberen Ebene und nach dem bestehenden Mauersockel an der Grenze.

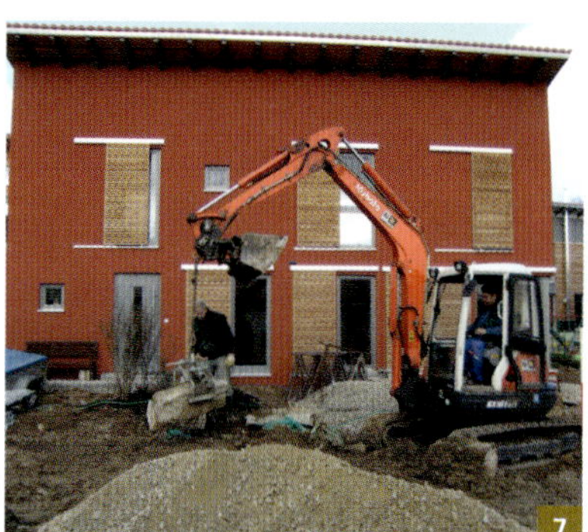

7
Beim Befördern und Setzen der Steine sind Spezialwerkzeuge hilfreich. Dieser Greifer hält die Steine durch ihr Eigengewicht fest.

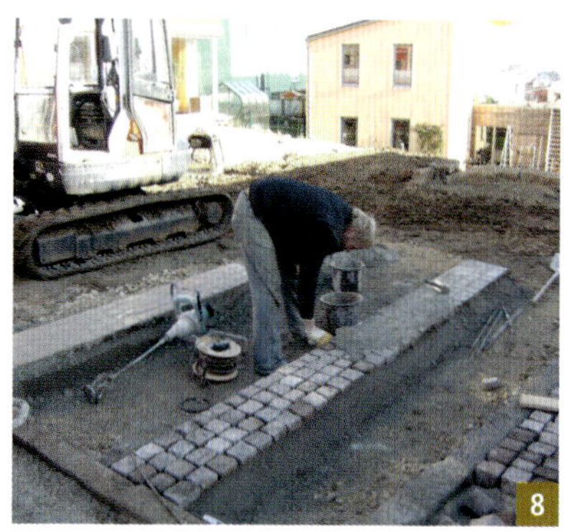

8
Für den Stellplatz werden zwei Fahrstreifen aus Granitsteinen auf Beton gesetzt.

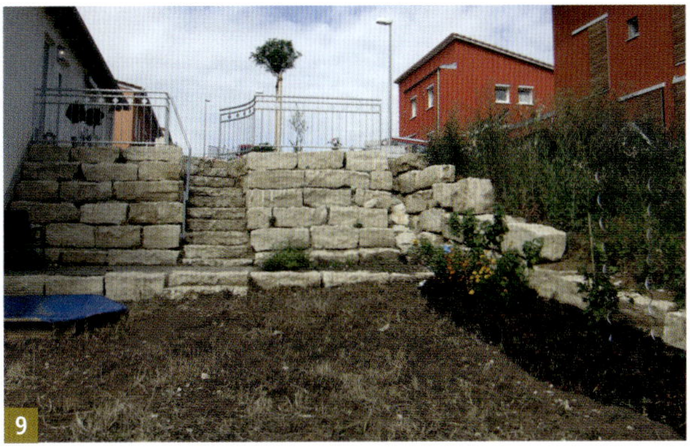

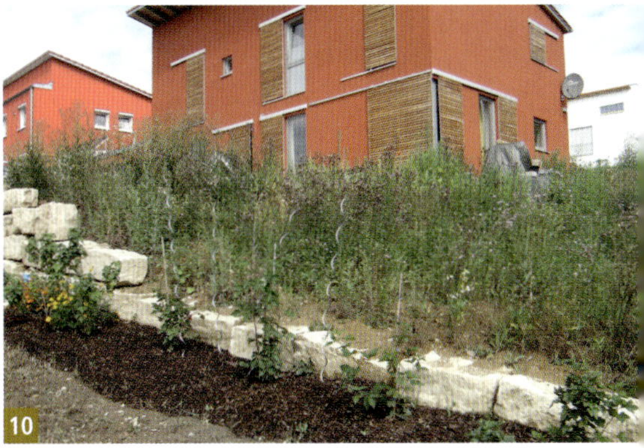

9
In Absprache mit den Nachbarn entstand an der steilen Böschung eine Trockenmauer aus der gleichen Steinart. Eine Treppe aus Blockstufen ermöglicht den Zugang zur unteren Ebene.

10
Während einer Baupause haben sich Wildkräuter angesiedelt, im Nachbargarten wachsen Beerensträucher und Blumen.

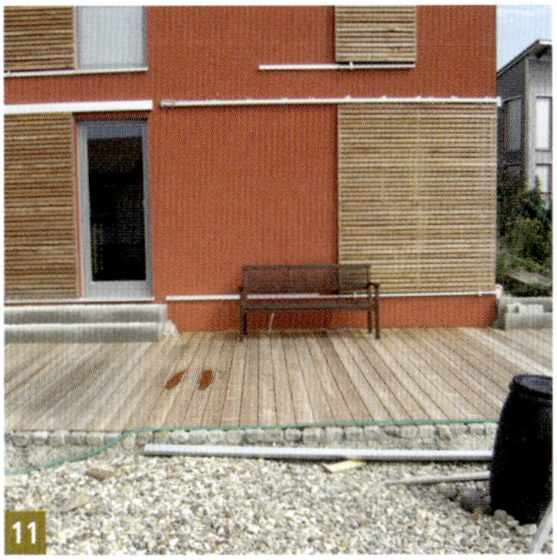

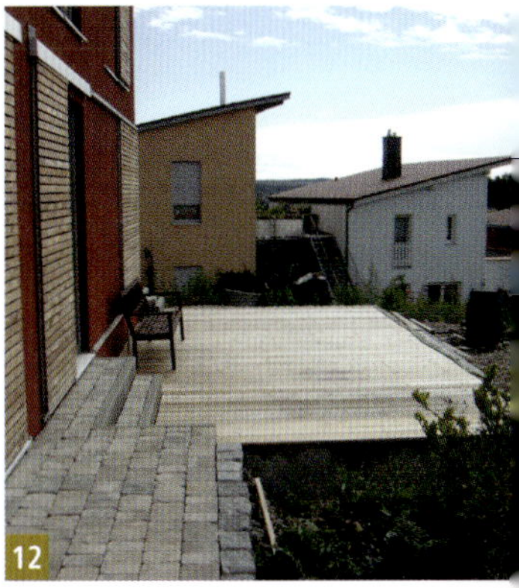

11
Die Terrasse vor dem Haus wurde als Holzdeck ausgebaut. Der Bretterboden liegt schwimmend auf einer Kiesschicht.

12
Die Terrasse ist schon nutzbar, während der Garten noch nicht fertig ist. Den Zugang zum Haus ermöglichen Stufen aus Beton (Stellstufen aus Leistensteinen und Beläge aus Pflaster verschiedener Formate).

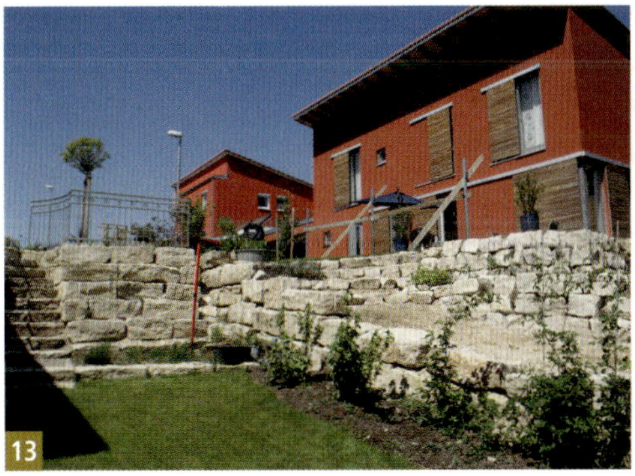

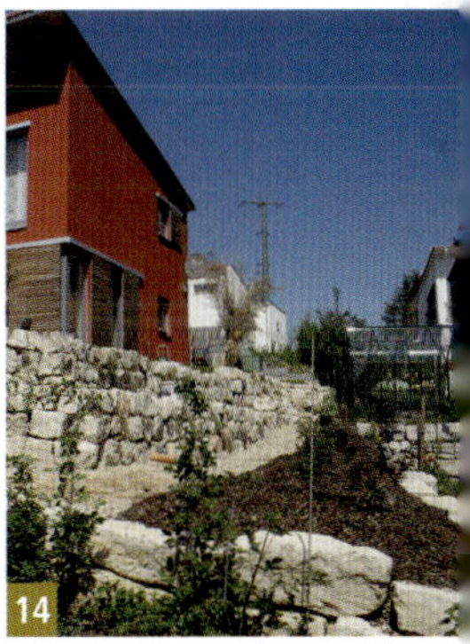

13
Der weitere Ausbau der Hochbeete erfolgt mit kleineren Kalksteinen. Sie werden in mehreren Lagen aufgeschichtet.

14
Im Mauerwerk ist eine Leitung für Gießwasser verlegt sowie ein Drainagerohr. Im Beet an der Grenze entwickelt sich eine Hecke aus Blütensträuchern.

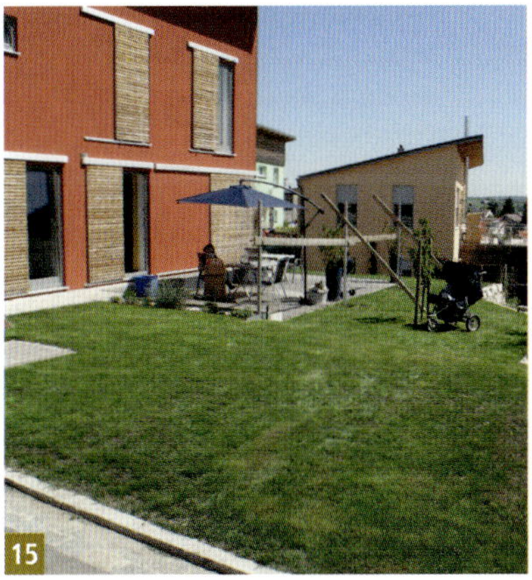

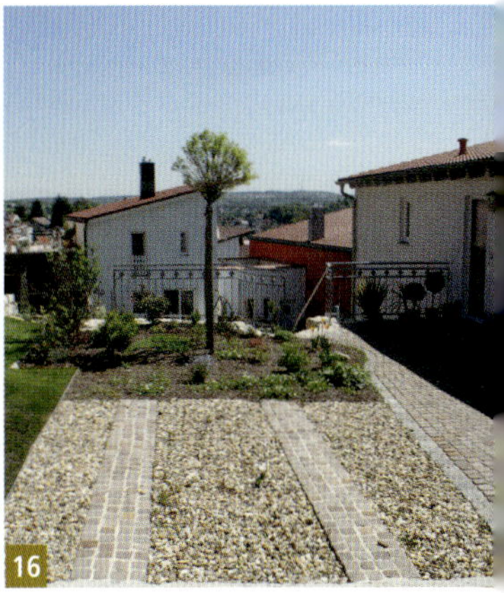

15
Auf der Terrasse am Haus grünt der Rasen. Eine Sichtschutzwand wird noch fertiggestellt, wenn die Pfosten fest einbetoniert sind.

16
Der Stellplatz wurde als Kiesbeet gestaltet. Auf einen Zaun haben die Besitzer beider Grundstücke verzichtet.

Beispiel 4.5: Einfriedungsmauer aus Schalungssteinen

Das an zwei belebten Straßen gelegene Grundstück sollte gegen den Lärm der Straße abgeschirmt und eine beruhigte, private Gartenfläche für die Hausbewohner geschaffen werden. Aus Platzgründen wurde eine hohe Einfriedungsmauer an der Grundstückgrenze als einzige Lösung gesehen. Die Wahl fiel auf Schalungssteine mit eingelegter Baustahlarmierung, weil diese erheblich preiswerter sind als Ziegel- oder Kalksandsteine. Hierbei wird das Mauerwerk durch Ausgießen mit Beton verfestigt und muss anschließend verputzt und gestrichen werden, um es ansehnlich zu gestalten und das Stadtbild nicht zu beeinträchtigen.

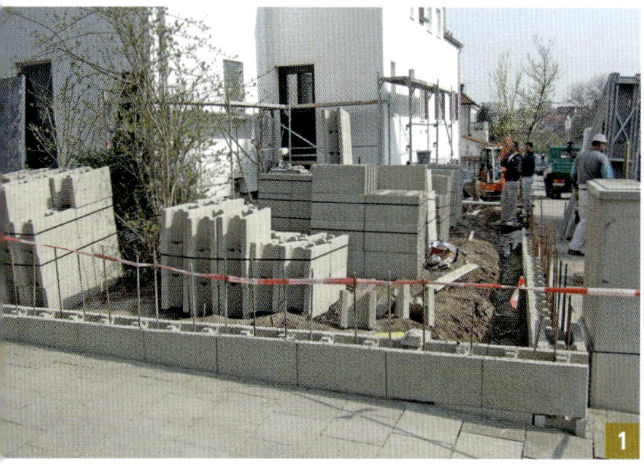

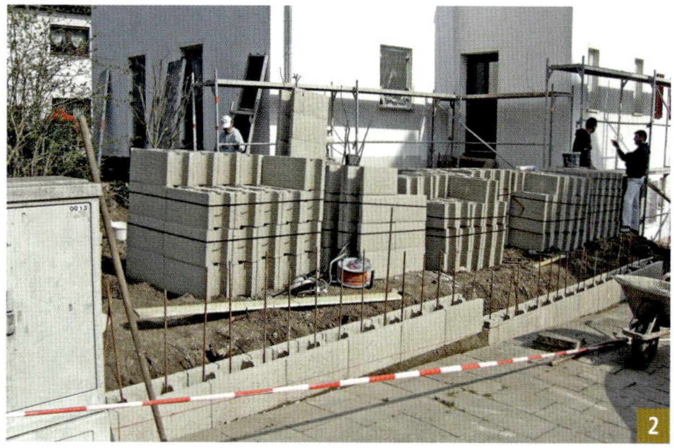

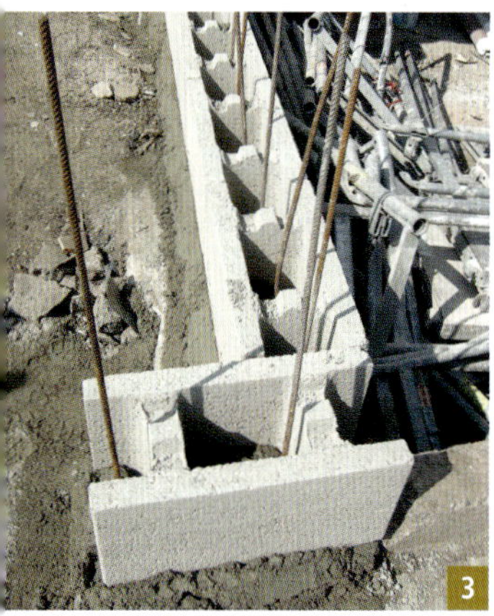

1
Eine hohe Mauer muss auf einem soliden Betonfundament errichtet werden, das in frostsicherer Tiefe gründet.

2
Für das Fundament wurde Fertigbeton in den ausgehobenen Fundamentgraben gepumpt und glatt gestrichen. Darauf kann die erste Reihe Schalungssteine ausgelegt werden.

3
Zur Armierung werden Baustahlstäbe senkrecht in den noch feuchten Beton gesteckt. Zusätzliche Stabilität erhält das Mauerwerk durch weiteren Baustahl, der waagerecht in die vorgeformten Rillen gelegt wird.

4
In Abständen eingelegte Styroporplatten verhindern Risse im Mauerwerk. Sie federn Spannungen durch Längenänderungen infolge Temperaturschwankungen ab.

5
Die Mauersteine werden im Verband aufeinander gesetzt. An den Ecken sind Zuschnitte erforderlich.

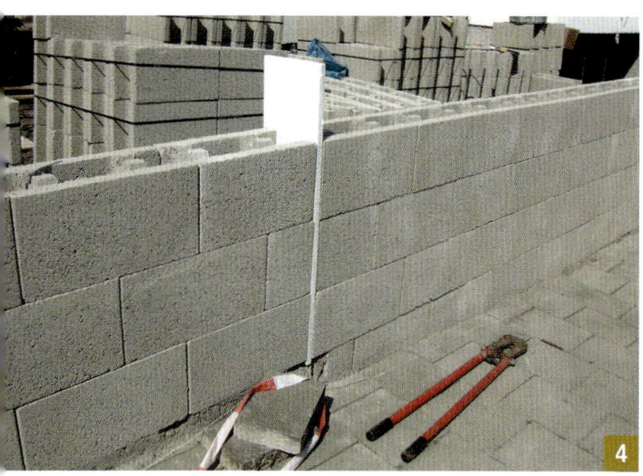

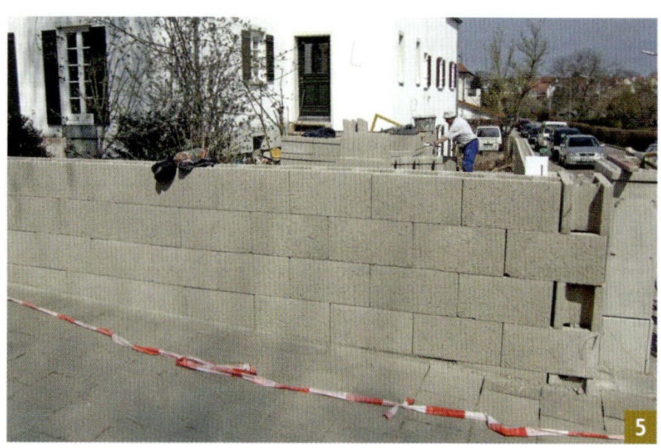

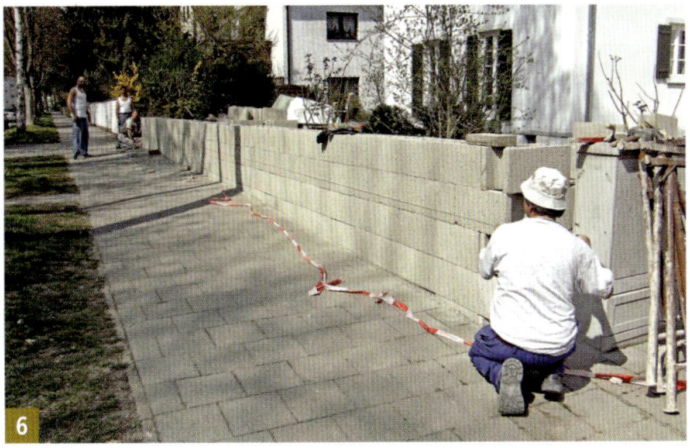

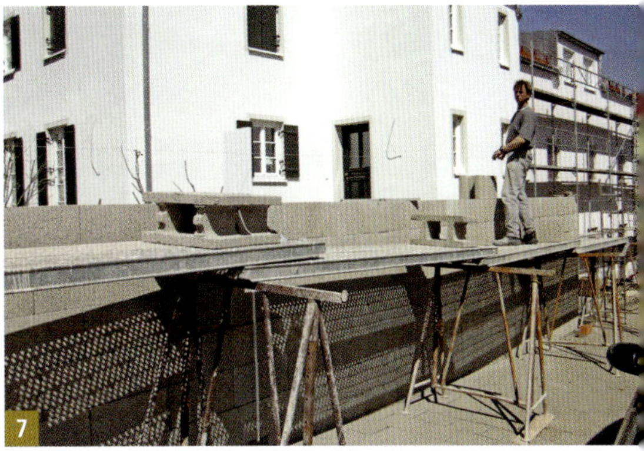

6
Bei einer Mauer dieser Länge ist vor dem Verfüllen mit Beton der gerade Verlauf immer wieder zu prüfen. Jede Steinreihe wird an der gespannten Maurerschnur ausgerichtet. In dieser Höhe wirkt die Mauer noch einigermaßen zurückhaltend.

7
Für den weiteren Aufbau ist ein Gerüst nötig. Das Aufsetzen der Steine und das Ausrichten an der Maurerschnur wird in gewohnter Weise fortgesetzt.

8
Obwohl die schmalen Steine nicht sehr viel Beton aufnehmen, lohnt sich die Lieferung vom Betonwerk. Ein LKW mit Pumpe befördert den Beton kräftesparend aus dem Mischer direkt in die Steine.

9
Nach der Fertigstellung des Rohbaus erscheint das Mauerwerk uneben und unansehnlich. Ein Verputz ist daher unverzichtbar.

10
Der Mörtel für den Verputz muss elastisch und frostbeständig sein. Er wird nach dem Auftragen mit dem Reibbrett geglättet.

11
Nach dem Streichen mit Fassadenfarbe ist von den Betonsteinen nichts mehr zu sehen. Ein Klinkermauerwerk wäre die aufwendigere und teurere Alternative gewesen.

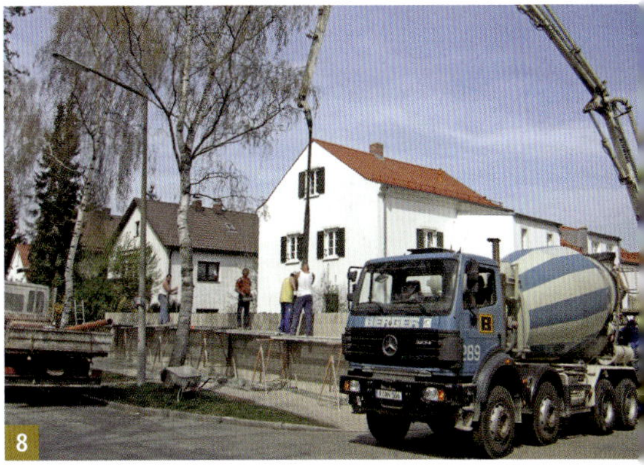

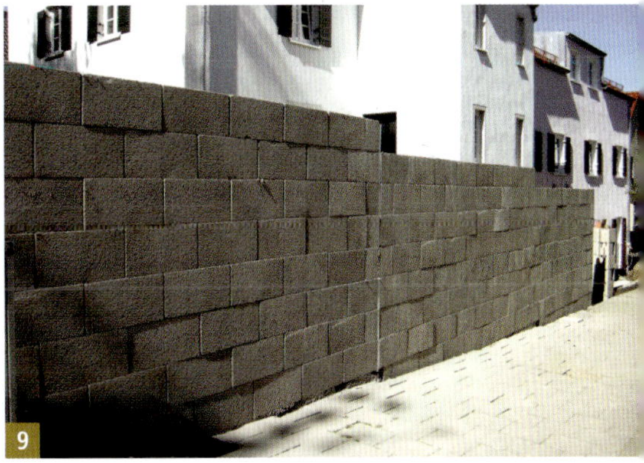

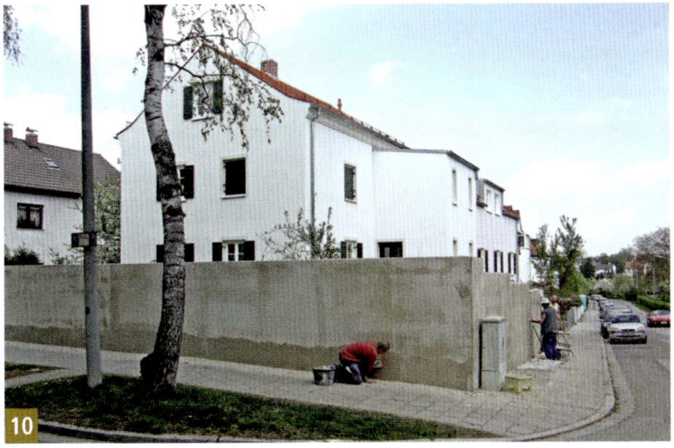

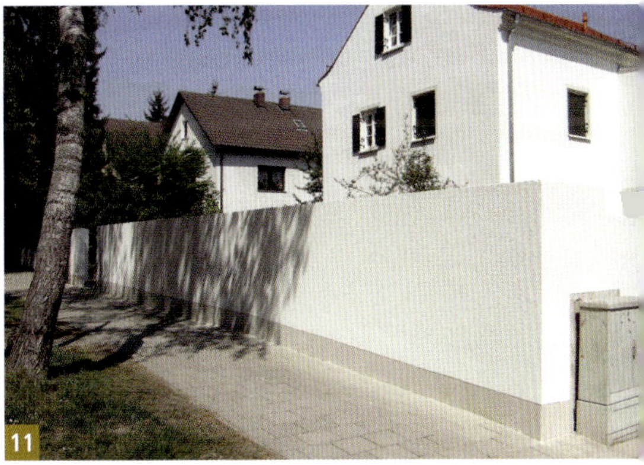

Beispiel 4.6: Sichtschutzmauer aus Ziegelsteinen

1
Das Sichtschutzmauerwerk entsteht auf einem schmalen Streifenfundament aus Beton, das frostsicher gründet. Die Ziegel für das Mauerwerk stammen von einem alten Bauernhaus aus dem Nachbardorf. Sie wurden von Mörtelresten befreit.

Die Entscheidung für eine Mauer fiel bereits bei der Planung des Sitzplatzes. Da die Hecke an der Grundstücksgrenze noch einige Jahre zum Aufwachsen brauchen würde, war ein Sichtschutz gewünscht, außerdem sollte die Mauer den Lärm von der naheliegenden Autobahn etwas dämpfen. Die alten Ziegel konnte der Bauherr kostenlos von einem Abrisshaus bekommen. Dafür mussten sie aufwändig vom Mörtel befreit werden. Die handgeformten Tonziegel sind nicht frostbeständig, d.h., die Mauer muss im Winter vor Durchfeuchtung geschützt werden, es sei denn, das Abplatzen kleiner Steinstücke stört nicht.

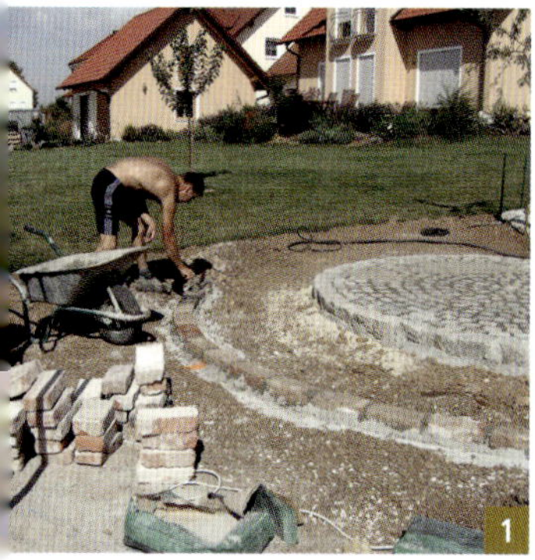

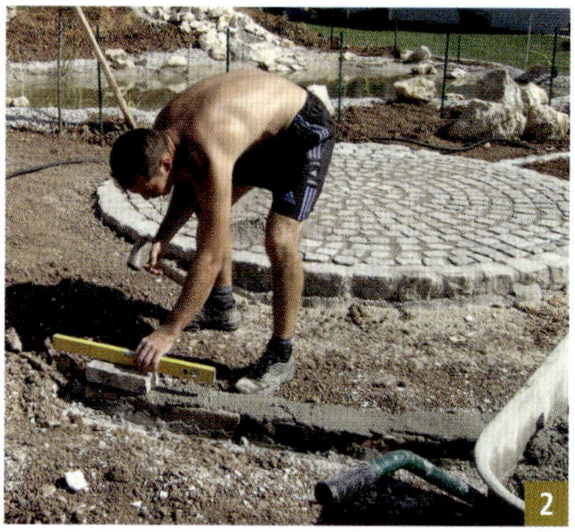

2
Der Mauerbau mit ungleichmäßigen Handschlagziegeln ist schwieriger als mit ebenmäßigen Formaten. Kreuzfugen sind beim Aufmauern zu vermeiden. Die 2.Lage beginnt deshalb mit einem kurzen Ziegelstein.

3
Die Steine werden Lage für Lage im Verband auf ein Mörtelbett gelegt. Die Mörtelschicht muss dick genug sein, um die Unterschiede der Steine auszugleichen.

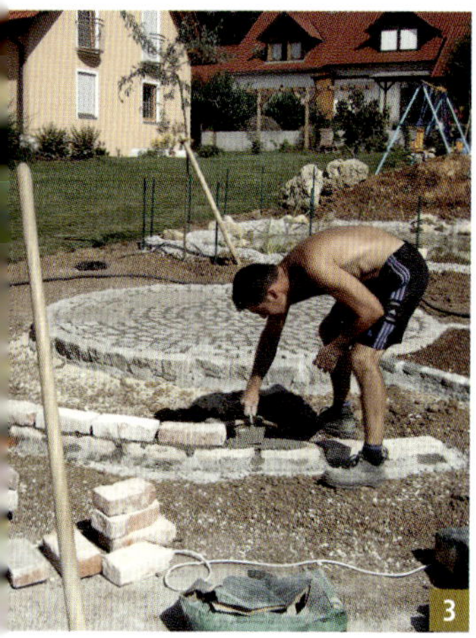

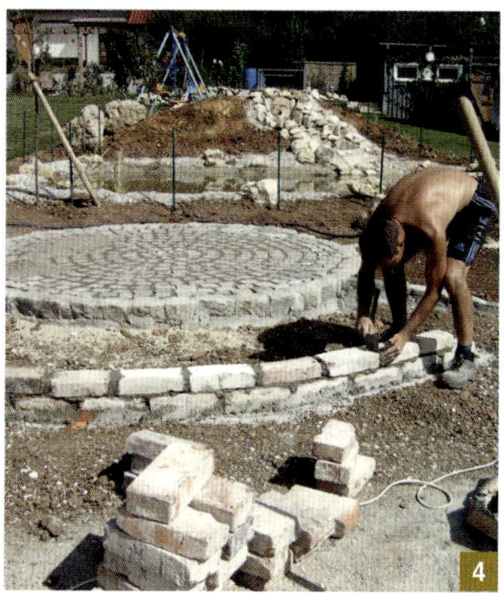

4
Feste Verbände entstehen durch das Verfugen mit Mörtel. Dieser wird mit wenig Wasser angemischt, damit er in den Fugen haften bleibt.

5
Das Mauerwerk nimmt langsam seine Form an. Anders als Handschlagziegel sind neue Ziegel mit einheitlichen Maßen fester und einfacher zu verarbeiten.

6
Allerdings wird die Mauer durch die handgeformten Ziegel zu einem kleinen Kunstwerk. Der Mauermörtel wird bedarfsgerecht in kleinen Mengen in der Maschine gemischt.

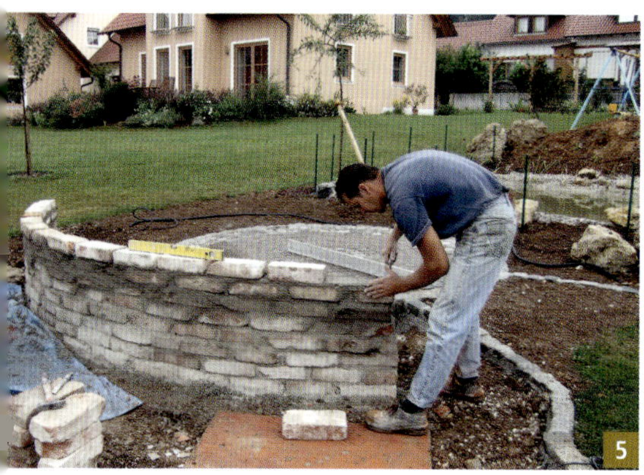

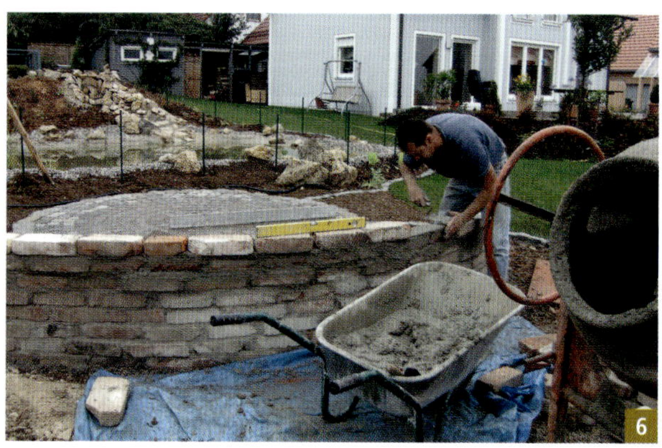

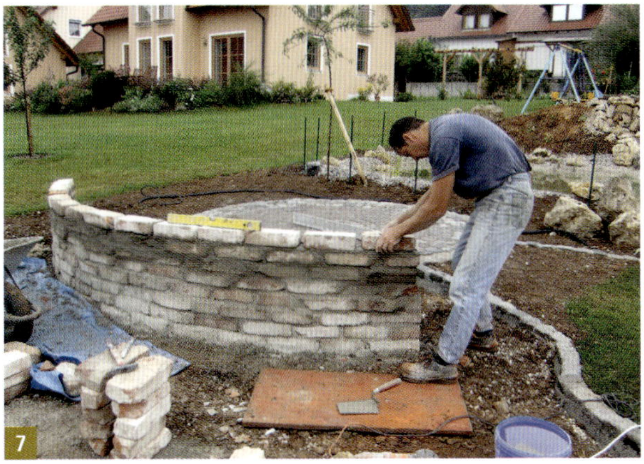

7

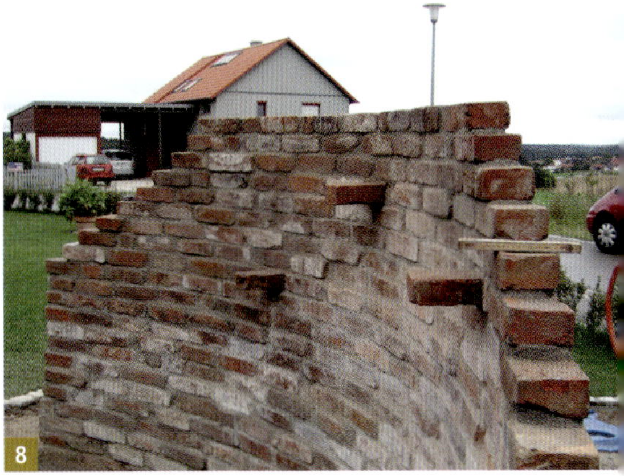

8

7
Durch Auswahl passender Steine aus dem vorbereiteten Stapel kommt ein bündiger Abschluss an den Rändern zustande. Falls nötig, können die Ziegel auch zugeschnitten werden. Die vermörtelten Steinreihen müssen einen festen Verband bilden, so dass die Mauer trotz ihrer geringen Wandstärke sicher steht. Mit der Wasserwaage wird geprüft, ob die Steinreihen waagerecht liegen.

8
Beim Hochziehen der Mauer wurden einzelne Ziegel auf der Innenseite überstehend als Stellflächen für Sommerblumen oder Utensilien eingebaut.

9
Bereits nach dem Abriss des alten Hauses wurden die guten Steine vom alten Mörtel befreit. Nach dem Bau der Mauer müssen jetzt noch die frischen Mörtelreste entfernt werden. Das gelingt zunächst trocken durch Abbürsten..

10
Entfernen der letzten Mörtelreste mit dem Hochdruckreiniger.

11
Die Struktur des alten Mauerwerks ist nun sichtbar. Innen stellt ein Kiesbeet den Übergang zwischen Mauer und Pflaster her.

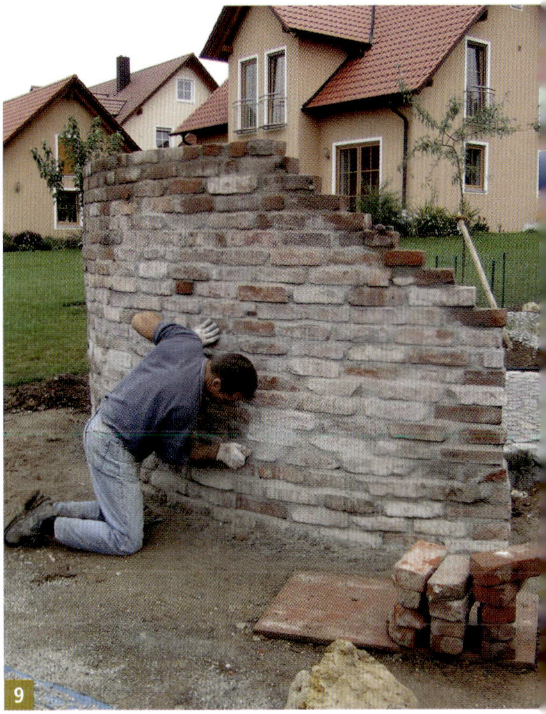

9

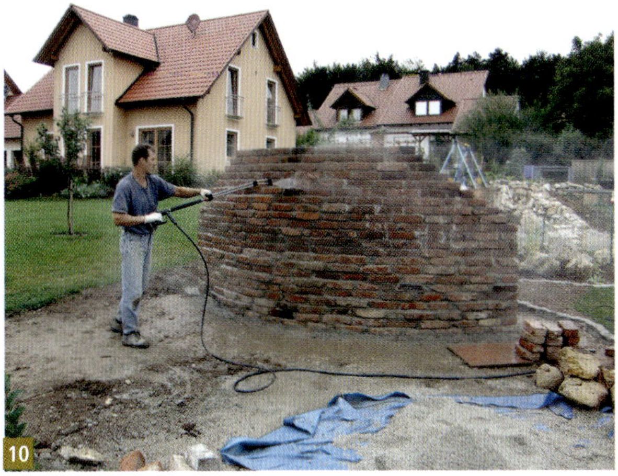

10

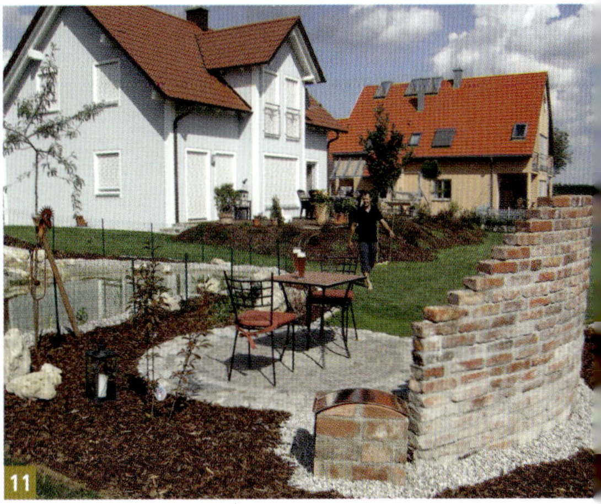

11

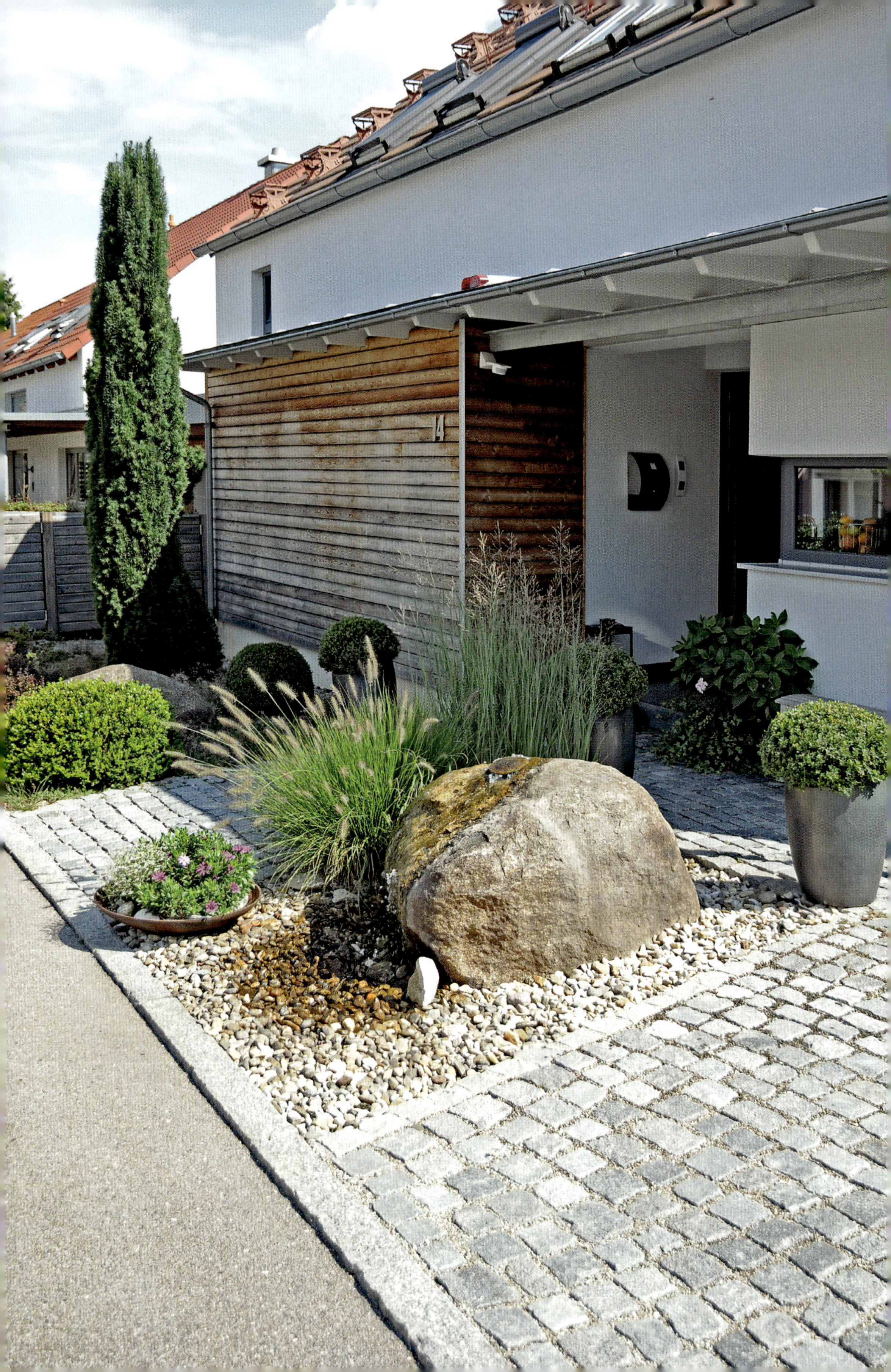
14

5 Steingärten

Besondere Lebensräume für Steingartengewächse

In der Natur entstehen Steingärten durch jahrelange Verwitterung von Gestein. Die steten Einwirkungen von Eis, Schnee, Regen und Sonne brechen die Steine auf und lassen einen mineralreichen Boden mit guten Wachstumsbedingungen für Steingartengewächse entstehen. Der Wind und die Tiere bringen Samen heran, die in den Steinspalten keimen und je nach Art zu breiten Staudenpolstern oder kräftigen Büschen heranwachsen. Im Garten kann man diese Vorgänge in der Natur nachahmen, um auf kleiner oder größerer Fläche einen Steingarten anzulegen.

Im Prinzip kann sich auch ein übrig gebliebener Haufen Steine zu einem Steingarten entwickeln, wenn sich zwischen den Steinen Pflanzen ausbreiten. Wer jedoch ein schönes Alpinum kennt, wird kaum mit einem Steinhaufen zufrieden sein – es sei denn, irgendwo abseits in einer Gartenecke soll ein naturnaher Unterschlupf für Eidechsen und andere Tiere bleiben. „Fürs Auge", d.h. als Gestaltungselement, passt besser ein richtig angelegter Steinaufbau. Das kann ein kleines Alpinum sein, aber auch eine Trockenmauer mit Ausläufern, eine Kräuterspirale oder ein Schotterbeet. Die Anlage eines Steingartens ist keine Kunst, dennoch kann ein durchaus kunstvolles Gebilde zustande kommen. Wer hohe Ansprüche stellt und etwas Vergleichbares realisieren will wie das Alpinum in einem botanischen Garten, wird viel Mühe haben und möglicherweise nicht vor Enttäuschungen bewahrt bleiben, zumal alpine Pflanzen Fingerspitzengefühl und Kenntnisse erfordern. Mit einem einfachen Aufbau aus Natursteinen und pflegeleichten Pflanzen lässt sich aber auch ohne besonders großen Aufwand ein schöner Steingarten realisieren.

Die Knochenarbeit bleibt niemandem erspart. Das Schwerste beim Bau eines Steingartens sind die Beschaffung und das Aufschichten der Steine. Die Mühe hängt nicht unwesentlich von der Art und Größe des Gartens und der Steine ab. Deshalb sollte der Aufwand für die Anlage im Planungsstadium gut abgeschätzt werden, besonders, wenn der Steingarten an einer abgelegenen Stelle entstehen soll, die nicht mit Fahrzeugen und Maschinen, sondern nur mit der Schubkarre erreichbar ist. Für die Gestaltung einer größeren Gartenfläche lohnt es sich kaum, die Natursteine selbst – etwa mit dem PKW-Anhänger – zu besorgen. Nur bei einer kleinen Anlage (z.B. für eine Kräuterspirale) können die Steine z.B. aus einem nahegelegenen

5.1 *(linke Seite)*
Steingärten sind eine Möglichkeit zur Gestaltung pflegeleichter Vorgärten.

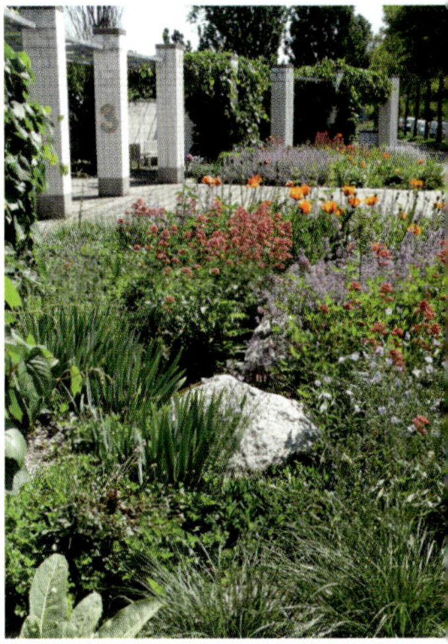

5.2 *(oben)*
Dieses Steppenbeet zeigt, dass trotz der geschotterten Pflanzfläche eine üppige Vegetation möglich ist.

5.3 und 5.4 *(unten)*
Gestaltungsvarianten der Vorgarten-Zone mit bepflanzten Steinbeeten, links eine minimalistische Lösung mit Schotter und Trittplatten, rechts eine Anlage mit Kieselsteinen und Gehölzen.

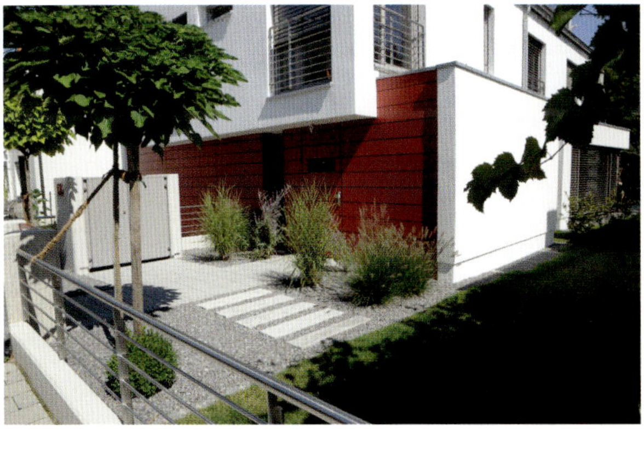

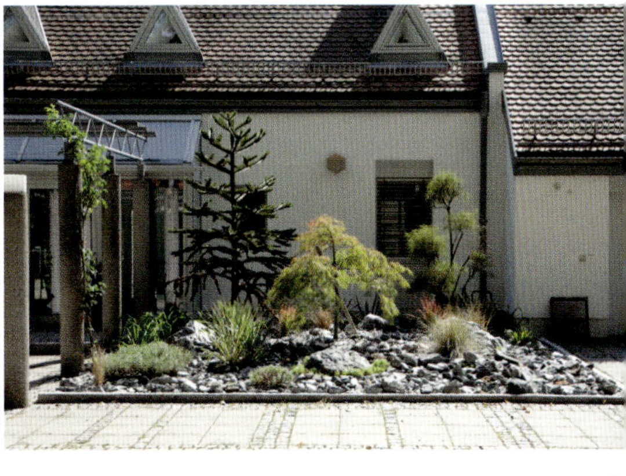

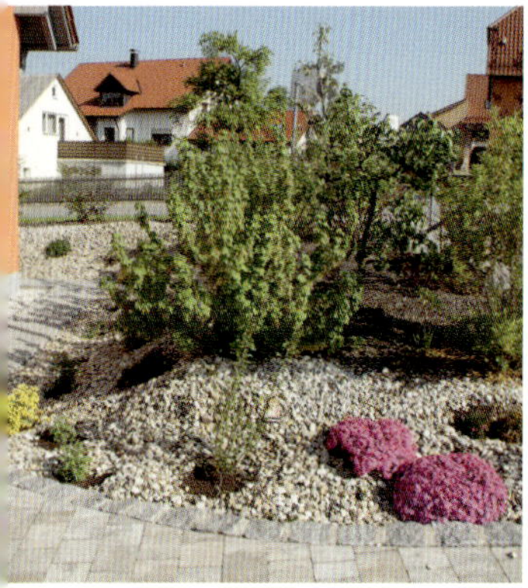

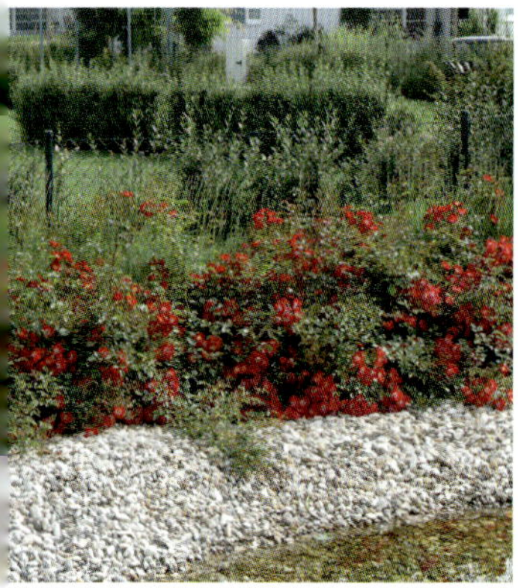

5.5 und 5.6 *(oben)*
Kies in mittlerer Steingröße (Siebung) kann als Mulchschicht durchaus dekorativ wirken, oben mit Bodendeckern und Gehölzen bepflanzt, unten für das Rosenbeet am Teichrand.

5.7
Auch manche Kräuter gedeihen in steiniger Umgebung gut.

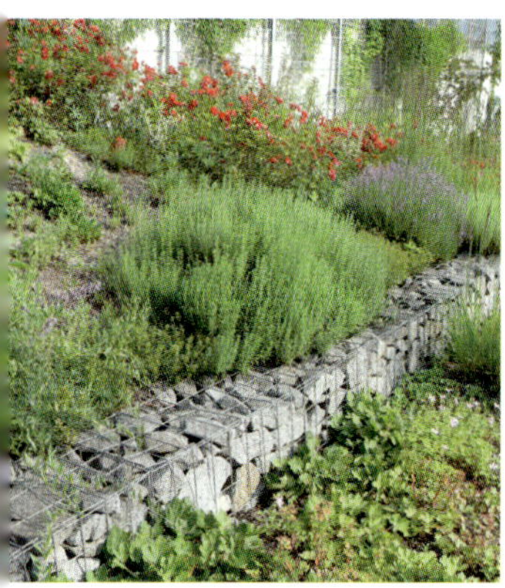

Steinbruch noch in Eigenregie herangeschafft werden. Sonst wird man das tonnenschwere Baumaterial besser per LKW anliefern lassen, z.B. durch einen Spediteur oder ein Tiefbauunternehmen aus der Umgebung oder durch den Steinbruchbetrieb selbst (siehe Branchen-Telefonbuch unter „Transporte" oder „Steinbrüche").
Vor der Bestellung sollte das Gestein begutachtet werden, da es bei allen Steinarten verschiedene Qualitäten und Größen gibt. Für einen einfachen Steingarten genügen unbehandelte Bruchsteine, für eine Trockenmauer eignen sich kantige, ggf. handbehauene Steine besser. Während die Steine selbst recht preiswert sind (je nach Sorte ab ca. 20 €/to aufwärts), ist der Transport meist vergleichsweise teuer. Es lohnt sich daher, eine volle Fuhre zu bestellen, das sind bei einem normalen Baustellen-LKW etwa 6 Tonnen Material.
Die Pflanzenauswahl für einen Steingarten richtet sich nach dem gewünschten Steingarten-Typ – also danach, ob z.B. ein Kräutergarten oder ein naturnahes Alpinum entstehen soll. Jeder Gartenmarkt hält ein Sortiment an Steingartenpflanzen in Töpfen bereit, die beinahe jederzeit gepflanzt werden können. Erde ist normalerweise ausreichend im Garten vorhanden; wenn nicht, z.B. bei einer großen Anlage, wird auch sie kostengünstig von einem Transportunternehmen geliefert.

Ohne Plan, aber nicht planlos bauen

Art und Form des Steingartens richten sich gewöhnlich nach dem Grundstück beziehungsweise nach der vorhandenen Fläche. Die Anlage eines Steingartens ist sowohl bei einer Gartenneugestaltung wie auch nachträglich möglich. Ein genauer Plan wird gewöhnlich nicht gebraucht, dennoch sollte die Anordnung der beträchtlichen Mengen an Stein vorab wohl überlegt werden. Anders als eine Gartenmauer, die ein solides Fundament benötigt, lassen sich Steinhaufen oder auch eine niedrige Trockenmauer zwar recht frei anlegen, bei der Wahl der Steinart sollte aber die gewünschte Bepflanzung berücksichtigt werden (z.B. Kalkstein für kalkliebende Pflanzen, für Moorbeetpflanzen sicher keinen Kalkstein) und die Steine müssen natürlich statisch sicher verbaut werden. Schließlich soll ein schönes und langlebiges Gestaltungselement geschaffen werden. Spätere Änderungen sind nur mit Mühe möglich. Bevor die Steinlieferung kommt, sollten Lage, Form und Größe ungefähr festgelegt sein.

Standortwahl

Eine Südlage ist günstig, zumal die meisten Steingartenpflanzen viel Licht brauchen. Steingärten, Trockenmauern oder Kiesbeete passen aber auch an sonnenabgewandte Plätze. So kann eine Trockenmauer als Steingarten-Element auch auf der Nordseite eines Hauses einen Vorgarten einfrieden oder einen schattigen Sitzplatz unter Bäumen abschirmen.
Beliebt sind auch pflegeleichte Kiesbeete im Vorgarten. Als Bepflanzung kommen meist immergrüne Gehölze wie Rhododendren, Buchs, Efeu und Mahonien zum Einsatz, außerdem Stauden, Gräser und Farne, z.B. Funkien, Lungenkraut, Walderdbeeren, Seggen und Hirschzungenfarn, die im Schatten besser gedeihen als an sonnigen Plätzen.
Mit Steinen gestaltete Flächen, seien es Schotter- bzw. Kiesbeete oder auch Trockenmauern, haben als Gestaltungselemente an der Terrasse, als Stützwände an Böschungen und Hängen oder als pflegeleichte, mehr oder weniger ebene Beete am Haus viele Vorzüge. Sie lassen sich auch gut durch anderen Elemente ergänzen, z.B. mit einem Gartenteich. Mit etwas Pumpentechnik kann im Steingarten u.U. sogar die Quelle für einen Bachlauf mit Teich angelegt werden. Auch

als Einfassung für einen Teich bietet sich ein Kiesbeet an, zumal die Kieselsteine eine schöne und wirksame Abdeckung der Teichfolie ermöglichen.

Der richtige Aufbau

Jeder Steingarten muss richtig aufgebaut werden, ob es sich um ein Alpinum, eine Trockenmauer oder eine Kräuterspirale handelt. Die Steine müssen fest sitzen und dürfen beim Begehen – was beim Aufbauen einer größeren Anlage kaum zu vermeiden ist – nicht wackeln oder gar abrutschen. Eine Mauer aus losen Steinen wird deshalb unten breiter gebaut und verjüngt sich nach oben. Mit kantigen Steinen ist das Aufschichten steilerer Wände natürlich leichter möglich als mit unbehauenen rundlichen Brocken. Beim Aufschichten der Steine sollten alle Hohlräume mit Erde gefüllt werden.

Bepflanzung

In die mit Erde gefüllten Lücken werden gleich Pflanzen eingesetzt. Je nach Bepflanzung kann ein spezielles Substrat nötig sein. Alpenrosen (z.B. *Rhododendron hirsutum*) und andere Moorbeetpflanzen benötigen saure Erde. Andere kalkliebende Stauden und Gehölze gedeihen nur auf alkalischer (d.h. kalkhaltiger) Erde. Den meisten Pflanzen genügt aber gute Gartenerde, so etwa den Latschen (Zwergkiefern), Zwergweiden, Seidelbast-Arten, Polsterphlox, Blaukissen, Hauswurzen und vielen anderen.

Bei der Pflanzenauswahl ist eine gute Beratung mit Pflanz- und Pflegeanleitung empfehlenswert, vor allem wenn besondere Arten gewünscht werden.

Auch die gewählte Steinart gilt es zu berücksichtigen. Kalkgestein schafft beispielsweise einen alkalisch reagierenden Boden, d.h. auf Kalkstein gedeihen nur kalkverträgliche Pflanzen. Das Gros der Steingartenpflanzen ist jedoch recht tolerant und wächst auf jedem Gestein beziehungsweise in guter Erde zwischen den Steinen. Eine universelle Erde für die meisten Gehölze, Stauden und Gräser besteht aus einer Mischung aus 1/3 lehmiger Gartenerde, 1/3 Sand und 1/3 Kompost. Für besonders empfindliche Pflanzen mischt man je nach Art ein eigenes Substrat.

Nach der Pflanzung brauchen Stauden und Gehölze ausreichend Wasser. Später, wenn sie angewachsen sind, versorgen sie sich selbst und vertragen Trockenperioden gut. Nur wuchernde Wildpflanzen, die sich selbst ansiedeln und stören, müssen gelegentlich gejätet werden.

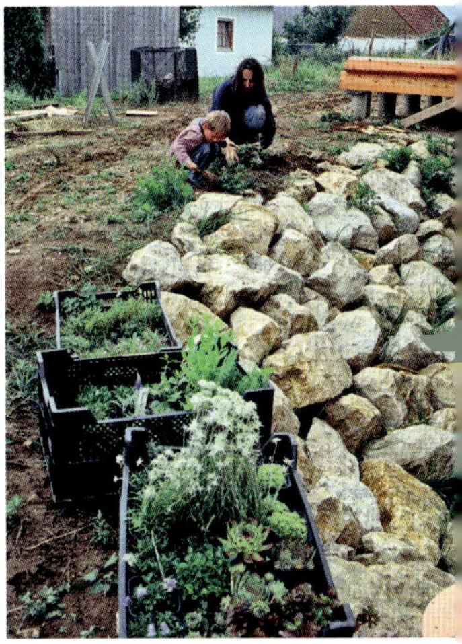

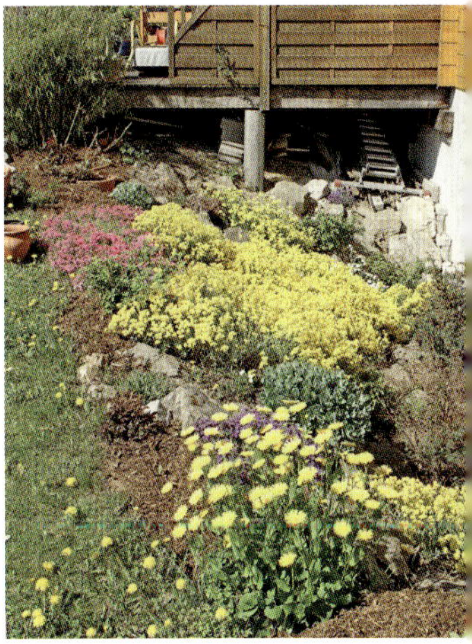

5.8 und 5.9 *(oben)*
Nach der Bepflanzung der mit Kalksteinen befestigten Böschung hat sich dort bald eine üppige Pflanzengesellschaft entwickelt.

5.10 und 5.11 *(unten)*
Pflanzengesellschaften in einem Alpinum. Das Granitgestein begünstigt eine andere Vegetation als z.B. Kalkgestein.

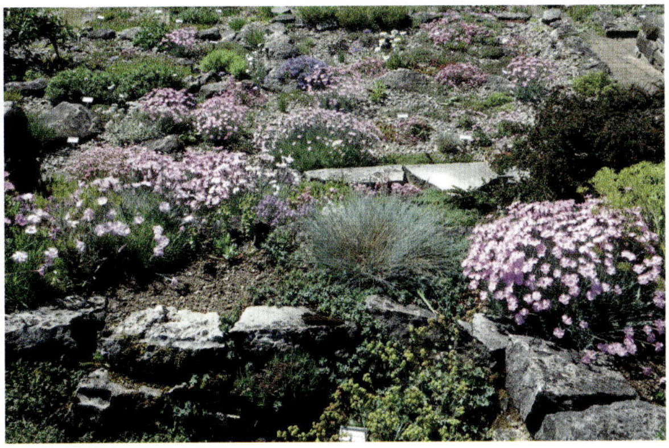

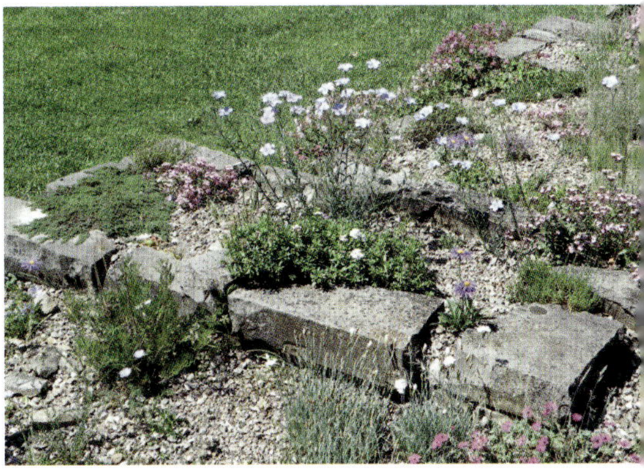

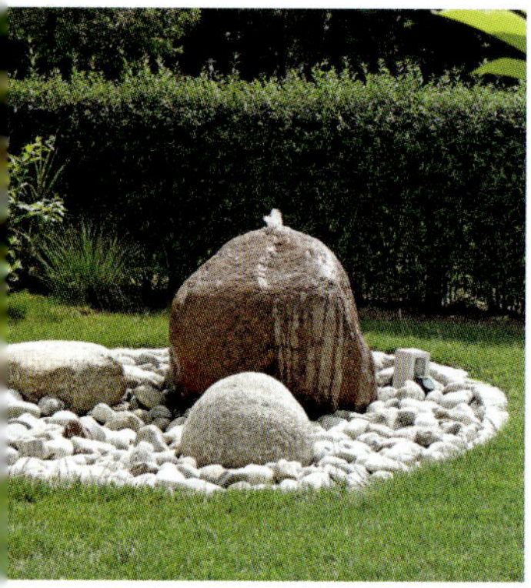

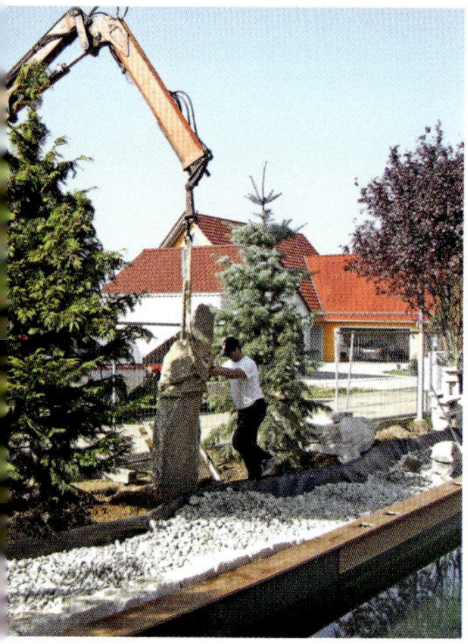

5.12 und 5.13 *(oben)*
Findlinge können vielfältig als Gestaltungsobjekte eingesetzt werden.

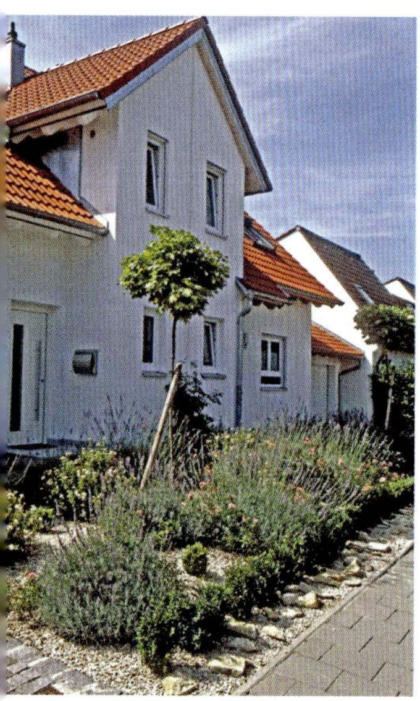

5.14 *(links)*
Die Vegetation kann sich auch auf einem Schotterbeet sehr üppig entwickeln.

Findlinge als Gestaltungsobjekte

Wie in Wald und Flur, wo Findlinge an Wegrändern aus dem Boden ragen oder Feldlesesteine zu Trockenmauern aufgeschichtet sind, gehören große Steine nicht nur ins Alpinum oder in spezielle Steingärten, vielmehr können sie einzeln oder in Gruppen auch zur Gestaltung einer Gartenanlage oder eines Vorgartens beitragen. So können schöne große Natursteine Heidegärten, Staudenrabatte oder Kräuterbeete verschönern. Hier wirken granitgraue oder kalkgelbe Findlinge wie kleine Monumente, wenn sie inmitten blühender Pflanzen platziert sind. Wohlgeformte Exemplare bieten sich auch als Sitzsteine an, wenn sie an günstigen Stellen etwa am Teich oder an der Terrasse einen Platz erhalten. Mit ausgewählten kantigen Bruchsteinen, die bei der Lieferung von Naturgestein für eine Trockenmauer anfallen, ist auch der Bau von massiven Sitzbänken oder Sitzgruppen möglich.

Beete mit Splitt, Schotter oder Kies pflegeleicht gestalten

Gartenecken, die schwierig zu pflegen sind, oder Flächen, die immer im Blickfeld liegen (z.B. Vorgärten), lassen sich durch das Mulchen mit steinigem Material wie Splitt, Kies oder anderen mineralischen Stoffen dekorativ und nachhaltig pflegeleicht gestalten. Anders als beim Mulchen mit Rindenschrot verrottet das Gesteinsmaterial nicht, sondern bleibt langfristig erhalten. Damit aber zwischen den Steinen keine störenden Wildkräuter aufkommen, die nur mühsam zu entfernen sind, wird die Beetfläche vor dem Mulchen mit einem Unkrautschutzvlies abgedeckt.
Zum Abdecken solcher Schotter- oder Kiesbeete kommen Splitt oder Kies in Betracht. Der Baustoff Splitt wird vor allem beim Pflasterbau benötigt. Die kleinen spitzen Steinchen aus Kalk oder Granit werden wie der gröbere Schotter in Steinbrüchen gewonnen und in speziellen Mühlen gebrochen. Beim Verdichten mit einer Rüttelplatte verkeilen sich die Steinchen und bilden einen tragfähigen Unterbau, z.B. für ein Pflaster. Für ein Splittbeet werden sie dagegen nur lose verteilt, also nicht gerüttelt und verdichtet.
Ebenso wie Splitt ist Kies ein unentbehrliches Baumaterial und ein schöner und nützlicher Rohstoff bei der Gartengestaltung. Für die Anlage eines Kiesbeetes werden vorzugsweise größere Kieselsteine verwendet, die man durch Angabe einer bestimmten Siebung (z.B. 16/64 mm) gezielt bestellen kann. Mit Kies abgedeckte Flächen können im Garten wertvolle Pflanzflächen für ausgewählte Gehölze, Stauden und Zwiebelpflanzen bieten. Der Kies darf aber nicht wie in der Kiesgrube meterdick aufgeschichtet werden, sonst verkümmern die Pflanzen. Das gilt im Übrigen auch für Splitt. Die Kies- oder Splittschicht sollte den Boden nur dünn bedecken. Die dünne Auflage aus großen oder kleinen Steinen hindert die Stauden, Gräser und andere krautige Pflanzen nicht an der Entwicklung, schirmt aber den Erdboden ab und schützt ihn vor Verschlämmung durch Regengüsse ebenso wie vor Austrocknung durch die Sonne. Wärmeliebende Pflanzen profitieren sogar von der steinernen Bodendecke, zumal die hellen Steine das Sonnenlicht reflektieren.

Beete gestalten

Die Anlage eines Kies- oder Splittbeetes kann in Eigenregie erfolgen, wenn das Material per PKW-Anhänger beschafft oder von einem Spediteur geliefert wird. Die Bepflanzung richtet sich nach den persönlichen Wünschen. Im Prinzip sind alle Gehölze und Stauden geeignet, wenn die

Lichtverhältnisse passen. Bei schattiger Lage gibt es Einschränkungen bei der Pflanzenauswahl, ebenso an Standorten in praller Sonne. Zu bevorzugen sind immergrüne Pflanzen, die auch im Winter ansehnlich wirken. Dazu gehören Buchsbaum, Rhododendren und immergrüne Kräuter wie Salbei und Lavendel. Als Dauerblüher haben sich Bodendecker-Rosen und Fünffingersträucher *(Potentilla)* bewährt. Kleine Hausbäumchen wie etwa Kugelahorn oder andere kleinkronige Arten setzen Akzente.

Mulchvlies mit mehrfacher Wirkung

Zur Pflegeerleichterung trägt ein Unkrautschutzvlies bei, das als Meterware oder in gefalteten Stücken in Gartenmärkten zu bekommen ist. Das verrottungsfeste, feinmaschige Kunststoffgewebe wird vor dem Ausbringen der Steine auf dem Boden ausgebreitet und hält störende Kräuter im Boden zurück bzw. hindert die Samen daran zu keimen. Die Spezialfolie vermindert zudem die Wasserverdunstung, lässt auftreffendes Regenwasser durch und behindert den Gasaustausch des Bodens nicht. Die Pflanzen werden nach Anbringen von Kreuzschlitzen (z.B. mit einer Schere) durchgesteckt und in den Boden eingesetzt. Nach dem Einpflanzen werden die Folienstücke wieder zugeklappt. Das abschließende Abdecken der gesamten Fläche mit Kies oder Splitt kaschiert die Folie und gibt dem Beet einen natürlichen Steingartencharakter. Große Kiesel oder je nach Art der Gestaltung vereinzelte große Bruchsteine setzen Akzente in der Beetgestaltung. Statt der dünnen Unkrautschutzfolie kann auch ein reißfestes Teichvlies verwendet werden. Besonders wenn das Splitt- oder Kiesbeet häufiger betreten wird, eignen sich diese dickeren und strapazierfähigen Gewebe besser als Unkrautschutzvlies.

Der Einsatz solcher Folien ist auch in Biogärten vertretbar, wenn sie gezielt, z.B. in einem begrenzten Kiesbeet, verwendet werden. Wer schon einmal in einem Kies-, Splitt- oder Schotterbeet die aufkommenden Wurzelunkräuter gejätet hat, weiß diese Pflegeerleichterung sehr zu schätzen.

Arbeitsschritte zur Anlage eines Steinbeetes

- Zunächst den Boden vorbereiten, d.h. lockern und ebnen, Rasen eventuell umgraben und Rasensoden entfernen.
- Pflanzen verteilen
- Gehölze einpflanzen
- Unkrautschutzvlies passend zuschneiden, ausbreiten und stellenweise mit Splitt fixieren
- Stauden verteilen und durch Kreuzschlitze im Vlies in den Boden pflanzen
- Gesamte Fläche mit Kies oder Splitt abdecken
- Pflanzen angießen.

Hinweis
Pflanzen, die sich durch Wurzelausläufer ausbreiten (z.B. Polsterstauden, Gräser) sollten nicht durch Kreuzschlitze gepflanzt werden, da sie durch das Vlies an der Ausbreitung gehindert werden. Solche Pflanzen werden besser gezielt in Gruppen ohne Unkrautschutzvlies gepflanzt!

Gattung	Blütezeit
Pinus mugo 'Mops' Zwergbergkiefer	
Sedum-Arten Mauerpfeffer	V-IX
Sempervivum-Arten Hauswurz	VI
Salvia officinalis Salbei	VI
Lavandula officinalis Lavendel	VI-VII
Campanula-Arten Glockenblumen	VI-VII
Dianthus-Arten Nelken	VI-VII
Nepeta x faassenii Katzenminze	V-IX
Rosa-Sorten Bodendeckerrosen	V-IX
Pulsatilla vulgaris Küchenschelle	III-IV
Saxifraga x arendsii Steinbrech	V
Silene alpestris Lichtnelke	VI-VIII
Phlox subulata Polsterphlox	IV-V
Aubrieta x cultorum Blaukissen	IV-V
Aster dumosus Kissenaster	VIII-IX
Thymus vulgaris Thymian	VI-VII
Alyssum saxatile Steinkraut	IV-V
Achillea filipendula Schafgarbe	VI-VIII
Cotoneaster dammerii, Felsenmispel	IV-V
Arabis caucasica Gänsekresse	III-IV
Iberis sempervirens Schleifenblume	V
Dryas octopetala Silberwurz	V-VI

Tabelle 5.1
Steingartenpflanzen (Auswahl pflegeleichter, robuster und ausdauernder Arten)

Beispiel 5.1: Pflegeleichte Vorgartengestaltung mit Splittbeet

Der Vorgarten ist so etwas wie die „Visitenkarte“ des Hauses. Für die Öffentlichkeit einsehbar sollte er dekorativ wirken und dabei leicht zu pflegen sein. In vielen Fällen sind die Grundstücksflächen zwischen Haus und Straße relativ klein, trotzdem lassen sie sich ansehnlich gestalten, z.B. durch eine Bepflanzung mit Stauden und niedrigen Gehölzen, die mit Splitt gemulcht werden. Wenn sich die Nachbarn absprechen, ist sogar eine grenzüberschreitende Anlage möglich. Bei Doppelhaushälften oder Reihenhäusern bieten sich solche Gemeinschaftslösungen an, um die ohnehin kleinen Flächen nicht noch durch individuelle Gestaltungen zu zerstückeln.

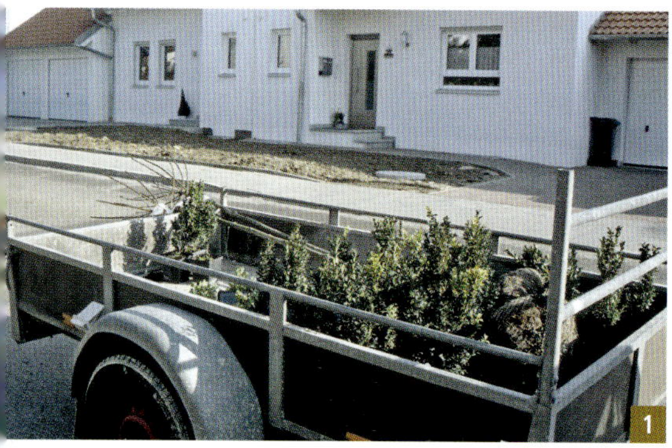
1

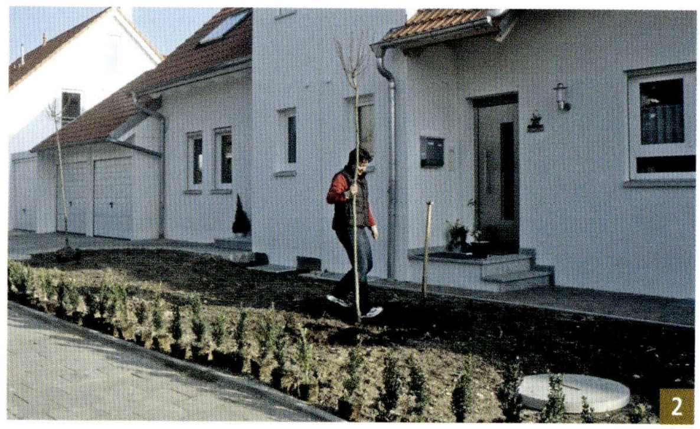
2

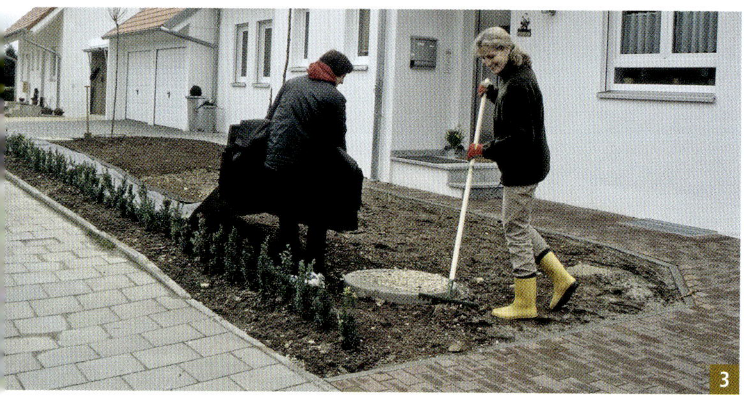
3

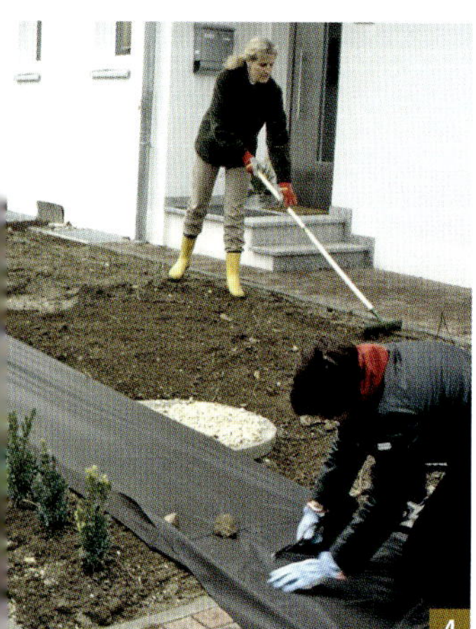
4

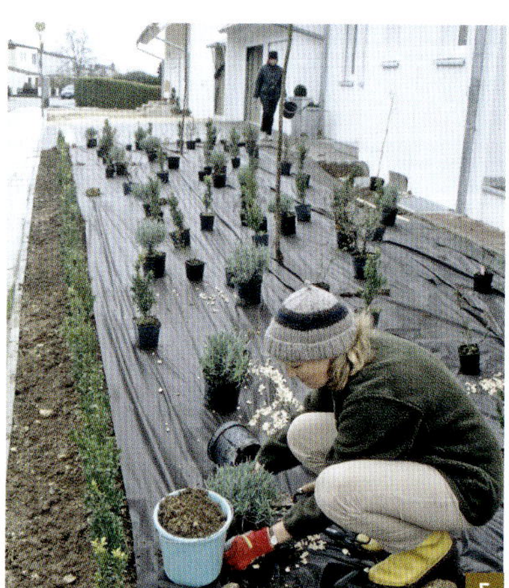
5

1
Die Pflanzen für den Vorgarten wurden mit dem PKW-Anhänger aus einer Baumschule abgeholt. Ballenpflanzen wachsen leichter an als wurzelnackte Gehölze.

2
Zwei Kugelahorn-Bäume, in ausreichendem Abstand zum Haus gepflanzt, sind als Akzente im grenzüberschreitenden Vorgarten vorgesehen. Als Abgrenzung zur Straße hin ist bereits eine niedrige Buchshecke gepflanzt.

3
Nach dem Entfernen von Steinen und dem Jäten von Wildpflanzen kann die Unkrautschutzfolie ausgebreitet werden.

4
Aufgelegte Steine verhindern, dass die leichte Folie vom Wind verweht wird. Für den Zuschnitt ist eine Haushaltsschere ausreichend.

5
Auf der Fläche sollen sich neben Hortensien, Rosen und den Gehölzen auch Buchsbaum, Lavendel und Potentilla flächig ausbreiten. Sie werden gleichmäßig verteilt und durch Einschnitte in der Folie eingepflanzt.

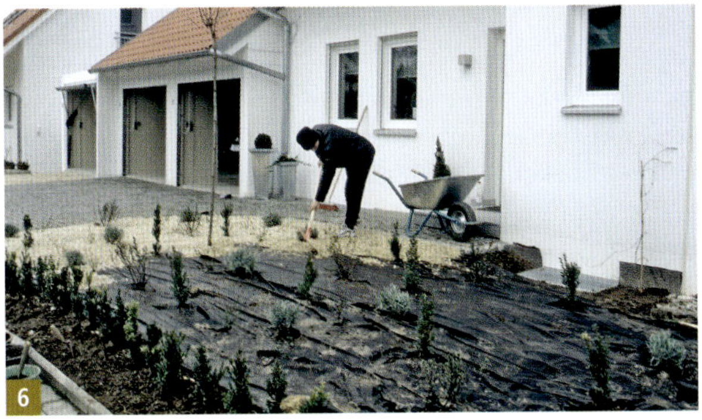

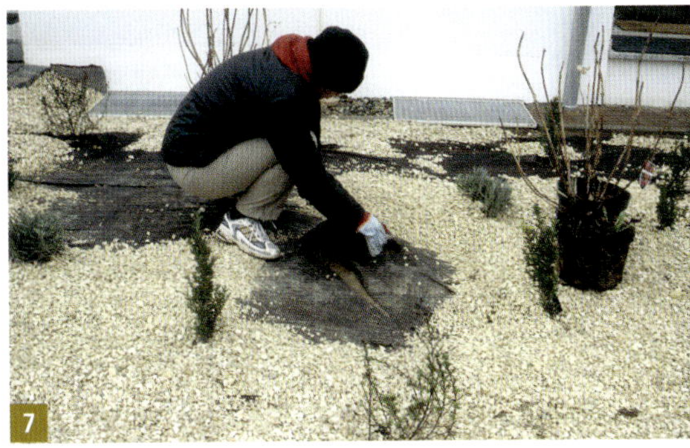

6
Nach dem Pflanzen der Sträucher wird der Splitt verteilt. Dabei sind Beschädigungen der Folie zu vermeiden.

7
An den für Hortensien vorgesehenen Stellen wird noch kein Splitt aufgetragen.

8 und 9
Zum Einpflanzen der Hortensien wird die Folie kreuzweise eingeschnitten, so dass sich die Folienlappen umklappen lassen. Die ausgehobene Erde kann in der Schubkarre zwischengelagert werden.

10 und 11
Der Strauch wird bis zum Wurzelhals in das Pflanzloch gestellt. Dieses sollte dann gut und hohlraumfrei mit Erde verfüllt werden. Dann können die Folienlappen eingeklappt werden.

12
Nach dem Einpflanzen aller Gehölze wird der Splitt auf der gesamten Fläche verteilt. Der Grobsplitt aus Kalk lässt sich mit dem Rechen gut verteilen. Nach Abschluss dieser Arbeiten sieht das Beet schon ganz ordentlich aus und wirkt durch den hellen Splitt freundlich.

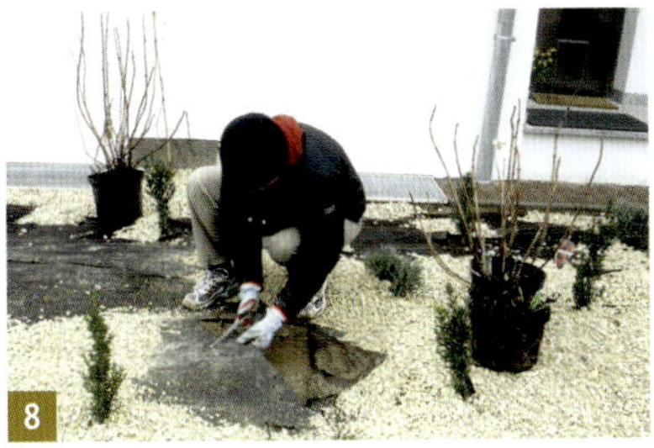

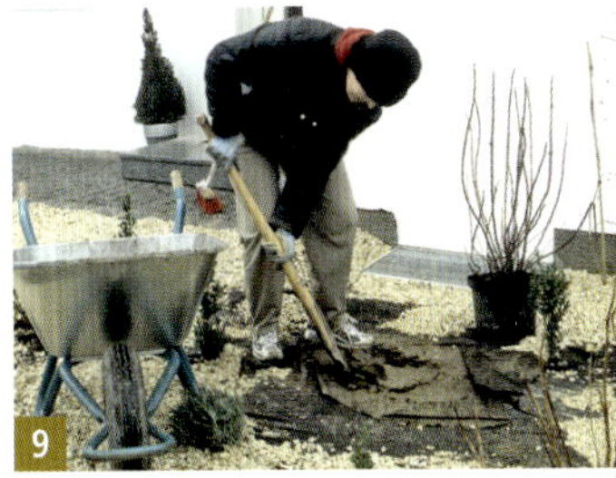

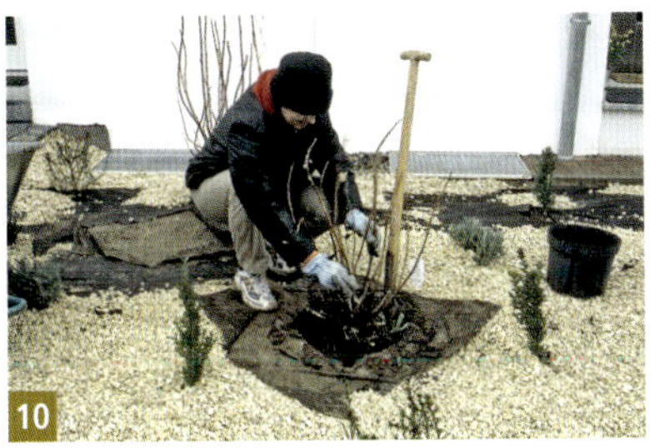

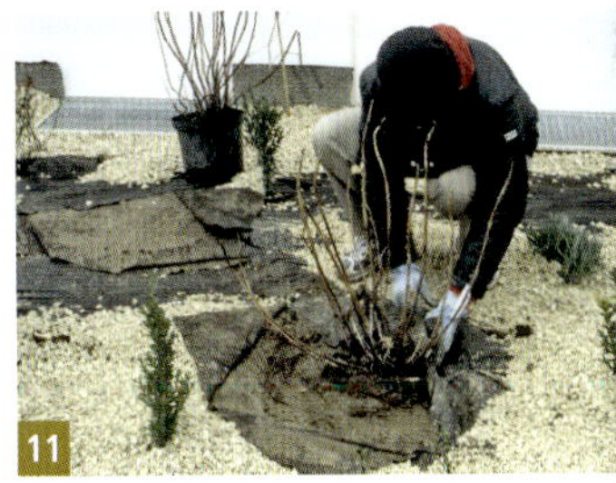

13
In der ersten Zeit prägt der Splitt den Charakter des Beetes. Die Rosensorte „The Fairy“ blüht den ganzen Sommer hindurch.

14
Die Ahornbäume brauchen in den ersten Jahren noch Stützpfähle. Sie bilden zunehmend schöne kugelige Kronen.

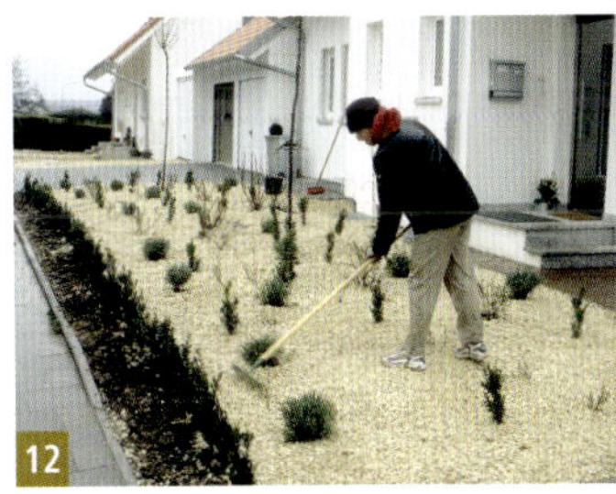

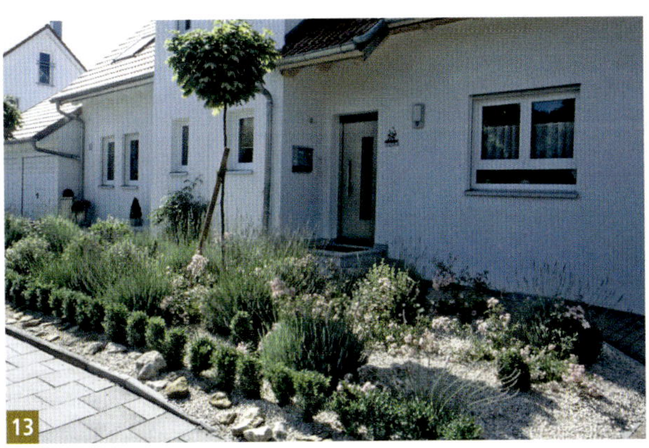

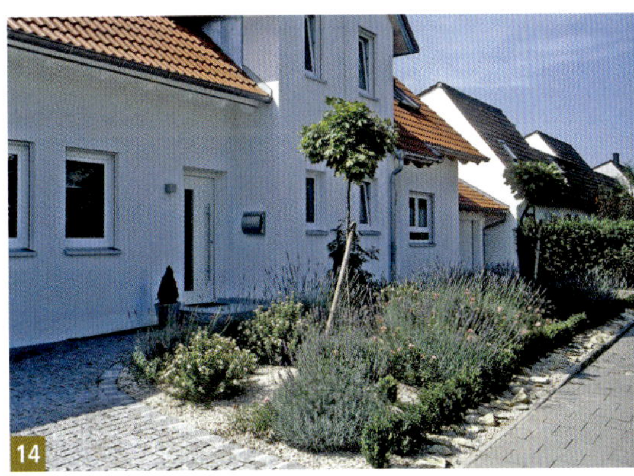

Beispiel 5.2: Steingarten anlegen

Hausgärten erfordern insbesondere in der Hauptwachstumszeit vom Frühjahr bis Sommer ständig Pflege. Die Beete sind von unerwünschten Kräutern zu befreien, manche Pflanzen müssen mit Wasser versorgt werden, usw. Ein beträchtlicher Teil dieser Arbeit lässt sich durch Anlegen von Kies- oder Splittbeeten auf einfache Weise vermeiden. Die mit ausgewählten Pflanzen begrünten Beete sind, ergänzt um größere Steine, nach einer Anwuchsphase stets attraktiv und benötigen sehr wenig Pflege, wenn auf dem Boden vorher ein verrottungsfestes Kunststoffvlies ausgebreitet wird.

1
Nachdem die Pflanzfläche vom Bewuchs befreit und eingeebnet ist, kann das Vlies ausgebreitet werden. Im Fachhandel ist schwarzes Unkrautschutzvlies erhältlich. Teichvlies ist aber auch geeignet, es wird von der Rolle als Meterware angeboten.

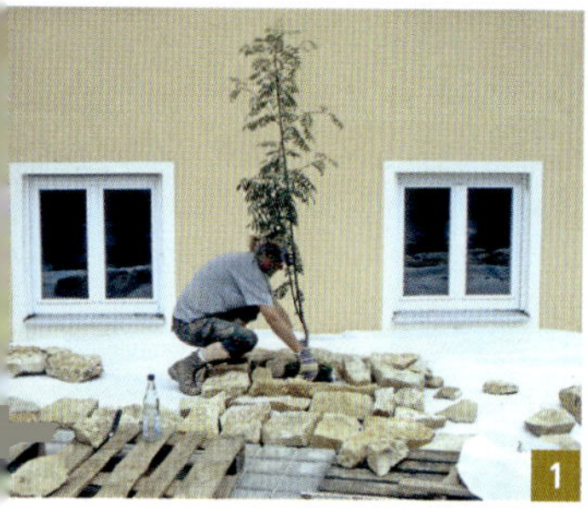

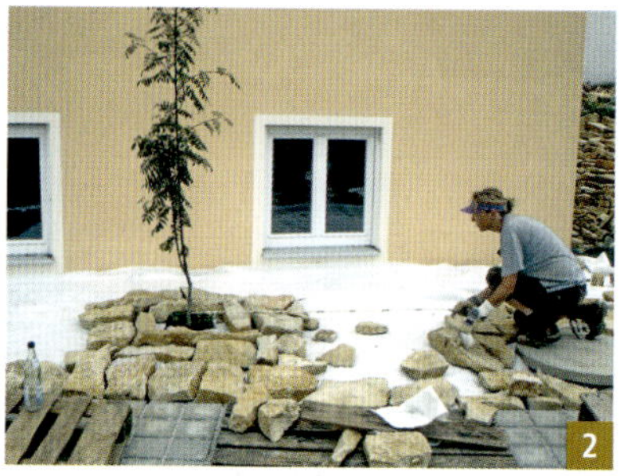

2
Da auf dem Gartengelände Kalkbruchsteine vorkommen, werden sie auch zur Gestaltung des Vorgartens eingesetzt und zu kleinen Inseln aufgeschichtet, in denen die Gehölze platziert werden. Als schlanker Vorgartenbaum wird eine Eberesche *(Sorbus aucuparia ´Moravica`)* gepflanzt.

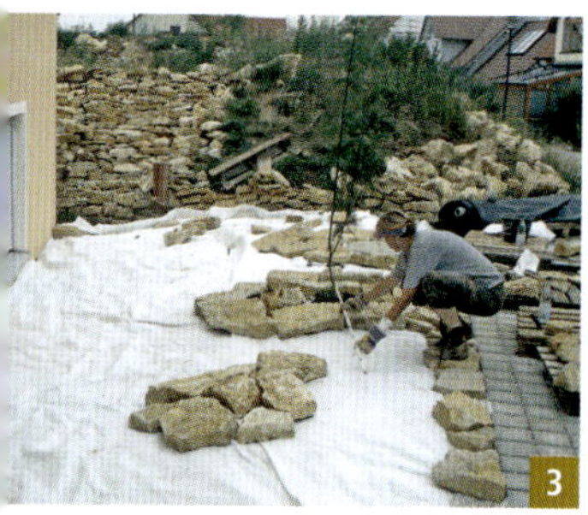

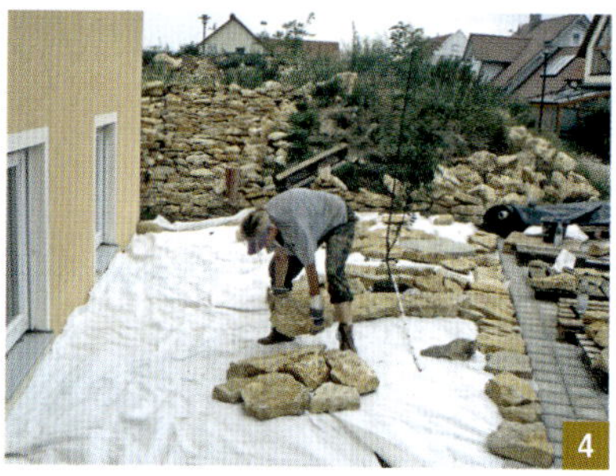

3
Um ein symmetrisches Bild zu schaffen, wurden ähnliche Abstände zwischen den Steininseln gewählt. Natürlich sind auch weniger strenge Formen möglich.

4 und 5
Bruchsteine beschweren das leichte Vlies und verhindern das Verwehen der Folie durch Wind. Um die schweren Brocken zu bewegen, ist einiger Krafteinsatz erforderlich. Daher sind Helfer willkommen.

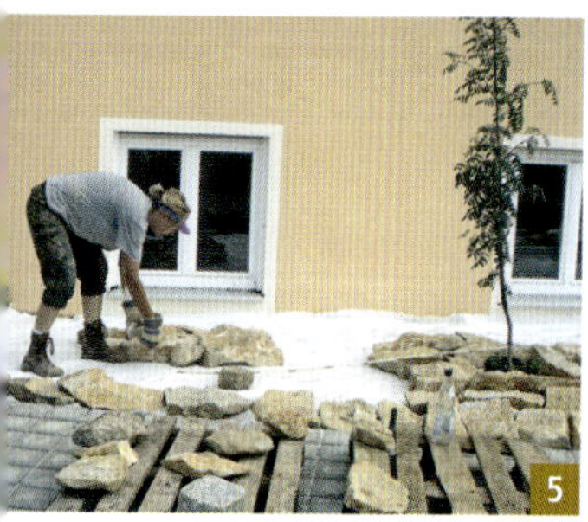

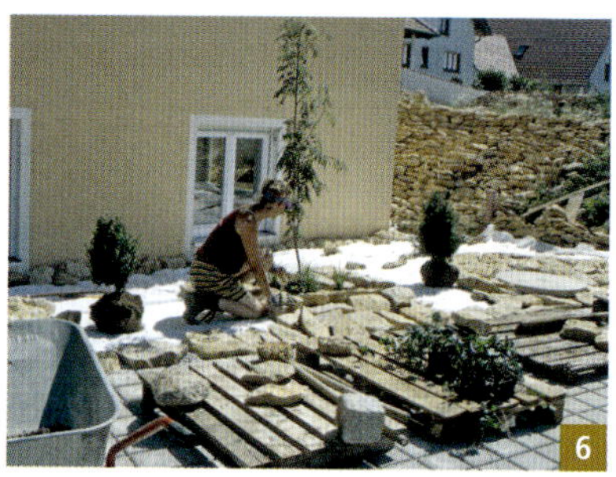

6
Kurze Wege zur Baustelle erleichtern die Arbeit. Die Lagerung der Bruchsteine auf Holzpaletten schont das neue Pflaster.

7
Für die Unterpflanzung der Eberesche wurden immergrüne Gräser ausgewählt *(Carex morrowii)*. Viele Gehölze und Stauden sind mittlerweile in Töpfen erhältlich, so dass sie auch im Sommer gepflanzt werden können.

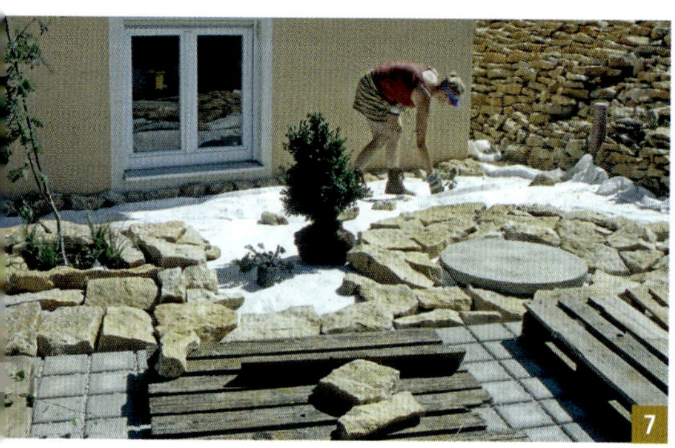

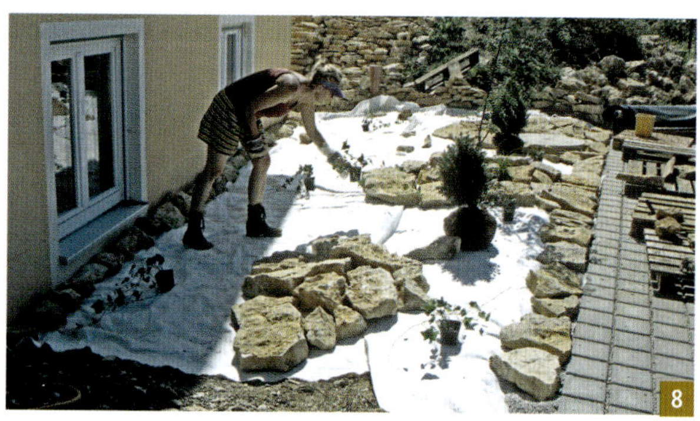

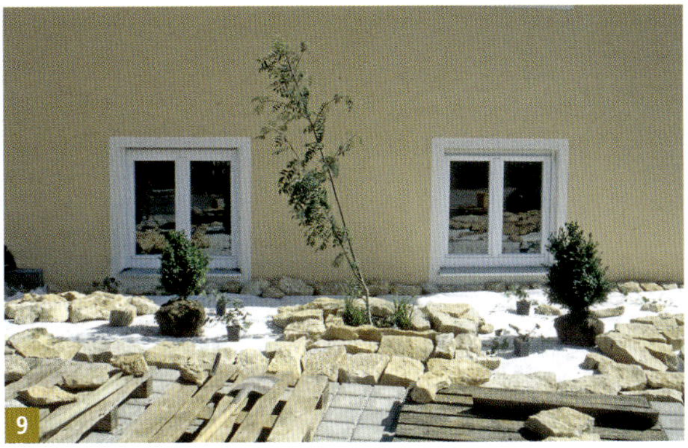

9

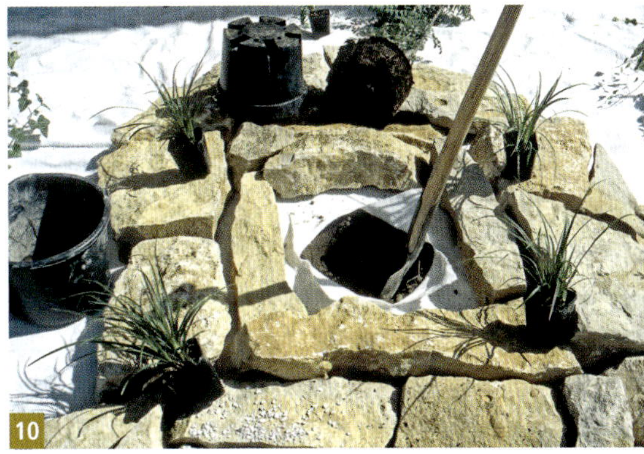

10

8 (Seite 108)
Neben der Eberesche sind zwei Buchsbäumchen vorgesehen. Das noch aufzubringende Splittbeet soll langfristig mit Bodendeckern begrünt werden. Dazu dienen Efeupflanzen, die sich am Boden flächig ausbreiten, wenn sie keine Kletterhilfen finden. Sie dürfen später auch am Haus hochklettern.

9
Inmitten einer Steininsel erhält die Eberesche ihren Platz. Dazu wird das Vlies kreuzweise aufgeschnitten und aufgeklappt.

10
Beim Ausheben der Pflanzgrube anfallende Erde wird in einer Schubkarre gelagert.

11
Das Vlies sollte sauber bleiben, damit Wildpflanzen in Erdnestern keine Besiedlungsgrundlage finden.

12
Besonders in windreichen Lagen müssen Gehölze während der Anwachszeit gestützt werden. Sonst reißen die feinen Faserwurzeln durch starke Bewegungen des Stammes infolge von Wind immer wieder los.

13
Nach den Gehölzen kann die Unterpflanzung mit Gräsern beginnen.

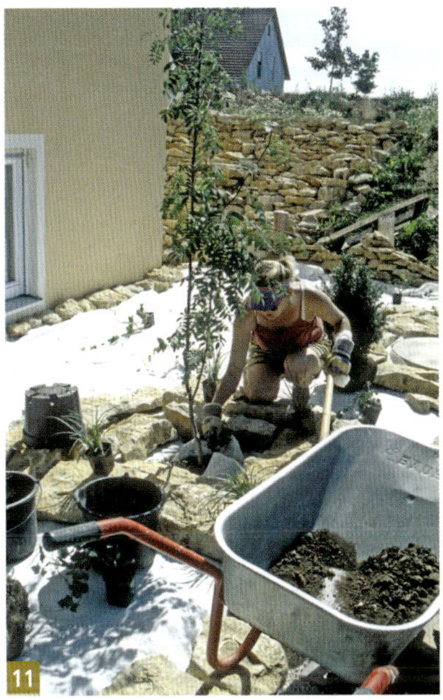

11

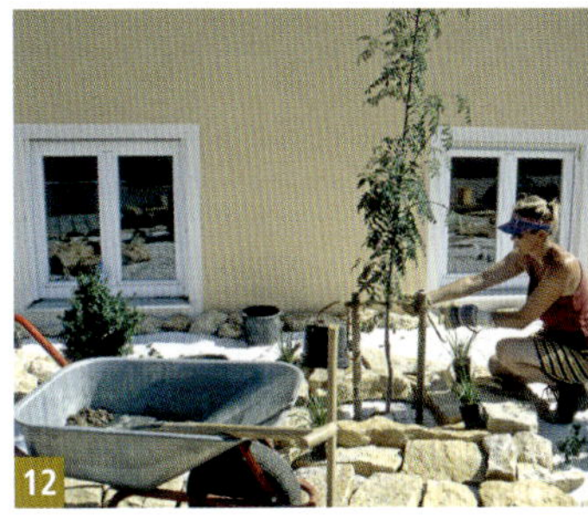

12

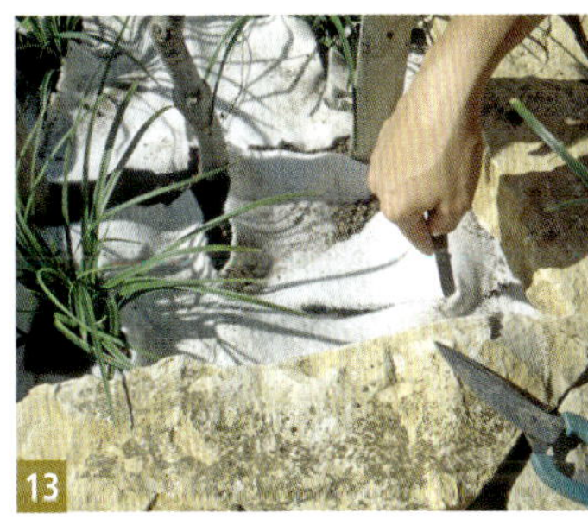

13

14
Das feste Gewebe lässt sich nur mit scharfen Werkzeugen durchtrennen, z.B.mit einer guten Haushaltsschere oder mit einem Gärtnermesser.

15
Das Ausheben der Erde gelingt am besten mit einer Pflanzschaufel, die auch zur Lockerung des Bodens nützlich ist.

16
Sobald alle Gräser in das Beet eingesetzt sind, werden die aufgeklappten Vliesecken wieder geschlossen und an den Boden angedrückt.

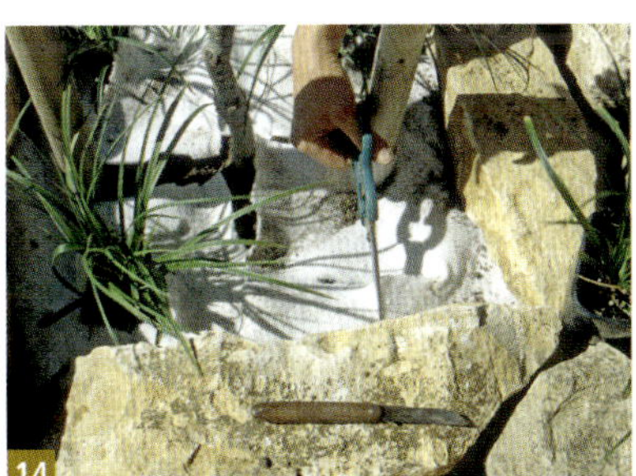

14

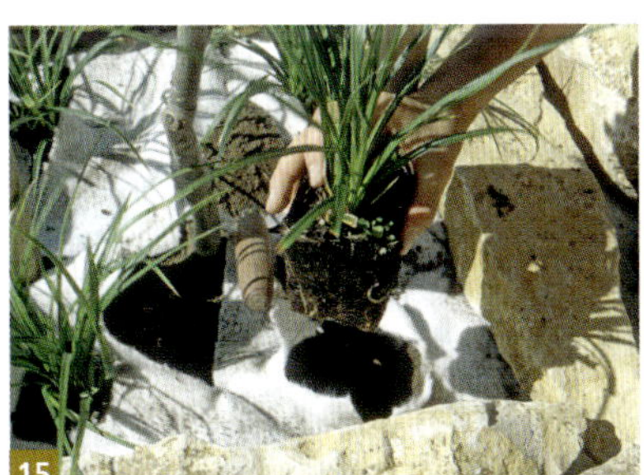

15

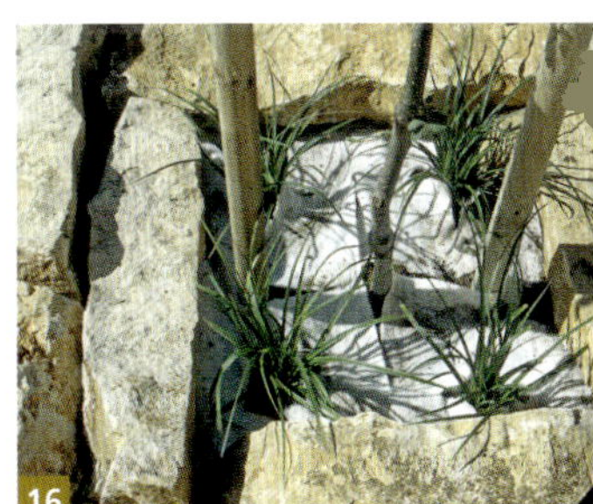

16

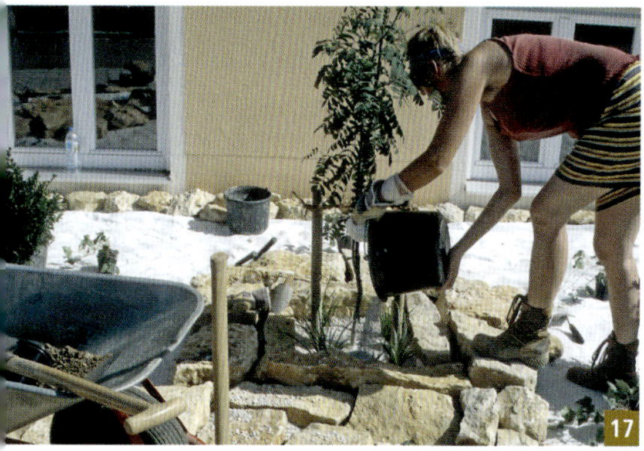

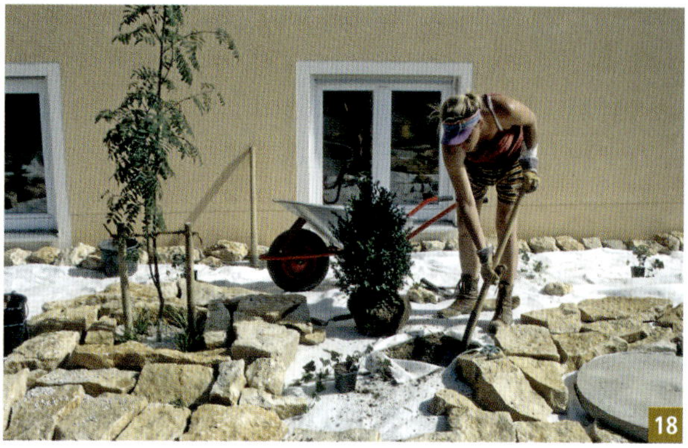

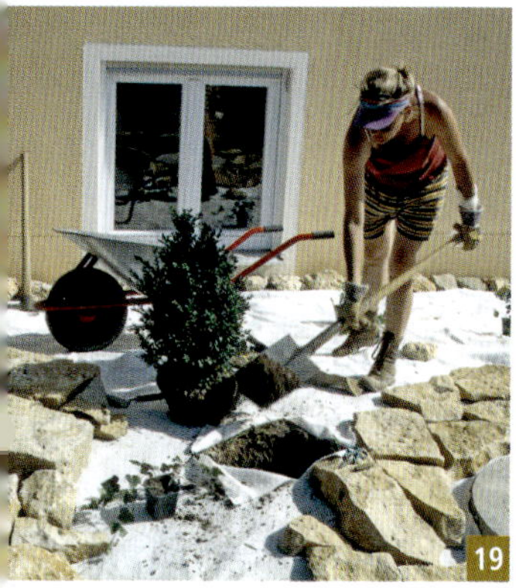

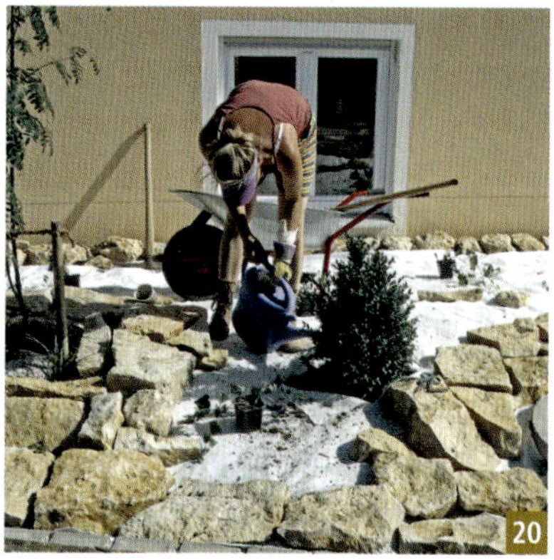

17
Nun kann der Splitt aufgebracht und verteilt werden. Für kalkunverträgliche Moorbeetpflanzen (z.B. Rhododendren, Eriken etc.) wird besser Granitsplitt gewählt.

18
Buchsbäume, hier Ballenpflanzen, benötigen recht große Pflanzgruben. Dafür wird das Vlies wieder kreuzweise eingeschnitten.

19
Bei sehr sandiger oder steiniger Gartenerde sollte der Aushub mit Kompost oder lockerem Gartenhumus verbessert werden.

20 und 21
Reichliches Angießen (Einschlämmen) ist besonders bei beschädigten Ballenpflanzen oder wurzelnackten Pflanzen nötig. Das Einschlämmen sollte schon vor dem Splittauftrag erfolgen. Später wirkt das Vlies als Verdunstungsschutz und erspart das Gießen

22
Einsetzen der Efeupflanzen: Das robuste Immergrün kommt mit jedem Gartenboden zurecht. Es bildet mit den Jahren eine dichte Pflanzendecke.

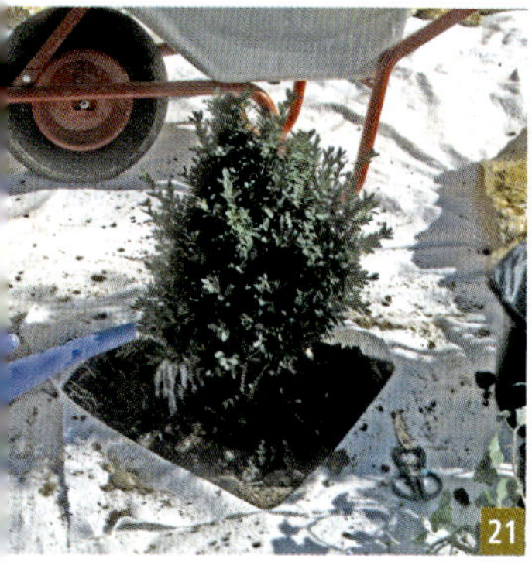

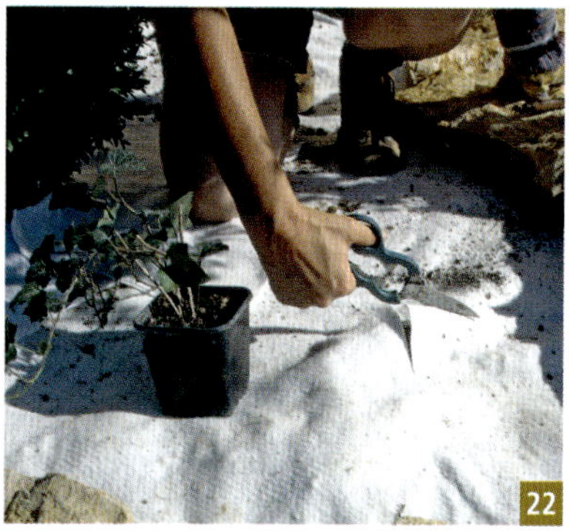

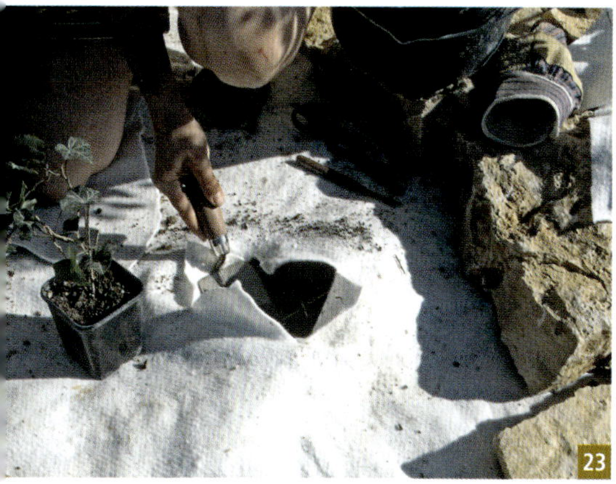

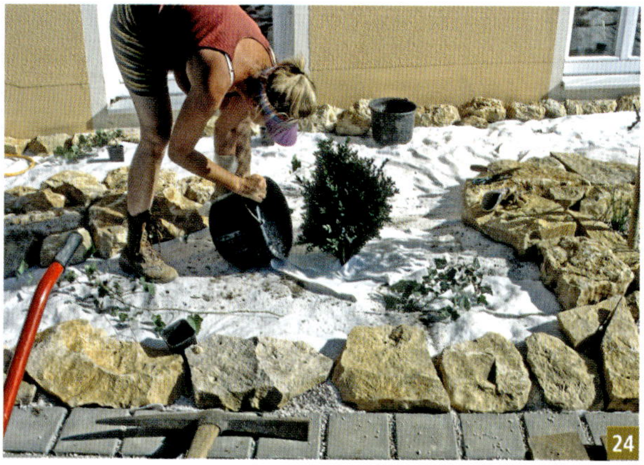

23 (Seite 110)
Obwohl Efeupflanzen recht genügsam sind, erleichtert eine gründliche Bodenvorbereitung das Anwachsen. Nach dem Graben der Pflanzlöcher wir der Efeu (ohne Container) ins Beet gesetzt.

24 (Seite 110)
Das Vlies unterdrückt die hier besonders wüchsigen Quecken. Vereinzelte Triebe, die sich zwischen den Schnittkanten im Vlies durchschieben, lassen sich später einfach abzupfen.

25
Der feine Splitt lässt sich einfach verarbeiten. Die ca. 5 cm dicke Decke bildet einen dichten dekorativen Belag, der jedoch luft- und wasserdurchlässig bleibt.

26
Das hier verwendete Teichvlies ist strapazierfähiger als dünnes schwarzes Mulchvlies. Die Mehrkosten lohnen sich besonders bei starker Beanspruchung etwa durch häufiges Betreten.

27
Wie beim Teichbau ist der Einsatz von Kunststoff im Garten vertretbar, wo er die Pflege erleichtert und nicht stört.

28
Ohne das Vlies ließen sich die Wurzelunkräuter zwischen den Steinen nur schwer entfernen. Das Acrylfasergewebe ist verrottungsfest, aber luft- und wasserdurchlässig.

29
Das Splittbeet sieht, obwohl noch nicht ganz fertig, nach der Anlage schon ansehnlich aus. In gleicher Weise kann so ein Vorgartenbeet auch mit Kies oder Schotter gestaltet werden.

30
Die Pflanzen sind gut angewachsen. Der Efeu breitet sich flächig aus und kann, wenn gewünscht, auch zur Hausbegrünung dienen.

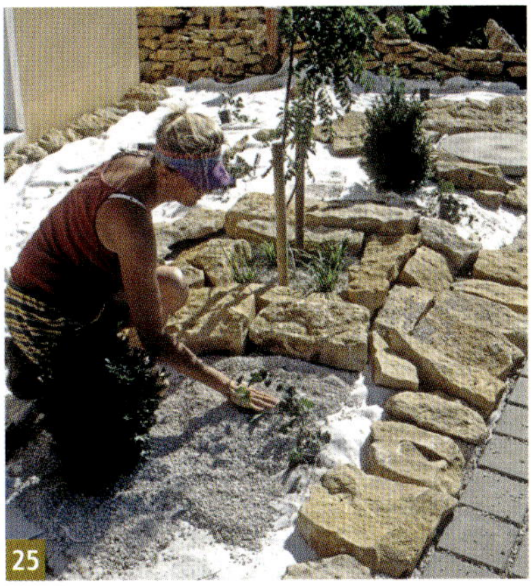
25

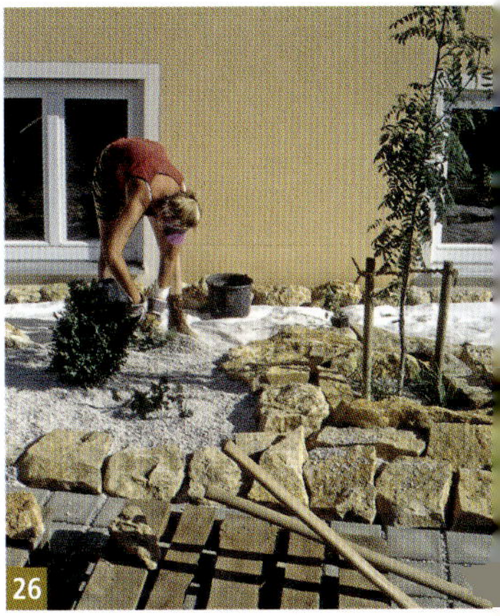
26

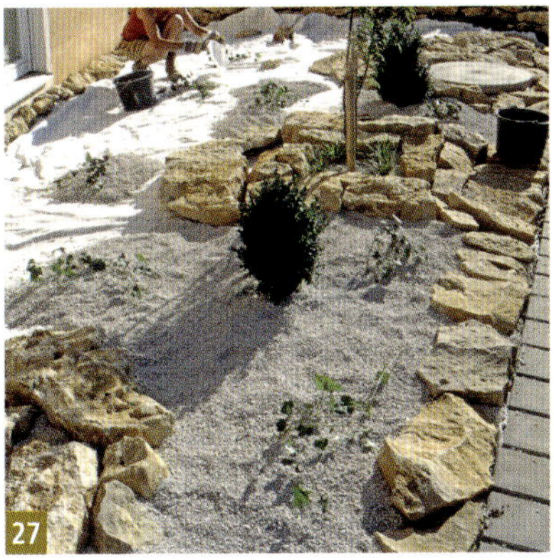
27

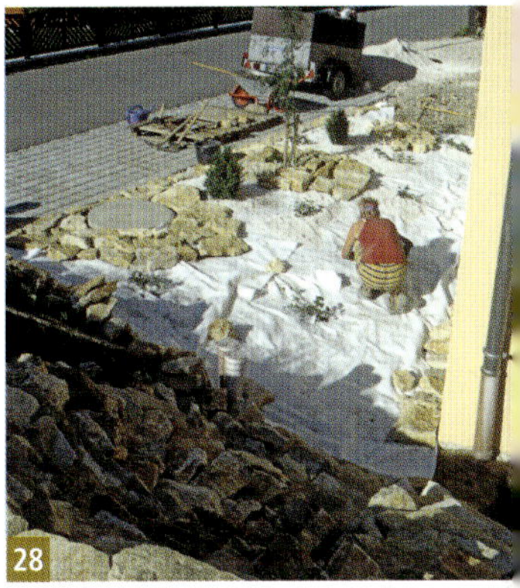
28

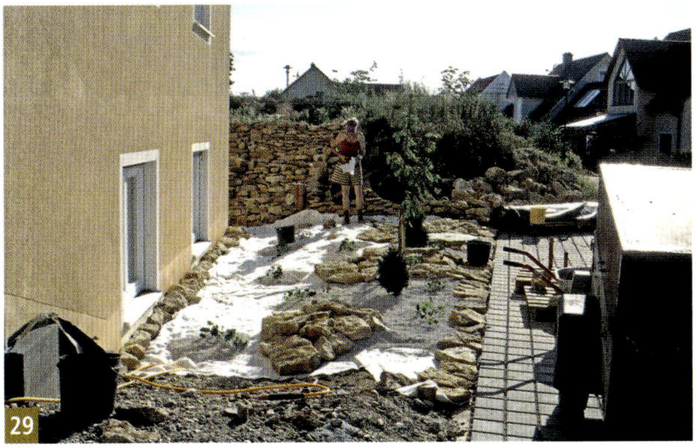
29

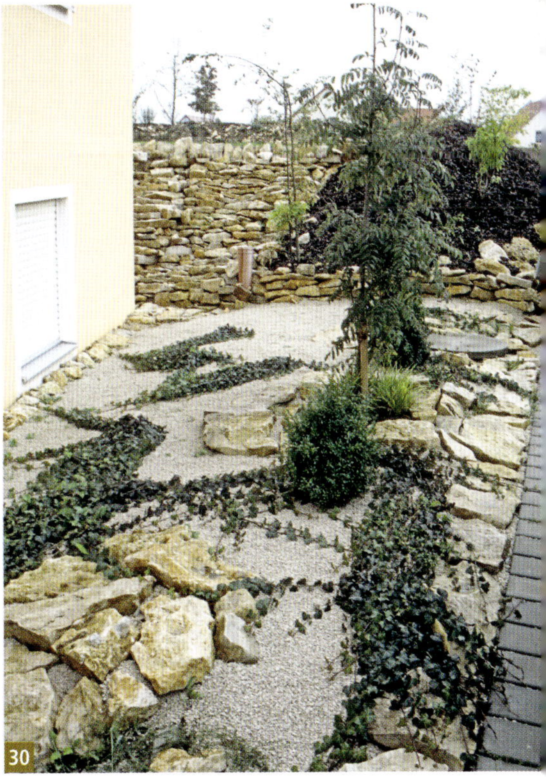
30

Beispiel 5.3: Anlegen einer Kräuterspirale

Lavendel, Thymian und Salbei bleiben viele Jahre vital und blühfähig, wenn sie einen geschützten Platz im Garten erhalten. Am besten passt diesen und anderen ausdauernden Kräutern ein Platz an der Sonne, möglichst nicht zu weit von der Küche entfernt. Ein Lebensraum mit unterschiedlichen Standortbedingungen von trocken bis feucht lässt sich durch Anlage einer Kräuterspirale schaffen.

1
Eine Kräuterspirale ist im Prinzip eine Trockenmauer in spiraliger Form. Diese wurde aus handbehauenen Kalkbruchsteinen aufgeschichtet.

2
Zwischen den spiralförmigen Steinlagen ist eine recht große Beetfläche entstanden, die mit verschiedenen Kräutern bepflanzt wird.

3
Oben sollen trockenheitsverträgliche Arten gedeihen, unten steht ein Folienbecken für Wasserpflanzen bereit. Dazu eignen sich u.a. Kalmus, Bachbunge oder Brunnenkresse.

4
Nach der Bepflanzung können sich die Kräuter optimal entwikkeln. Es sind vorwiegend mehrjährige Stauden.

5
Im Sommer nach der Bepflanzung haben sich üppige Büsche entwickelt. Es gibt viel frisches Kraut zum Kochen, für Tees und zum Konservieren.

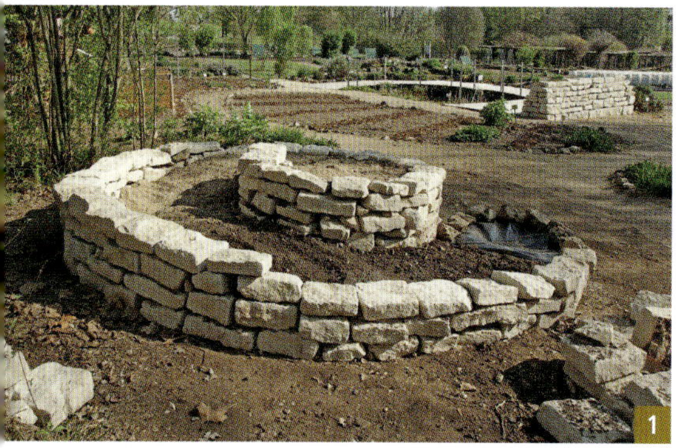

1

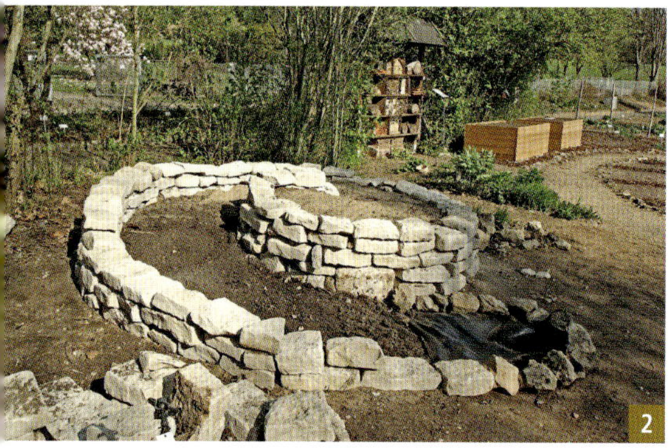

2

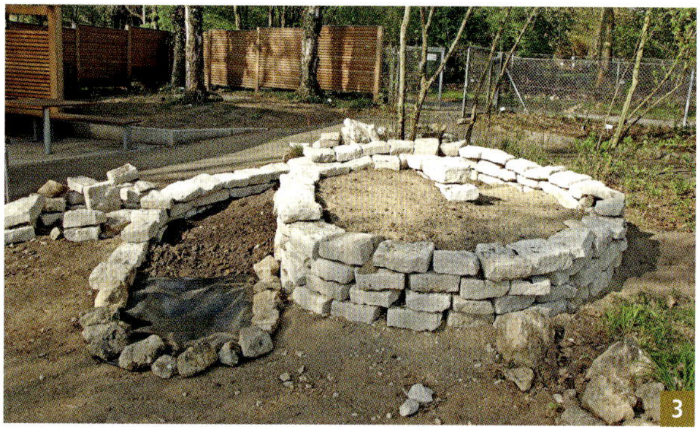

3

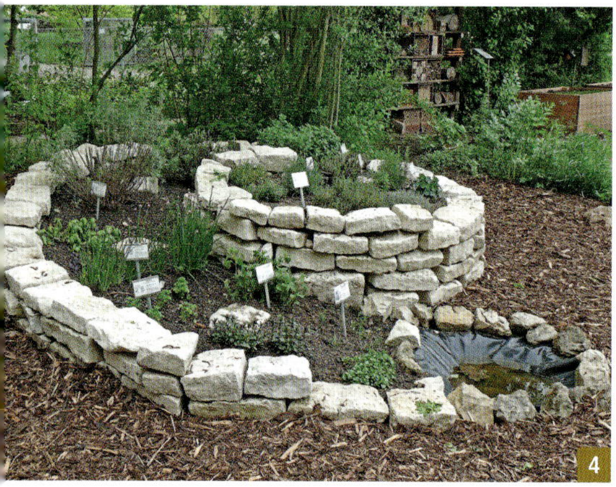

4

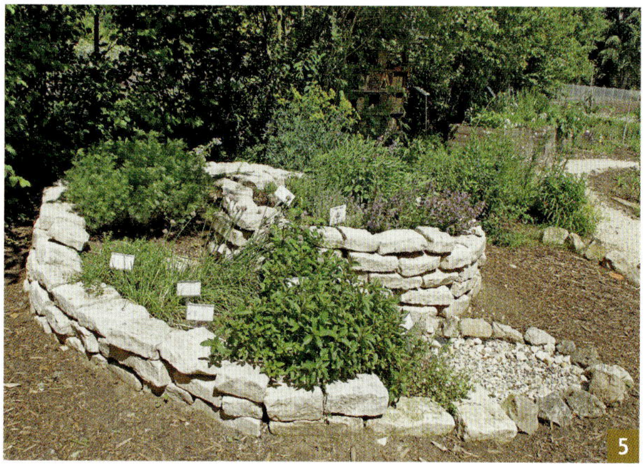

5

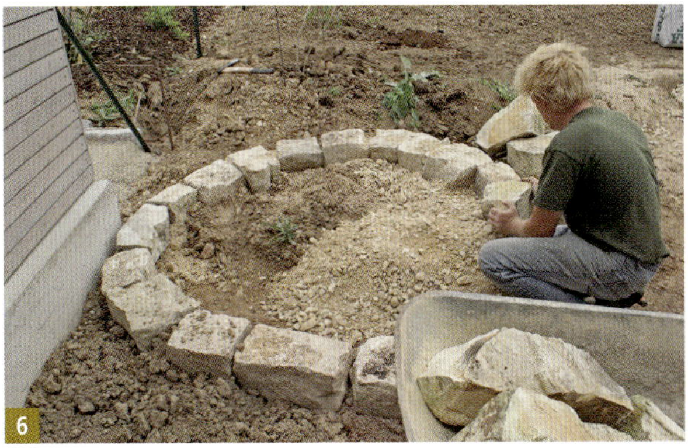

6

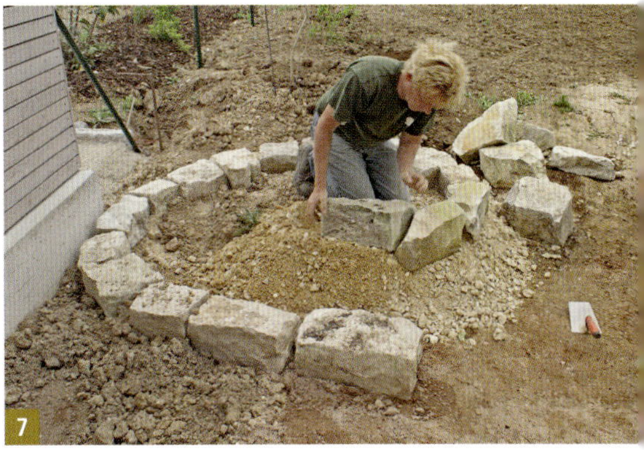

7

6
Hier entsteht eine kleinere Kräuterspirale aus behauenen Kalksteinen. Granit, Ziegel oder Feldsteine sind auch möglich.

7 und 8
Als Basis wird soviel Schotter ausgebracht, so dass die gewünschte Höhe bereits durch den Unterbau vorgegeben ist. Die Steine werden bogenförmig zur typischen Spirale gesetzt. Anders als bei der großen Spirale genügt hier eine einzige Steinlage.

9 und 10
Die Spirale wird bündig mit Einheitssubstrat gefüllt, eine lockere Erdmischung aus dem Garten ist ebenso möglich. Die Schicht sollte ca. 20 cm hoch sein, damit die Kräuter genügend Wurzelraum haben.

11
Nach dem Pflanzen müssen die Kräuter kräftig angegossen werden.

12 und 13
Schon nach wenigen Wochen sind die Kräuter gut angewachsen. Der Zugang zum Kräuterbeet ist auf kurzem Weg direkt von der Küche aus möglich.

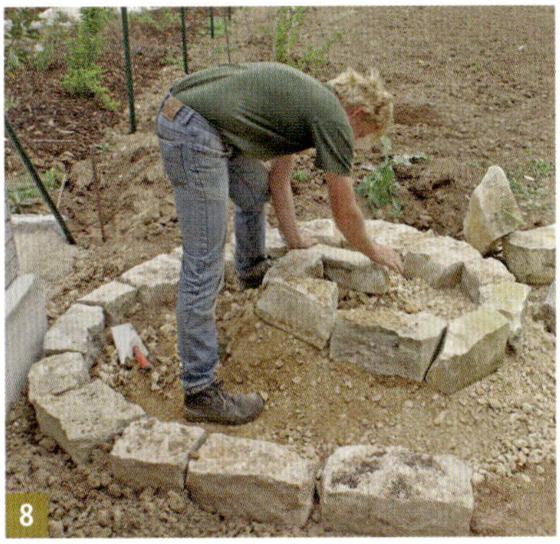

8

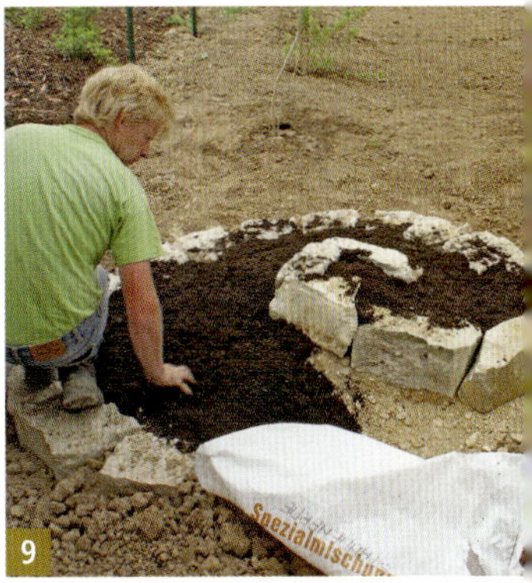

9

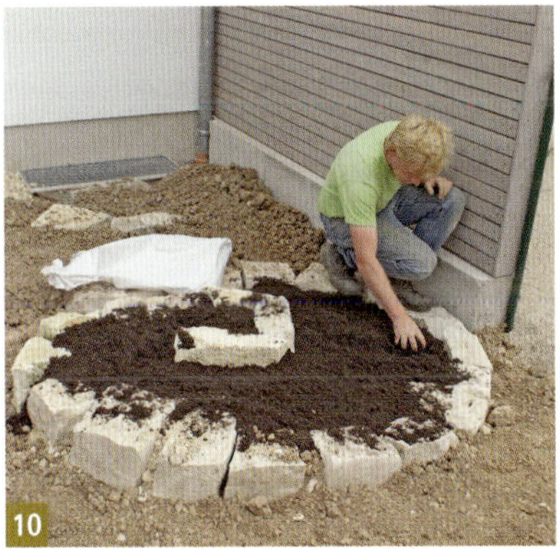

10

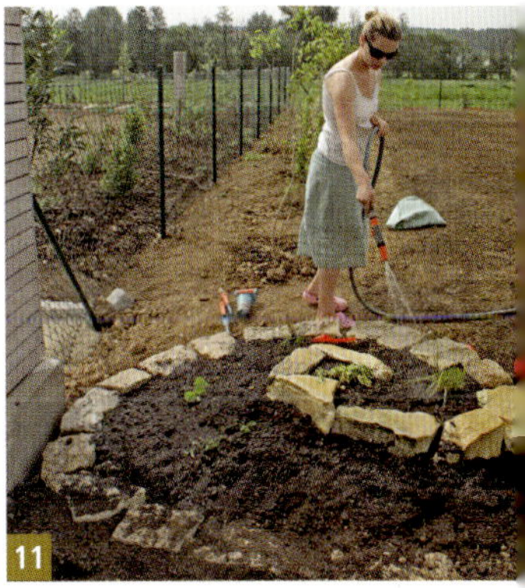

11

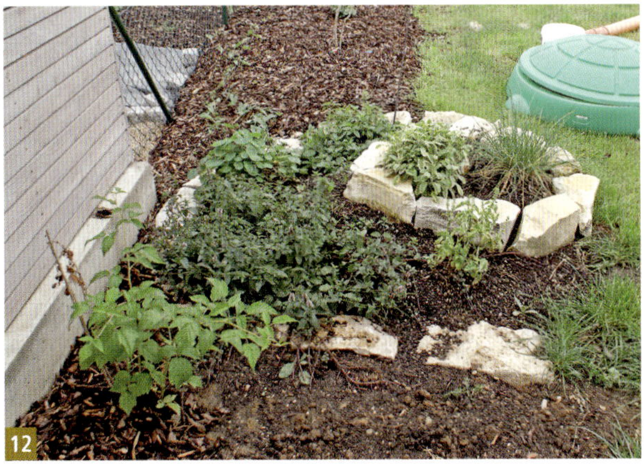

12

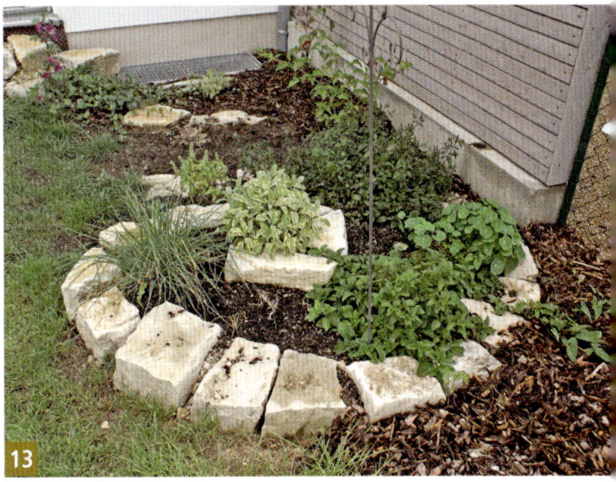

13

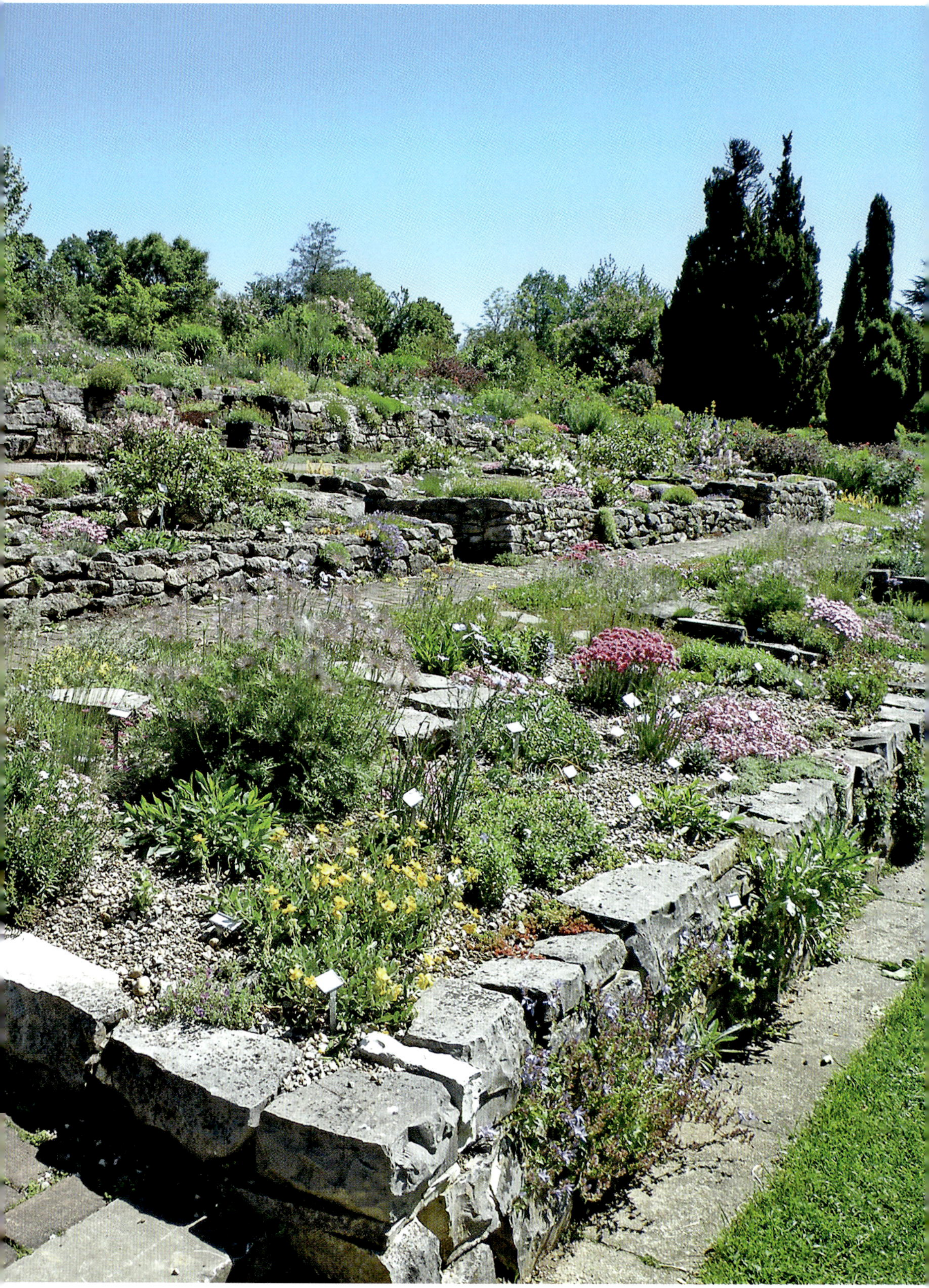

6 Beeteinfassungen und Hochbeete

Pflanzflächen dauerhaft eingrenzen

Rabatten und Gemüsebeete wären bald mit Gräsern, Kräutern und Klee durchwachsen, wenn sich der Rasen ungehindert ausbreiten dürfte. Genauso würden wuchernde Stauden ineinander greifen und weniger vitale Pflanzen unterdrücken. Aus diesem Grund erfordert das Eindämmen der Rasenfläche, das Reduzieren der Bodendeckerteppiche oder das Umpflanzen von Staudenhorsten viel Pflegearbeit. Der Ausbreitungsdrang der Gräser, Bodendecker und Stauden kann auf Dauer durch eine feste Beeteinfassung aus Stein gebremst oder sogar verhindert werden.

Für einfache Beeteinfassungen lassen sich Randsteine aus Granit oder Beton ebenso verwenden wie Pflasterklinker, die hochkant in den Boden gesteckt werden. Sogenannte Einzeiler, in Beton gesetzte große Pflastersteine, können als massive Randstreifen ebenso gut zur Beeteinfassung dienen (Beispiel 6.3). Gewöhnlich werden die Einzeiler in gleicher Höhe wie der Pflasterbelag bündig in den Boden eingebaut. Sie können aber auch einige Zentimeter höher gesetzt werden als die Pflastersteine, um die Beete deutlicher von einer benachbarten Pflasterfläche abzugrenzen. Mit höhergesetzten Begrenzungen lassen sich zum Beispiel auch Gemüsebeete einfassen, so dass sie ähnlich wie Hochbeete einen festen Rahmen haben (Beispiel 6.1).

Anders als bei Hofanlagen oder bei Terrassen genügt es zur Abgrenzung von Beeten und Rasenflächen im Garten normalerweise, die Beeteinfassung aus Granitsteinen, Pflasterklinkern oder Betonsteinen ohne Beton direkt in den Boden einzugraben. Dazu wird zunächst mit dem Spaten oder einer Schnur der Verlauf der Einfassung markiert und dann ein mehr oder weniger tiefer Graben ausgehoben (passend zur Höhe der Kantensteine). Nach dem Einsetzen der Steine in geraden oder auch geschwungenen Linien kann der Graben links und rechts der Steine gleich wieder mit Aushuberde verfüllt und verdichtet werden.

Bei dieser Art der Beeteinfassung ohne massiven Betonkeil geht kaum Wurzelraum verloren. Die Bauweise ist zur Eindämmung der Rasengräser und flachwurzelnder Blütenstauden ausreichend wirksam. Als Wurzelsperre für Gehölze reichen solche Einfassungen allerdings nicht aus. Unterirdische Wurzelausläufer von Sanddorn, Essigbaum, Robinien und anderen wuchernden Arten werden beispielsweise nur von tiefreichenden, lückenlos verlegten Platten zurückgehalten. Dazu bieten sich spezielle Betonfertigteile

6.1 *(linke Seite)*
Steingarten am Hang

6.2 (unten)
Beeteinfassung und Zaunpfähle aus gesägten Granitsteinen.

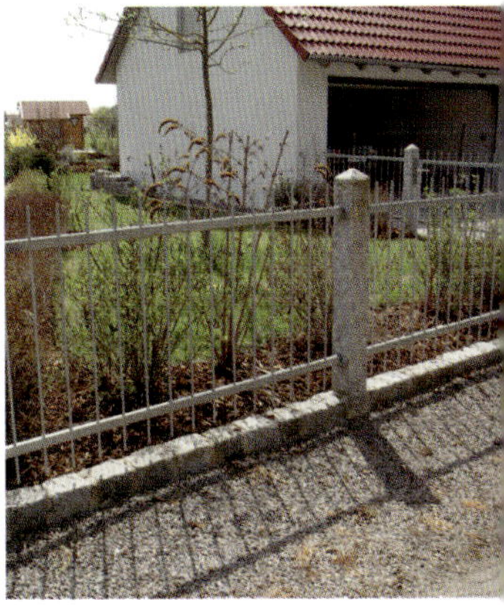

6.3 *(links)*
Beeteinfassung aus Feldlesesteinen

6.4 *(rechts)*
Aus diversen Bruchsteinen selbst aufgemauerte Einfassung für ein erhöhtes Gemüsebeet.

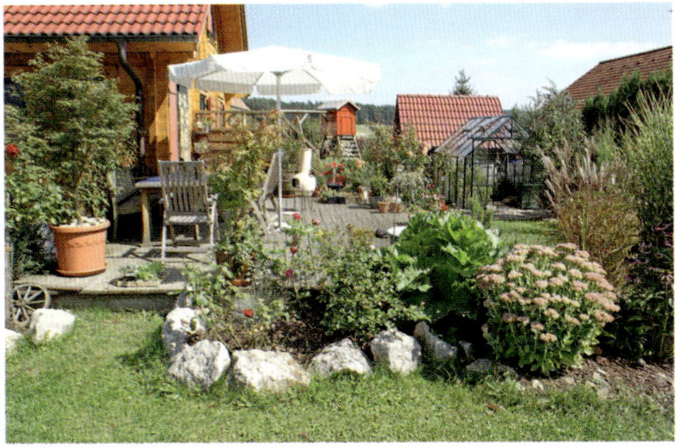

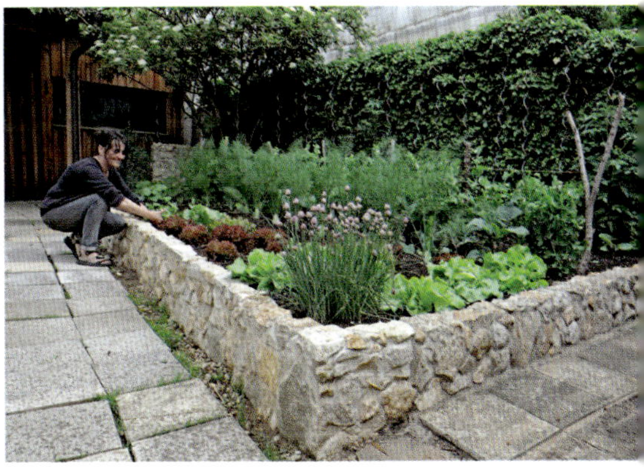

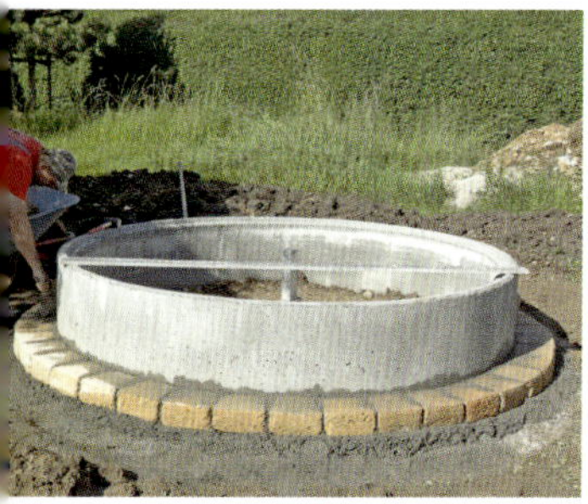

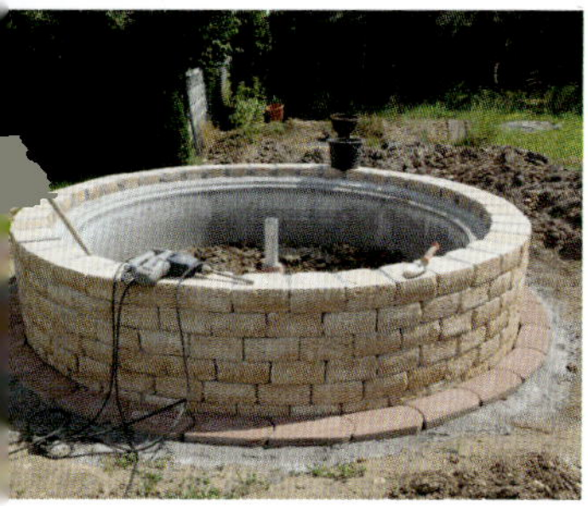

6.5 und 6.6 *(oben)*
Etwas viel Beton für ein Hochbeet: Hier gibt ein Betonring aus dem Brunnenbau die exakt runde Form vor und erleichtert das Aufmauern der Verkleidung aus Betonsteinen.

6.7 *(links unten)*
Hochbeet mit Einfassung aus behauenem Kalkstein als Gestaltungselement.

6.8 *(rechts unten)*
Hochbeet zum Gemüseanbau, aufgemauert aus diversen Bruchsteinen.

an, die unsichtbar in den Boden eingesenkt werden können.
Es lohnt sich, schon bei der Neuanlage eines Gartens feste Einfassungen zu setzen und den Gartenraum damit zu gestalten. Auf diese Weise lässt sich beispielweise der Gemüsegarten abteilen und der Blumengarten mehr oder weniger streng gliedern, egal ob schön symmetrisch oder in freier Form gestaltet. Wenn die Wege zwischen den Beeteinfassungen gepflastert werden, dient dies der Pflege der Beete und der Ernte im Gemüsegarten bei schlechtem Wetter. Beispielsweise kann durch eine stabile Einfassung aus Natursteinen auch ein dauerhaftes Rosenrondell anlegt werden. Die eingesäumten Beete sind später, nachdem die Erde eingefüllt ist, leichter zu pflegen und halten sogar bei mangelnder Pflege ihre Form.

Hochbeete - Gärtnern in angenehmer Höhe

Der Gemüsegarten macht verhältnismäßig viel Mühe, zumal es ständig etwas zu pflanzen, zu jäten, aufzubinden, zu düngen, zu gießen oder zu ernten gibt. Da können Hochbeete hilfreich sein, die durch ihre erhöhte Lage die Pflege der Pflanzen und Beete und die Versorgung mit Wasser und Dünger erleichtern.
Der Bau eines Hochbeetes ist mit einfachen Mitteln möglich. Dazu eignen sich beispielsweise Bohlen, die zu einem festen Holzkasten zusammengebaut werden. Als Hochbeete können auch Betonringe genutzt werden. Die grauen Ringe, die normalerweise zum Brunnenbau verwendet werden, sind dauerhaft verrottungsfest. Sie nehmen eine Menge Erd-Substrat auf und bieten vielen Gemüse- und Zierpflanzen Raum und gute Wachstumsbedingungen. Wer den grauen Beton nicht mag, kann die Ringe weiß oder in einer anderen Farbe streichen. Dazu eignen sich u.a. Fassadenfarben, so dass die runden Hochbeete z.B. in der gleichen Farbe gestrichen werden können wie das Wohnhaus.
Dekorativer als Betonringe oder rechteckige Betonformteile sind gemauerte Hochbeete aus Natursteinen oder aus Ziegeln. Solche fest aufgeschichteten oder gemauerten Hochbeeteinfassungen müssen gut platziert und solide gebaut sein. Anders als Betonringe, die sich wieder beseitigen lassen, oder auch Holzkästen, die ausgeleert und abgebaut werden können, wenn sie morsch sind, gehören Hochbeete aus Naturstein, Ziegeln oder Beton zu den dauerhaften Gestaltungselementen im Garten. Vor allem, wenn sie nicht lose auf dem Boden aufgeschichtet sind, sondern ein massives Betonfundament haben, lohnt sich der Bau nur bei sehr langfristiger Nutzung.
Für ein Ziegelmauerwerk sind schmale Streifenfundamente ausreichend, die frostsicher gründen sollten. Dafür genügt ein etwa spatenbreiter Graben, der mit Beton gefüllt wird. Der Unter-

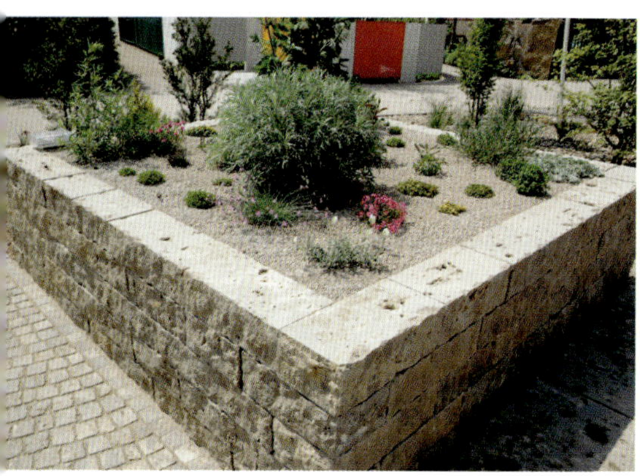

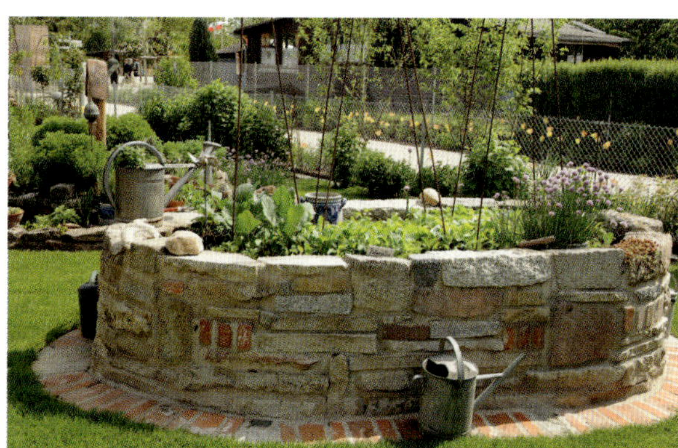

grund der Beete darf nicht versiegelt werden, damit die Bodenlebewesen weiterhin in das Hochbeet zuwandern können und das Regenwasser in den Untergrund abfließt. Nach dem Abbinden (Härten) des Betons kann das Aufmauern der Ziegelwände erfolgen. Dazu eignen sich vorzugsweise froststeständige Klinker oder andere wetterfeste Pflastersteine. Für eine massive Wand aus Granitzeilen oder Kalkquadern ist nicht zwingend ein Fundament nötig, wenn sie in Form einer Trockenmauer aufgeschichtet werden. Zum Verfugen dient dann nicht Mörtel, sondern Gartenerde. Solche Hochbeet-Mauern können in den Fugen mit Kräutern oder Polsterstauden bepflanzt werden, die das Mauerwerk zusätzlich festigen. Die Form ist frei wählbar, für die Bewirtschaftung recht praktisch ist eine langgestreckte Kastenform wie beim klassischen Hochbeet, aber auch runde oder spiralige Formen ähnlich wie bei einer Kräuterschnecke sind denkbar.

Am Hang entstehen Hochbeete quasi von selbst, wenn die Böschung durch eine Palisadenreihe, durch eine Trockenmauer bzw. gemauerte Wand abgefangen wird. Allerdings ist die Bearbeitungstiefe auf ca. 80 bis 100 cm vom Mauerrand begrenzt.

Der Aufwand für den Aufbau und das Befüllen eines freistehenden Hochbeetes ist recht groß. Langfristig gesehen lohnt er sich aber, da Pflege und Bewirtschaftung leichter fallen und die Bepflanzung stets in angenehmer Höhe erreicht werden kann. Wichtig ist eine ausreichende Versorgung mit Wasser. Ein Hochbeet trocknet im Sommer leichter aus als ein ebenerdiges Beet im Garten, so dass ein Bewässerungs-System sinnvoll sein kann.

Gute Wachstumsgrundlage

Ein Hochbeet bietet ideale Wachstumsbedingungen für Gemüse, vor allem, wenn es mit sehr guter Gartenerde befüllt wird. Dazu eignet sich z.B. eine Mischung aus lehmigem Sand oder sandigem Lehm (je nach Bodenbeschaffenheit und Verfügbarkeit) und Kompost. Zum Mischen des Substrats kann z.B. die Aushuberde nützlich sein, die beim Ausgraben der Streifenfundamente oder anderer Gartenprojekte anfällt.

Tipps zum Anlegen von Hochbeeten

Schöne Baubeispiele sind oft in Mustergärten von Gartenschauen, in Schauanlagen der Gartencenter oder auch beim Blick über den Zaun in Wohnsiedlungen zu finden.

Eine Planskizze mit Maßangaben ist für ungewöhnliche Konstruktionen nützlich. Sie hilft auch bei der Berechnung und Beschaffung der Baustoffe und des Erdsubstrats.

Die Platzierung sollte direkt auf dem Gartenboden (z.B. in einem Gemüsebeet oder im Rasen) erfolgen. Nur dann können Regenwürmer und andere Bodenlebewesen von unten eindringen und zur Lockerung und Umsetzung beitragen. Außerdem sind nur so Wasserabzug und Gasaustausch gewährleistet.

Ein Hochbeet ist nur so gut wie das eingefüllte Substrat. Ein hochwertiger Kasten aus Granitsteinen nützt wenig, wenn minderwertige Erde eingefüllt wird. Bewährt hat sich eine Mischung aus guter Gartenerde und Kompost. Mangels eigener Erde kann z.B. sogenanntes Oberbodensubstrat aus dem Kompostwerk zum Auffüllen dienen. Wie im Garten haben sich bei der Aussaat und Bepflanzung Mischkulturen bewährt. Beim Gemüse sollten Pflanzen aus verschiedenen Familien abwechselnd angebaut werden (z.B. neben Kohlgewächse u.a. Kopfsalat, Karotten etc., Erdbeeren mit Knoblauch kombiniert usw.). Entsprechend sind auch günstige Folgekulturen zu wählen. Bei der Aussaat und Pflanzung sind die allgemein gültigen Mischkulturtabellen hilfreich.

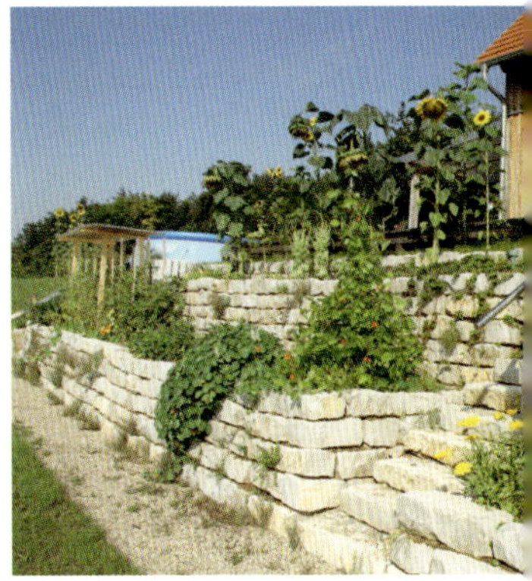

6.9
Hinter Mauern zur Hangabstützung entstehen fast zwangsläufig Hochbeete und ermöglichen auch den Anbau von Nutzpflanzen.

6.10
Granitstele als Rankhilfe und Stütze für eine Pergola.

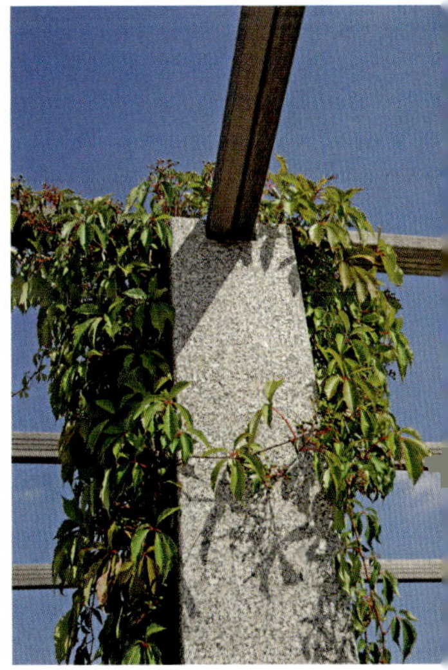

Beispiel 6.1: Beeteinfassung aus Feldlesesteinen

„Viel Steine gab's und wenig Brot". Dieser Satz ist sprichwörtlich für die Oberpfalz – auch „Steinpfalz" genannt. Die Äcker dieser Region in Bayern sind geprägt von den Steinen, die durch Frost und Pflügen immer wieder an die Oberfläche befördert werden. Sie können nach dem Aufsammeln für den Bau einer Trockenmauer genutzt werden. Im folgenden Beispiel haben die Gartenbesitzer solche Steine beim Ausheben eines Grabens für die Stromleitung zu Tage gefördert. Statt die Steine als Bauschutt zu entsorgen, wurden sie für eine gemauerte Beeteinfassung am Gemüsegarten verwertet. Ein Selbstbau-Projekt mit Charme.

1
Der alte Betonsockel konnte als Fundament für das Mäuerchen genutzt werden. Lose und brüchige Steine werden entfernt.

2
Der Mörtel für ein Mauerwerk aus Feldsteinen muss elastisch und frostbeständig sein. Für kleine Mengen bietet sich fertiger Fugenmörtel an, der mit etwas Wasser gemischt wird.

3
Links im Bild ist ein Teil des Mäuerchens bereits fertiggestellt. Vor dem Weiterbau werden zunächst die Fugen im Sockel mit Beton gefüllt.

4
Damit das Sichtmauerwerk aus Feldsteinen eine schöne Struktur bekommt und schmale Mörtelfugen entstehen, müssen die Steine sorgfältig ausgewählt werden.

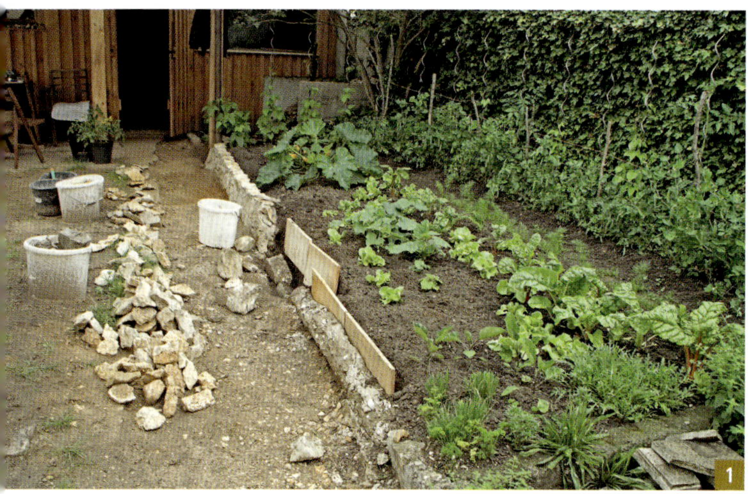
1

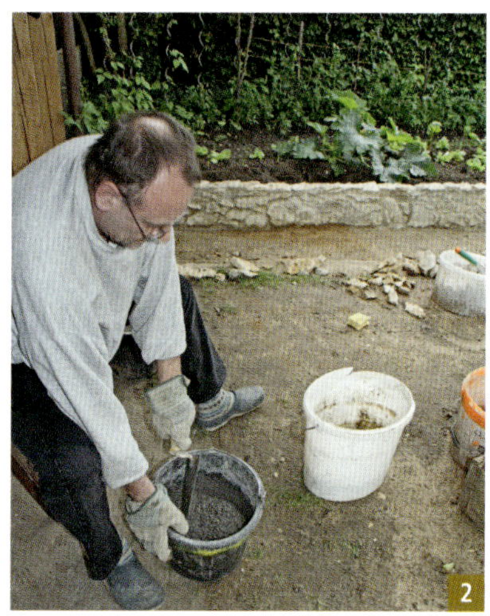
2

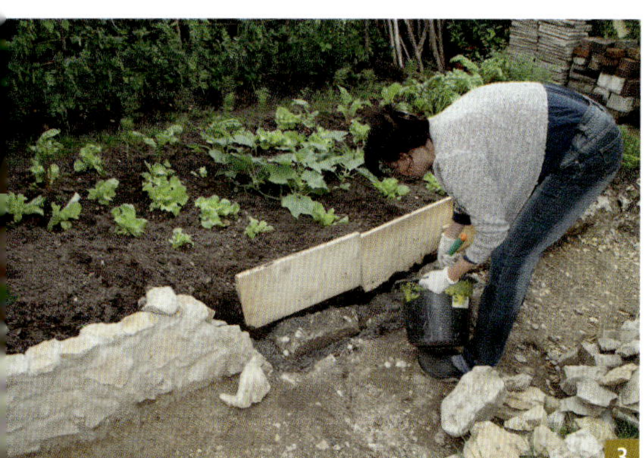
3

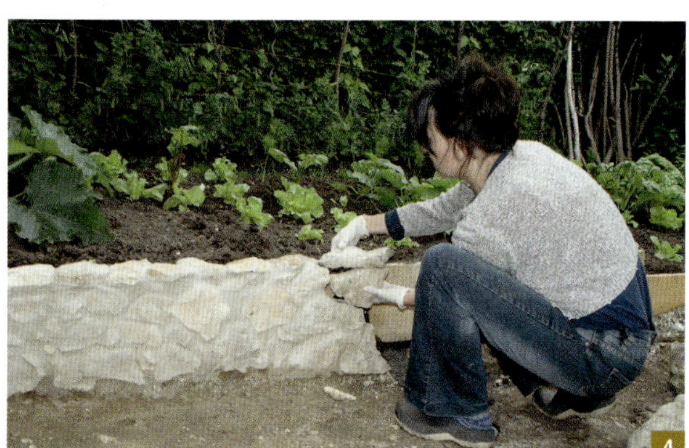
4

5
Die Steine werden in den aufgetragenen Mörtel gedrückt und überquellender Mörtel in die Fugen verstrichen und geglättet.

6
Der an den Kalkbruchsteinen anhaftende Mörtel wird gleich mit Wasser abgewaschen. Das erspart die Reinigung mit einem chemischen Zementschleierentferner.

7
Derart zeitaufwändige Arbeiten können nur in der Freizeit bzw. an Wochenenden erledigt werden. Um unerwünschte Unterbrechungen zu vermeiden, sollte ausreichend Baumaterial zur Verfügung stehen.

8
Die Steine werden vor dem Setzen auf das Betonbett mit einer Bürste von anhaftender Erde befreit. Sind größeren Mengen Steine zu reinigen, lohnt sich der Einsatz eines Hochdruckreinigers (ausleihen).

9
Nach dem Bau des Mäuerchens wurde auch der Gartenweg restauriert. Die übrig gebliebenen Steine konnten zum Auffüllen des Unterbaus verwertet werden.

10
Nach dem Auffüllen mit Kies und Verdichten des Unterbaus werden die Trittplatten in ein Betonbett verlegt. Richtbretter an den Seiten geben Verlauf und Höhe vor.

11
Für den Wegebau wurden intakte Betonplatten und übrig gebliebene Pflastersteine verwendet. Die Kombination sieht dekorativ aus und passt gut zur Beetumrandung.

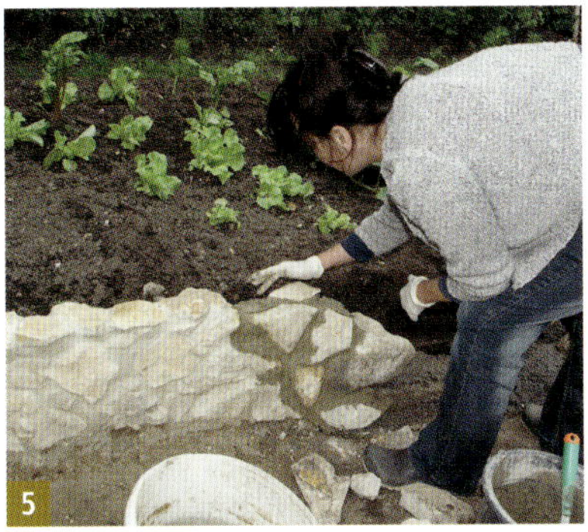
5

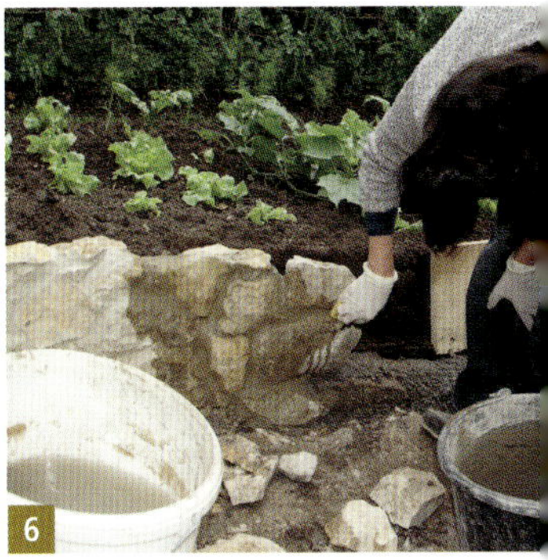
6

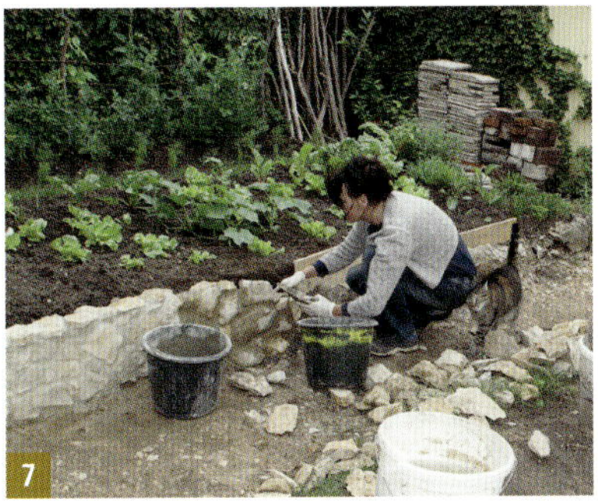
7

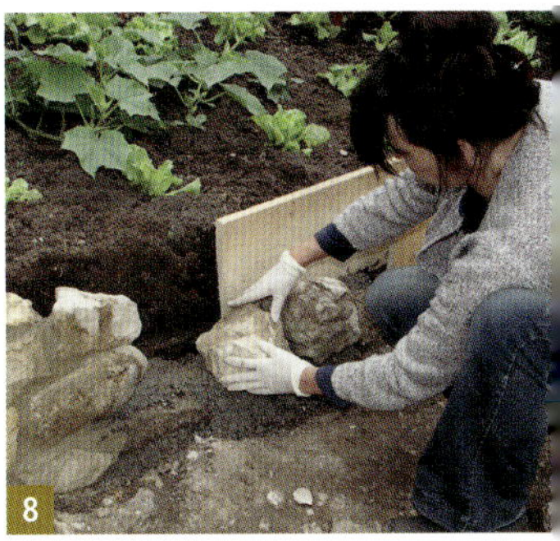
8

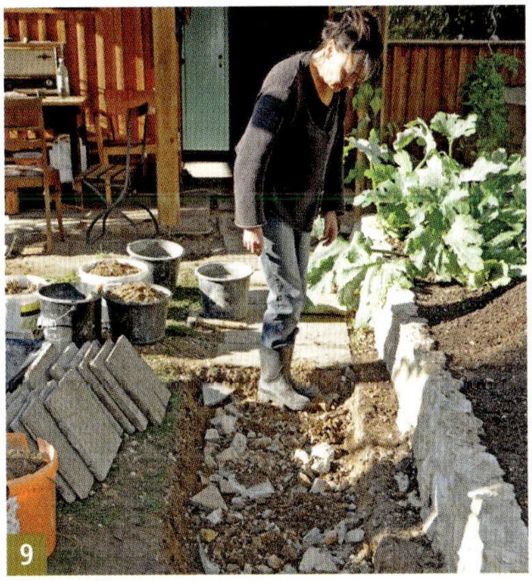
9

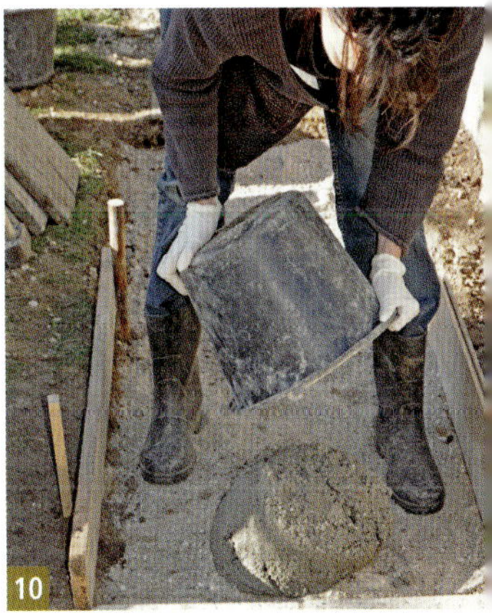
10

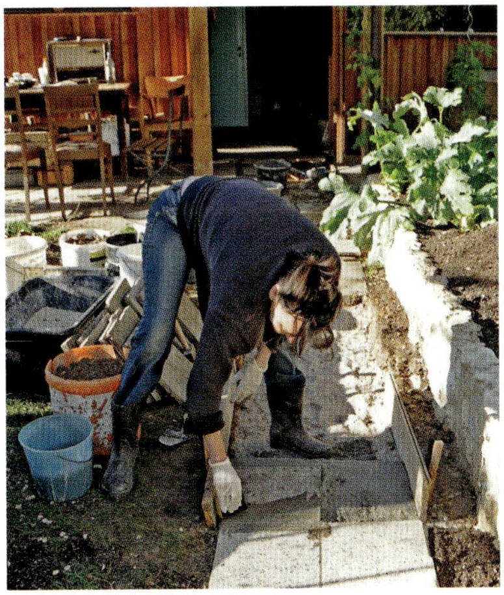

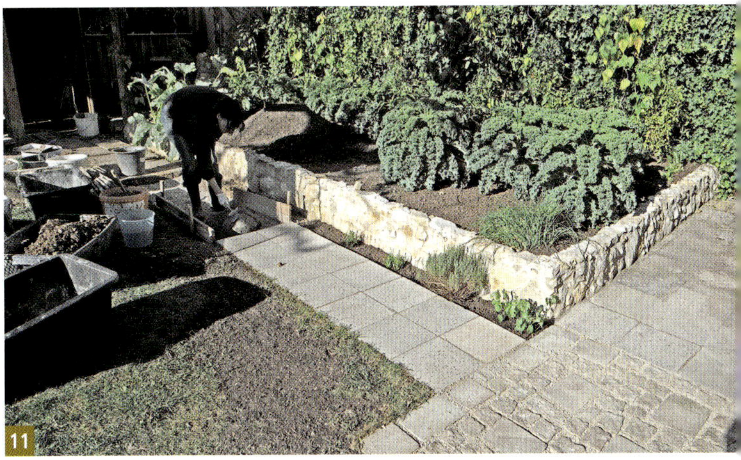
11

Beispiel 6.2: Randsteine und Zaunpfähle setzen

Zaunsäulen und -sockel aus Granit wirken hochwertiger als vergleichbare Produkte aus Beton. Im Baustoffhandel sind recht preisgünstige Importe erhältlich, die meistens aus China stammen. Ein Zaun aus Granit und beschichtetem Stahl oder Edelstahl ist im Vergleich zu Zäunen aus Holz auf Dauer witterungsbeständig.

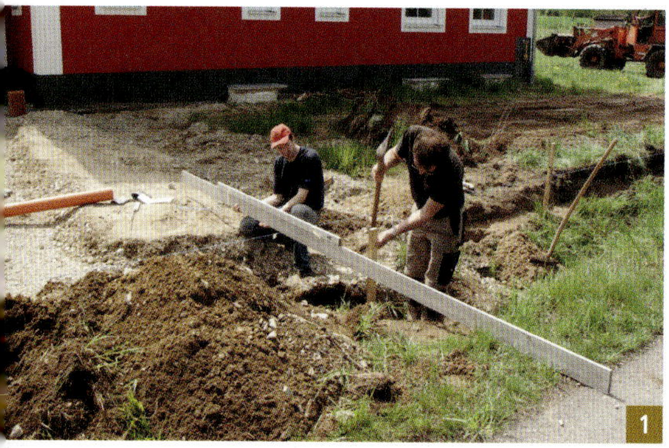

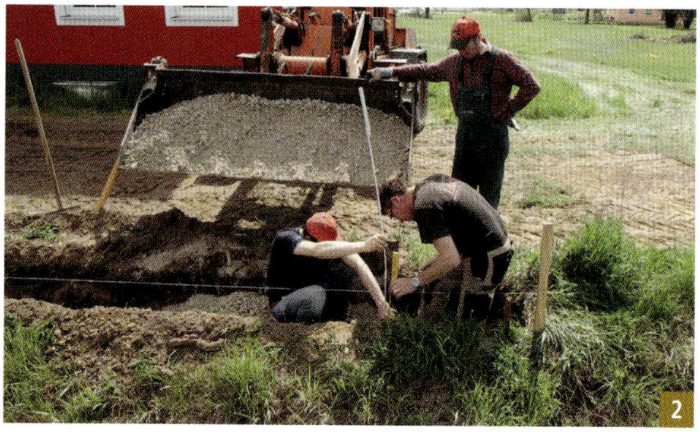

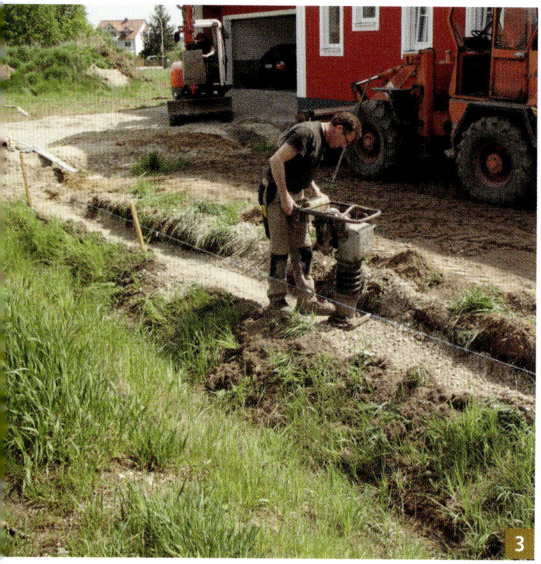

1
Die Höhe des Zaunsockels richtet sich nach der Höhe der Straße. Am Haus geben die Lichtschächte des Kellers die Höhe vor.

2
Als Frostschutz dient grober Kalkschotter. Mit der Richtschnur wird die Oberkante des Zaunsockels vorgegeben.

3
Das Verdichten des Unterbaus mit dem „Frosch" (Kleinrüttler) verhindert spätere Risse im Betonfundament.

4
Zum Haus hin werden die Zaunpfosten in Punktfundamente gesetzt. Das Ausgraben der Löcher erfolgt mit dem Bagger.

5
Nachdem der erste und der letzte Pfosten gesetzt sind, können die Richtschnüre gespannt werden, an denen sich die weiteren Pfosten ausgerichten lassen.

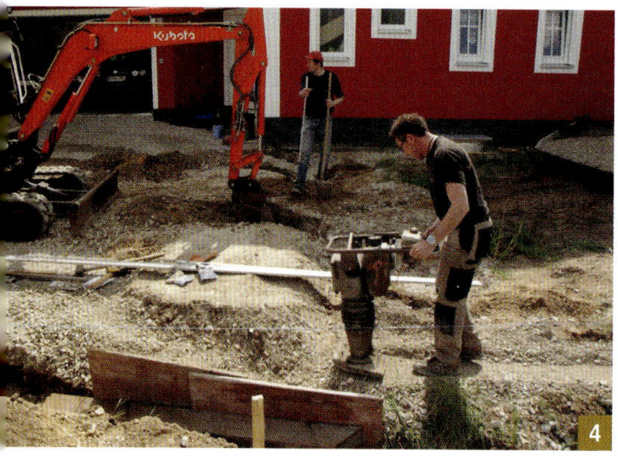

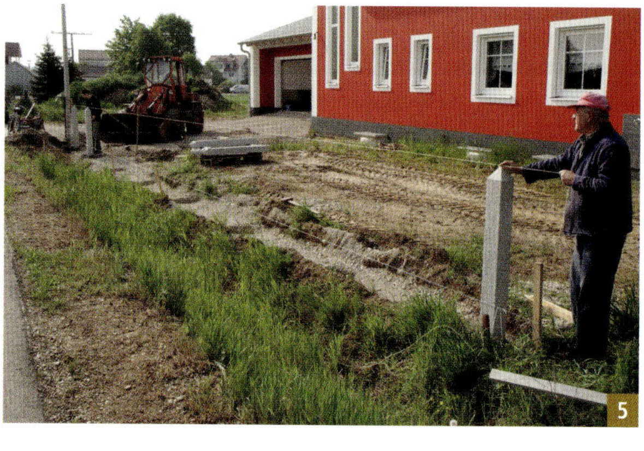

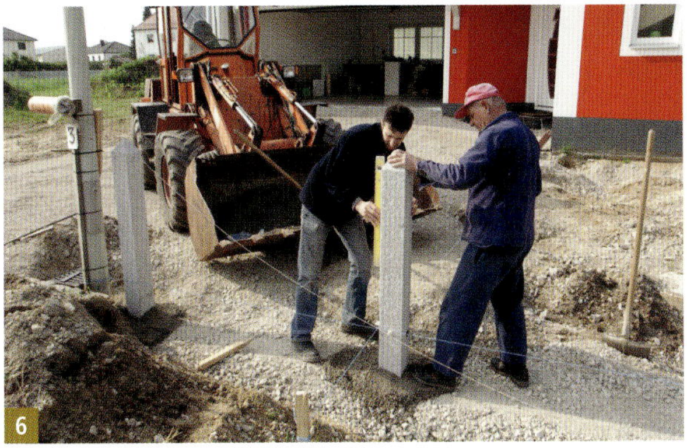

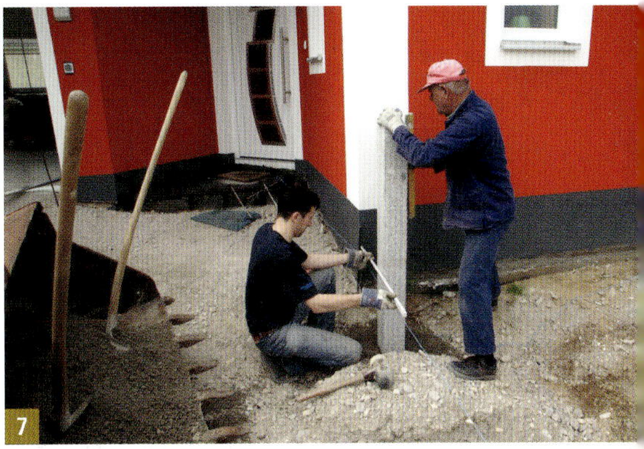

6
Während die untere Schnur der Ausrichtung der Pfosten in der Reihe dient, werden die Pfosten mit Hilfe der Wasserwage senkrecht gestellt.

7
Der erste Pfosten am Haus wird in geringem Abstand zur Wand eingesetzt. In 1,2 m Abstand dazu folgt ein zweiter Pfosten für ein Gartentor.

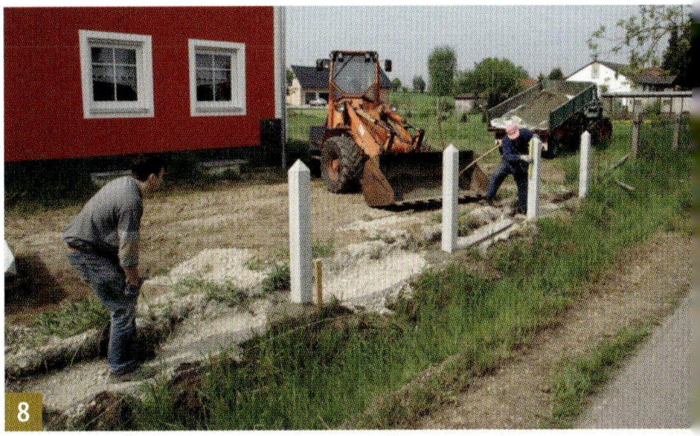

8
Das Setzen der Zaunpfosten an der Straße geht voran. Trockener Fertigbeton wird mit dem LKW angeliefert.

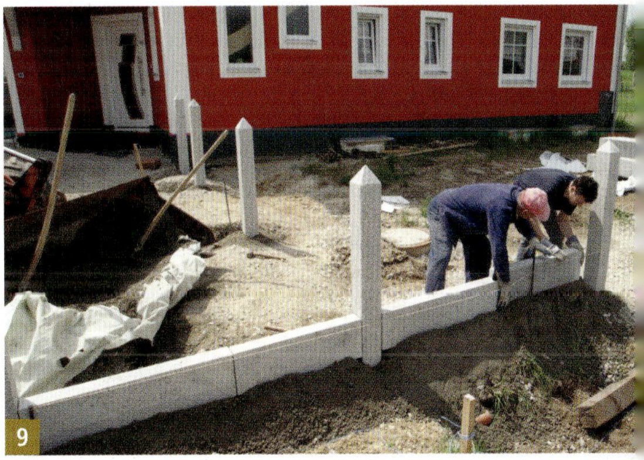

9
Einige Granitleistensteine müssen mit der Motorflex zugeschnitten werden. Sie werden wie die anderen Steine auch auf einen Betonkeil gesetzt, d.h. links und rechts durch Anschütten mit Beton fixiert.

10
Nach dem Bohren der Granitsäulen können die vorgefertigten Zaunelemente montiert werden. Der stabile, aber leicht wirkende Zaun gibt dem Garten einen dekorativen Rahmen.

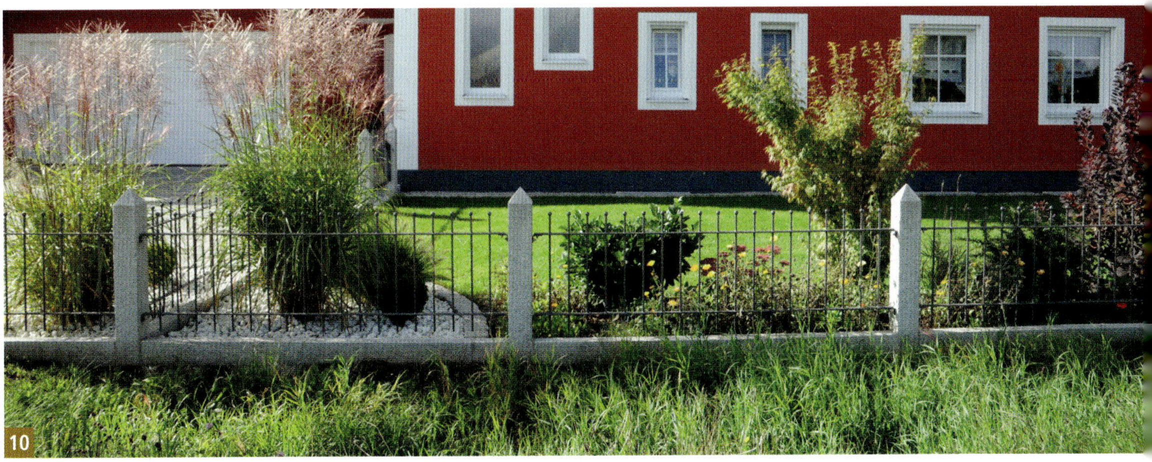

Beispiel 6.3: Brunnenbau mit Leistensteinen aus Granit

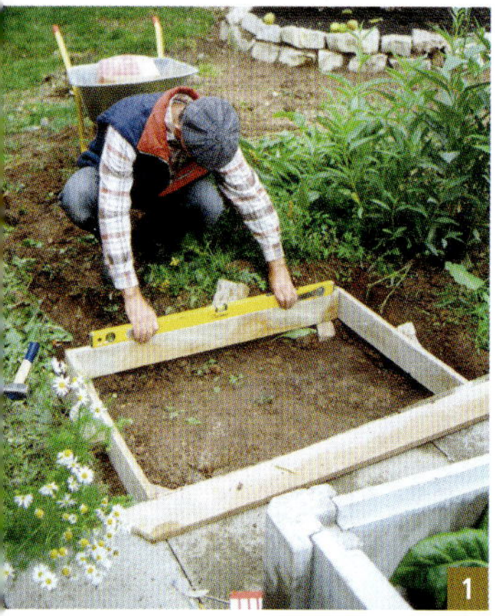

Wer ein altes Granitfass preisgünstig bekommen kann, sollte zugreifen. Solche handbehauenen Schöpfbecken, die früher in Bauerngärten im Mittelpunkt standen, sind auch in modernen Gärten kleine Schmuckstücke. Mittlerweile gibt es Nachbauten, die meist aus China oder Tschechien stammen. Sie sind aber kaum mit den alten „Grantln" vergleichbar, die früher im Bayerischen Wald und in anderen Gebirgsregionen gefertigt wurden.

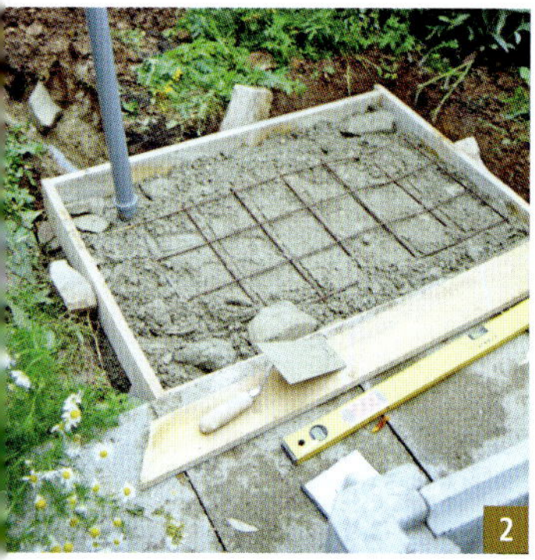

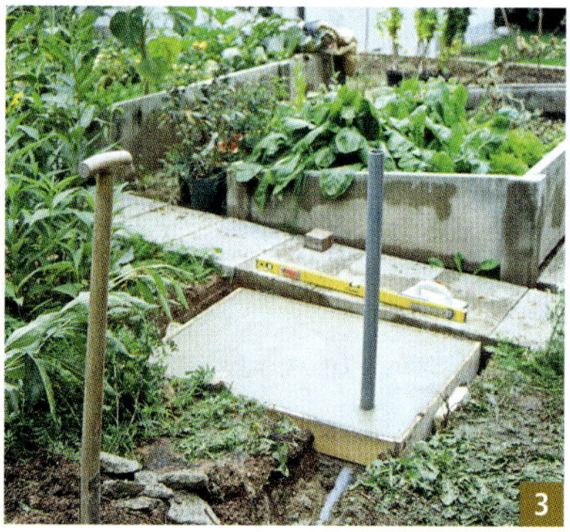

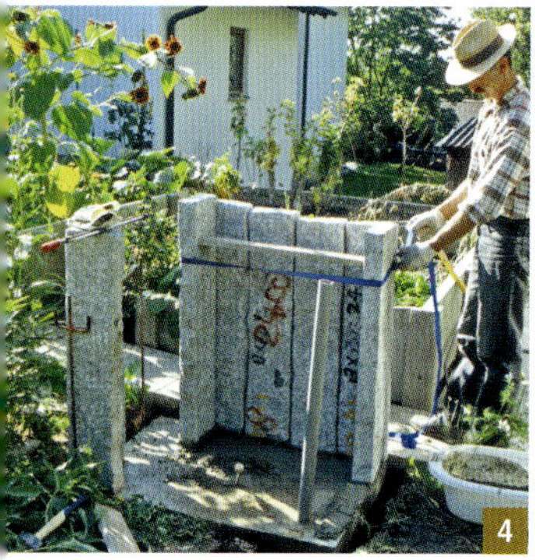

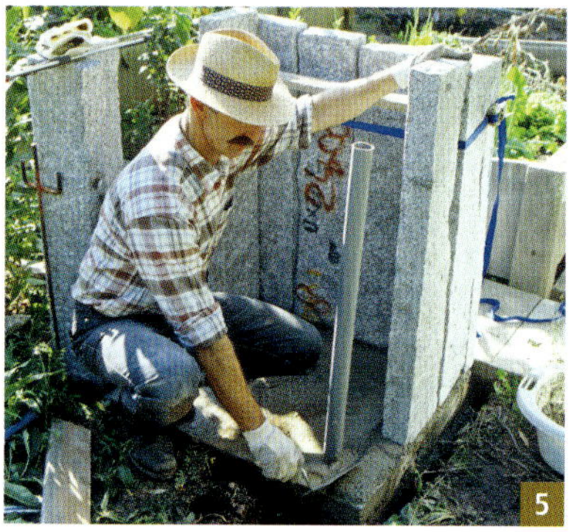

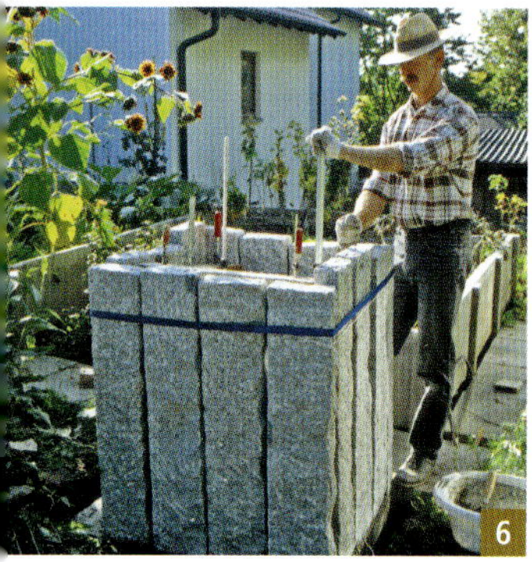

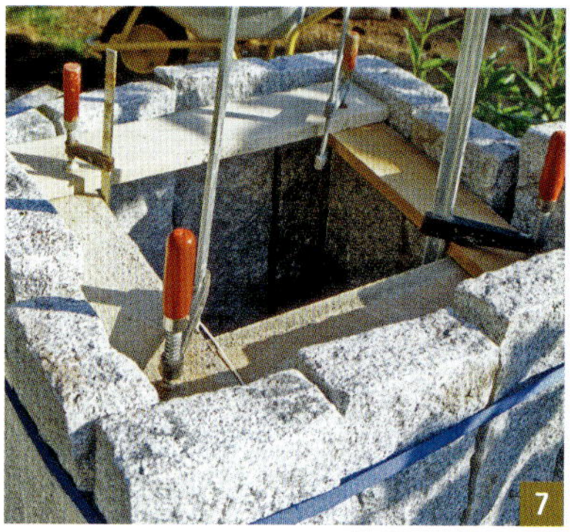

Eigene Schöpfung

Mit etwas handwerklichem Geschick können aus Granit-Leistensteinen Brunnen oder Schöpfbecken auch selbst hergestellt werden. Für einen Granitbrunnen lassen sich beispielsweise Granitleistensteine zweckentfremden, die beim Straßenbau als Randsteine dienen. Solche Steinquader bzw. Stelen gibt es in verschiedenen Größen recht preisgünstig in Baustoffhandlungen. Sie werden mit Flexkleber miteinander wasserdicht verbunden. Für ein Regensammelbecken oder einen Brunnen sind möglichst gleichförmige Steine mit geraden Kanten erforderlich. Es lohnt sich deshalb, die Natursteine selbst am Lagerplatz auszusuchen; denn auf Bestellung beim Baustoffhändler werden Paletten mit unsortierten Blöcken geliefert. Vor der Materialbeschaffung müssen Größe und Form des Brunnens festgelegt werden, wobei Breite und Stärke der verfügbaren Leistensteine zu berücksichtigen sind. Bei einer Breite von 20 cm und einer Stärke von 10 cm entsteht ein Brunnen mit einer Grundfläche von ca. 80 cm x 80 cm, wenn 2 x 4 und 2 x 3 Leistensteine aufgestellt werden. Entsprechend muss das Betonfundament bemessen werden. Eine Skizze und eine Baustoffliste erleichtern die Beschaffung der Baustoffe, zumal neben den Steinen auch Zement, Flexkleber, Abflussrohre, Wasserleitungsrohre und ggf. noch weitere Materialien benötigt werden. Der Transport der schweren Granitzeilen erfordert mindestens einen per PKW-Anhänger.

1 Schalung einrichten

2 Sockel betonieren, mit Baustahlarmierung und Wasserablauf

3 Das fertige Betonfundament mit Überlaufrohr

4 Die Leistensteine werden in den noch feuchten Beton gestellt und mit einem Spannband fixiert.

5 Flexkleber auftragen: innen und außen

6 Die vermörtelten Steine werden mit dem Spanngurt gesichert.

7 Der Innenraum ist zum Trocknen des Flexklebers mit Brettern ausgesteift.

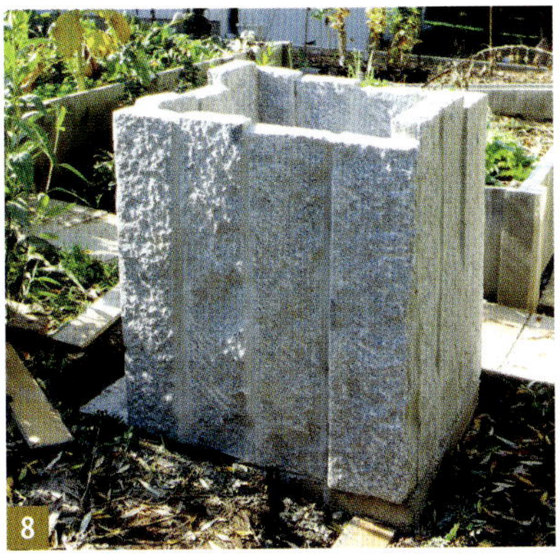

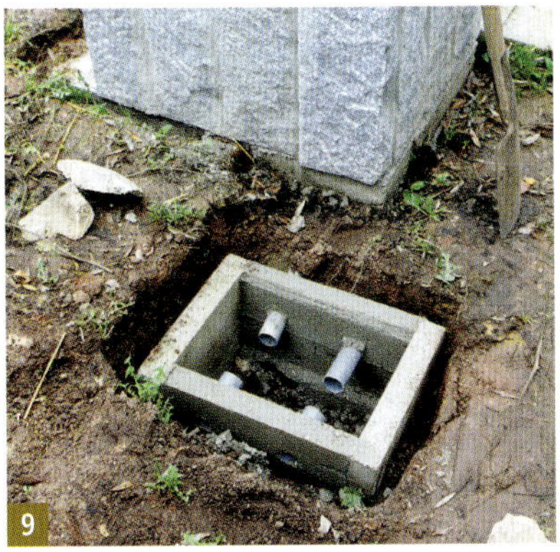

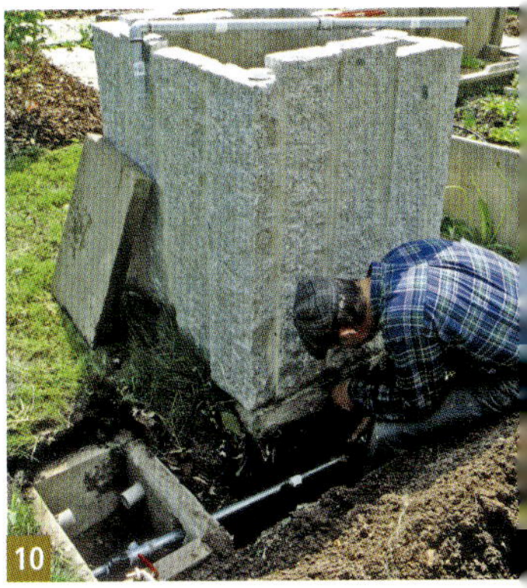

Kosten für den Granitbrunnen

14 Granitzeilen á 12 €/St.	168 €
Zement, Kies (oder Estrichbeton), Baustahl für Sockel	ca. 10 €
Flexkleber zum Verfugen	ca. 20 €
Abflussrohr, PE-Wasserschlauch, Leitungsrohre, Krümmer, Verbindungsmuffen, Wasserhahn, Verteiler, Absperrventil, Dichtungs- + Befestigungsmittel etc.	150 €
Gesamt	**348 €**

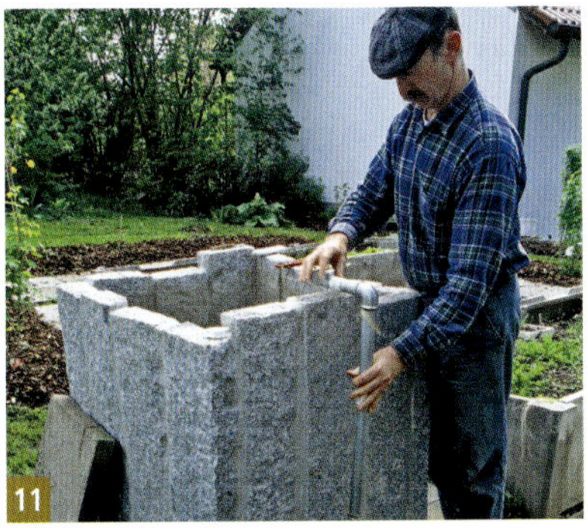

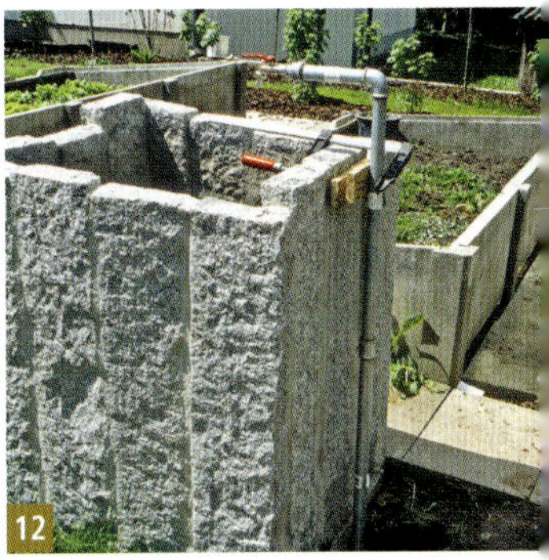

8 Der Brunnen nach dem Verfugen mit Flexkleber: Wenn der Mörtel ausgehärtet ist, wird das Becken innen noch mit einer Dichtungsschlämme ausgestrichen.

9 Versorgungsschacht installieren

10 Wasserablauf und -zulauf einrichten

11 Wasserleitung anpassen

12 Wasserleitung montieren

13 Wasserhahn montieren

14 Brunnen fluten

15 Zuleitung vom Haus

16 bis 18 Weitere Baubeispiele und ein alter Steintrog.

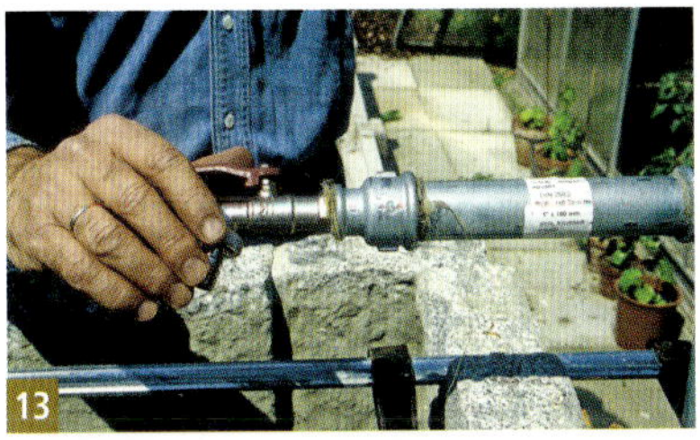

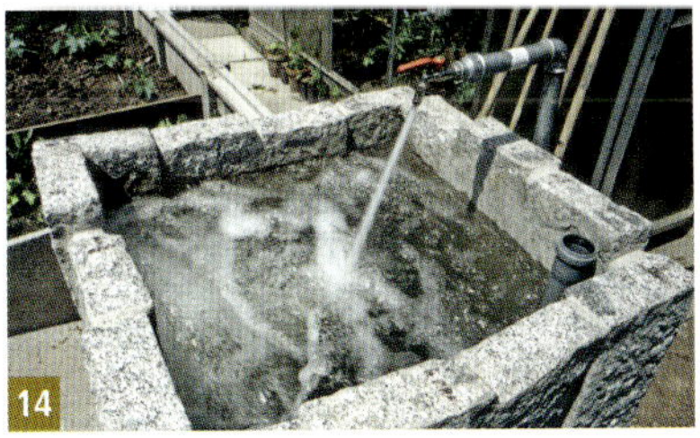

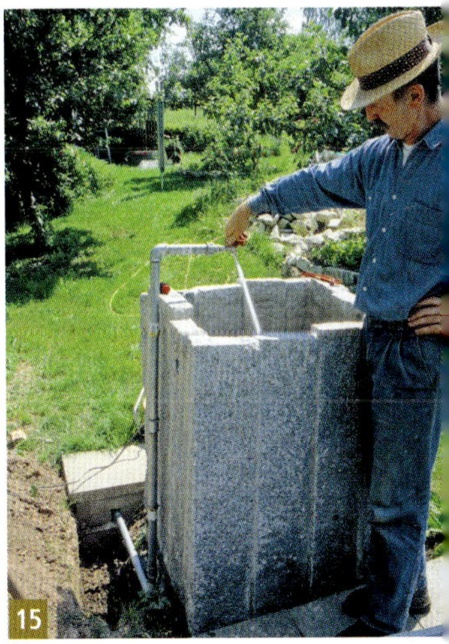

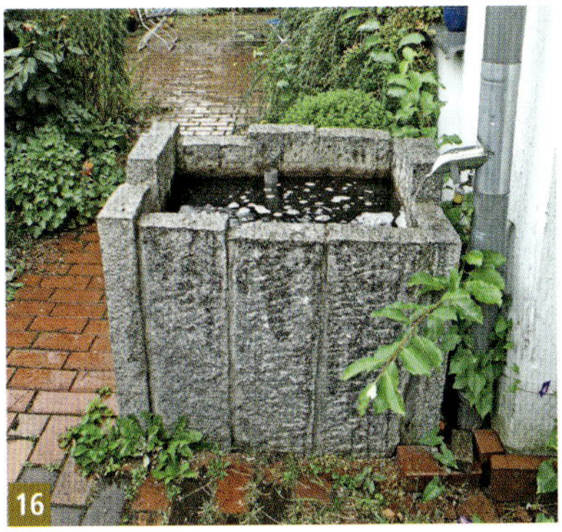

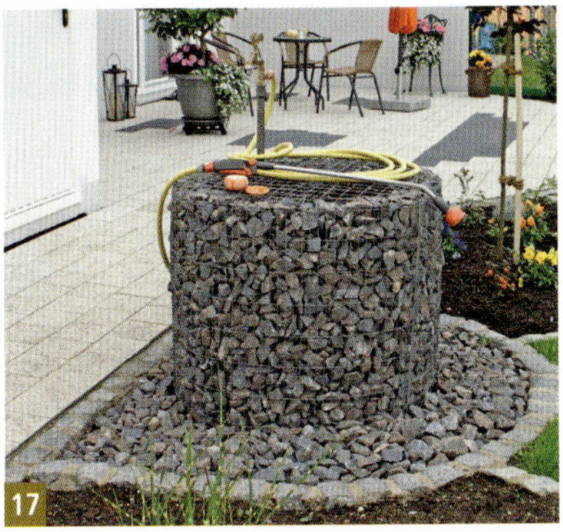

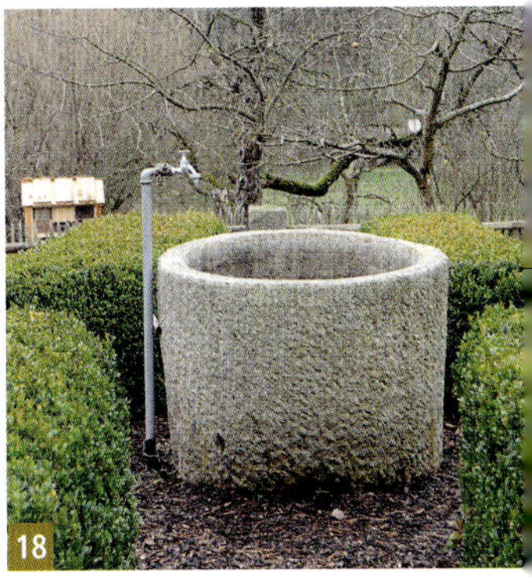

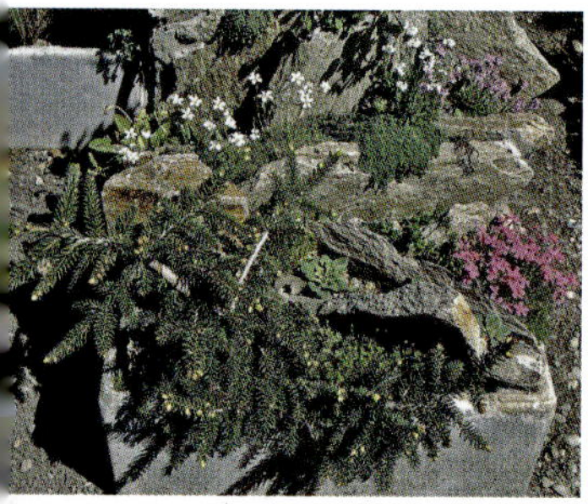

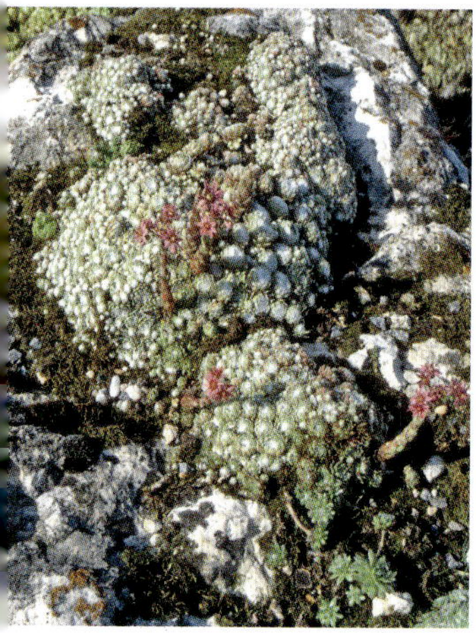

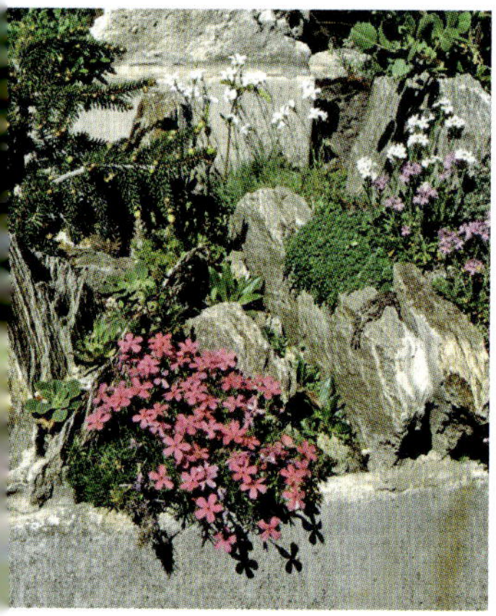

6.4 Alpinum: ein Steingarten auch am Balkon

Ein *Alpinum* (oder Alpengarten) ist eine besondere Art von Steingarten, in dem speziell Pflanzen aus den alpinen Regionen Europas oder sogar weltweit wachsen. Im Alpinum wird versucht, die Situation im Hochgebirge nachzubilden, es besteht daher zum größten Teil aus Steinen.

Alpine Stauden und Gehölze müssen in der freien Natur mit geringem Wurzelraum und ungünstigen Witterungsbedingungen zurechtkommen. Wie in den Bergen genügt diesen Überlebenskünstlern auch im Garten ein Platz auf magerem Boden. Einige ausgewählte Arten lassen sich sogar in Schalen kultivieren. Bergkiefern (*Pinus montana*), Zirbeln (*Pinus cembra*) und andere Arten wachsen im Hochgebirge direkt auf nacktem Fels und an Steilwänden, wo es keinen Mutterboden gibt. Die Sämlinge halten sich mit dicken Ankerwurzeln zwischen den Felsen fest oder dringen in loses Gestein ein. Mit ähnlichen Mechanismen haben sich staudenartige Pflanzen den rauen Wachstumsbedingungen bis in über 2000 m Höhe angepasst. Hauswurzen, Fetthennen oder Steinbrech-Arten siedeln zum Teil auf blankem Fels und bilden mit den Jahren dichte Bestände, indem sie sich über Wurzelausläufer vermehren. Das nötige Wasser und die Nährstoffe speichern die robusten und frostharten Gewächse in ihren fleischigen Blättern.

Steingarten im Trog

Hauswurzen wurden früher als Blitzableiter auf die Dächer alpiner Häuser gepflanzt. Eine Wirkung hatten sie sicher nicht, aber ihr dekorativer Wert ist unbestritten. Diese und andere Steingartenpflanzen können durchweg auch in Gefäßen kultivieren werden. Mit ausgewählten Arten lassen sich schöne kleine Steingärten gestalten, die sogar auf dem Balkon Platz haben.

Mit passenden Stauden bepflanzte Steine sehen besonders in Natursteintöpfen gut aus, vor allem wenn noch einige kleinere Gehölze mit eingesetzt werden.

Substrate mischen

Kleine Steingärten können statt in Natursteintrögen auch in gewöhnlichen Pflanzgefäßen angelegt werden. Kiefern, Hauswurzen und Fetthennen lassen sich beispielsweise in Tonkästen oder in Tonschalen kultivieren. Als Substrat dient eine Mischung aus Gartenerde und mineralischem Material. Das kann wiederum ein Gemenge aus Splitt, Sand und Blähtongranulat sein. Die Zusammensetzung richtet sich nach der Art der Bepflanzung. So brauchen spezielle Pflanzen wie Alpenrosen (z.B. Rhododendron hirsutum) ein eigenes Substrat. Diese typischen Moorbeetpflanzen gedeihen nur in saurer Erde. Sie sind zwar am

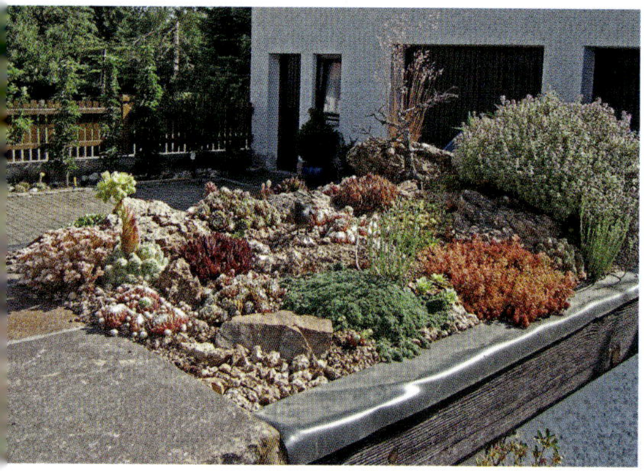

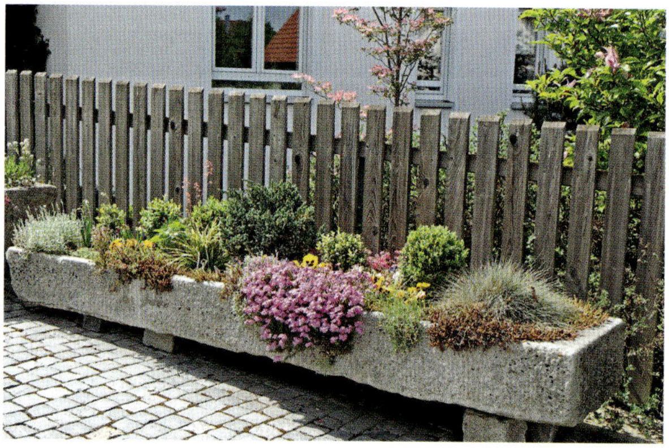

Naturstandort in den Bergen auf Kalkfelsen zu finden. Hier sitzen sie aber in einer dünnen Schicht Rohhumus, deren pH-Wert eher im sauren Bereich liegt. Kalkverträgliche Arten (z.B. Alyssum, Campanula oder Carlina acaulis) erhalten eine Substratmischung, die Kalksplitt enthält. Kalkmeidende Arten (z.B. Rhododendron, Gentiana acaulis oder Arnica montana) werden in kalkfreie Erde gepflanzt. Dafür kann z.B. fertige Rhododendronerde mit Blähtongranulat vermischt werden. Die meisten alpinen Gehölze und Stauden sind aber recht tolerant und kommen mit jeder lockeren Erdmischung zurecht, die mit mineralischen Stoffen wie Sand, Splitt oder Blähton angereichert ist. Wichtig ist ein guter Wasserabzug, d.h. Pflanzgefäße müssen am Boden Wasserablauföffnungen haben.

Kleinstgärten

Für erste Gestaltungsexperimente werden größere Pflanzgefäße mit ausgesuchten Natursteinen und dazu passenden Pflanzen bestückt, z.B. mit einer kleinen Bergkiefer und einigen Polsterstauden als Begleitpflanzen. Für solche Kleinstgärten reichen stets wenige Pflanzen aus, damit der Steingartencharakter nicht schon in wenigen Jahren unter einer dichten Pflanzendecke verschwunden ist. Nach den ersten gelungenen Steingarten-Experimenten in der Schale reizen größere Anlagen und immergrüne Steingärten mit alpinen Stauden und Gehölzen, die besonders im Winter ihren Wert als Gestaltungselemente auf Balkonen und Terrassen haben.

Sempervivum, Sedum und Co

Bei manchen Pflanzen-Gattungen reizt die Vielfalt der Arten dazu, Sammlungen anzulegen. So gibt es von der Gattung der Hauswurzen (*Sempervivum*) mehr als 20 Arten und davon wiederum etliche Unterarten, die sich durch unterschiedliche Blätter und Blüten auszeichnen. Sehr gängige Arten sind z.B. *Sempervivum tectorum*, *S. arachnoideum* und *S. montanum.* Der botanische Name Sempervivum (d.h. immer lebend) beschreibt treffend diese unverwüstlichen Bergbewohner. Sie bleiben auch in Pflanzgefäßen immergrün und attraktiv. Schnee und Eis schaden ihnen ebenso wenig wie Hitze, Wind und Regen. Hauswurzen breiten sich durch Kindel aus und bilden selbst in flachen Schalen oder in ungewöhnlichen Pflanzgefäßen dichte Bestände. Im Sommer bringen alte Pflanzen prächtige Blütenstände hervor.

Neben den Mauerpfefferarten *(Sedum)*, insbesondere der Tripmadam (*Sedum reflexum*), haben sich der Thymian (*Thymus serphyllum*) und das Bergbohnenkraut (*Satureja montana*) als genügsame und vitale Kräuterpflanzen alpinen Ursprungs bewährt. Zusammen mit strauchförmigen Arten, wie dem Salbei (*Salvia officinalis*) und dem Lavendel (*Lavandula angustifolia*), die recht gut in Pflanzgefäßen gedeihen, können kleine Kräutergärten gestaltet werden. Solche Arrangements brauchen aber, anders als Gruppen mit kleinen Polsterstauden, ausreichend große Kübel und Kästen, damit sich üppige Bestände bilden.

Tipp: Blütezeit verlängern

Die Blütezeit der Alpenpflanzen ist je nach Art auf wenige Wochen beschränkt. Es lohnt sich deshalb, verschiedene Polsterstauden auszuwählen, die zu unterschiedlichen Jahreszeiten blühen, angefangen bei Primeln, über Steinkraut, Polsterphlox, Blaukissen, Mauerpfeffer und Hauswurzen bis zu den Herbstastern und anderen Arten.

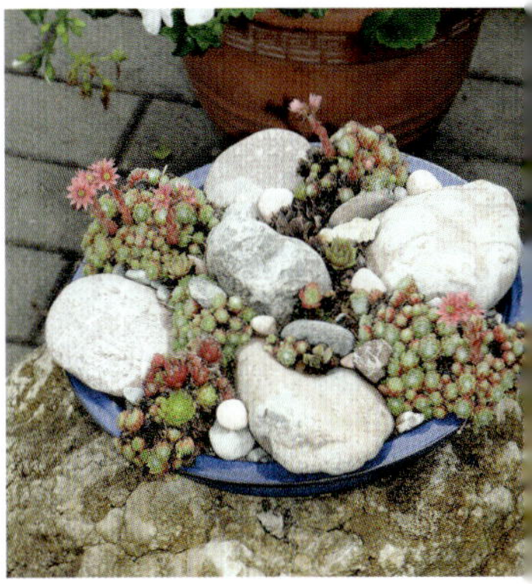

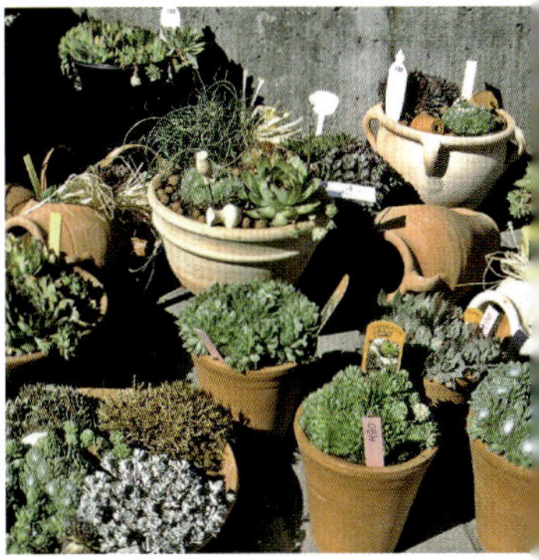

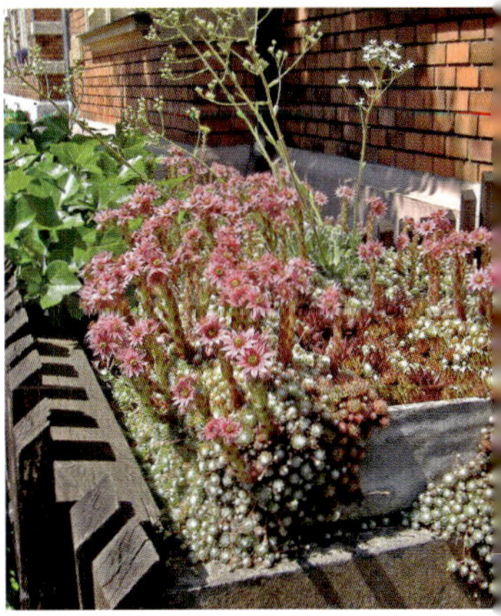

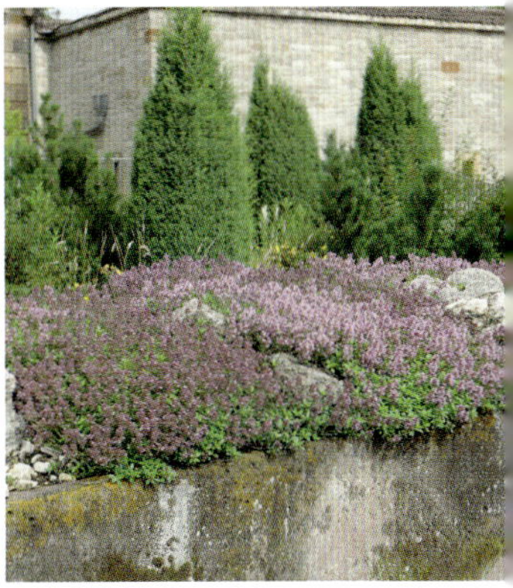

Weitere Bücher im ökobuch Verlag

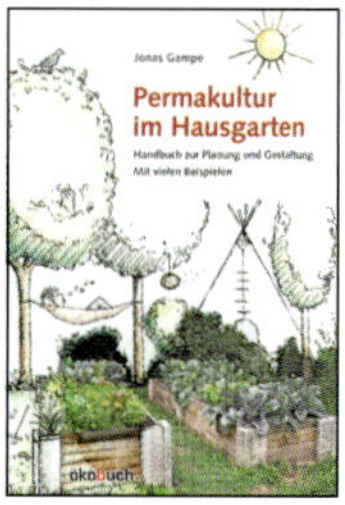

Anders gärtnern

Permakultur-Elemente im Hausgarten. Ob Kräuterspirale, Krater- bzw. Hochbeet, Kartoffelturm, Wurmfarm oder Erdgewächshaus mit Hühnerstall, bei allem dient die Natur als Vorbild. Mit vielen Anleitungen für einen Hausgarten, in dem die Bereiche harmonisch zusammenwirken und sich gegenseitig fördern. Von Margit Rusch. 96 Seiten, mit vielen farbigen Abbildungen, 16,95 €

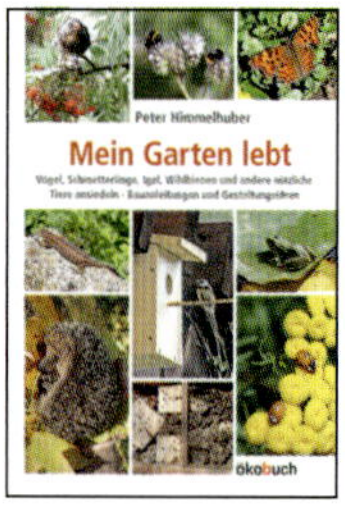

Mein kleiner Permakultur-Garten

300 kg Ernte auf 150 m^2 Fläche mitten in der Stadt. Der Autor Josef Chauffrey beschreibt die Kultivierung eines Reihenhausgartens nach Permakultur-Prinzipien und zeigt, wie sich beachtliche Ernteerfolge an Obst u. Gemüse erzielen lassen. 110 Seiten, mit vielen farbigen Abbildungen, 16,95 €

Das Biogarten-Praxisbuch

Anleitung zum naturgemäßen Gärtnern in Bildern. Hier wird das notwendige Wissen vermittelt, um erfolgreich den Boden zu bestellen und reichhaltig gesundes Obst und Gemüse zu ernten. Susanne Bruns. 224 Seiten, viele Abbildungen, 18,95 €

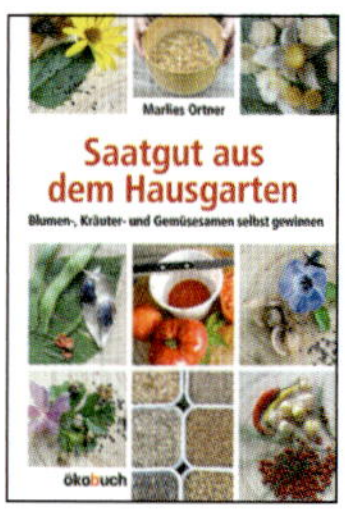

Permakultur im Hausgarten

Mit diesem Buch gibt der Autor einen Leitfaden an die Hand, wie ein Hausgarten Stück für Stück zum persönlichen und vielseitigen Permakultur-Garten gestaltet oder umgestaltet werden kann. Jonas Gampe. 144 Seiten, mit vielen Abbildungen, 16,95 €

Auf 300 qm Gemüseland

… den Bedarf eines Haushalts ziehen. Wie man auf kleinstem Raum einen Nutzgarten anlegt und erfolgreich bewirtschaftet, können wir von unseren Vorfahren lernen. Mit schnellen, praktischen, alphabetisch geordneten Infos über die wesentlichen Pflanzen, über Anbau- und Arbeitsmethoden. Von Arthur Janson. Neugestalteter Nachdruck der Erstausgabe von 1926. 170 Seiten, 16,95 €

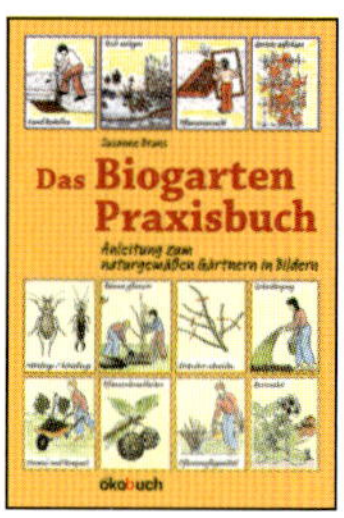

Saatgut aus dem Hausgarten

Nach einer Einführung in die Saatgutgewinnung und in die Praxis der Vermehrung werden die nötigen Hilfsmittel, Ernte, Reinigung und Lagerung der Samen sowie Aussaat und Aufzucht beschrieben. Mit kurzen Pflanzenporträts aller im Hausgarten üblichen Kräuter, Gemüse und Blumen. Von Marlies Ortner. 138 Seiten, mit vielen farbigen Abbildungen, 19,90 €

Trocknen und Dörren mit der Sonne

Bau & Betrieb von Solartrocknern. Ein Buch für alle, die einen funktionstüchtigen Solartrockner kostengünstig selbst bauen möchten, um Obst, Gemüse und Kräuter natürlich und hochwertig haltbar zu machen. Außerdem: Praxis des Trocknens mit vielen Tipps aus langjähriger Erfahrung. Herausgegeben von Claudia Lorenz-Ladener. 96 Seiten, mit vielen farbigen Abbildungen, 16,95 €

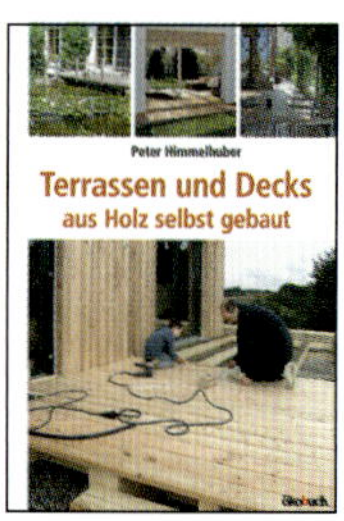

Terrassen und Decks aus Holz selbst gebaut

Planungsüberlegungen, sinnvolle Konstruktionen, Materialempfehlungen. Viele Beispiele und Schritt-für-Schritt-Bilder vermitteln das Wissen zum Bau schöner Holzdecks. Von Peter Himmelhuber. 102 Seiten, mit vielen farbigen Abbildungen, 16,95 €

Mein Garten lebt

Vögel, Schmetterlinge, Igel, Wildbienen und andere nützliche Tiere ansiedeln. Mit Bauanleitungen und Gestaltungsideen, um durch Nisthilfen, Schlafquartiere u.ä, Gärten tierfreundlich zu gestalten. Von Peter Himmelhuber. 96 Seiten, mit vielen farbigen Abbildungen, 16,95 €

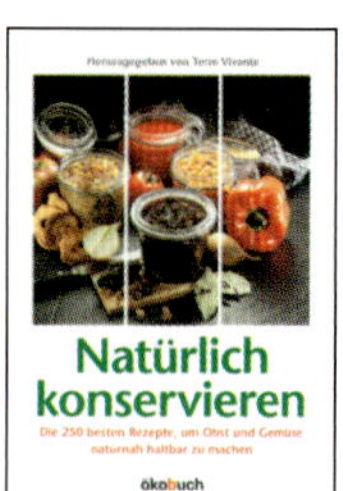

Natürlich konservieren

Die 250 besten Rezepte, um Gemüse und Obst möglichst naturbelassen haltbar zu machen und ein maximum an Vitaminen, Nährstoffen und Geschmack zu erhalten. Herausgegeben von Terre Vivante. 160 Seiten, mit vielen Abbildungen, 16,95 €

Trockenmauern für den Garten

Bauanleitung & Gestaltungsideen. Ob Sitzplätze oder Hochbeete einzufassen, eine Hangfläche zu terrassieren oder das Grundstück einzugrenzen: Mit einfachen Werkzeugen kann jeder kostengünstig eine schöne und dauerhafte Trockenmauer selbst bauen. Von Jana Spitzer und Reiner Dittrich. 96 Seiten, mit vielen farbigen Abbildungen, 16,95 €

Hütten von Kindern selbst gebaut
Das Buch zeigt schön illustriert, wie Kinder ohne großen Aufwand ihr eigenes kleines Reich erschaffen können, mit Baumaterialien, die fast alle draußen zu finden sind: Spielhäuschen, Kuppelbau, Schlupfwinkel, Beobachtungsversteck. Ab 8 Jahre. Von Louis Espinassous. 58 Seiten, mit vielen Abbildungen, 16,95 €

Kleine Baumhäuser und Hütten
… kinderleicht gebaut. Hier wird gezeigt, wie Baum- und Stelzenhäuser gebaut werden können. Mit Anleitungen für verschiedene Konstruktionen und Bildern von realisierten Beispielen. Von David Stiles. 96 Seiten, mit vielen farbigen Abbildungen, 16,95 €

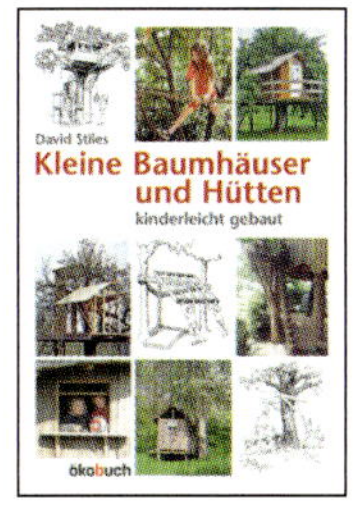

Holzbacköfen im Garten
Detaillierte Bauanleitungen vom einfachen Lehmofen bis zum gemauerten Brotbackhäuschen. Mit vielen Erfahrungen und Ratschlägen sowie pfiffigen Tipps und Rezepten. Herausgegeben von Claudia Lorenz-Ladener. 138 Seiten, mit vielen Abbildungen, 17,95 €

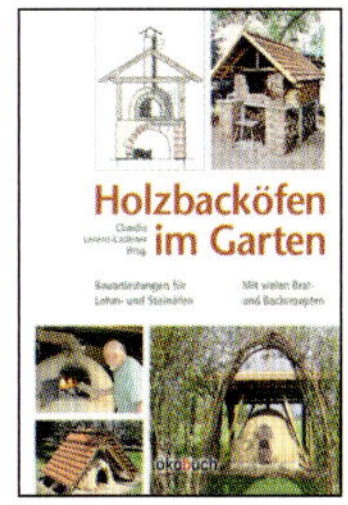

Gestalten mit Stein im Garten
Pflastern von Wegen, Terrassen und Zufahrten, Anlegen von Treppen und das Errichten von Mauern und Hangbefestigungen, mit Hinweisen zur Materialwahl, zu Aufwand und Kosten, und mit Anregungen für eigenes Schaffen. Von Peter Himmelhuber. 126 Seiten, mit vielen farbigen Abbildungen, 16,95 €

Naturkeller
Grundlagen der Kühllagerung und Anleitungen für Planung und Bau naturgekühlter Lagerräume im Haus und Freiland. Von Claudia Lorenz-Ladener. 140 Seiten, mit vielen Abbildungen, 19,90 €

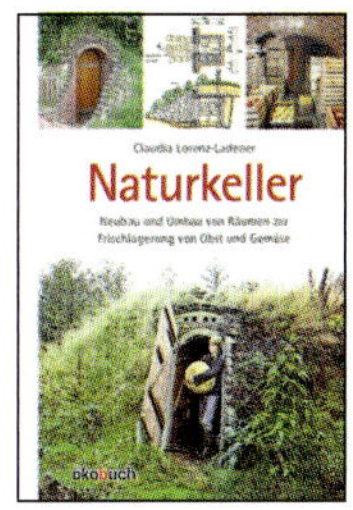

Gestalten mit Holz im Garten
Bodenbeläge, Holzdecks, Zäune, Rankgerüste, Lauben. Bauanleitungen und Gestaltungsideen für Nützliches und Dekoratives aus Schnittholz und aus grünem Holz. Von Heidi Howcroft. 136 Seiten, mit vielen Abbildungen, 18,95 €

Einfache Lauben und Hütten selbst gebaut
Einfache Paradiese zum Selbstbauen. Bauanleitungen für schnell zu errichtende Behausungen (Tipi, Baumhaus, Kuppelbau, Hogan etc.), sowie für schöne Lauben für den Garten oder die freie Natur. Von Claudia Lorenz-Ladener. 160 Seiten, mit vielen farbigen Abbildungen, 16,95 €

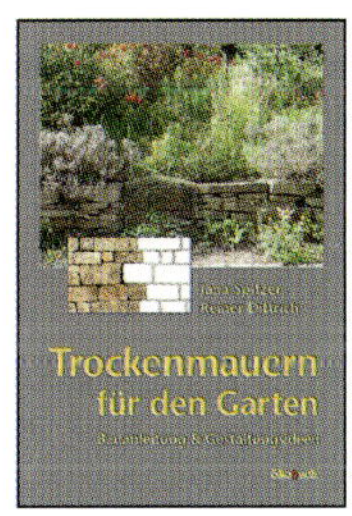

Kleine grüne Archen
Passivsolare Gewächshäuser als Alternative zum transparenten Standard-Gewächshaus. Das Buch zeigt, wie Solargewächshäuser freistehend, angelehnt oder teilweise in der Erde versenkt auch selbst gebaut werden können. Von Claudia Lorenz-Ladener. 128 Seiten, mit vielen farbigen Abbildungen, 22,90 €

Mit Weiden bauen
Anleitungen für Zäune, Laubengänge, Wigwams, Sitzplätze und grüne Kuppeln. Arbeiten mit lebendem Material, aus dem sich viele schöne, nützliche Dinge herstellen lassen.
Von Jon Warnes. 60 Seiten, mit vielen farbigen Abbildungen, 16,95 €

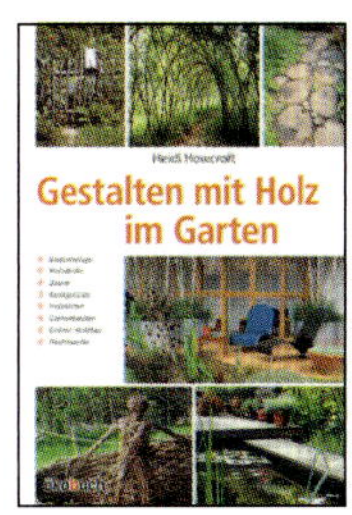

Färben mit Pflanzen
Färbepflanzen - Rezepte - Anwendung. Aufbereitung und Anwendung heimischer Färbepflanzen zum Färben von Wolle und Stoffen werden in zahlreichen Rezepten detailliert beschrieben.
Von Dorit Berger. 96 Seiten, mit vielen farbigen Abbildungen, 16,95 €

Bauen mit Frischholz
Vom Spalier bis zur Laube – frisches grünes Holz ist ein ausgezeichnetes Material, um daraus nützliche Gartenobjekte herzustellen. Mit Schritt-für-Schritt-Anleitungen für Pflanzbehälter, Spaliere, Bänke, Lauben usw. Von Alan und Gill Bridgewater. 80 Seiten, mit vielen Abbildungen, 16,95 €

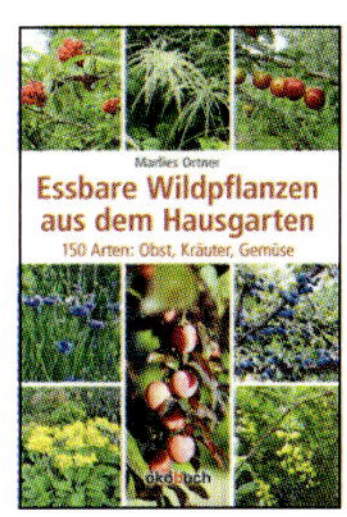

Essbare Wildpflanzen aus dem Hausgarten
150 Arten: Obst, Kräuter, Gemüse. Wie eine dauerhafte Pflanzenlandschaft aus fruchttragenden Bäumen und Sträuchern, wilden Stauden sowie Kräutern und essbaren Bodendeckern geschaffen werden kann. Mit mehr als 70 Pflanzenporträts essbarer Wildfrüchte, Wildkräuter und Wildgemüse und Tipps zu deren Verwertung. Von Marlies Ortner. 126 Seiten, mit vielen Abbildungen, 16,95 €

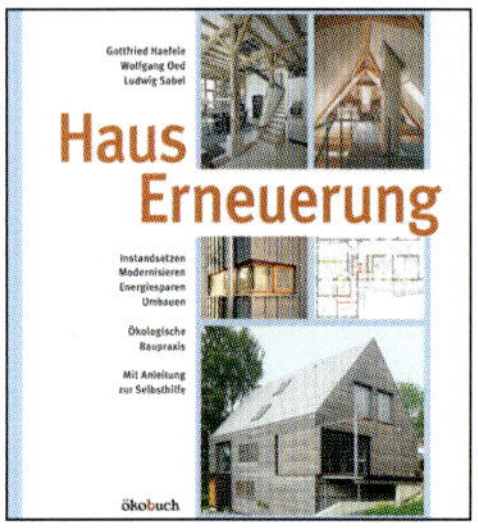

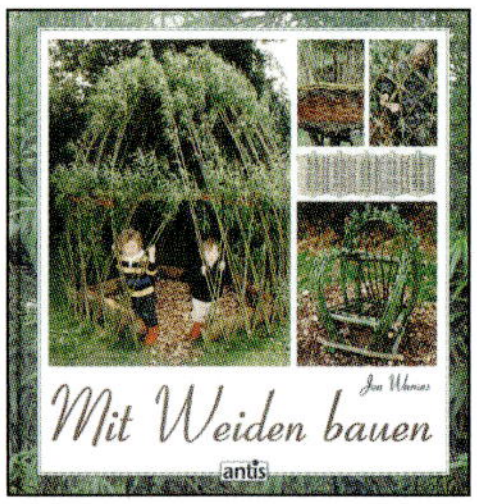

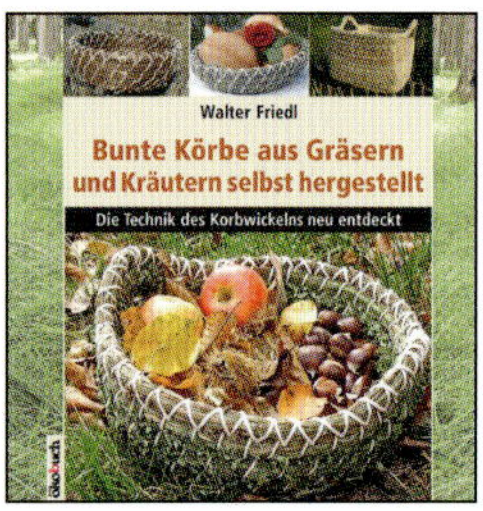

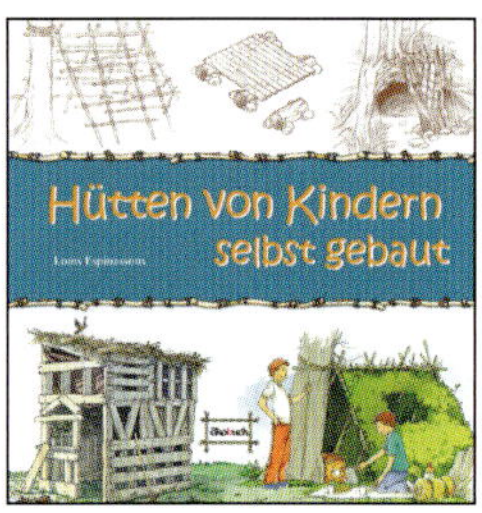

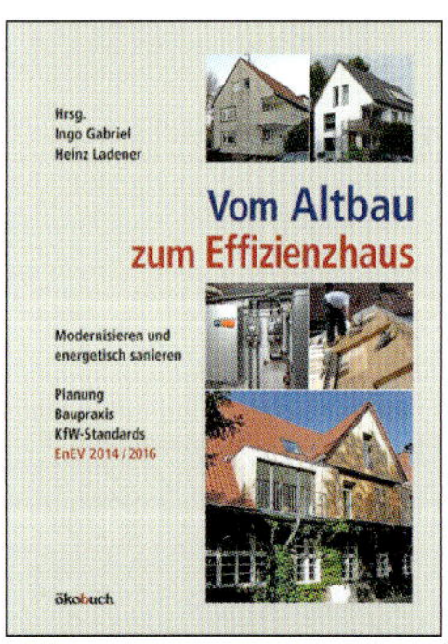

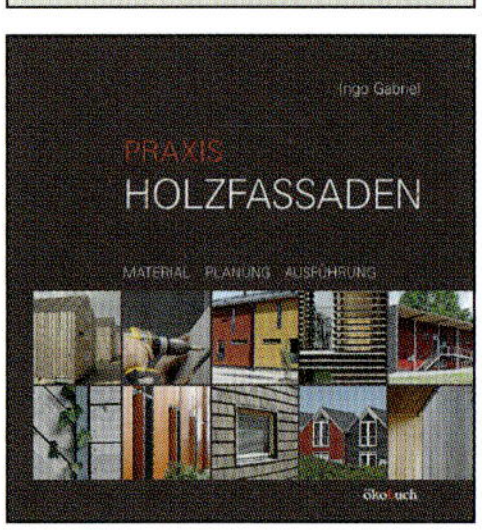

Bunte Körbe aus Gräsern und Kräutern

Die Technik des Korbwickelns neu entdeckt. Anleitungen zur Herstellung von bunten Körben durch Wickeln und Vernähen von Strängen aus heimischen Faserpflanzen. Mit vielen Schritt-für-Schritt-Anleitungen. Von Walter Friedl. 96 Seiten, mit vielen farbigen Abbildungen, 17,95 €

Hauserneuerung

Instandsetzen - Modernisieren - Energiesparen - Umbauen: mit Anleitung zur Selbsthilfe. Das Buch beschreibt ausführlich den behutsamen, handwerklich sachgerechten und umweltverträglichen Umgang mit alter Bausubstanz. Von G. Haefele, W. Oed und L. Sabel. 256 Seiten, mit vielen Abbildungen, 28,90 €

Vom Altbau zum Effizienzhaus

Energietechnische Gebäudesanierung in der Praxis: Nachträgliche Wärmedämmung der Gebäudehülle, Fenstererneuerung, sowie Sanierung der Haustechnik einschließlich Lüftung, Heizung, Sanitär und Elektro. Hrsg. von Ingo Gabriel und Heinz Ladener. 200 Seiten, mit vielen farbigen Abbildungen, 28,90 €

Praxis: Holzfassaden

Material, Planung, Ausführung. Das Buch zeigt nicht nur die gestalterischen Möglichkeiten moderner Holzfassaden, sondern stellt zahlreiche vorbildliche Beispiele und Detaillösungen mit Ecken, Sockel, Dach- und Fensteranschlüssen vor. Von Ingo Gabriel. 112 Seiten, mit vielen farbigen Abbildungen, 28,- €

Handbuch Lehmbau

Umfassendes Lehrbuch und Nachschlagewerk: Es zeigt Einsatzmöglichkeiten, Eigenschaften und Verarbeitungstechniken des Baustoffes Lehm. Mit Forschungsergebnissen und Beschreibungen ausgeführter Lehmhäuser. Von Gernot Minke. 222 Seiten, mit vielen Abbildungen, 38,- €

Neues Bauen mit Stroh in Europa

Bauen mit großformatigen Quadern aus gepresstem Stroh: gebaute Beispiele, erprobte Bauformen und Konstruktionen, Besonderheiten, neue Projekte und Forschungen. Von H. u. A. Gruber u. H. Santler. 112 Seiten, mit vielen Abbildungen, 16,95 €

Handbuch Strohballenbau

Ein Konstruktions-Handbuch, das Konzeption, Bautechnik und alle Details beschreibt, um aus Strohballen gut gedämmte, dauerhafte Häuser zu bauen. Mit vielen Konstruktionsdetails und Beispielen. Von Gernot Minke und Benjamin Krick. 152 Seiten, mit vielen farbigen Abbildungen, 29,90 €

Haus der Zukunft

Ein Drittel aller Treibhausgase entsteht (noch) bei uns Zuhause. Das Buch möchte motivieren und zeigen, wie unser Zuhause in 20 bis 40 Jahren aussehen könnte und welche Wege dorthin führen. Von Simon Grieger. 196 Seiten, mit vielen farbigen Abbildungen, 24,90 €

Regenwasser für Garten und Haus

Ein kompetenter Ratgeber für Planung und Bau von Regenwassersammelanlagen nach dem Stand der Technik: Bemessung, Genehmigung, Speichertanks, Pumpen, Rohrleitungen, Zubehör. Von Karlheinz Böse. 96 Seiten, mit vielen Abbildungen, 16,95 €

Autonome Stromversorgung

Auslegung, Aufbau und Praxis autonomer Stromversorgungsanlagen mit Batteriespeicher für Beleuchtung und für netzferne Handwerks- u. Landwirtschaftsbetriebe. Von Philipp Brückmann und Georg Bopp. 126 Seiten, mit vielen Abbildungen, 22,90 €

Unsere Bücher erhalten Sie in allen Buchhandlungen.
www.oekobuch.de · E-Mail: verlag@oekobuch.de

ökobuch
Zukunft leben